【汉译现代西方学术名著导读·政治哲学编】

丛书主编　阎孟伟　杨　谦

XIANDAIXING WENTI YANJIU

现代性问题研究

阎孟伟　李福岩　主编

广西人民出版社

图书在版编目（CIP）数据

现代性问题研究 / 阎孟伟，李福岩主编. —南宁：广西人民出版社，2018.1

（汉译现代西方学术名著导读 / 阎孟伟，杨谦主编. 政治哲学编）

ISBN 978-7-219-09256-9

Ⅰ.①现… Ⅱ.①阎… ②李… Ⅲ.①现代主义—著作—介绍—西方国家—现代 Ⅳ.①B089

中国版本图书馆CIP数据核字（2014）第309800号

总 策 划　温六零
项目统筹　白竹林　罗敏超
责任编辑　杨　冰　张　凡
责任校对　梁小琪
装帧设计　李彦嫒
印前制作　麦林书装

出版发行　广西人民出版社
社　　址　广西南宁市桂春路6号
邮　　编　530028
印　　刷　广西民族印刷包装集团有限公司
开　　本　787mm×1092mm　1/16
印　　张　19
字　　数　260千字
版　　次　2018年1月　第1版
印　　次　2018年1月　第1次印刷
书　　号　ISBN 978-7-219-09256-9
定　　价　38.00元

版权所有　翻印必究

《汉译现代西方学术名著导读·政治哲学编》

编委会成员

顾问 邢贲思 陈晏清

主任 阎孟伟 杨 谦

委员 李福岩 王桂艳 王作印 杨晓东
　　　 谢 魁 孟锐峰 李 萍

总　序

陈晏清

改革开放以来，中国社会经历了日新月异的深刻变化，不仅在经济发展中取得了令世人瞩目的成就，在文化建设上也取得了长足的进步，其中一个突出的表现是哲学社会科学领域里越来越多的学者本着开放包容的精神，源源不断地将国外有代表性的学术著作（包括理论著作）翻译到中国来，这对于帮助国人开阔视野、活跃思想、学会用世界的眼光观察和思考中国问题起到了十分重要的作用。这种开放包容的精神也充分体现了我们的制度自信和理论自信。摆在读者面前的这套"汉译现代西方学术名著导读"丛书就是在这样的精神鼓舞下编辑出版的。

这套丛书计10卷约150种，内容主要涉及国外的政治哲学和社会理论，涵盖了20世纪20年代以来西方马克思主义诸流派的代表性著作、法兰克福学派各个发展时期领军人物的代表作、西方当代自由主义理论的代表作、西方当代社会哲学和历史哲学的重要理论著作。每本著作的导读都包括作者简介、写作背景、中心思想、分章导读、意义与影响五个部分，最后附上原著摘录（从该著作中精选出来的一些重要章节）。读者通过阅读这套丛书可以全景式地了解当代西方政治哲学和社会理论中的主要思潮和流派，更有助于从事政治哲学和社会理论研究的学者以及高校学生开阔学术视野、把握学术前沿。由于这套丛书所选取的主要是政治哲学和社会哲学方面的著作，因而读者也可以从中了解到现代西方社会在其发展中所面对的诸多重大现实问题，如政治的合法性问题、国家与社会的关系问题、公平正义问题、权利与权力的关系问题、意识形态问题、文化发展问题、生态问题等，有助于人们深入地认识20世纪以来西方社会发展的基本状况。

在我国，就哲学学科来说，政治哲学是目前较为活跃的研究领域。社会政治哲学在我国的兴起，不是几个学者的心血来潮，而是适应了中国社会大变革的理论需要。我国由改革开放和社会主义市场经济推动的社会转型，是社会的整体性变革或结构性变迁，各种各样的社会问题会从社会生活的各个领域产生，新的问题层出不穷。对于这些问题的理论解决，急需社会哲学和政治哲学的专门研究。中国的社会哲学、政治哲学应当着重研究中国的问题，这是毫无疑义的。2017年9月29日，习近平总书记在中共中央政治局就当代世界马克思主义思潮及其影响进行第四十三次集体学习时强调，发展21世纪马克思主义、当代中国马克思主义，必须立足中国、放眼世界，保持与时俱进的理论品格，深刻认识马克思主义的时代意义和现实意义，锲而不舍推进马克思主义中国化、时代化、大众化，使马克思主义放射出更加灿烂的真理光芒。……对国外马克思主义研究新成果，我们要密切关注和研究，有分析、有鉴别，既不能采取一概排斥的态度，也不能搞全盘照搬①。

在当今的时代条件下，中国的事情同世界的事情是紧密关联的，实际上中国的许多问题已经上升为世界问题，观察和思考中国问题也必须有世界眼光。因此，我们应当学习外国的先进理论和文化，广泛地阅读当今国外的社会哲学、政治哲学著作，研究外国学者在理论探索中的经验和教训、长处和短处，有些可以引以为鉴，有些可以有选择、有批判地汲取。这对于深化我们的思考，推进我们的社会哲学、政治哲学的研究，以至推进我国的社会转型和现代化建设，都是有重要的积极意义的。当然，这套学术名著导读丛书主要是对学术名著及其作者做出概要性的介绍和评述，

---

① 习近平在中共中央政治局第四十三次集体学习时强调：深刻认识马克思主义时代意义和现实意义　继续推进马克思主义中国化时代化大众化 [N]. 人民日报，2017-09-30 (1).

这些初步的、粗浅的介绍显然不能代替学者们的专门研究，"导读"的意义重在一个"导"字，它的作用只是把读者引进西方社会政治哲学的门槛，但这对于吸引和推动学界和社会各界关心社会政治哲学的研究是有重要作用的。

最后，我还想特别强调一点。这套丛书选择的著作者，除很少量的作者，例如早期西方马克思主义的代表人物外，大多数是资产阶级的思想家、著作家。他们是在资本主义的制度前提下说话，是在资产阶级统治的政治框架内说话，这是他们无法摆脱的阶级局限性。从总体上看，他们的政治哲学、社会理论著作表达的是当代资本主义的意识形态，是当代资产阶级的价值观念、社会理想和政治诉求。因为同处于市场经济的条件下，中国和西方会遇到一些共同的问题，但在对于问题实质的把握和解决问题的立场与方式上则是有原则性的区别的。这是我们在阅读西方社会政治哲学理论著作以及介绍这些著作的读物时，必须保持的最基本的辨别力或判断力。如果丧失了这种判断力，我们就会在意识形态的较量中丧失主动权，有的人甚至成为错误思想的俘虏。

2017年10月

（陈晏清，1938年出生，1962年毕业于中国人民大学哲学系，1985年晋升为教授，1986年任博士生导师，1992年起享受国务院颁发的政府特殊津贴，1985年至1997年任南开大学哲学系主任，1995年至2000年任南开大学人文学院院长，1997年任南开大学社会哲学研究所所长，现任南开大学当代中国问题研究院学术委员会主任、中国辩证唯物主义研究会顾问、中国人学学会顾问、天津市哲学学会名誉会长。主要的研究领域是马克思主义哲学基础理论、社会哲学、政治哲学。独著或合著的著作主要有《论自觉的能动性》《辩证的历史决定论》《现代唯物主义导引》《陈晏清文集》等，主编有"社会哲学研究"丛书。2012年获南开大学荣誉教授称号和特别贡献奖。）

目 录 CONTENTS

一、《现代文明与人的困境——马尔库塞文集》
　　[美] 赫伯特·马尔库塞　　　　　　　　　　001

二、《现代性的哲学话语》
　　[德] 于尔根·哈贝马斯　　　　　　　　　　026

三、《现代性的碎片——齐美尔、克拉考尔和本雅明作品中的现代性理论》
　　[英] 戴维·弗里斯比　　　　　　　　　　　055

四、《纯粹现代性批判——黑格尔、海德格尔及其以后》
　　[美] 大卫·库尔珀　　　　　　　　　　　　074

五、《现代性的困境——哲学、文化和反文化》
　　[美] 劳伦斯·E. 卡洪　　　　　　　　　　　093

六、《现代社会冲突——自由政治随感》
　　[英] 拉尔夫·达仁道夫　　　　　　　　　　113

七、《现代主义的政治——反对新国教派》
　　[英] 雷蒙德·威廉斯　　　　　　　　　　　132

八、《现代性的五个悖论》
　　[法] 安托瓦纳·贡巴尼翁　　　　　　　　　152

九、《现代性与自我认同——现代晚期的自我与社会》
　　[英] 安东尼·吉登斯　　　　　　　　　　　172

CONTENTS

十、《现代性与矛盾性》
　　［英］齐格蒙特·鲍曼　　　　　　　　　　　190

十一、《可选择的现代性》
　　［美］安德鲁·芬伯格　　　　　　　　　　　213

十二、《自反性现代化——现代社会秩序中的政治、传统与美学》
　　［德］乌尔里希·贝克，［英］安东尼·吉登斯，
　　［英］斯科特·拉什　　　　　　　　　　　　233

十三、《现代性理论》
　　［匈］阿格尼丝·赫勒　　　　　　　　　　　253

十四、《单一的现代性》
　　［美］弗雷德里克·詹姆逊　　　　　　　　　272

后　记　　　　　　　　　　　　　　　　　　　　290

一、《现代文明与人的困境——马尔库塞文集》

[美] 赫伯特·马尔库塞　著

李小兵　等译

生活·读书·新知三联书店，1989 年

---【作者简介】---

赫伯特·马尔库塞（1898—1979），是闻名世界的美籍德裔哲学家、社会批判理论家、法兰克福学派非常重要的成员。学界有人甚至将马尔库塞与马克思、毛泽东并列，简称他们为"3M"（Marcuse，Marx，Mao）。马尔库塞的生平和著作给人的鲜明印象，是因为他始终站在对当代资本主义社会理论进行批判斗争的最前列，始终把对哲学、文化、意识形态理论的批判与对资产阶级社会的现实状况的批判结合起来。正如当代英国著名学者麦克莱伦所说："马尔库塞是法兰克福学派中最著名的，也是研究所成员中唯一没有放弃他的早期革命观点的人。"

1898 年 7 月 19 日，马尔库塞出生于柏林一个有教养的犹太资产阶级家庭。1979 年 7 月 29 日，他在赴德意志联邦共和国讲学途中逝世于施塔恩贝克，享年 81 岁。1917 年至 1919 年间，他应征入伍，成为柏林—莱茵契根道夫士兵委员会的委员，参加过德国社会民主党左翼。1918 年德国十一月革命失败后，他前往柏林大学和弗赖堡大学学习现象学与存在主义。1922 年，在存在主义哲学家海德格尔指导下，马尔库塞完成了博士论文《黑格尔本体论与历史性理论的基础》，获得弗赖堡大学哲学博士学位。1932 年，马尔库塞加入法兰克福社会研究所，之后逐渐成为法兰克福学派的中坚人物。希特勒上台后，他离开德国，随研究所经巴黎、日内瓦，流亡到美国。第二次世界大战期间，他转到美国华盛顿战略服务局、国务院情报研究处工作。第二次世界大战结束后，他并没有与霍克海默尔（又译"霍克海默"）、阿多诺一道返回德国重建研究所，而是继续留在美国工作，并因此成为经济、政治、文化诸方面皆发达的美国工业社会的见证人。从1951年开始，他作为政治理论家先后在哥伦比亚大学、哈佛大学、勃兰代斯大学任教。20世纪60年代末至70年代初，他曾一度成为浪潮汹涌的德国、美国新左派运动与学生运动的"精神领袖"及主要代言人，被誉为"美国新左派运动之父"。因此，他对经典马克思主义以及政治和社会斗争的态度，都比法兰克福学派其他成员更激进。马尔库塞的哲学思想深受黑格尔、胡塞尔、海德格尔和弗洛伊德的影响，同时也受马克思早期著作的影响很大。从20世纪50年代开始，他主要从事对当代资本主义的分析和批判，主张把弗洛伊德主义、存在主义与马克思主义结合起来。

马尔库塞一生著作很多，共出版论著、论文、论集、谈话录近百种之多，影响较大的有《黑格尔本体论与历史性理论的基础》（1932年）、《理性和革命》（1941年）、《爱欲和文明》（1955年）、《苏联马克思主义——一种批判的分析》（1958年）、《单面人》（1964年）、《纯粹容忍批判》（1965年）、《论辩证法的否定概念》（1968年）、《反革命和造反》（1972年）、《批判哲学研究》（1972年）、《革命还是改良》（1972年）、《审美之维》（1978年）、《无产阶级的物化》（1979年）等。

【写作背景】

第二次世界大战以后，科学技术成为西方现代化的重要资源，其双重作用也日益凸显出来。科学技术不仅在物质生活领域中成为"第一生产力"，给发达工业社会带来了巨大的社会物质财富，而且也深深地影响了意识形态领域，成功地塑造了一种单向度的技术理性。在这种技术理性的支配下，不仅人对自然的改造以剥夺自然的诗意为代价，而且人的精神文化活动也普遍地受到操纵，这就使得人的自由、解放在现代文明的背景下陷入了新的困境。面对这样的现实，西方文化传统中苛刻的批判思维指向了启蒙时代以来一向免于批判的科学技术。作为法兰克福学派第一代的重要思想家，马尔库塞恪守该学派社会批判理论的基本原则，对科学技术展开了具体而又系统的批判。

【中心思想】

马尔库塞对科学技术的批判大致可以分为两部分：社会学批判和哲学批判。他对科学技术的社会学批判，构成了其科学技术批判思想中富有特色的部分。在这里，马尔库塞区别于其师海德格尔，不囿于对科学技术的本质做形而上的思辨，而是比较注重对科学技术的消极社会功能做具体的揭露。正因为如此，有的西方学者称马尔库塞是"被应用的海德格尔"。

全书由9篇文章构成，共约18.5万字。

【分章导读】

第一篇文章《论萨特的存在主义》，主要从五个方面阐释了萨特存在主义产生的理论背景、主要内容，分析了萨特《存在与虚无》的内在矛盾以及对传统哲学严肃精神的瓦解。

在这篇文章的引言中，马尔库塞首先分析了萨特存在主义理论产生的时代背景。马尔库塞说，萨特所处的"时代是一个充满极权恐怖的时代：纳粹统治的力量登峰造极，德军的铁蹄践踏着法兰西"，"主体被困在沮丧和失败的牢笼之中"，人生存在"一个没有希望、意义、进步以及未来的世界中"。因而，在此时代背景下产生的萨特存在主义哲学"将要考察弥漫于我们世界的荒谬感"，像笛卡儿（又译"笛卡尔"）哲学那样，"在我思的自我确证中，在对自我的意识中，找到了自身的基础"[1]。进而，马尔库塞指出，萨特试图在具体的人类生存哲学中展开崭新的体验，萌生了新的反体系化的极端理性主义哲学——存在主义。存在主义哲学发展横跨战争、解放与重建三个时期，萨特还把存在主义定义为"存在先于本质并永远创造着本质"的学说。在这篇文章引言的最后部分，马尔库塞概要归结了存在主义哲学的理论本质，他说，"《存在与虚无》作为存在主义的哲学基础，是对人类自由的本体论—现象学阐述"，"带有浓厚的德国唯心主义哲学色彩"，"是黑格尔《精神现象学》和海德格尔《存在与时间》的重述"，"把他自己的哲学与无产阶级的革命解放理论联系在一起"，成为一种"意识形态性质的本体论"[2]。

---

[1] 赫伯特·马尔库塞. 现代文明与人的困境——马尔库塞文集 [M]. 李小兵，等译. 上海：生活·读书·新知三联书店，1989：2.

[2] 赫伯特·马尔库塞. 现代文明与人的困境——马尔库塞文集 [M]. 李小兵，等译. 上海：生活·读书·新知三联书店，1989：6-8.

在这篇文章的第一部分，马尔库塞批判性地重述了萨特《存在与虚无》一书对人际关系解释的两个基础性概念的矛盾，即"自为存在"与"他者"的内在矛盾关系，导致了自为主体、自由主体无法达到自由的理论困境。马尔库塞认为，在《存在与虚无》中，萨特区分了两种类型的存在：自为的存在（为我）与自在的存在（在我）。马尔库塞理解说："自为存在，作为人的存在，是一个不断'创造'其自身存在的自由主体"，"追问的指向就是人在世界中存在的完整和具体的结构"[①]。进而，马尔库塞指出，萨特把自由与人的存在等同起来，推出人对其存在要负全部和不可辩解的责任，人就是不断地自我创造，以达到自身的完满性与整体性。而他者的存在是对我的"注视"，构成基本内在的人际关系，包括肉体的施虐与受虐、对他者彻底摧毁的仇恨关系，使自我难以获得解放，走入西西弗斯荒谬的劳作。

在这篇文章的第二部分，马尔库塞批判性地分析了萨特自由本体论在理论与现实中的困境。马尔库塞认为，萨特在基本人际关系构想的理论基础上，最终论证的是人类存在与自由的本体论等同；萨特的论证并不是唯心主义的超验本体论哲学，他试图揭示关于人的概念的现实性。萨特认为，人在根本上是活动、行动、行为，改变境遇的决定是严格个人的构想，变革的活动是严格的个人行为，"人即使在锁链中也是自由的"。对此，马尔库塞指出，萨特的自由理论导致了一种唯心主义的绝对自由观，"对人的自由的论述到此已达到自行退场的地步"，反向证明刽子手屠刀下的犹太人是自负其责地选择的自由人，甚或可以为刽子手提供辩解，因而也就消解了自由。进而，马尔库塞指出，萨特的"自为"一词包括了我和我们，既是集体意识又是个体意识，把本体论的主体与历史的主体虚假地等同了起来，把人的存在的具体特性等同于人的普遍本质。关于具体人类存在的存在主义的本体论基础因而付诸东流了，其非辩证的自由观"回避了人在经验现世界中所经受的苦难"。

在这篇文章的第三部分，马尔库塞批判性地分析了萨特的"演示存在"概念。马尔库塞认为，萨特在描述自为对每一偶然境遇中的内在超越时，运用了"演示存在"这一术语，并强烈地暗示了这种内在超越的普遍化。马尔库塞说："在萨特哲学中，作为人的解放之杠杆的物化状态，出现在两个不同

---

① 赫伯特·马尔库塞. 现代文明与人的困境——马尔库塞文集[M]. 李小兵，等译. 上海：生活·读书·新知三联书店，1989：8-9.

层面：(1) 在作为性欲态度的个体层面；(2) 在作为无产阶级革命态度的社会层面。"但萨特并没有在这两个层面之间建立联系，第一个层面与主要的哲学论证有紧密联系，而第二个层面却完全被排斥在哲学论证之外。因而，引导萨特在物化和异化的领域中寻找自由的现实意向性，同样把他引向社会历史领域。

在这篇文章的第四部分，马尔库塞批判性地分析了萨特的自由本体论在唯物历史领域的困境。马尔库塞说，在萨特对社会历史领域的分析中，"主体的物化"表现在工厂劳动者的存在中；萨特以黑格尔的方式分析主人和奴隶之间关系的方式，分析了资本家和雇工之间的关系，认为唯物主义自由概念本身就是物化的牺牲品；萨特承认革命是人类解放的唯一方式，但前提是人有自由去把握这个解放。这在马尔库塞看来，萨特对主体自由理论的社会历史分析出现了一个荒谬的结论前提："人必须在他的解放之前就是自由的。"[①]

在这篇文章的第五部分，马尔库塞批判性地分析了萨特存在主义哲学瓦解传统哲学风格努力的失败。马尔库塞认为，从亚里士多德到黑格尔、海德格尔的传统哲学以一种"严肃精神"、纯哲学的规范性的哲学风格论说人的实在性问题，而萨特则要把传统哲学的"严肃精神"从哲学中驱逐出去，来瓦解传统哲学风格。这反映出存在主义哲学的内在矛盾——个体的人与类主体之间的矛盾。人本身作为类型是哲学的真正课题，而"人的内在核心却依然是外在于哲学的东西"。因而，萨特只能在个人主体与普遍自我之间徘徊。进而，马尔库塞指出，人只有作为具体的人才能加以描述和阐释，但萨特的存在主义却无法将人具体化，反而使人抽象化了；萨特对人生存的极权组织体验，使人们在一种自由的社会形式中去憧憬自由之外，便别无其他选择了。

在这篇文章的跋中，马尔库塞概括全篇说，存在主义让人领悟到唯有现实才有价值，似乎萨特接受了现实，不过其坚守的是彻底对抗的道路；哲学就变为了政治，成为一种政治化了的哲学，存在主义概念在向现实宣战中被拯救出来，"而在知识中，现实依然是胜利者"[②]。

第二篇文章《弗洛伊德的人的概念的过时性》，马尔库塞提出，弗洛伊德

[①] 赫伯特·马尔库塞. 现代文明与人的困境——马尔库塞文集 [M]. 李小兵，等译. 上海：生活·读书·新知三联书店，1989：39.

[②] 赫伯特·马尔库塞. 现代文明与人的困境——马尔库塞文集 [M]. 李小兵，等译. 上海：生活·读书·新知三联书店，1989：49.

学说的某些基本假定快过时了，本我、自我和超我的具体化的个人过时了，进而试图说明精神分析的基本概念本身的社会意义与政治意义，阐释其社会政治批判理论思想来源。当代社会的变迁以社会原子主义取代了弗洛伊德的精神分析模式，弗洛伊德及其传人关于理论及其治疗法之间的矛盾裂痕扩大了，因其所帮助的对象似乎是现存的权力秩序而非个人，因而只能在现代工业社会的政治生活中发光发亮。

马尔库塞指出，弗洛伊德精神分析理论"本身就是社会范畴和政治范畴"[1]，因为，弗洛伊德的学说与两次世界大战时期的社会历史背景之间存在着联系，其理性主义的分析计划描述了动态的心理结构：本我与自我、自我与超我、快乐原则与现实原则、厄罗斯（爱欲）与塔那托斯（死欲）敌对力量之间生与死的搏斗。但其思想中的社会与政治条件在现实社会已不复存在了。马尔库塞说，"弗洛伊德假定在人与社会之间始终存在着不可调和的冲突"，"他假定个人了解这种冲突"，冲突首先是通过对抗父亲而展开的。但在马尔库塞看来，弗洛伊德所假定的这种境遇已随着现代工业社会的变化而终结了，因为，古典的精神分析模式里的父亲被现代学校等群集的媒介替代了，现代工业发展使儿子不再依赖父亲，这些成为大众社会生活的基础。因而，弗洛伊德在《群体心理学与自我分析》一书中开始对古典的精神分析理论进行调整。这使得其自我解析变成了政治分析，在教会与军队这两个典型的群集中阐述自我与超我。与此同时，马尔库塞也肯定了精神分析的洞见，认为其详尽地解释了人们屈从于总体性的管理所要求的可怕的安然，这种安然使人们绝对依从于命中注定的结局。自主的自我越来越成为多余，越来越依赖于"否定的权力"——现代集群的领导者即所谓父亲形象的领导人，也就是依赖于社会群体与国家。这是精神分析的限度，一个没有父亲的社会。

马尔库塞认为，虽然弗洛伊德的作为父亲——超我继承人的领导者理论看来在完全具体化的社会中崩溃了，但其命题仍然是有某些效用的，即一切文明团体的相互认同联系是要靠"里比多"的，还有关于生存本能与进攻性力量的关系理论。马尔库塞指出，从现实社会的层面来说，对于资本主义社会，共产主义是强有力的否定自我理想和确定的现实原则本身，进攻的力量

---

[1] 赫伯特·马尔库塞. 现代文明与人的困境——马尔库塞文集 [M]. 李小兵，等译. 上海：生活·读书·新知三联书店，1989：51.

压倒求生本能的力量，作为一个基本因素在社会和政治凝聚的形式中显露出来。共产主义的现实存在成了西方社会的确定性的威胁，致使西方社会动员一切心理的和物理的手段来自我保护。而精神分析正是对这些事实遭遇的影响描述。政治对抗而生的大规模军事竞赛，产生了潜在的毁灭性力量的巨大风险。对此，弗洛伊德以爱欲与死亡欲的对抗来加以描述，社会冲突演变为快乐原则的推动力与压抑人的基本本能之间的冲突。马尔库塞看到，弗洛伊德把此种矛盾冲突看成了社会发展的矛盾动力，认为社会文明与进步是在压抑爱欲过程中实现的，充满了悲观主义的进步论色彩，把自由看成了社会控制下的自由，一种偷偷摸摸的自由。社会越是发展，对自由的压抑就越深；社会通过有效的生产率和管理效率扩大了其对个人的控制。而马尔库塞则以其爱欲说来谴责"厄罗斯"的非现实化，呼唤着"厄罗斯"在未来新的更高文明形式中的现实化。

总结弗洛伊德学说的基本政治含义，马尔库塞认为它有以下四个要点：（1）现代工业社会的根本变化，导致基本的心理结构的根本性变化，此变化过程被父亲形象的衰落，"里比多"的社会控制加强等非理性方式所证实。（2）自我的萎缩和自我理想的共同化，表明是向原始阶段的退化。（3）在未来的境遇中，文明将推动死亡本能的进攻力量，被爱欲本能的进攻力量所取代。（4）精神分析学说不能提供现成的政治选择方案，但却能够为恢复个人的自律发挥作用。据此，马尔库塞认为，弗洛伊德的过时的人的概念绝不是虚假的，精神分析从它坚决维护在社会和政治发展中已被淘汰的个人需要和潜能中获得力量，成为建立未来社会的理论基础。

第三篇文章《马克斯·韦伯著作中的工业化与资本主义》，马尔库塞分析了韦伯工业化与资本主义观念所遇到的两个问题，进而具体展开评价了其理性与合理性观念。马尔库塞认为，在韦伯的著作中，工业化与资本主义遇到了两个问题：西方的历史命运和德国的当代历史命运。作为西方的命运，它们是西方的合理性和理性观念的决定性实现；作为当代德国的命运，这些表现为德国资产阶级在民主化进程中反对革命和社会主义的斗争。由此，韦伯对社会主义尝试发动了激烈进攻，认为社会主义与西方理性观念矛盾、与民族国家观念矛盾，是一个世界历史性的错误。与韦伯理论先判相反，马尔库塞认为，其后东方社会主义却是以极端的形式发展了现代西方的合理性。

马尔库塞认为，"在韦伯对工业资本主义的分析中，哲学的、社会历史的和政治的动机在根本上被联系在一起了"，使其关于科学的内在价值自由、伦理中立性的理论"不能成立"①。因为其理论主张服从于外在的强制性,正如其在 1895 年的就职演说中所言:价值自由的经济学服从于民族的强权政治。马尔库塞指出,在韦伯的理论视野中,资本主义、理性合理性与统治之间存在着内在的必然联系。韦伯理性概念的特征要素包含三个方面的内容:经验与知识存在着数学化的倾向;在组织机构中对理性经验与证据的必要性执著;在这组织中存在着普遍的、有技术的官员。这样,理性表现为"技术的理性,表现为生产和通过有计划的和科学的机构所实现的物质(物和人)的转化。这种机构是为着可计算的效率这个目的而建造起来的;这种机构的合理性组织着并控制着物和人、工厂和整个科层、工作和闲暇"②。马尔库塞洞见到,韦伯把资本主义现实合理性的焦点归结到私有企业,这种合理性的发展使疯狂追求生产率的理性,演变为非理性的理性。马尔库塞指出,为从理论上完成资产阶级技术理性的历史使命,作为资产阶级知识分子的韦伯,对激进左派等推荐了左轮手枪、疯人院等,进而把资产阶级工业化完全设想为强权政治的一种形式——帝国主义。马尔库塞说,韦伯也预见到处于资本主义底层的无产阶级的发展,但他并不把此视为最大的危险;韦伯把资本主义定义为一种"货币计算的特殊形式",一种形式合理性。按照韦伯的定义,马尔库塞推论说,一种总体上的计划经济即非资本主义经济,从形式合理的观点来看,必然比资本主义经济更加合理。

面对韦伯理论的内在矛盾,马尔库塞指出,资本主义的形式合理性存在着两方面的内在极限:一方面是私人企业或作为经济活动计算性的现实主体的私人企业家;另一方面是自由劳动造成的工人与生产资料的分离。以效率为代表的科层管理、科层政治随着现代工业的发展逐步推向整个社会,以合理性的形式加强着社会控制,成为一种纯粹客观的统治。进而,马尔库塞推论出,科层组织最后服从于一个具有超凡魅力的领袖,一种带有宗教神秘性质的领袖,成为非理性的合理性而终结了理性,资本主义演变为帝国主义。最后,马尔库塞沿着韦伯的理论推演出一幕不幸的现实结局:如果韦伯活到希特勒法西斯帝国主义时代,看到资本主义高效的理性有计划地消灭千百万人的生命,他是否会修改其资本主义与合理性的观念?无论如何,理论与现

---

① 赫伯特·马尔库塞. 现代文明与人的困境——马尔库塞文集 [M]. 李小兵,等译. 上海:生活·读书·新知三联书店,1989:77.
② 赫伯特·马尔库塞. 现代文明与人的困境——马尔库塞文集 [M]. 李小兵,等译. 上海:生活·读书·新知三联书店,1989:81.

实两方面证明,资本主义的合理性终结了,韦伯对于资本主义形式合理性的分析,并没有摆脱价值判断。但技术理性作为统治社会的理性,可以在其结构中加以改良,使之成为一种解放的技术。

第四篇文章《文化的肯定性质》,马尔库塞受到霍克海默尔"肯定的文化"和现代文化的虚假观念一些说法的启发,对肯定文化的历史发展、核心内容与重大意义进行了深刻而流畅的阐述。

马尔库塞认为,所有知识来源于实践的观念是古代哲学的精华,亚里士多德对知识展开了等级区分,把形而上的知识视为最高,因为它是理性的最高部分。与此相应,亚里士多德认为,人类灵魂也有高低之分,感性灵魂是低级的,理性灵魂是高级的。与柏拉图、亚里士多德的观念不同,马尔库塞认为,真正的哲学、形而上学所要探讨的是真、善、美,不是柏拉图的哲学王观念论,也不是亚里士多德的城邦政治哲学。尤其是当历史发展到资本主义时代,知识不再是少数精英贵族的专利,社会物质生产与精神、观念、狭义文化的生产一体化了,文化的普遍性与普遍合法性出现了,出现了"肯定的文化"概念。

马尔库塞界定说:"所谓肯定的文化,是指资产阶级时代按其本身的历程发展到一定阶段所产生的文化",其"根本特性就是认可普遍性的义务,认可必须无条件肯定的永恒美好和更有价值的世界"[①]。马尔库塞认为,资产阶级文化宣扬一种人人自由的普适性理想与抽象平等观念,但在实践中却只是实现了少数人的自由与事实上的不平等。这就造成了一种文化内部的矛盾性,因而在实践中,它只能对自身修修补补,不能是整体打碎。近代西方唯心主义与资产阶级社会达成了一致性,而崭新的唯物论哲学却在关注着大多数人的自由与幸福实现,为资产阶级肯定文化未竟的事业——自由人的联合体的理想人类发展目标而进行着斗争。因而,马尔库塞指出,在现实的世界中,资产阶级肯定的文化不能带来物质与社会关系的普遍自由、平等,只能借助个体灵魂的内在活动,把文化的王国变为灵魂的王国。

马尔库塞认为,真、善、美的世界只是一个理想的世界,它处于生活的实际条件之外,脱离了人实践的存在形式。最崇高的真理、最高尚的德行、最悦人的愉快,这些构成人类真正内涵的东西,成为一种"奢侈品",只有少

[①] 赫伯特·马尔库塞. 现代文明与人的困境——马尔库塞文集 [M]. 李小兵,等译. 上海:生活·读书·新知三联书店,1989:120.

数精英才保存着对真、善、美的快感。唯有整体打碎当前这个世界，人才能达到理想的世界，就是一个自由人和理性人的联合体。因而，肯定的文化的重要社会任务，是以恶劣生存难以忍耐的变化莫测，与需要幸福以便使这种生存成为可以忍耐的东西这两者之间的矛盾为基础的。肯定的文化是历史的形式，保留着超越了生存的物质再生产的人类渴望。

马尔库塞认为，自赫尔德以来，文化问题就成为精神价值问题；自笛卡儿、康德以来，文化中的核心内容——灵魂成为他们哲学研讨的重要内容。而黑格尔哲学在其精神现象学中，精神取代了灵魂成为文化的核心内容，成为意识与自我之间的中间环节，使灵魂的概念与精神的概念愈发矛盾冲突起来。灵魂概念自文艺复兴时被表达以来，就被看作是世界未开垦的处女地，宣告一个人类解放的理性新世界。肯定的文化宣扬感性受制于灵魂，为克服单子式的个人统治，意味着要相互联合，以更高级的社会形式来代替个体主义的社会，把人提升到理想的高度。但现实社会中人类发展是不完满的，因而，这种人类社会文化理想典型化实现，就在于艺术之中。而且，那种乌托邦的、幻想的对现实世界的反抗，在艺术中能够获得资产阶级的允许，真理靠美的形象恢复了自身的光彩而摆脱了当下的困境，并把人置身于幸福之中。在肯定的文化看来，无灵魂的领域不属于文化的范畴，唯有艺术才能展现社会生活的整体性，而哲学与宗教却不能再生产出一种文化的幸福。这正如席勒之学说，一个更美好的社会组织，必须借助于审美王国，因为人正是通过美而达到自由。这也正如马尔库塞所言，艺术对现实社会问题的解决是幻象的艺术之美，伟大的德国文学家歌德曾揭示出美的欺骗与安慰作用。作为一种历史形式的肯定文化，一直保留着超越了生存的物质再生产的人类渴望。现实层面来说，把美作为当下的东西展示的时候，实质上是宁息了反抗的欲望，在人格的观念中实现着自身。因此，马尔库塞指出，现实的策略是进一步完善人格，弘扬肯定的文化。

第五篇文章《哲学与批判理论》，马尔库塞批判了近代西方哲学的理性自由观念，展示了法兰克福学派著名的社会批判理论的重要内容与全新创造，以及对马克思主义哲学的全新理解，提出要以崭新的社会批判理论代替哲学，以从社会现实中，而不是在内在思想观念中来实现人类解放的目标，带给现代人以具体的快乐与幸福。

马尔库塞认为，当批判的社会理论在 19 世纪 30 年代兴起之时，近代哲学的发达形式——德国古典哲学还处于进一步发展的鼎盛时期。然而，一旦批判理论从经济角度——非神圣形象的自我异化出发,去把握现存社会秩序整体的架构时,"哲学就成为多余的东西"①。而全新的唯物主义世界观,"从人的历史存在出发去解释人及其世界的整体",其"相关的哲学内涵是从经济结构中抽绎出来的"②,但它并不把自己看作是一个哲学体系。因为,在马尔库塞看来,哲学或哲学家作为一种劳动分工产物的存在,其活力主要是因为理性尚未变为现实。理性可以被视为哲学思维的根本范畴,"是哲学与人类命运联系的唯一方式。哲学试图去发现存在的最终极和最普遍的根基"。在资本主义时代的哲学中,理性采取的是合理的主体的形式,理性的概念蕴含着自由,并随着自由理性的提出而使哲学走到了极限。哲学把自足和独立异在的东西,看作是主体自由的唯一保障,坚信最高级的存在方式是其自身中的存在。理性主体在思维的烦闷的劳动中,在自我构造世界的过程中,以各种唯心的思维方式达成自由的普遍性,但没有在具体中实现对自由的发展。不过,这种哲学的理性自由观念不属于意识形态,因为其没有涉及理论在变革社会结构中的利益,不涉及政治。因而,马尔库塞归结说,这种资产阶级哲学"既反对批判的社会理论的真正唯物主义,又反对资产阶级实际生活中的虚假的唯物主义……在根本意义上是个人主义"③。

马尔库塞认为,理性哲学建构的观念现在已被合理的社会创建所取代,这充分表现在对最美好的国家和最大快乐的现实构想中,也表现在对完满的幸福和永久和平的构想中。马尔库塞还指出,其批判的社会理论不同于单纯的经济决定论,而是让经济从属于人的需要,通过变革社会的经济基础与上层建筑,在推动社会大发展、废除私有财产的同时,实现大众的幸福与利益。当然,在这一社会历史进程中,还会出现一定的不自由与不平等。其批判理论设想的解放人类奴役关系的新秩序的未来图景,代表了人类的渴望,处理着超越现存经济条件领域的内容,取代理性构想与神学的未来,积极从事变革、批判社会现实的斗争与自我批判。

第六篇文章《论经济学劳动概念的哲学基础》分为八个部分。马尔库塞在马克思的自由观念的影响下,从马克思的经济学哲学手稿中所阐发的劳动、

---

① 赫伯特·马尔库塞. 现代文明与人的困境——马尔库塞文集 [M]. 李小兵, 等译. 上海: 生活·读书·新知三联书店, 1989: 173.
② 赫伯特·马尔库塞. 现代文明与人的困境——马尔库塞文集 [M]. 李小兵, 等译. 上海: 生活·读书·新知三联书店, 1989: 174.
③ 赫伯特·马尔库塞. 现代文明与人的困境——马尔库塞文集 [M]. 李小兵, 等译. 上海: 生活·读书·新知三联书店, 1989: 182.

实践观念入手，批判了经济学观念的狭隘性矛盾，富有见地地阐发了劳动概念、自由观念。其中，他对马克思理论的一些理解虽有些偏颇，但其中也不乏闪光之处。

在这篇文章的第一部分，引出对劳动概念的哲学探讨。马尔库塞认为，在西方经济学理论中，对劳动概念做出了非明确的规定，仅仅把劳动理解为经济学领域中的实践，即一种经济的活动。这种对劳动的模糊性规定，不足以说明劳动在整个人类存在中的地位、意义与作用。因而，必须超出经济学意义上的劳动概念，对一般"劳动概念进行一次根本的哲学讨论"，从劳动的事实情况出发，对"人的此在内部的地位和意义才能得到可靠的描绘"[1]。马尔库塞回溯了相关的理论探讨，如30年前舍勒曾尝试对经济学概念进行哲学阐释；韦伯采取了相反的道路；现代劳动学则试图把劳动概念变成同经济—技术领域无关的心理学问题。但在马尔库塞看来，这些对劳动概念的非哲学解释无法正确理解劳动的本质，因为，劳动是一种本体论的概念，它是人的此在本身的存在。从哲学视角对劳动本质进行彻底思索的是黑格尔，马克思在《1844年经济学哲学手稿》中继续加以推进，并进入到施塔因的社会学说之中。

在这篇文章的第二部分，描述了经济学的劳动概念，讨论了黑格尔、马克思、施塔因的劳动概念。马尔库塞认为，黑格尔把劳动理解为"做"，一种意识的纯粹自为自在回到自身，成为劳动对象而表现为实体。施塔因也持类似观念。在对政治经济学进行研究之后，马克思在早期的经济学哲学手稿中，接受了黑格尔的抽象劳动概念，把劳动看成是人的自我产生的客体化活动。这成为马克思劳动概念的基础，在马克思的《资本论》中有了更加丰富具体的分析与论证，并把劳动看作是劳动过程、劳动对象与劳动者三者的统一。

在这篇文章的第三部分，讨论了通常与劳动概念相对立的游戏。马尔库塞认为，除了劳动之做，还有游戏之做。游戏也是主体人同对象打交道，也是对对象性的一种自由超越，但与劳动是不同的。因为，游戏在人的此在中根本不具有持续性与经常性，是个别的间断发生，而劳动具有持续性、经常性与本质上的负担性，作用于人类此在发生的全过程。

在这篇文章的第四部分，讨论了劳动作为实践发生之做。马尔库塞认为，

---

[1] 赫伯特·马尔库塞. 现代文明与人的困境——马尔库塞文集[M]. 李小兵，等译. 上海：生活·读书·新知三联书店，1989：208.

人类生命的发生就是其本身做、劳动实践的结果，人的发生是一种持续的发生创造的过程。人类在生产与再生产的中介下实现着自身的目的，需要成为其劳动行为的重要动力。人不仅是一种"自由—有机的存在"，更是一种社会历史性的存在，因而，永恒的劳动实践活动不单是满足需要的活动，更是一种超越此在的不断的创造性活动，这可以说是人类不可消除的生活宿命。

在这篇文章的第五部分，讨论了劳动的对象化。马尔库塞认为，人在劳动过程中的对象永远是物本身，这是第一位的，在自身的外化、异化过程中获得自身。

在这篇文章的第六部分，讨论了劳动的负担性、劳动本质上的物性与消极性三者间的关系。马尔库塞认为，人类通过劳动实际地进入非常具体的历史情境，并加工着未来。"唯有在劳动中，作为历史的人才变成现实的人"①，并获得自己确定的地位，也在劳动关系中获得某个阶级、等级集团的无力性。

在这篇文章的第七部分，讨论了劳动在人类此在整体中的地位。马尔库塞概括总结说，劳动是"建筑在人类自己此在通过认知——中介上的生产和再生产实践的发生创造"②，对一切人类实践活动具有决定性，构成人类本体论的基石。

在这篇文章的第八部分，讨论了劳动分工。马尔库塞认为，劳动的目的存在于劳动本身之外，在现代资本主义社会旧的分工体制下，劳动者只有在执行自己的动物机能时，才觉得是自由的，而在执行人的机能时，却觉得自己不过是动物。他赞同马克思的这一观念——物质的生产和再生产领域始终是一个必然王国，这个必然王国的彼岸，作为目的本身的人类能力的发展，真正的自由王国就开始了。

第七篇文章《总体主义国家观中反对自由主义的斗争》，阐述了总体—独裁主义国家观这种反自由主义思潮四个方面的来源，即生命哲学、人的英雄化、非理性主义的自然主义和整体主义，及其三个组成部分，即整体主义、自然主义和存在主义。

马尔库塞认为，第一次世界大战后，随着总体—独裁主义国家的建立，产生了一种新的政治世界观，英雄民众现实主义是其对社会历史的看法。用

---

① 赫伯特·马尔库塞. 现代文明与人的困境——马尔库塞文集 [M]. 李小兵，等译. 上海：生活·读书·新知三联书店，1989：239.
② 赫伯特·马尔库塞. 现代文明与人的困境——马尔库塞文集 [M]. 李小兵，等译. 上海：生活·读书·新知三联书店，1989：243.

克里克的话说，总体主义国家观坚持血统、种族、荣誉、有机整体、勇气、政治国家、民众，反对形式理智、理性、利润、自由的任性、个人主义、社会等。这场反对自由主义的理论思潮起初在哲学领域展开，而后扩展到社会政治领域的斗争。其重要的思想来源如下。

一是人的英雄化。马尔库塞认为，第一次世界大战前很久，一类新型的杰出人物受到经济学与哲学的普遍赞美。这个新人的形象由北欧的海盗时代、普鲁士军人时代等而来的性格特征所构成，是一种英雄类型的人，服从于血与土的力量，并逐步扩展成了具有非凡魅力的领袖的幻象，站在反对资产阶级和唯理智论的前列。

二是这种新人形象在生命哲学中得到证明。马尔库塞认为，生命哲学把超越善恶之外的生命看成是创造历史的力量，形成了一种反理性主义和唯物主义的历史观，并在存在主义的总体国家观中进一步丰富内容。它与狄尔泰的生命哲学名称相似，从尼采那里吸收了不平等、毁灭与悲哀，其社会功能在施本格勒那里得到了清楚的说明。人的英雄化和生命哲学这两种潮流具有的共同倾向，就是把生命从一种处于具体的主导利益之上的普遍的、创造一个理性的人类社会的命令的强制中解放出来，把存在交付给预先给定的不可侵犯的力量。

这种共同倾向进而导致了第三个来源：非理性主义的自然主义。马尔库塞认为，这种自然主义把历史和社会解释为神秘的自然—有机过程，成为自主的、理性的实践的真正对手。自然面对着外自然的经济与社会，面对着由代表整体反对个人的强大暴力机器所支持的秩序，面对着统一的整体。

这种总体化理论的理想化导致了第四个来源：整体主义。马尔库塞认为，在社会理论中，整体主义很快成为一种政治辩护的学说，认为总体是由民众来代表的，民众本质上是一个自然—有机的统一整体，并与自然主义重新结合起来。在同自由主义的斗争中，英雄民众的现实主义吸收了自由主义的一些因素，逐渐发展成为总体—独裁主义国家理论。这一实现过程，伴随着资本主义从自由竞争到垄断的资本主义而来，经济的发展需要强烈的整体主义倾向。在自由主义理论中，对社会的自然主义解释和最终导致非理性主义的自由主义理性主义，是构成新的政治和社会学说的最重要的来源。自由主义认为私利和公利的矛盾最终会自然地在整体和谐中得到解决，这与总体主义的政治理论对整体的强调是契合的。自由主义主张社会的合理性建构与社会批判，非理性主义的社会理论把理性置于他律之下，削弱理性批判，并在垄断资本主义社会走向帝国主义的强大国家。

马尔库塞指出，这种新的社会与政治理论有三个组成部分。一是整体主义。它坚持整体对于部分的优先性与基础性，成为英雄民众现实主义的基本命题。这充分体现在总体——独裁国家的纲领性宣言中。经济的发展，垄断资本主义发展引出强烈的整体主义倾向的出现，为英雄民众的总体主义政治理论提供了必需的社会基础。二是自然主义。英雄民众现实主义的神话，强调由民众所代表的总体自然属性，而经济的和社会的关系是偶然、短暂和没有意义的，历史也是暂时的事件，盛赞新型的英雄，进而走向了西方自由理想的反面。三是存在主义。存在主义曾把自己看成是德国唯心主义的继承人，它成了总体主义政治理论的决定性因素。在海德格尔的存在主义哲学中，对自由起源的彻底否认，对理性的斗争，驱使自身盲目地投入现代权力的怀抱，成为宏伟哲学的叛徒。存在主义崩溃于其政治理论实现之时，标志着德国哲学的真正衰退。

第八篇文章《论快乐主义》，探讨了哲学史上的一个重要问题：快乐、幸福与自由问题。概而言之，马尔库塞认为，快乐、幸福与自由应是主客观的统一。"快乐"问题是马尔库塞哲学的基础性问题。他是在广阔的文化历史发展的大背景下，并且主要是在研究伊壁鸠鲁派和昔勒尼派快乐观的基础上确立自己的"真实"快乐观的。在马尔库塞看来，"真实"快乐观必须是批判的，因而是超越的；它也必须是理性的、自由的，并且认为只有理性、自由成了社会的现实，人类才能拥有"真实"的快乐。

马尔库塞认为，由于真实的快乐与虚假的快乐是对峙的，因此，幸福就受真理标准的支配。如果人的存在要在快乐中达到它的最高值、达到幸福，那么不是每一种快乐的感觉本身都是幸福。在至善的道德观念中，幸福仍是至善的"组成部分"，但是它只能屈从于道德法则的普遍性。现代社会的个人幸福是毫无价值的偶然性。这是因为，幸福只能是社会实践中的幸福，而这种幸福是被道德观念规范的幸福，也即幸福只能是被社会认可的、理性的、道德的主体的幸福，享受与幸福不可能是普遍的、平等的。大多数人只能消费廉价的商品，价格昂贵的消费品对于他们是可望而不可即的。这些消费品的消费者只能是社会各阶级中的贵族部分，这种状况是由社会的阶级状况决定的。

马尔库塞指出，把幸福看作是个人需要的全面满足这种看法是抽象的和错误的。因为，这样就把需求的现存形式看作最终的东西了。这样一来，它们就是既非善恶也非真假的东西。在批判理论中，幸福观念已从资产阶级的盲从主义和相对主义的任何束缚下解放出来，它成了普遍的、客观的真理的一部分，就它维护一切个人的利益而言，它对一切人来说都是有效的。具体说来，黑格尔对幸福主义的批判洞见了幸福所必需的客观性，幸福不再是纯粹的主观感觉状态，幸福最终存在于自由之中。因为，幸福的实在性，是解放了的人类在它与自然的共同斗争中自我确定的自由的实在性。

最后一篇文章《艺术，作为现实的形式》，分为形式的领域、古典美学、对艺术的反抗及超越现存的劳动分工四个方面的问题，从艺术与现实关系的探讨入手，回溯了古典美学传统，赞扬了为艺术而艺术的观念。基于资本主义社会的批判目标，移用马克思主义的异化概念，马尔库塞运用否定的辩证法提出了艺术异化理论，其核心是重新拟定艺术与社会现实之间的关系。其要义是，艺术在本质上是运用现实的形式对现实不合理性的否定与超越，艺术是对异化的存在的升华，其目的是向技术统治的单向度社会发起冲击。作为否定性思维的唯一载体，艺术要承载主体"大拒绝"与自由解放的功能。

马尔库塞在"审美之维"中，认为马克思主义美学观念都是从经济基础—上层建筑的概念中得出来的。而从纯认识论的角度来说，艺术是对既定社会现实的反映，什么样的社会现实必然决定了与之相应的艺术。艺术作为人类的普遍精神现象之一，当然取决于具有物质属性的社会现实。在这一点上，马尔库塞与马克思主义保持了一致，都承认艺术的现实性。但是，马尔库塞运用辩证法的目光把艺术的现实性分解为关乎两种不同层次的现实，即社会现实与艺术现实，社会现实是社会的客观存在。马尔库塞指出，在资本主义发达工业社会里，在肯定性思维取得胜利的单向度的时代，艺术与社会现实的距离，艺术与既定文化的裂口正在被日常生活经验悄悄抹平，合理性与不合理性的差异在平淡无奇中得到了调和，否定要素被肯定要素所吸收。这已在日常经验中得到证明，这种情况混淆了合理现象和不合理现实之间的差异。

── 【意义与影响】────────────────

1968年，此书的英文、德文版问世。1988年，此书的中文版问世。1999年，美国研究现代性与后现代性的著名学者道格拉斯·凯尔纳曾指出："当我们接近新的世纪时,马尔库塞的著作仍然具有针对性,因为他所考虑的主题对当代的理论和政治学仍然具有重要性。"① 具体说来,马尔库塞这部著作中所阐发的批判理论对国内外学术界产生了四个方面的重要影响。

首先,马尔库塞的社会批判思想既有对现代资本主义社会丰富而深刻的批判,又有对未来理想社会的乌托邦勾画,具有理论与现实的启发性。马尔库塞的社会批判理论无论是对现代资本主义社会,还是对现代社会主义社会,都具有启发意义。但是,按照马克思的人类解放理论,马尔库塞单纯的理论批判与建构只能使人在思想中站起来,并不能使人在现实中站起来,这是其理论批判的局限性。

其次,马尔库塞对科学技术的社会学批判具有某些合理之处。他也在相当大的程度上注意到了发达工业社会科学技术社会功能的双重性,即科学技术既是第一生产力,又是一种新的社会控制形式。马尔库塞将批判的焦点集中在科学技术的消极社会功能上,在一定程度上揭露了发达工业社会利用科学技术,来为自己统治的合法性做辩护这一客观事实。但是,由于马尔库塞撇开不同的社会制度和文化传统来抽象地讨论科学技术的社会功能,将对科学技术的具体运用所造成的危害归咎于科学技术本身,把科学技术看作是社会的病态和人的异化的根源,片面地夸大了科学技术在发达工业社会所具有的潜在消极性。因而,他也就无法对科学技术推动社会进步和人的发展这一积极社会功能做出正确评价,不可避免地陷入科学技术悲观主义的泥潭之中。

再次,马尔库塞在对科学技术的批判过程中,具体地揭露了科学技术异化的种种现象,讨论了科学技术与人的解放等富有意义的理论问题。这些可以说都是在现代文明背景下出现的新现象和新问题,对认识当代资本主义的新特征以及当代中国现代化是不无裨益的。马尔库塞对科学技术所做的批判性思考,在一定程度上为我们提供了一面理论之镜,有助于我们清醒地认识现代化发展征途上可能存在的误区,特别是警诫我们要自觉地确立科学技术发展的正确价值目标,在科学主义与人文主义之间保持必要的张力。

最后,通过把弗洛伊德的"爱欲论"与马克思的"异化劳动"理论相结合,马尔库塞分析了当代"工业发达社会",得出了当代资本主义国家是"爱欲受压抑的社会""攻击性的社会""一体化的社会""集权主义的社会"。虽

---

① 道格拉斯·凯尔纳. 马尔库塞的遗产[J]. 陆俊,译. 北京科技大学学报(社会科学版), 1999 (1).

然，马尔库塞在某些理论和认识上存在着欠缺，但瑕不掩瑜，这些理论有助于人们正确认识发达资本主义国家。

───【原著摘录】────────────────────────

论萨特的存在主义 P1-49

P2　意识到自身力量的笛卡儿式的主体，所面对的是可以获益于计算、征服、控制的客观世界；而现在，主体本身就变得荒谬，他所处身的世界也失去任何目的和希望。

P7　因此，存在主义呈现出两种明显是矛盾的侧面：一方面，是以现代的方式重新组合的历时常新的意识形态，即在面对人的现实奴役时，去构造超越性的人类自由的安稳处；另一方面，则意在对这种意识形态进行整体否定的革命理论。

P13　存在主义的内在推动力并非毫无目的和毫无意义；作为人的生存的基本构想，总是旨在达到自身所缺乏的一致性，达到自身的完满性和整体性。

P27　萨特的存在主义复活了黑格尔为人的自由和合理条件而设立的论题。可是，在黑格尔那里，这种条件的实现仅仅是整个历史过程的目标和目的。萨特走了一条本体论的捷径，把这一过程转变为"自为"的形而上学条件。

P33　在萨特哲学中，作为人的解放之杠杆的物化状态，出现在两个不同层面：(1) 在作为性欲态度的个体层面；(2) 在作为无产阶级革命态度的社会层面。萨特并没有在这两个层面之间建立联系：第一个层面与主要的哲学论证有紧密联系，而第二个层面却完全被排斥在哲学论证之外。

P38　在萨特对社会历史领域的分析中，主体的物化（这在私下领域是作为肉身的肉体表现出来的），表现在工厂劳动者的存在中。

P39-40　质言之，人必须在他的解放之前就是自由的。萨特认为这个前提条件摧毁了唯物主义的基础；而按唯物主义的看法，人完全被物质世界所决定。

P42　萨特认为，唯物主义自由概念本身就是物化的牺牲品，因为它是以事物之间的一种新的关系、事物的一种新的组织形式去看待事物的。

P49　在萨特的思想中，纯粹的本体论和现象学由于现实历史的侵入，由于与马克思主义的争论，由于采纳了辩证法，便退隐而去。

弗洛伊德的人的概念的过时性 P50-74

P51　精神分析的范畴无须与社会的和政治的状况"联系"起来——它们本身就是社会范畴和政治范畴。无论精神分析是积极的或消极的，它都能够在管理和批评作用中成为有效的社会和政治工具，因为弗洛伊德在本能的动机和满足的最深的领域内发现了社会与政治控制的结构。

P53　在弗洛伊德看来，个人与社会之间命中注定的冲突首先是通过对抗父亲而展开的。

在这种境遇中，自我与超我在与作为现实原则的典型代表的父亲的搏斗中形成了。这种境遇是历史的：它随着两次世界大战期间形成的工业社会的变化而终结了。

P54　我想仅仅强调影响社会结构和心理结构的两个相互联系的倾向。首先，在古典的精神分析模式里，父亲及其控制的家庭是心理社会化的代理人……其次，父亲作用的衰落伴随着私人和家庭企业作用的衰落。

P63　精神分析的基石是，在本能需要与社会需要的斗争中——它是自我内部和自我反抗个人权威的斗争——社会控制出现了。

P69　在弗洛伊德看来，性失去了它本质上的性欲特征，失去了它摆脱社会控制的自由特征。

马克斯·韦伯著作中的工业化与资本主义 P75-109

P76　按照韦伯的观点，不论社会主义对人可能做什么，它必然首先地和先于一切评价地被理解为必然的理性。

P84　在韦伯的分析过程中，摆脱价值的资本主义合理性概念成了批判概念——不仅仅是"纯粹科学"意义上的批判，而且也是一种评价性的、目标确定的具体化的批判。

P89　韦伯一次又一次地在与一种物质性的（实质性的）合理性的比较中，定义形式的合理性，在这种物质性的合理性中，人的经济维持"从某种评价性假设（不论何种类型）的角度"进行考虑。

P91　在马克斯·韦伯看来，正是技术和经济上必要的组织纪律的保证人，成了现代工业社会所要求的整个纪律的模范。

P94　在韦伯的著作中，对资本主义的形式分析成了对统治形式的分析，这不能怪罪于概念或方法的不连续性；它们的纯粹性本身表明了它们的不纯粹。

P104　资本主义的现阶段是由国家的强权政治统治的：资本主义就是帝

国主义。但是它的管理仍然保持其形式上的合理性，即保持其科层统治。

P105　马克斯·韦伯对于资本主义的分析，就其把资本主义所特有的评价放入对形式的合理性的"纯粹的"定义中来说，并不完全是摆脱价值的。

文化的肯定性质 P110—172

P113　真、善、美的世界，事实上只是一个"理想"的世界，因为它处于生活的实际条件之外，因为它脱离了人的实践的存在形式，多数人实际上不是靠像奴隶那样劳作为生，就是靠买卖为生，只有少部分人有机会在维系必需的生活和生存之外再干点什么。

P114　最崇高的真理、最高尚的德行、最悦人的愉快，这些构成人类真正内涵的东西，在根本上就与人类生存所必需的东西完全分割开来了，它们遂成为一种"奢侈品"。

P115　当国家大多数成员竭尽一生去从事为提供生活必需品的毫无乐趣的劳作时，只有少数精英才保存着对真、善、美的快感。

P120　所谓肯定的文化，是指资产阶级时代按其本身的历程发展到一定阶段所产生的文化。在这个阶段，把作为独立价值王国的心理和精神世界这个优于文明的东西，与文明分隔开来。

P124　这个世界的变革不可能是修修补补的，唯有整体打碎。资产阶级古典艺术把它们理想形式与日常事件的距离拉得如此之大，以致那些在日常生活中受难和充满希望的人，只有跃入一个全然不同的世界才能发现自己。

P128　人所达到的最高目的，就是一个自由人和理性人的联合体；在这个联合体中，每一个人都有同样的机会，去展示和完善他所有的潜能。

P153　肯定文化的重要社会任务，是以恶劣生存难以忍耐的变幻莫测，与需要幸福以便使这种生存成为可以忍耐的东西这两者之间的矛盾为基础的。

P164　肯定文化的英雄形式的概观，最清楚地表现在集权国家所作的意识形态宣传中。

P169　从现存秩序的利益出发，真正取消肯定文化必定会出现乌托邦，因为它超越了文化被围于其中的社会整体。

哲学与批判理论 P173—204

P174　批判的社会理论就其对它的创始者的信仰来看，根本上是与唯物主义相联系的。

P175　现存的一切并非自然而然地是或已经是合理的，相反，现存的一切必须被带到理性面前。

P182－183 理性论的批驳和反抗总是唯心主义的，它并未延伸到现存的物质条件。

在资产阶级时代，理性的现实成为自由的个人应予完成的任务。主体是理性的立足之地，是使客观性成为合理的过程的起源。

P187 批判理论已经区分出自由得以实现的不同阶段，指出了那些新的时代不可避免地将要负载的不自由和不平等。

P193－194 批判理论意味着仅仅揭示特定的社会条件，这是因为哲学无力以一种全面透彻的方式提出这一问题；批判理论试图指出任何其他的解决都处在哲学疆域之外。

P196－197 批判理论所关心的是避免丧失掉那些过去的知识奋力获取的真理。

P202 批判理论是对其自身的批判，是对那些构成它自己基础的社会因素的批判。

P204 批判理论必须以一种前所未有的程度关注过去——因为它关注着未来……过去哲学中关于未来的真理所引发的反省，揭示出那些超越今日无政府条件的因素。因此，批判理论仍然与这些真理息息相关。这些真理作为过程的一部分表现在批判理论中：它们为意识展现了那些已经出现在成熟历史境遇中的潜能。它们被保存在批判理论的经济概念和政治概念中。

论经济学劳动概念的哲学基础 P205－258

P208 正是一般的劳动概念所得到的这种"不确定的内容"才使我们有责任再回过头来考虑这种"一般的劳动概念"。

P216 人在不理睬对象的同时就达到了自身，就进入了他的自由领域，这种自由正是劳动中尚付厥如的。

P219 从游戏角度看，劳动的做首先通过三个因素表现出来，即通过它本质上的持续性、经常性和本质上的负担性。

P223 劳动就建筑在这种中介的、知道的做之中，在人的此在的这种持续的生产和再生产之中（这同动物的此在的直接的让发生是相对的）。

P231 人的存在总是多于他当时的此在，——它超越每一种可能的状态，因而它就恰好处同自身的不可消除的矛盾之中；这种矛盾要求一种持续的劳动以达到对这种矛盾的克服，虽说此在永远不可能止息于对它本身以及它的世界的占有。

P245－246 历史此在的世界分为两个领域：一是必要的现存物以及必须

可以支配的领域，基于此，此在才可能发生；一是并非纯必要性的领域，而是自身内在实现和完成的领域。

P251　自然劳动分工和社会劳动分工（按所有不同的分工原因和分工原则）在以下这点上达到一致，即分工了的社会是在支配的和被支配的劳动中（进行安排的劳动和受安排的劳动）得到实现的。

P252　于是，社会的劳动分工和当时的社会"生产关系"在此就以一种决定性的方式抵制着一切"本质的"劳动分工（本质的劳动分工即指按照此在固有的可能性作出的分工）。

P254　黑格尔和马克思最深刻的思想之一即在于，把整个此在都维系于物质的生产和再生产，就会使这种此在本身物化，并切断它向自由实践领域的通道。

P255　于是，劳动的重负和劳累就整个地落到了物质的生产和再生产领域（只要它仅仅基于劳动的对象），落到必然的实践，与此同时，此在的自由因素则从这种实践中被分离。

P257　此在整体被固执于相对抗的此在方式的经济—社会分工的扬弃，从独立的、空洞的实践以及从掐断人类实践完成领域的物质的生产和再生产，转入到由这种领域出发统治着的、划定的、完成的实践，是以下可能性的条件，即重新归还给此在它所固有的劳动，即劳动从异化和物化中解放出来并重新成为按其本质所是的劳动，亦即完整的人在他的历史世界中完全的、自由的实现。

总体主义国家观中反对自由主义的斗争 P259－313

P262　人的英雄化和生命哲学这两种潮流具有共同的倾向，这就是把生命从一种处于具体的主导利益之上的"普遍的"强制性的理性（以及从这理性中产生出来的关于创造一个理性的人类社会的命令）的强制中"解放"出来，把存在交付给预先给定的"不可侵犯的"力量。

P263　自然主义基于一个由新世界观所构成的等式之上：自然，作为原始的东西，它同时是自然的、真实的、健康的、有价值的和神圣的。那些在理性之下的东西，借助于自然的"超越善恶之外"的功能，把自己提升为超越理性的东西。

P264　与个人不同，社会总体作为自我维持的和基本的现实，凭借它的纯粹总体的性质，成了自我维持的和基本的价值：总体之为总体，是真实的、名副其实的。整体主义不问每一总体是否必须首先在个人的法庭面前为自己

P274　可以肯定,自由主义的自然主义在本质上,是某种理性主义思想体系的一部分;而反自由主义的自然主义则是非理性主义思想体系的一部分。

P281　这种发展本质上是资本主义社会从以独立的个人企业家的自由竞争为基础的商业和工业资本主义,向垄断资本主义的转变的一部分。

P284　强烈的整体主义倾向并不是作为一种哲学思辨出现的;事实上,经济的发展需要它。

P287　自然主义的神话首先在于把自然唤作"永恒的"和"神意的"。这尤其适用于民众的总体,民众的自然性是这个神话的基本主张之一。

P298　在这种形式中,存在主义成了总体主义政治理论的决定性因素。必须从一开始就强调,在政治存在主义中,没有对"存在的"一词在概念上下过定义,甚至连下定义的尝试都没有。

P301　要稳定现成的社会结构,只有通过能够同时释放发展的进步力量这样一种方式才有可能。

P308　存在主义最初是以个人存在的"私人"性质,以它的不可消除的、个人的"总是我的本我"为基础的。

论快乐主义 P314-363

P316　黑格尔对幸福主义的批判洞见了幸福所必需的客观性。如果幸福不过是特殊利益的直接满足的话,那么,幸福主义就包含有使人恪守任何既定生活形式这一非理性的原则。

P318　两种类型的快乐主义——昔勒尼流派和伊壁鸠鲁流派通常是可以区分的。昔勒尼派的论点的出发点是:个人特定的本能与需要的实现是与快乐的情感联系在一起的。

P334　由于真实的快乐与虚假的快乐是对峙的,因此,幸福就受真理标准的支配。如果人的存在要在快乐中达到它的最高极值,达到幸福,那么,不是每一种快乐的感觉本身都是幸福。

P339　现代社会控制过程的强制性说明了:个人幸福充其量不过是他生活中毫无价值的偶然事件。

P341　在至善的道德观念中,应该排除的是快乐主义的虚假性——纯粹主观的幸福。幸福仍是至善的一个"组成部分",但是它只能屈从于道德法则的普遍性。

P354-355　真正的个人自由能够与真正普遍的自由共存,实际上,真正的个人自由的可能性仅仅存在于与真正普遍自由的联结之中，幸福最终存在于自由之中。

P359　当对个人潜能的普遍关注在主体解放了的需要的水平上生效时，幸福不再是纯粹的主观感觉状态。

P362　幸福的实在性，是解放了的人类在它与自然的共同斗争中自我确定的自由的实在性。

艺术，作为现实的形式 P364-381

P365　艺术作为生活的一部分，这本身就是对现存生活方式的有意否定，包括否定它的全部体制、它的整个物质和精神文化、它的一切非道德的德性、它的强求和放纵的行为、它的劳作和它的嬉戏。

P370　艺术，作为现存文化的一部分，它是肯定的，即依附于这种文化的；艺术，作为当在现实的异在，它是一种否定的力量。艺术的历史可以理解为这种对立的和谐化。

P371　然而，古典美学传统，却只给它们一个共同的标尺：它们被看作是受着美的理念的引导。

古典美学的这个核心观念不仅引发了人的理性，而且还引发了人的感性，激发了现实原则和快乐原则：艺术作品将诉诸于人的感官，以满足他的感性需求——但是是以高贵的崇高方式。

P380　艺术将保留与它们密切相关的——并只与它们相关的——表达形式，即保留着美和真的表现与现实的表现的对立。

【参考文献】

[1] 孙志文. 现代人的焦虑和希望 [M]. 陈永禹，译. 北京：生活·读书·新知三联书店，1994.

[2] 道格拉斯·凯尔纳. 马尔库塞的遗产 [J]. 陆俊，译. 北京科技大学学报（社会科学版），1999（1）.

[3] 尤西林. 人文精神与现代性 [M]. 陕西：陕西人民出版社，2006.

[4] 傅永军. 法兰克福学派的现代性理论 [M]. 北京：社会科学文献出版社，2007.

[5] 张和平. 论马尔库塞对马克斯·韦伯技术理性的评判 [J]. 浙江师范大学学报，2000（5）.

[6] 张和平. 试析马尔库塞的"劳动异化"说 [J]. 哲学研究，1995（2）.

[7] 张和平. 论马尔库塞对萨特存在主义的评判 [J]. 西北师范大学学报（社会科学版），1998（3）.

[8] 陈玉霞. 马尔库塞对"工业发达社会"的批判及其意义 [J]. 理论探讨，2003（6）.

[9] 苏平富. 技术理性：发达工业社会的意识形态——马尔库塞的意识形态理论研究 [J]. 江汉论坛，2006（9）.

[10] 阎孟伟. 为爱欲而战，就是为政治而战 [J]. 新视野，2007（2）.

[11] 陆俊. 马尔库塞的社会批判思想对新批判理论的启示 [J]. 浙江学刊，2004（6）.

[12] 赵子昂. 马尔库塞对语言分析哲学的文化批判 [J]. 理论界，2007（10）.

[13] 刘晓玉. 论马尔库塞的技术现代性思想 [J]. 自然辩证法研究，2008（5）.

[14] 赵磊. 劳动异化还是人的异化——论马尔库塞对马克思异化理论的失察与误解 [J]. 东北师范大学学报（哲学社会科学版），2011（5）.

二、《现代性的哲学话语》

［德］于尔根·哈贝马斯　著
曹卫东　等译
译林出版社，2011 年

---【作者简介】---

于尔根·哈贝马斯（1929— ），当代世界著名的思想家之一，也是法兰克福学派第二代的主要代表人物，被誉为"联邦德国思想威力最强大的哲学家""当代的黑格尔"和"后工业革命的最伟大的哲学家"。

1929 年，哈贝马斯出生在德国杜塞尔多夫一个中产阶级家庭，他的青少年时代是在纳粹统治及第二次世界大战中度过的。直到 1945 年纳粹投降，看过集中营的电影后，他才知道纳粹德国所犯下的罪行。后来他在一次回忆中说"这场经历对于我们这一代人是如此重要，以至于决定了我们的思想"。哈贝马斯一生不但对诸多先辈哲学家如黑格尔、马克思、韦伯、海德格尔等提出了尖锐的批评，而且与当代著名的理论家伽达默尔、福柯、德里达等人发生过激烈的论战。

1949 年至 1954 年，哈贝马斯先后在哥廷根、苏黎世、波恩等大学学习。在这期间，1953 年的海德格尔事件对他触动很大。这一年，海德格尔只字未改地发表了 1935 年所做的演讲稿《形而上学导论》，阐述了其国家社会主义理论，为纳粹德国进行辩解。这使哈贝马斯认识到，哲学和政治并不是两个彼此隔绝的领域。1955 年，他进入霍克海默和阿多诺领导的法兰克福社会研究所。1964 年至 1971 年，哈贝马斯任法兰克福大学哲学和社会学系教授。20

世纪 60 年代中期，哈贝马斯发表的许多政论性文章在青年学生中产生了很大影响，成为 1968 年学生抗议运动的精神力量。但由于对联邦德国当时形势认识的分歧，他同"德国社会主义学生联合会"决裂。他指责学生们脱离现实、理论立场上过于教条主义，甚至指责学生运动是"左派法西斯"，认为议会中的不民主现象只能采取说服或者启蒙的形式解决，而不应该借用暴力。学生运动领导人则宣称哈贝马斯是"文化革命的叛徒"。学生运动导致法兰克福学派内部产生了严重分歧，哈贝马斯也因此辞去了仅担任两年的法兰克福社会研究所所长一职，去慕尼黑担任马克斯·普朗克科技世界生活状况研究所所长。1974 年至 1980 年，哈贝马斯在联邦德国荣获多项学术奖。1983 年，哈贝马斯重新回到法兰克福大学任哲学和社会学教授，直到 1994 年退休。2001 年 4 月，哈贝马斯来到中国北京进行学术访问，先后在北京大学、中国社会科学院、清华大学、中国人民大学和中央党校做巡回学术报告，引起中国学术界的强烈反响。

哈贝马斯著述颇丰，公开发表论著数十部，尤其是 20 世纪 80 年代以来，他以平均每年出版一本书的速度跻身当代西方多产、活跃、有影响力的理论家行列，被列为"当代欧美 11 位著名的社会思想家"之一。他的主要著作有《公共领域的结构转型》（1962 年）、《理论与实践》（1963 年）、《社会科学的逻辑》（1967 年）、《作为"意识形态"的技术与科学》（1968 年）、《认识与兴趣》（1968 年）、《哲学——政治剪影》（1971 年）、《后期资本主义的合法性问题》（1973 年）、《文化与批评》（1973 年）、《历史唯物主义的重建》（1976 年）、《政治、文化、宗教》（1978 年）、《交往行为理论》（1981 年）、《道德意识与交往行为》（1983 年）、《交往行为理论的准备性研究及其补充》（1984 年）、《现代性的哲学话语》（1985 年）、《后形而上学思维》（1988 年）、《迟到的革命》（1989 年）、《作为未来的过去》（1990 年）、《话语的伦理学》（1991 年）、《事实与有效性》（1992 年）、《他者的引入》（1996 年）、《从感性印象到象征表现》（1997 年）等。

【写作背景】

哈贝马斯一生关注现代性问题，可以说是其关注现代社会人的命运问题的理论表现。这与其特殊的生活经历有关，也与德国乃至整个西方资本主义世界的社会历史背景密不可分。他要拯救被法西斯玷污的启蒙精神，完成德国第二次世界大战后没有完成的启蒙任务。1973 年经济危机后，西方中断了福利国家资本主义的发展过程，也中断了德国战后开始的政治启蒙民主化过程。对民主福利国家的幻灭感，导致以英国撒切尔和美国里根为代表的保守主义者上台，引发了各种不同于传统工人运动的新社会抗议运动。这种政治形势新的模糊性表明，无论是资产阶级改良，还是工人解放运动都失去了统一的政治坐标。哈贝马斯的现代性理论试图理解战后福利国家改革的成就和局限性，为左派政治运动提供理论上的指导。

与此同时，在理论上，西方有两股不同的思潮汇集到反现代性的旗帜下，这就是后现代主义和保守主义。对此，哈贝马斯在《现代性的地平线》中说，他"不放弃现代性计划，不屈尊后现代主义或反现代主义，不屈尊'强硬'的新保守主义或'狂热'的青年保守主义"。这成为哈贝马斯关注现代性问题的深层理论动因，即对两种哲学现代性话语的反思。一是对早期法兰克福学派现代性理论的继承与批判，超越霍克海默和阿多诺在《启蒙的辩证法》《否定的辩证法》等著作中，把社会批判理论引向单纯的批判和否定的悲观主义倾向，重振社会批判理论和德国理性主义传统的雄风。二是对黑格尔以来的现代性哲学话语及其反面话语的检视，摆脱主体哲学的现代性理论困境，又不抛弃它的理性批判和乌托邦意向。

1980年9月，哈贝马斯在荣膺"阿多诺奖"时，做了题为"现代性——一项未完成的设计"的答谢致辞，从中可见他后来撰写《现代性的哲学话语》一书的最初背景和动因。一方面，是为了回应以德里达为代表的新结构主义对传统理性主义的批判，要求与西方理性传统决裂；另一方面，也是为了回应利奥塔《后现代状况——一份知识报告》（1979年）一书中提出的"后现代性"的概念。

【中心思想】

本书是系统反思和批判自18世纪末以来200年历史中，现代性哲学思想（话语）发展变化的一部专著。哈贝马斯继承和发展了康德哲学，为近代启蒙运动进行了辩护，称现代性为"尚未完成之设计"，提出了著名的"交往理性"的理论，对后现代主义思潮进行了强有力的批判，以说明交往理性克服工具理性批判的自相矛盾是其现代性理论所要解决的问题。可以说，当后现代主义者要求全面告别现代性，宣称"后现代"已经到来，"而且带着某种令人恐怖的心满意足的心情把它推向坟墓"的时候，哈贝马斯却认为现代性不仅尚未完成，而且有待继续。

总的说来，本书的现代性理论是建立在其交往理论观念基础上的，进而"发现社会病理学现象所需的准确性"，也就是要以交往理性来诊断现代性理论中存在的问题。对此，哈贝马斯把现代性问题在哲学层面上归结为受制于一种"意识哲学"的范式，依据一种分裂的理性以及与之相关的主体性概念，来建立现代性的规范基础。对此，他构造出一种交往行为理论，试图依靠交往理性来重建现代性的规范基础，设想通过建立一种生活世界的运行原则，使个体与社会共同体的矛盾能够得到协调一致，从而克服西方社会的个体主义弊端，在社会化的过程中实现个体化，并且通过在公共领域中的沟通取得共识，由此实现对国家的真正意义上的民主控制。

具体说来，本书中的现代性理论分为三个基本方面。

第一，现代性话语的反思。一方面，哈贝马斯把主体哲学、意识哲学诊断为现代性问题的根本所在。以黑格尔为代表的近代哲学已经把主体性作为现代性的自我确证原则，现代的宗教生活、国家、社会、科学、道德和艺术都体现了这种主体性原则。但在哈贝马斯看来，现代性的这种自我确证是失败的。因为，理性被视为某种绝对的知识和精神，只想在主体哲学范围内来克服主体性，弱化了哲学的批判意义，贬低了哲学的现实意义，因而实际上无法解决现代性的确证问题。另一方面，哈贝马斯认为，以尼采为代表的非理性哲学对启蒙的批判，是现代性话语的一个根本转折，但其现代性批判也未能摆脱主体哲学的困境。

第二，现代性规范基础的重建。哈贝马斯交往行为理论的基础是交往理性。他试图用这一概念来替换传统的理性概念，借此走出以自我意识为标志的主体哲学的困境，为现代性规范重建它的理性基础。他认为，在黑格尔的"和解理性"概念、海德格尔对"世界"概念的分析中已经有了交往理性的火花，但由于他们深陷于主体的意识哲学范式之中而与交往理性失之交臂。哈贝马斯则要从主体间性与交往范式出发，重建现代性的规范基础，即他的交往范式着眼于主体之间的交往与沟通，以此求得对事情的共识，从而达到对行为的协调。

第三，现代性的规范内涵。在哈贝马斯看来，现代性的状况是问题百出的，需要努力对它进行修复。因此，现代性这一未竟事业的一项重要工作就是要清理出现代性的规范内涵。这一现代性规范包括把自由看成现代性的基础、原则与首要特征；强调普遍主义的道德，即认同他种生活方式；以交往行为理论构建生活世界的运行原则，即协调好个体与共同体、传统与现代、系统和生活世界的关系。哈贝马斯继承了启蒙精神所培育起来的理性传统，认为现代性是一项在思想、社会和文化三方面展开的综合工程，包容了人类迄今创造的全部正面价值和理想，绘制了一幅关于人类社会逐步发展和完善的理性蓝图。

本书收录了哈贝马斯写于 1984 年 12 月的《作者前言》和 12 篇演讲稿，共约 31 万字。其中前面 4 个演讲是于 1983 年 3 月在巴黎法兰西学院做的，其余则是在美国康奈尔大学和波士顿学院所做。与此同时，他在法兰克福大学也开设了同样的讲座。在关于现代性的 12 个演讲中，哈贝马斯逐步论述了现代性观念的发端、形成和演变，以"现代性"范畴为主线，系统阐述了他对德国思想史乃至西方思想史发展脉络的整体把握。其中，他把黑格尔、马克思、尼采、霍克海默尔、阿多诺、海德格尔、德里达、巴塔耶、福柯诸人作为承前启后的哲学家，做了专章论述。这些演讲稿是对于法国后结构主义激进理性批判的回应，同时也是对康德之后欧洲哲学主流全面而公允的评估。该书在第一、二、三、七、十二章及 5 个附论中，深入阐发正文的观点。

【分章导读】

在此书的《作者前言》中，哈贝马斯交代此书的写作背景。自 20 世纪 50 年代至 60 年代以来，法兰西哲学思潮再一次深深地影响了世界。其标志性的理论来自两个方面：一是法国哲学主流思潮从结构转向解构，当代法国学者多斯对此进行了深刻阐释；二是 1979 年法国著名思想家利奥塔发表了著名的《后现代状况》一书，阐述了 20 世纪下半叶以来人类知识的发展状态，提出了著名的"后现代"概念。这二者的叠加，形成了源自德国尼采、海德格尔哲学的后现代哲学思潮，福柯、德里达、德勒泽等成为这股汹涌哲学浪潮的弄潮儿。作为法兰克福学派的掌门人、启蒙现代性哲学有力捍卫者的哈贝马斯，一直在深入思考现代性这一富有争议性的、尚未完成的事业，在 20 世纪 80 年代初发表了一系列讲座，再加上已发表的一篇论文和一篇刚刚完成的论文，集结成《现代性的哲学话语》一书，主要从哲学视角，而非文学艺术的视角，对此做出了强有力的回应。他提出，现代性作为哲学问题始于 18 世纪后期，现代性的事业并未终结，而是"一项未完成的设计"。

在本书导论性的第一章《现代的时代意识及其自我确证的要求》中，哈贝马斯重点论述的是黑格尔与现代性的自我确证。在哈贝马斯看来，之前古典社会理论家的重要代表人物韦伯、涂尔干与米德已勾画出了"现代图景"，现代性与理性之间的联系是不言而喻的。具体说来，韦伯以理性化与合理性来把握现代经济充满目的理性的严格核算制度、政治管理的科层制与文化的祛魅，或者说，以之来把握与界说资本主义的时代精神，认为现代与西方理性主义之间有着内在的联系。哈贝马斯认为，理性化的过程，也即是现代社会的发展过程。在这一过程中，资本主义企业与官僚国家机器两大相互影响的系统是核心，使现代人的日常生活受到干扰，进一步使前现代的各种传统生活方式消失不见了。而在涂尔干与米德看来，现代理性化生活世界的重要特征在于"对丧失了本质特性的传统进行反思"以及"行为规范的推广"等，最终在于"以培养抽象的自我认同为目标和促使成年个体化的社会化模式"[①]。哈贝马斯进一步分析说，现代理性化的这些观念，在20世纪50年代被批判者们演化为更加抽象的"现代化"一词，割断了现代性与理性主义的内在联系。因此，它遭到了以新保守主义与无政府主义为代表的后现代理论的攻击。后现代打着现代性的旗号，披着后启蒙的外衣，试图再次反抗现代性与启蒙传统。为捍卫启蒙理性与现代性之间的内在联系，哈贝马斯要回到第一个清楚地阐述现代概念的哲学家黑格尔那里去，以评判后现代主义思潮的正当性。

哈贝马斯认为，黑格尔把现代概念作为一个历史概念、时代概念来使用，即现代是前行的、向未来开启的时间概念，是对过去的断裂与克服。黑格尔的这种现代观念，与同时期英语与法语中的意谓是一致的，即都是指大约1800年之前的三个世纪。哈贝马斯指出，1500年前后，新大陆的发现、文艺复兴和宗教改革这三个重大的社会历史事件，是这个时代的分水岭，构成了现代与中世纪的时代分水岭。进而，黑格尔又把当代从现代中独立出来，把自己所处的时代——启蒙运动与法国大革命的时代理解成当代。而当下则是现实之中的当代，与诸如革命、进步、解放、发展以及时代精神等一样，都是一些动态的概念。这种新的时代意识面对着不断的自我确证的要求，因为现代不能或不愿再从其他时代样本那里借用其发展趋向的准则，必须自力更生，自己替自己制定规范。

哈贝马斯认为，现代首先是在审美批判领域力求明确自己的。对此，他从概念史的角度对"现代"一词进行了考察。18世纪初，著名的"古今之争"导致要求摆脱古代艺术的范本。19世纪中叶起，形容词性质的"现代"一词在纯艺术的范围内开始名词化。至今，现代一词仍然具有审美本质的含义，

[①] 于尔根·哈贝马斯. 现代性的哲学话语［M］. 曹卫东，等译. 南京：译林出版社，2011：2.

并首先集中体现在先锋派艺术的自我理解中。因而,艺术评论家波德莱尔提出:"现代性就是过渡、短暂、偶然,这是艺术的一半,另一半是永恒和不变。"可以说,波德莱尔继承了古代与现代之争的成果,并以自己独特的方式理解艺术美的暂时性、瞬间,满足于认为时代性和永恒性在真正的艺术作品中达到了统一。而本雅明则把这种审美的基本经验回转到历史语境当中,提出了"现时"概念,充满了救世色彩的时间或完美的时间。

在这一章第二节的附论《论本雅明的〈历史哲学论纲〉》中,哈贝马斯进一步梳理了本雅明所表达的时间意识,意在揭示其如何把完全不同的主题组织到一起,把效果历史概念再一次推向极端。但本雅明没有对之进行深入探讨,从而使现代时间意识更加扑朔迷离。在哈贝马斯看来,所谓效果历史概念,即是尼采称之为批判的历史观,马克思将这种历史思想付诸实践,海德格尔则将之本体论化。

哈贝马斯还指出,近代西方哲学创始人笛卡尔与德国古典哲学巨匠康德都对现代主体性问题有所贡献。笛卡尔以"我思故我在"表达了抽象的现代主体性原则。康德在三大批判中奠定了反思批判的自我意识哲学基础,使现代世界的本质成了一个焦点问题。但康德并没有把时代当作我们所讨论意义上的现代来看待。而真正使现代脱离外在于它的历史的规范影响,并使之升格为哲学问题的第一人是黑格尔。他从思维的角度把握时代即现代,认为主体性是现代的原则,而宗教改革、启蒙运动和法国大革命则是贯彻主体性原则的主要历史事件。此外,现代宗教生活、国家、社会、科学、道德与艺术等也都体现了主体性的原则。因此,哈贝马斯说:"对黑格尔来说,时代意识走出了总体性、精神自身发生了异化这样一种状况,正是当时哲学研究的前提。哲学研究的另一个前提是'绝对'概念,这个概念是谢林首先使用的。借助'绝对'概念,哲学才能真正证明理性是一体化的力量。"[①] 这是黑格尔青年时代的理论冲动,试图在主体性哲学界限内克服主体性,并因此陷入理论困境,遭到误解。

第二篇文章《黑格尔的现代性观念》是本书的第二章。哈贝马斯更加深入具体地探讨了黑格尔的现代性观念。首先,他分析了黑格尔从先验的角度把理性理解为一种力量的时代动机,以及黑格尔打算从主体性哲学内部将主体性哲学击破的理论困难。具体说来,黑格尔认为,启蒙达到高潮时代的重

---

① 于尔根·哈贝马斯. 现代性的哲学话语[M]. 曹卫东,等译. 南京:译林出版社,2011:25.

要哲学家是康德与费希特等,他们建构起了一个以理性为偶像的时代,在他们的思想体系内部存在着知识与信仰的对立。由此出发,黑格尔构想出"绝对"概念,把理性作为一体化力量,试图从主体性哲学内部将主体性哲学击破。这种绝对的理性一体化的力量,是黑格尔青年时期个人的生活经验积累起来的关于时代历史危机的经验。在图宾根神学院时期,青年黑格尔是自由主义运动的信徒,把康德的道德哲学与宗教哲学作为榜样,把法国大革命的思想观念作为指南。当新教正统派与启蒙派激烈辩论时,青年黑格尔既反对东正教,又反对理性宗教,认为伦理实证才是时代的标志。因为启蒙运动与正统派都无法把宗教塑造成一个民族的伦理总体性,也无法激起一种政治自由的生活。黑格尔还批判了当时政治环境和国家机构出现的分裂。因此,黑格尔试图以绝对理性这种一体化的力量,将各种破碎的关系重新整合为一个统一的整体。与此同时,在启蒙派与正统派的冲突中,"主体性原则导致了一种实证性,至少又引起了一种想要克服实证性的客观要求"。为贯彻这种启蒙辩证法,黑格尔就要阐发实证性自身的扬弃问题。

哈贝马斯认为,在黑格尔的早期著作中,对理性的和解力量进行了考察,反复强调自我意识的权威性,试图从主体性原则中推导出理性的和解力量。主体性原则作为实证性的统治原则反映了现代的困境:人或者成为客体遭到压迫,或者把自然作为客体加以压迫。就是说,黑格尔不可能从主体自身的反思性关系中获得理性的和解力量,不可能从主体性出发来克服实证性,结果错过了现代性自我确证的目标,最后走入绝对精神的困境。在确立现代性自我确证的哲学解决途径之前,黑格尔也曾经思考过艺术的、宗教的解决途径,但后来很快就开始怀疑、批判了,因为浪漫主义的现代精神并没有带来艺术宗教。"哲学不能臣服于这种艺术。反之,哲学必须把自己看作是理性作为一体化的绝对力量而发挥作用的场所。"[①] 黑格尔以绝对精神作为社会整体性的基础,也作为社会重新统一的目标,重新对艺术与宗教进行了哲学诠释,但在其法哲学中耗尽了原先激发它批判时代的动力,变得越加保守,并没有超出主体中心的哲学。在黑格尔政治哲学中,作为普遍性的主体始终优先于作为个体的主体。这一逻辑的结果,是国家主体性优先于个体的主观自由。这样,黑格尔就背离了其早期著作中主体间生活关系的交往理性思想,没能够以一种民主社会的自我组织形式取代君主专制,使得强权国家政体成为

---

① 于尔根·哈贝马斯. 现代性的哲学话语 [M]. 曹卫东, 等译. 南京: 译林出版社, 2011: 38.

必然。

最后，哈贝马斯总结说，早年黑格尔高举批判大旗，既批判宗教和国家，也批判康德和费希特的主观唯心主义，晚年却只把批判的矛头指向主观唯心主义，贬低了哲学的现实意义。这使黑格尔的现代性理论具有模棱两可的意义，但他在现代性历史话语中的地位以及影响是无人可以比拟的。

这篇文章后的附论，是《论席勒的〈审美教育书简〉》。哈贝马斯认为，席勒1793年的《审美教育书简》是现代性审美批判的第一部纲领性文献，设计了一套审美乌托邦，赋予了艺术一种全面的社会—革命作用。席勒试图通过艺术的教化而使人达到真正的政治自由，他把艺术看作是一种个人与大众——主体间性交往的理想形式，指望艺术能带来社会和谐。对黑格尔、马克思、卢卡奇和马尔库塞等来说，审美乌托邦一直都是探讨的关键，也深深影响了韦伯等理论家。

第三篇文章《三种视角：黑格尔左派、黑格尔右派和尼采》是本书的第三章。从三种视角出发探讨了黑格尔所开创的现代性哲学话语的流变，尤其是重点分析了马克思实践哲学对黑格尔现代性理论的批判继承，认为马克思试图走出现代性主体哲学的困境，但马克思的生产劳动范式仍然是主体性哲学的变种。

哈贝马斯认为，黑格尔是现代性话语的开创者，他"首先提出了现代性自我批判和自我确证的问题，创立了启蒙辩证法原则，而有了这个原则，现代性的自我确证问题就能做到万变不离其宗"。而黑格尔的后代人则试图打破这一哲学传统，马克思、赫斯、鲍威尔、尼采、海德格尔、维特根斯坦、阿多诺、福柯各自开辟了不同的思想路线，批判黑格尔的绝对观念，试图扬弃哲学，克服形而上学。但他们都没有从根本上超出黑格尔划定的圈子，即都是在主体性的原则下对主体性做一种形而上的整体性批判，都属于一种现代性的话语。黑格尔左派即青年黑格尔派，把源于现代性精神自身的批判的思想框架从黑格尔理性概念的压迫下解放了出来，使现代性话语永久化，他们同时也继承了黑格尔思想的一些基本特征，保持了现代性与合理性之间的某些独特联系。

哈贝马斯指出，黑格尔左派现代性话语的一些特征主要有：激进的历史思想，对以主体为中心的理性的批判，知识分子的突出地位以及对历史延续性和断裂性的责任等，倾向于实践和革命。与之相反，黑格尔右派则继承了黑格尔思想保守的一面，坚信国家和宗教就可以消除市民社会的动乱。而尼采则消除了以主体为中心并退化为工具理性的理性批判当中所具有的辩证法芒刺,认为理性就是十分隐蔽的权力意志。从不同视角出发,这三个派别都试图揭示启蒙的狭隘性,把自己看作是急先锋,并推动启蒙进程不断向前。然而,这在哈贝马斯看来是一场虚妄的超越游戏。

为进一步具体揭示上述三个派别的理论困境,哈贝马斯还从马克思对黑格尔的批判着手,追溯反思概念如何转变成了生产概念,并沿着西方马克思主义的路线,考察"劳动"概念如何取代了"自我意识",从而陷入了困境的。针对马克思《共产党宣言》中关于现代性的精彩论述,哈贝马斯展开自己的独特解读,引向马克思对黑格尔关于国家决定市民社会关系理论的批判,指出马克思把生产力的解放还原为现代性的一种原则,创立了以生产劳动为中心的现代性原则而取代了自我意识哲学,改变了现代哲学认知主体反思哲学模式的重心。哈贝马斯认为,马克思的实践哲学内蕴科学技术的生产力、艺术家的创造性生产与政治性的批判—革命活动,深深影响了西方马克思主义的发展,但作为一种主体哲学的变种仍处于困境之中,是一种审美乌托邦。

而马克思实践哲学的敌手——黑格尔右派则试图从黑格尔《法哲学原理》出发,去建立自由主义宪政国家,坚决反对走共产主义道路。新保守主义深受黑格尔右派思想的影响,对马克思主义表示失望。以里特尔为代表的新保守主义者"把现代社会技术决定论观点和对传统文化的功能主义评价结合了起来",认为"现代文化的丰富内涵必须得到遏制","遮蔽了以未来为取向的时间意识的光芒","否定了道德普通主义的建构权利和批判权利,也否定了先锋主义艺术的创造力和颠覆力"[①]。

在这篇文章的附论《论过时的生产范式》中,哈贝马斯探讨了布达佩斯学派的两个代表人物,试图根据现象学来更新生产范式的马克思主义的困境。一是胡塞尔在分析生活世界时引入了实践这一建构性概念,但他从一开始就不是依靠马克思主义的原始问题。二是马尔库塞认为生产范式只适合于解释劳动,而不适合于解释互动,目的是要确定通过在制度上区分技术领域与社会领域而形成的社会形态。不过这些理性观念作为一种单纯的生产范式理论,是无法作为一种交往关系实际存在,而且也无法在实践中得到把握。

第四篇文章《步入后现代:以尼采为转折》是本书的第四章。哈贝马斯

---

① 于尔根·哈贝马斯. 现代性的哲学话语 [M]. 曹卫东,等译. 南京:译林出版社,2011:85 - 86.

阐释了尼采的现代性批判，认为尼采打开了通往后现代的大门。在哈贝马斯看来，现代的首要特征是主体自由，这一点充分体现在国家、社会与个人三个重要领域中，这也是黑格尔及其弟子们从未提出质疑的。现代社会还以理性辩证法取代了宗教的凝聚作用，黑格尔、黑格尔左派、黑格尔右派、新保守主义者以不同的方式守候着、言说着现代性的主体自由与理性。此时出场的尼采进入现代性话语的讨论，他没有采取对以主体为中心的理性进行再次的内在批判与修正，而是放弃了理性辩证法的纲领，目的是想要完全打破现代性自身的理性外壳。"尼采把历史理性当作梯子使用，目的是为了最终抛弃历史理性，而立足于理性的他者，即神话。"① 哈贝马斯认为，尼采所写的《悲剧的诞生》这一历史语文学著作、这一思古的现代性"迟暮之作"，成为后现代性的"开山之作"。海德格尔的《存在与时间》继续着尼采的后现代性纲领。尼采以现代艺术最主观的表达形式将时间意识推向极端，认为只有艺术的超历史力量才能把"现代人从真正的苦难和内心贫困中拯救出来"。年轻的尼采在瓦格纳的艺术与宗教思想内期待酒神的悲剧精神；但后来尼采为追寻酒神精神的神话，避免浪漫主义精神，开始对瓦格纳的歌剧艺术世界充满憎恶。

在黑格尔开始系统阐释的理性纲领之中，哈贝马斯看到一种即将出现的新神话，因为他认为诗是人类的导师。哈贝马斯还看到，谢林在《先验唯心论体系》的最后也表达这样一种神话，即未来的哲学是"一位诗人的一代新人的构想"。因为在谢林看来，艺术赢得了公共性后，已不再是哲学的工具，而是哲学的目的与未来，最终哲学会回到其所发源的诗的海洋里。还有浪漫主义者施莱格尔在其《神话论稿》中也表达了类似思想，他劝告哲学家"要摆脱掉建构体系的好斗外表，和荷马一道置身于新诗的殿堂里，和平共处"。他认为，只有集理论理性和实践理性的精华于一身的自主诗歌，才能打开通往本源神话权力世界的大门。这种浪漫的弥赛亚主义、新神话与酒神精神在荷尔德林的诗歌中得到赞美，并认为酒神这位非西方的外国之神，将在宗教仪式中复生，将从狂迷中解脱出来，最终踏上回归之途。哈贝马斯认为，德国浪漫派的弥赛亚主义更新西方的梦想，只是为了拓展公共自由的维度，只是在宗教改革与启蒙运动的主体性限度内超越，因而尼采与他们疏远，要创造后现代的新酒神精神。

---

① 于尔根·哈贝马斯. 现代性的哲学话语 [M]. 曹卫东，等译. 南京：译林出版社，2011：99.

哈贝马斯进一步指出，成熟后的尼采认识到，瓦格纳与德国的浪漫派梦想相同，"瓦格纳才是现代性的真正'集大成者'"①，在上帝的十字架面前低头了。于是，尼采成为叔本华的信徒，成了为艺术而艺术的捍卫者，阐释了一种新酒神精神，即主体性上升到彻底的自我忘却。从尼采开始，现代性批判不再坚持解放的理想，没有中心，不受任何认识与目的的约束，也不遵守任何功利与道德律令，凝结成了一种形而上学美化的非理性。他把一切存在物还原成审美，成为一种艺术家的形而上学。进而，尼采依靠超越理性视界的彻底理性批判，建立起了权力理论的现代性概念。尼采承认他年轻的时候试图用艺术家的眼光考察科学，又用人生的眼光考察艺术，有失单纯和笨拙。但即使到了晚年，尼采也未能澄清何谓有根有据的意识形态批判。他最终在两种策略之间踯躅不定。尼采对现代性的批判在两条路线上被发扬光大，一是怀疑主义的巴塔耶、拉康和福柯，二是人道主义的海德格尔和德里达。

在哈贝马斯看来，海德格尔在对尼采进行了专门研究之后，接受了尼采的酒神弥赛亚主义的主要动机，他把哲学放到尼采认为应由艺术占据的位置上，以便把哲学思想加以转化，使之成为更新酒神力量的舞台，并把虚无主义的产生与克服看作是形而上学的开端与终结。海德格尔的"思"来源于形而上学，又对形而上学追问，不再赞同坚持自律的理性自信，从内部冲破了形而上学的界限。巴塔耶不走形而上学之思的自我克服道路，而是采用感性描述与分析的手法，用神圣概念来表达那些充满矛盾的迷狂的临界经验——宗教献身行为与两性交媾行为。这样，僵化的主体性在这些经验里面丧失了自我。哈贝马斯说，尼采、海德格尔、巴塔耶一道，回到前苏格拉底时期的哲学思想或宗教献身仪式中，去重新找回非理性的酒神精神。只不过，海德格尔以主体哲学为主线，坚持解构，把艺术主体化，把理性解释为自我意识，把虚无主义理解为总体性而导致的对世界的技术统治的表达。巴塔耶则以实践哲学为主线，始终坚持一种未被歪曲的酒神的基本审美经验，展现了一个现象领域，把理性解释成劳动，认为虚无主义是完全独立的积累所强迫的结果。因而，哈贝马斯说："尼采打开了后现代的大门，海德格尔和巴塔耶则在尼采的基础上开辟了两条通往后现代的路线。"②

第五篇文章《启蒙与神话的纠缠：霍克海默与阿多诺》是本书的第五章。

---

① 于尔根·哈贝马斯. 现代性的哲学话语 [M]. 曹卫东，等译. 南京：译林出版社，2011：108.
② 于尔根·哈贝马斯. 现代性的哲学话语 [M]. 曹卫东，等译. 南京：译林出版社，2011：121.

哈贝马斯指认霍克海默和阿多诺"含糊的启蒙辩证法"令人惊讶地简化了现代性的图景，让尼采的激进理性批判得到了弥补，但根本就没有告诉我们如何才能摆脱目的理性的神话暴力。

哈贝马斯认为，霍克海默和阿多诺不赞同启蒙思想与神话之间的对立关系，在《启蒙辩证法》中对启蒙进行了激进批判，他们把启蒙与神话看成是密谋关系，把启蒙理性诊断为工具理性。他们认为，启蒙的永恒目标是对客观化的外在自然与遭到压抑的内在自然的统治。这同尼采以同样手法对虚无主义所做的诊断一样，具有冒险色彩，同时也使他们的抽象、简单探讨的可信性成为问题。由此出发，他们认为，科学已经完全被工具理性所同化，艺术也失去了所有的批判内涵与乌托邦精神。简言之，他们在《启蒙辩证法》中简化了现代性的图景，缺憾是没有妥善处理资产阶级理想中所确立并被工具化了的文化现代性的合理内涵，根本就没有告诉我们如何才能摆脱目的理性的神话暴力。

哈贝马斯认为，霍克海默与阿多诺把启蒙看作是空洞而无望的解放理想，是一种神话、意识形态。相反，他们的意识形态批判对遭到怀疑的理论的真实性提出质疑，继续把启蒙推向前进。如此，启蒙的戏剧性就达到了高潮，再次具有了反思性。由此，他们提醒人们注意马克思主义的意识形态批判资产阶级理想目标的两面性，即批判资产阶级意识形态的欺骗性与自身为某些利益集团服务的虚幻普遍性。因而，马克思的意识形态批判已经过时了，霍克海默与阿多诺要把意识形态的批判推向极端和自我超越，完成对启蒙的再启蒙，成为一种总体性的批判。

哈贝马斯进一步指出，霍克海默与阿多诺的总体性批判不仅反对资产阶级理想的非理性功能，而且反对资产阶级文化本身的理性潜能，并波及一种具有内在程序的意识形态批判的基础。在《启蒙辩证法》完成之后的二十年里，阿多诺在《否定辩证法》依然保持着这种批判的势头，并从未回避总体化批判的悖论结构，堪与尼采《论道德谱系》对启蒙的第二次反思相媲美。霍克海默与阿多诺对尼采的哲学影响是矛盾的，在认为尼采是黑格尔之后发现启蒙辩证法的人之一，又发现尼采是黑格尔的对立面，对理性的彻底否定使他们的批判失去了可靠的基地。尽管如此，尼采同霍克海默、阿多诺的总体化批判存在着诸多一致性，尼采堪称是他们实现自我超越的伟大楷模。

与此同时，哈贝马斯还指出，霍克海默、阿多诺与尼采自我关涉的总体化批判共同陷入尴尬的理论境地。他们不想放弃揭露的终极性，仍想继续批判,就必须保留一种标准,用来解释一切标准的堕落。由此,他们的批判在自我兜圈子的过程中迷失了方向。对此,他们做出了不同的选择。尼采一直在权力理论中寻求出路,其关于主动力量与反动力量的学说并未走出批判的理论困境,最多只能为超越现代性的视野打开通道。霍克海默与阿多诺做出了另外一种选择,但他们只是激化和公开不断自我超越的意识形态批判的内在矛盾,但并未解决这一矛盾。在哈贝马斯看来,他们的意识形态批判在某种意义上是在延续对本体论思想的非辩证启蒙。

第六篇文章《形而上学批判对西方理性主义的瓦解:海德格尔》是本书的第六章。哈贝马斯从五个方面探讨了海德格尔在尼采的理论基础上前行,及其形而上学批判对西方理性主义的瓦解。根据哈贝马斯的理解,海德格尔曾以《尼采》为题举办讲座的目的,在于跨越后现代思想的门槛,从内部克服形而上学。沿着这样一条思路,海德格尔建立了一种历史化的源始哲学(Ursprungsphiloso-phie)。海德格尔对尼采的解读与批判分为四个部分:(1)海德格尔让哲学重新占据了统治地位;(2)黑格尔、尼采、霍克海默、阿多诺的现代性批判深深影响了海德格尔;(3)关于形而上学发生和终结的观念之所以具有批判的潜能,原因在于海德格尔穿梭在现代时间意识当中,这与尼采相同;(4)海德格尔的形而上学批判,因为从事这一切的自我反思仍然属于现代主体性时代。

哈贝马斯认为,海德格尔没有把自己从胡塞尔的先验意识问题当中彻底摆脱出来,致使他除了选择抽象否定的方法之外,再也没有别的途径去打破意识哲学的概念牢笼,留在了阴影之中,得出了三种非常糟糕的结论:(1)片面合理化的日常实践唤起了人们对宗教一体化力量的替代物的需要;(2)现代性批判独立于科学分析;(3)克服形而上学的后果是天命的不确定性。虽然他超越了尼采的形而上学批判,但也脱离了现代性话语。海德格尔后期哲学发生了转向,目的是要走出《存在与时间》的困境。在《存在与时间》中,海德格尔对此在做生存论分析的唯一目的,就是要重提形而上学发轫以来一直遭到遮蔽的存在的意义问题。在《存在与时间》的导论中,海德格尔从概念策略上做出了三个重大抉择:赋予先验问题以一种本体论的意义;赋予现象学方法以一种本体论阐释学的意义;把对此在的先验分析方法和解释学分析方法同一种存在主义的哲学主题联系起来,为他的基础本体论铺平了道路,并由此引出其基础本体论的核心概念——世界概念,构成了意义的显现视界。

哈贝马斯认为，用世界概念来批判意识哲学，是海德格尔的原创之处，借助主体间的关系，大大深化了他的世界分析，但也会很容易使其倒退到主体哲学中去。遗憾的是，海德格尔没有能从交往理论的视角回答"此在为谁"的问题。虽然，他第一步摧毁了主体哲学，但第二步又回到主体哲学的概念束缚之中，因为其唯我论意义上的此在再一次占据了先验主体性的位置。对此，海德格尔也意识到了他走出主体哲学怪圈的努力失败了，促使其哲学在三个反面发生转向：放弃形而上学所提出的自我论证和终极论证的要求；拒绝存在本体论的自由概念；否定了还原到第一原则的基础主义思想。

进而，哈贝马斯批评了海德格尔为自己在纳粹统治时期错误言行的辩解。哈贝马斯以为，海德格尔只有和国家社会主义运动暂时联系起来，才能为他后期时间化的源始哲学找到一条进路。一旦海德格尔不再受纳粹统治本质的蒙骗，他在哲学上就陷入了困境。他把"此在"等同于德意志民族的此在，把真正的存在能力等同于权力的攫取，把自由等同于元首的意志。这样其存在主义和国家革命版本，失去了揭示存在的功能。在其后期哲学中，放任自在和百依百顺的激情取代了主体性，这种转向具有鲜明的时代历史动因。因而，海德格尔哲学最终仍然局限于主体哲学的视界内。

第七篇文章《超越源始哲学：德里达的语音中心论批判》是本书的第七章。哈贝马斯阐述了德里达语言哲学与海德格尔存在哲学、胡塞尔现象学的理论关系，认为德里达的语音中心论试图超越现代性源始哲学的努力做出了一定理论贡献，但最终失败了。德里达自称是海德格尔的学生，并批判地继承并创造性地发挥了这位大师的学说。他继续海德格尔克服形而上学的道路，把分解变成了解构，并摆脱了海德格尔晚期哲学，尤其是海德格尔的隐喻学，以"游击战争"的形式同形而上学逻各斯中心主义进行着不懈的斗争。在方法论上，海德格尔仅仅满足于把语言看作是存在的寓所，未系统地研究语言，但给了德里达思想以起点；索绪尔的结构主义更是大大激励德里达把语言学用于形而上学批判，这些促成了德里达从意识哲学转向语言哲学。德里达试图阐明文字学的基础即书写科学的基础，也即是"形而上学批判的科学导言"，进而到语音中心论中去寻找西方的逻各斯中心论。这样，"现代性就是对一种书写踪迹的寻找，这种书写不再像自然之书或神圣之书那样能展示出一种总体性的意义语境"。德里达以文字学取代了语法学，试图把结构主义推向极端，在胡塞尔早期的意识哲学与晚期海德格尔的语言哲学之间建立联系。德里达超越了海德格尔所颠覆的基础主义，但未能摆脱主体哲学范式的束缚，也并未走出海德格尔的窠臼，因为他无法回避那种失去一切真实性要求的真理事件的疑难结构。

从 1967 年开始，德里达发表文章批判胡塞尔的意义理论，试图打破主体哲学，其对意识哲学的解构重点为胡塞尔《逻辑研究》第二卷《表述与意义》一章。在此，胡塞尔极力捍卫纯粹意识，反对语言交流的中介领域。胡塞尔的意义理论和索绪尔的一样，所采用的也是符号学方法，而不是语义学方法。德里达的批判也仅限于对符号学的批判。他首先针对的是胡塞尔关于符号与信号的独特区分，目的是要贬低对应于严格意义上的语言表达的交往表达，反对"意义柏拉图主义"，反对语言表达的内在化，甚至主张在先验层面上符号先于意义。总之，德里达通过其解构哲学的符号学理论批判胡塞尔的意义理论来打破主体哲学，把主体性的一切内在因素与建构世界的能力割裂开来，以便在主体性的最深处反抗理想直观的本质统治。

进而，哈贝马斯分析了德里达对胡塞尔真理确定性概念的批判。哈贝马斯认为，这和海德格尔对胡塞尔现象概念的批判如出一辙。"德里达反对胡塞尔的核心观点在于：胡塞尔放任自己被西方形而上学的基本观念所蒙蔽——自我同一的意义的理想性只能由活生生的在场来加以保证。"[①] 德里达通过考察胡塞尔自明性的真理确定性概念，发现了一种形而上学依然在场活动。"语音中心主义"——声音形式先于书写形式，语音表现先于象形表现——正是形而上学强调在场优先性的基础，它与逻各斯中心主义是相互勾连的。通过自创的"延异"这个充满时间动力的概念，德里达一直深入到先验主体性的核心地带，试图揭露自我在场经验的自发性源头之中所具有的无法消除的差异。德里达完成了对胡塞尔基础主义的颠覆，但并未彻底打破主体哲学的基础主义。

哈贝马斯说，现代性哲学话语的参与者德里达借助结构主义语音学的基本概念，以自己独特的书写方式，回到了海德格尔的"源始哲学"。德里达把原始书写看作是先于一切可以识别的记载，占据的是一个无主体的结构创造者所享有的位置，在年代上早于言说，是出色的反思符号，履行着揭示世界的功能。德里达的形而上学批判神秘性，试图打破历史的连续性，不向命运低头，这与其一直亲近犹太神秘主义存在着关联，其原始书写复活了作为永远延异的启示事件的神秘主义传统概念，回到了神秘主义转向启蒙主义的历

---

① 于尔根·哈贝马斯. 现代性的哲学话语 [M]. 曹卫东，等译. 南京：译林出版社，2011：204.

史时刻,在尼采及其追随者试图超越的现代性中越陷越深。

在这篇文章的附论《论哲学和文学的文类差别》中,哈贝马斯质疑德里达解构分析的有效边界,批判德里达试图将激进的理性批判转移到修辞学领域,将哲学思考转变为文学批评,结果会使解构变成为一种恣意妄为。哈贝马斯指出,要坚持文学与哲学的边界,如果听从德里达的建议,把哲学思想变为文学批评,哲学思想将失去第一性、创造性和积极性;如果让文学关注形而上学批判,文学批评将失去其判断力,这会使双方都失去实质性内涵。在此意义上,德里达的主张是错误的,不能带我们走出形而上学的困境。

第八篇文章《在爱欲论与普通经济学之间:巴塔耶》是本书的第八章。哈贝马斯阐述了色情作家、学者、异质、普通经济学的消费等新概念来思考自主权的实现问题。巴塔耶试图超越主体主义、告别现代性的努力与尼采、海德格尔殊途同归。

哈贝马斯认为,巴塔耶丝毫没有触及内在的形而上学批判,他"根据人类学对基督教的批判,阐明了他的'神圣'概念,而人类学对基督教的批判与尼采《论道德的谱系》遥相对应"[①]。依据超现实主义的美学经验,巴塔耶还提出了"异质"概念,指一切拒绝与资产阶级生活方式以及日常生活同化的东西,这些东西也在方法论上反对科学。"异质"概念用令人震惊的方式宣扬醉、梦和本能的迷狂力量,以此来反对功利性、规范性和客观性的命令,目的是为了打破常规的感觉模式和经验模式。不同于海德格尔,巴塔耶把现代性界定为一种以实现主观目的的功利行为的成功取向,从道德批判入手,关注的是主体性的越界问题,发挥决定作用的不是存在而是自主权。

由此出发,哈贝马斯透视了巴塔耶以社会的同质因素和异质因素两个概念,分析法西斯主义对于现代性的结构的意义。1933年,巴塔耶出版了《法西斯主义的心理结构》一书,以自己独特的方式解释法西斯主义。和马克思主义对法西斯主义的解释不同,巴塔耶关注的是新的政治运动的现象,即大众对卡里斯玛型元首的依赖,认为法西斯国家所汲取的统治力量,源自社会的异质领域。不满、不同于弗洛伊德的精神分析的压抑模式,巴塔耶思考异质因素发生分裂的模式。作为涂尔干学派的传人,巴塔耶把社会异质因素还原为神圣因素,法西斯元首作为异质因素闯入合理化的同质世界,并奇特地融合起来,形成了法西斯国家。法西斯主义最终目的仅仅在于使得内在自然

---

① 于尔根·哈贝马斯. 现代性的哲学话语 [M]. 曹卫东,等译. 南京:译林出版社,2011:248.

对工具理性的反抗服从于工具理性的命令。

哈贝马斯认为，巴塔耶想在此基础上创立一种异质性的科学——普通经济学。因为，早期巴塔耶是个共产主义者，以马克思《1844年经济学哲学手稿》中的世界观来分析资本主义，其理论活动以马克思实践哲学为指导，认为劳动、社会生产是人类特有的一种再生产模式。后期巴塔耶走出马克思，转向以非生产性的消费为中心，以消费概念为主线，进而实现人的自主权与本真存在。自主权的本质就是无用的消费和"我所喜欢的一切"，主体摆脱了物化，从劳动中摆脱了出来，在瞬间获得满足，并转向自我消耗。如此，这种历史哲学试图实现彻底自由的历史命运，把祭祀牺牲看做了最纯粹的自主权，走向了宗教虚幻自由。导致巴塔耶理论转向的现实因素是斯大林主义，使他对启蒙辩证法、以生产劳动为核心的哲学做重新思考。

最后，哈贝马斯指出，巴塔耶从普通经济学的消费进一步转向人类学的研究，他一直在探讨"炫财冬宴"和奢侈的节日。通过对宇宙和世界社会中能量平衡的推测，巴塔耶认为，普遍性人类劳动的剩余能量肯定要上演以浪费和消耗为主题的盛宴，极有可能的走向是将财富随意地用于自主消耗的自由社会，意味着主体自我超越以及主体性的彻底解放。在许多地方，巴塔耶不知不觉地陷入了启蒙辩证法的漩涡之中。

第九篇文章《理性批判对人文科学的揭露：福科》与第十篇文章《权力理论的困境》，分别为本书的第九章与第十章，专门讨论福柯的现代性批判。哈贝马斯分析了福柯从知识考古学到谱系学的理论演变，着眼于探讨福柯是否完成了对理性的彻底批判，同时有没有落入自我关涉的困境。他一面肯定福柯清醒地避免了海德格尔和德里达诉诸始源回忆的路径，甚至赞赏他冷静揭露主体哲学对人文科学的制约，但同时又批评福柯权力理论具有内在的悖论以及模棱两可的性质。一方面，谱系学对权力技术展开经验分析，用于考察人文科学的社会效果；另一方面，谱系学又具有先验作用，关注的是权力关系如何使知识成为可能。而福柯对这两者之间的紧张从来没有做出清晰的说明。

哈贝马斯对福柯的权力理论做出了自己的理解。他说，在意识哲学的框架里，权力依赖于主体判断的真实性，即权力依附于真理，而福柯将这种依附关系倒转为真理依附权力，于是权力变成了无主体的权力。因此，福柯的反科学历史学分析所针对的"权力"并不是意识哲学自身的权力概念。他仅仅将主体哲学的概念颠倒过来，无法消除其种种困境。谱系学历史写作本来试图超越已经破产的人文科学，寻求新的知识客观性。但是，福柯将真理有效性"化约"为权力效应具有自我颠覆的危险，将使他自己的谱系学批判深陷于自我关涉的困境而无法自拔。权力理论的分析如果成立，那么谱系学本身的有效性也就不得不是某种权力效应，其声称的真实性主张也就是虚假的，从而摧毁了由它自身所建立的基础。福柯的确曾把谱系学方法运用于自身，但不是为了暴露自我矛盾，而是为了体现谱系学的优越之处。谱系学批判开端于"被压制的知识"的反叛，将底层大众的、局部的、质朴的知识——那些在体系化的知识等级中被剥夺了合法资格的潜在知识挖掘出来，将它们提升到"专家知识"的高度，实现"知识重归"。在这个意义上，谱系学是"博学与被压制知识的奇异联盟"，它来自一种"知识贵族的平民性怪僻"。

哈贝马斯认为，如果不能解决批判的自我关涉问题，那么福柯的理论也就不过是一种理论政治。任何一种反权力都是在权力范围内活动，一旦取胜就会变成新的权力，导致新的反权力。谱系学无法打破这个循环。福柯无法根据超越局部共识的有效性要求，来确立自己知识的优越性。如果反话语的有效性要求恰恰就是权力话语，那么谱系学也就无法用自身的方法摆脱相对主义的自我否定。

第十一篇文章《走出主体哲学的另一条路径：交往理性和以主体为中心的理性》是本书的第十一章，阐明了哈贝马斯走出主体哲学困境的理论主张。

哈贝马斯提出，在黑格尔以往的思想史上，现代性批判一次次力图摆脱主体哲学的困境，却一次次陷入歧途。他认为，从康德哲学开始一直就存在着一种哲学的反话语，从而揭示了作为现代性原则的主体性，必须回到现代性话语的起点，客观认识的范式必须被具有语言能力和行为能力的主体的理解范式所取代，转向交往范式。交往是由言语者、听众和在场的其他人组成，这是一个完整而不可分割的背景，构成了完整的生活世界。

哈贝马斯还提出，在过去的几十年里，激进的理性批判几乎成了时尚，理性他者的目的是反启蒙。那些想要把一切范式连同意识哲学范式统统抛在一边，而直接迈入后现代性澄明境界的人，根本无法摆脱以主体为中心的理性观念及其直观形态。在马克思实践哲学的基础上，我们把实践概念从劳动转向交往行为，放弃生产范式，就会出现一种新的视角，也就可以去捍卫意义与有效性之间的内在联系。至此，哈贝马斯已经做出了自己的抉择，以建立交往理性的范式来克服以主体为中心的理性，为现代性奠定规范性基础。

第十二章《现代性的规范内容》，分为 4 节和 1 个附论，哈贝马斯具体阐发了现代性的内容。其一，为了告别现代性，各种激进的理性批判付出了昂贵的代价，如：拒绝了主体间性的辩证法、拒斥现代生活等，但还是没有摆脱掉工具理性与理性的总体化特征。其二，为摆脱实践哲学的概念，哈贝马斯新的概念策略，是把生活世界作为资源分为文化、社会和个性三部分，以诊断现代社会的症候。其三，在资本主义社会，系统分化为金钱和权力系统，生活世界分化为私人领域和公共领域，私人领域同经济系统交换的媒介是货币，公共领域同行政系统交换的媒介是权力。在早期资本主义阶段，系统日益同生活世界分离，现代化表现为合理化。其四，晚期资本主义以国家干预、大众民主和福利国家为特征，系统与生活世界的平衡关系被打破，导致生活世界的殖民化，因此必须建立自主的公共领域这个中介。

在这章的附论《卢曼的系统理论对主体哲学遗产的接受》中，哈贝马斯指出，卢曼系统理论的独特贡献与缺陷集于一身，是以系统合理性代替了以主体为中心的理性。

【意义与影响】

《现代性的哲学话语》于1985年出版了德文版，1987年被译成英文出版，收入托马斯·麦卡锡主编、麻省理工学院出版社出版的"当代德国社会思想研究"丛书。在2001年的访华之旅中，哈贝马斯亲自嘱托北京师范大学曹卫东教授尽快翻译这部著作，2004年译林出版社出版了此书的中文版。

在几十年的学术生涯中，哈贝马斯矢志不移地、广泛而系统地对现代性展开建设性的批判，力图在揭示启蒙传统内在困境的基础上开辟新路，以继续现代性这项未竟的事业。

首先，哈贝马斯抓住了"现代性"在哲学话语中的生成和演变，可谓独具慧眼。作为一位享誉世界的思想家，哈贝马斯认真、细致、精微地梳理了西方18世纪以来有关"现代""现代性"及其相关术语发展的来龙去脉，对康德以来众多顶级思想家的现代性思考进行了严谨的分析论证，并别具慧眼地指出了这些思想背后的联系、差异及他人不易觉察的局限和不足。

其次，《现代性的哲学话语》一书，虽然较为全面地梳理了西方特别是德法两国哲学话语中"现代性"的诸多学说，试图以交往理性取代主体中心化的理性，从而为现代性的建构寻找理论新路。但哈贝马斯也许已经意识到，这种带有抽象主义色彩的理论体系究竟能够在多大程度上被现实所接纳并且真正转化为现实，尚待观察。在后现代理论日益成为学术研究热点的现时代，这种理论体系究竟能否经受住解构思维的考验，得到大多数人的认可，也需时日。然而，哈贝马斯这种勇于挑战难题、探寻出路的学术气魄，是值得大为称赞的。

最后，这本书对于我国来说具有特殊的理论与现实意义。在中国的现代化发展过程中，后现代主义思想在中国学术界影响很大，由此引发的研究促进了各种批评话语的发展，丰富了对现代性问题的理解。哈贝马斯的现代性理论，使我们对自己的历史处境获得了一种清醒的自我认识，认真反思现代性与现代化之间的关系以及工具理性问题，对于我们自觉走上现代化发展道路等，具有十分重要的理论与现实意义。

【原著摘录】

作者前言 P1-2

P1 "现代性——一项未完成的设计"是我在1980年9月荣膺"阿多诺奖"时答谢致辞的题目……新结构主义理性批判的挑战构成了我力图逐步建构现代性哲学话语的视角。就现代性话语而言，从十八世纪后期开始，现代性就已经成为"哲学"讨论的主题。

一、现代的时代意识及其自我确证的要求 P1-26

P1 在韦伯看来，现代与他所说的西方理性主义之间有着内在联系。这种联系并不是偶然出现的，而是不言而喻的。韦伯把那种神秘化的过程说成是"合理的"，在欧洲导致了宗教世界图景的瓦解，并由此形成了世俗文化。

P5 黑格尔是第一位清楚地阐释现代概念的哲学家。到韦伯为止，现代性与合理性之间的内在联系一直都是不言而喻的，今天却成了问题。

P6 1500年前后发生的三件大事，即新大陆的发现、文艺复兴和宗教改革，则构成了现代与中世纪之间的时代分水岭。

P8 同"当下"一样，诸如革命、进步、解放、发展、危机以及时代精神等，也都是一些动态的概念；这些概念或是在十八世纪随着"现代"或"新的时代"等说法一起出现的，或是被注入了新的涵义，而这些语义迄今一直有效。另外，这些概念后来也成了黑格尔哲学的关键术语，并从概念史角度来把握随着西方文化的现代历史意识而出现的问题，即现代不能或不愿再从其他时代样本那里借用其发展趋向的准则，而必须自力更生，自己替自己制定规范。

P19 黑格尔是使现代脱离外在于它的历史的规范影响这个过程并升格为哲学问题的第一人……黑格尔认为，哲学面临着这样一项使命，即从思维的角度把握其时代，对黑格尔而言，这个时代即是现代。黑格尔深信，不依赖现代的哲学概念，就根本无法得到哲学自身的概念。首先，黑格尔发现，主体性乃是现代的原则。

P21 贯彻主体性原则的主要历史事件是宗教改革、启蒙运动和法国大革命。

二、黑格尔的现代性观念 P27－58

P32 按照黑格尔的理解，理性作为一种力量，不但能够使生活关系系统发生分裂和破碎，还能将之重新统一起来……但是，黑格尔如果想要贯彻这种启蒙辩证法的话，他首先就必须说明，如何才能用实证性自身所依靠的原则来阐释清楚对实证性的扬弃。

P35 黑格尔不可能从认知主体的自我意识或与自身的反思性关系中获得和解的内容，也就是说重建破裂的总体性。但是，一旦黑格尔把理解的主体间性关系当作出发点，他就错过了现代性自我确证的目标：根据源于实证性因素的原则，也就是从主体性出发，来克服实证性。

P49 黑格尔的哲学满足了现代性自我证明的要求，但付出的代价是贬低了哲学的现实意义，弱化了哲学的批判意义。最终，哲学失去了其对于当前时代的重要意义，毁灭了自己对时代的兴趣，拒绝了自我批判和自我更新的天职。时代问题没有了挑战性，因为，站在时代高度的哲学已经丧失了意义。

P51 黑格尔不是第一位现代性哲学家，但他是第一位意识到现代性问题的哲学家。他的理论第一次用概念把现代性、时间意识和合理性之间的格局突显出来。

三、三种视角：黑格尔左派、黑格尔右派和尼采 P59－95

P61 黑格尔揭开了现代性的话语。青年黑格尔派则使现代性话语永久化；也就是说，他们把源于现代性精神自身的"批判"的思想框架从黑格尔理性概念的压迫下解放了出来。

P65 黑格尔左派倾向于实践和革命……黑格尔右派继承了黑格尔的观点，坚信国家和宗教可以消除市民社会的动乱，只要引发动乱的革命意识的主体性屈从于对现存合理性的客观认识……尼采消除了以主体为中心并退化为工具理性的理性批判当中所具有的辩证法芒刺，并且完全像青年黑格尔派对待理性升华一样对待理性：理性不是别的，就是权力，是十分隐蔽的权力意志。

P74 由于马克思把美学生产转移到"类的劳动生活"当中，所以，他可以把社会劳动看作是生产者的集体自我实现。

P86 对现代性话语而言，由海德格尔和巴塔耶以不同的方式延续下去的反人道主义才是真正的挑战……回到一种交往理性观念，从而换一种方式来思考启蒙辩证法。也许，现代性话语在第一个十字路口就选错了方向。青年马克思在批判黑格尔的时候就曾徘徊在这个路口。

四、步入后现代：以尼采为转折 P96－121

P98－99 随着尼采进入现代性的话语，整个讨论局面发生了翻天覆地的变化……虽然尼采又一次把启蒙辩证法的思维框架运用于历史启蒙，但他的目的是为了打破现代性自身的理性外壳。

P105 相反，只有集理论理性和实践理性的精华于一身的自主诗歌，才能打开通往本源神话权力世界的大门。

P112 尼采依靠超越理性视界的彻底的理性批判，建立起了权力理论的现代性概念。

P113 海德格尔面临的首要任务在于，把哲学放到尼采认为应由艺术（作为虚无主义的反动）占据的位置上，以便能够对哲学思想加以转化，使之成为凝聚和更新酒神力量的舞台。

P119 海德格尔以主体哲学为主线，把理性解释为自我意识，把虚无主义理解为由于总体性而导致的对世界的技术统治的表达。

五、启蒙与神话的纠缠：霍克海默与阿多诺 P122－151

P131 《启蒙辩证法》并未妥善处理资产阶级理想中所确立并被工具化了的文化现代性的合理内涵……《启蒙辩证法》根本就没有告诉我们如何才能摆脱目的理性的神话暴力。

P134 批判理论最初是在霍克海默的圈子中发展起来的，目的是要研究由于西方革命的缺席、斯大林主义在苏联的发展以及法西斯主义在德国的上台而造成的政治沮丧。批判理论试图阐明马克思主义所作的错误预测，但并没有打算彻底告别马克思主义立场。

P136 霍克海默和阿多诺认为，马克思主义的意识形态批判已经过时，而且他们也不再认为可以用社会科学的工具来兑现社会批判理论的诺言。相反，他们把意识形态批判推向极端和自我超越，而意识形态批判本来应当要完成对启蒙的启蒙。

六、形而上学批判对西方理性主义的瓦解：海德格尔 P152－186

P152 霍克海默和阿多诺一直在同尼采作斗争；海德格尔和巴塔耶则聚集到尼采的麾下作最后的反抗。二十世纪三四十年代初，海德格尔曾以《尼采》为题举办讲座……海德格尔这样做的目的在于：跨越后现代思想的门槛，从内部克服形而上学。沿着这样一条思路，海德格尔建立了一种历史化的源始哲学（Ursprungsphilosophie）。

P154 海德格尔的独创性在于把现代的主体统治落实到形而上学历史当中。

P156－157 如果说尼采曾希望通过瓦格纳的歌剧一跃而回到古希腊悲剧中未来的过去，那么同样，海德格尔也希望从尼采的权力意志的形而上学回到形而上学在前苏格拉底时期的起源那里。

P160 海德格尔没有把自己从先验意识问题当中彻底摆脱出来，致使他除了选择抽象否定的方法之外，再也没有别的途径去打破意识哲学的概念牢笼。

P161 由于海德格尔并不反对建立在自我论证基础上的哲学的等级秩序，所以，他只能通过挖掘更深的基础——因而也就不稳定了——来反对基础主义。

P162 海德格尔在他的后期哲学中进一步得出结论认为，现代性批判独立于科学分析。

P176－177 海德格尔立场的转变表现为以下三个方面：（a）海德格尔放弃了形而上学所提出的自我论证和终极论证的要求。……（b）海德格尔拒绝存在本体论的自由概念。……（c）最后，海德格尔否定了还原到第一原则的基础主义思想，不管它是出现在传统形态的形而上学当中，还是出现在从康德到胡塞尔的先验哲学当中。

P179 海德格尔转向的核心在于，他让一种融化在时间当中的源始力量的元历史性权威带有了真实性事件的特征。

P184 海德格尔1935年的夏季讲座表明，他一直都在恪守着他那短暂校长生涯中的誓言。一旦他不再受纳粹统治本质的蒙骗，他在哲学上就陷入了困境。因为他把"此在"等同于民族的此在，把真正的存在能力等同于权力的攫取，把自由等同于元首的意志。

七、超越源始哲学：德里达的语音中心论批判 P187－246

P188 我们所熟悉的形而上学自我克服的旋律，也为德里达的研究奠定了基调；分解（Destruktion）变成了解构（Dekonstruktion）……但德里达摆脱了海德格尔的晚期哲学，特别是海德格尔的隐喻学。

P191　德里达想到语音中心论中去寻找西方的逻各斯中心论。

P193　德里达用作为书写科学的文字学取代了作为语言科学的语法学，由此，他试图把结构主义的基本观点进一步推向极端。

P196　德里达的批判也仅限于对符号学的思考。他首先针对的是胡塞尔关于符号与信号的独特区分，其目的是要贬低对应于严格意义上的语言表达的交往表达。

P201　德里达对胡塞尔真理确定性概念的批判，和海德格尔对胡塞尔现象概念的批判如出一辙。

P204　德里达反对胡塞尔的核心观点在于：胡塞尔放任自己被西方形而上学的基本观念所蒙蔽——自我同一的意义的理想性只能由活生生的在场来加以保证。

P208　德里达希望借助于"延异"这个充满时间动力的概念，遏止胡塞尔思想中的极端化趋势：胡塞尔试图得出"自在"含义摆脱一切经验内涵之后所具有的理想意义。

P209　德里达并没有彻底打破主体哲学的基础主义。他不过是让主体哲学所说的基础依赖于一种贯穿在时间当中的源始力量的基础——这个基础虽然更深厚一些，但也已经摇摇欲坠。

P212　作为现代性哲学话语的参与者，德里达继承了形而上学批判的弱点，即没有摆脱源始哲学的意图。尽管变换了姿态，但说到底他不过是把显而易见的社会病理给神秘化了。

P217　德里达实际上是回到了神秘主义转向启蒙主义的历史时刻。

八、在爱欲论与普通经济学之间：巴塔耶 P247－279

P248－249　巴塔耶的"异质"概念是超现实主义作家和艺术家基本经验的结晶：他们用令人震惊的方式宣扬醉、梦和本能的迷狂力量，以此来反对功利性、规范性和客观性的命令，目的是为了打破常规的感觉模式和经验模式。

P250　巴塔耶和海德格尔之间之所以形成巨大的差异，原因在于，巴塔耶在攻击理性的时候并没有触及认知合理化的基础，或者客观化科学和技术的本体论前提。

P251　巴塔耶与尼采之间有着亲和性，主要表现为审美的自由概念和超人的自我捍卫，而这对海德格尔来说是不可思议的。

P278 巴塔耶提供给我们的是一种消极的形而上学世界观，表现为用人类学扬弃经济学。

九、理性批判对人文科学的揭露：福科 P280－313

P284 福科在这里想到的还是一种话语分析，他试图用一种深层解释学的方法去探索疯癫与理性分道扬镳的起点，以便从表达中揭示出没有言说出来的一切。

P287 这样，十八世纪的终结也就成了理性史这一出戏的转折点。现代性由此发轫，其核心内涵是康德主义哲学和新人文科学。

P289 福科后来干脆称规训化为现代统治技术学。

P293 如果说，考古学的风格在于博学而不拘一格，那么，谱系学推崇的则是一种"幸运的实证主义"。

P294 福科的这种博学——实证主义史学概念以反科学的形式出现，而且接受的是尼采的观念，这在《知识考古学》（1969）导言和《尼采、谱系学、历史》（1971）一文中有所反映……谱系学的历史写作只有在走出以历史为取向的人学视野之后，才能承担起一种反科学的理性批判功能，而福科就是要用权力理论来揭露这种人学所具有的虚伪的人文主义。

P308 福科绕了一个大弯子（从康德和费希特一直到胡塞尔和海德格尔），阐述了他的基本思想：现代性的特征在于主体具有一种自相矛盾和人类中心论的知识型。

十、权力理论的困境 P314－344

P319－320 一旦人文科学成了这一规训权力的媒介，而全景式的监视形式渗透到一切遭到控制的肉体和物化的灵魂当中，那么，这种规训权力就会凝聚为一种新型的现代权力结构……随后，人文科学用高雅的方式把这些肉体规训的规范化效果延伸到个人和集体的内心深处，这些个人和集体由于科学主义而变成了对象，同时还被赶回到了其主体性之中。

P323 但福科笔锋一转，随即把权力对真理的依附变成了真理对权力的依附。于是，具有决定意义的权力无需再依靠具有行为能力和判断能力的主体——权力成了无主体的权力。

P325 福科觉得自己是个"幸运的实证主义者"，因为他提出了三种卓有成效的还原方法：从人种学观察者的视角出发，把参与话语的解释者的意义理解还原为对话语的解释；从功能主义的角度，把有效性要求还原为权力效果；从自然主义角度，把应然（Sollen）还原为实然（Sein）。

P332 福科自视为异端，在遣现代思想和披着人道主义外衣的规训权力的反。

P340 福科并未深入探讨康德和功利主义反过来又用革命的手段贯彻制度化的国家暴力，也就是说贯彻一种政治秩序，在意识形态层面上把君主主权转变为人民主权。

十一、走出主体哲学的另一条路径：交往理性和以主体为中心的理性 P345－379

P347 穷竭的是意识哲学范式。果真如此，我们就必须从意识哲学范式转向交往范式，因为只有这样才能消除穷竭的症候。

P352 从以主体为中心的理性到交往理性的范式转变，也鼓励我们把现代性从一开始就具有的反话语再一次接受过来。

P354 现代性的反话语把康德哲学看作是对现代性的无意识表达，因而也把康德哲学作为自己的发端，目的是要揭示启蒙自身的狭隘性。

P361 那些想要把一切范式连同意识哲学范式统统抛在一边，而直接迈入后现代性的澄明境界的人，根本无法摆脱以主体为中心的理性概念及其直观形态。

P368 交往行为理论可以摆脱意识哲学前提，对黑格尔的伦理生活关系概念加以重建。

P373 如果我们把实践概念从劳动转向交往行为，就会出现一种完全不同的视角。

P376 交往理性在主体间的理解与相互承认过程中表现为一种约束的力量。同时，它又明确了一种普遍的共同生活方式。

P378 生活世界是互动参与者的资源，由此，互动参与者提出了能够达成共识的命题。

十二、现代性的规范内容 P380－430

P380 为了告别现代性，激进的理性批判付出了昂贵的代价。首先，这些话语无法也不想澄清它们各自的地位。

P381 理性批判忽略了其自身的基础，而理性批判的各种变种在其他方面又有着亲和性，主导它们的是一些规范的直觉观念，这些直觉观念超越了间接要求的"理性他者"身上所能容纳的范围。

P384 在没有中介的情况下就把专门知识转移到日常生活的私人领域和公共领域当中，一方面会危及知识体系的自主性和独特性；另一方面会破坏生活世界语境的完整性。

P387　生活世界作为资源，分为三个不同的部分：文化、社会和个性。

P392　只要付出唯心主义的抽象代价，交往理论似乎就可以拯救出现代性的规范内涵。

P393　随着生活世界的合理化，交往行为者自身所承担的理解开支也在不断增加。与此同时，交往过程中产生分歧的风险也在不断增加，这种交往只有通过对有效性要求的双重否定才能产生约束效果。

P399　货币和权力等媒介要想在生活世界中获得合法的制度化，生活世界的合理化首先就必须达到相当成熟的程度。

P405　在现代社会，主体间自我理解能力的（微弱）与整个社会自我组织能力的（缺乏）之间明显不对称。

【参考文献】

[1] 于尔根·哈贝马斯. 现代性的地平线——哈贝马斯访谈录[M]. 李安东，段怀清，译. 上海：上海人民出版社，1997.

[2] 于尔根·哈贝马斯. 论现代性//王岳川，尚水. 后现代主义文化与美学[M]. 北京：北京大学出版社，1992.

[3] 汪行福. 走出时代的困境——哈贝马斯对现代性的反思[M]. 上海：上海社会科学院出版社，2000.

[4] 汪行福. 通向话语民主之路：与哈贝马斯对话[M]. 四川：四川人民出版社，2002.

[5] 王晓升. 哈贝马斯的现代性社会理论[M]. 北京：社会科学文献出版社，2006.

[6] 傅永军. 法兰克福学派的现代性理论[M]. 北京：社会科学文献出版社，2007.

[7] 陈学明. 哈贝马斯的"晚期资本主义"论述评[M]. 重庆：重庆出版社，1993.

[8] 莫伟民. 主体的命运[M]. 上海：上海三联书店，1996.

[9] 陈嘉明. 现代性与后现代性十五讲[M]. 北京：北京大学出版社，2006.

[10] 单世联. 哈贝马斯：现代性的哲学话语//谢立中，阮新邦. 现代性、后现代性社会理论[M]. 北京：北京大学出版社，2004.

［11］刘擎. 悬而未决的时刻——现代性论域中的西方思想［M］. 北京：新星出版社，2006.

［12］汪行福，韩国庆. 哈贝马斯的新古典现代性论及其批判［J］. 学术研究，2012（5）.

［13］樊美筠，斯蒂芬·劳尔. 美国最好的部分已经被现代性最坏的部分所折损——对话美国过程哲学家斯蒂芬·劳尔教授［J］. 中国社会科学报，2014（4）.

［14］童恒萍. 交往与现代性——哈贝马斯交往理论述评［J］. 华南师范大学学报（社会科学版），2001（2）.

［15］傅永军. 哈贝马斯的现代性视野［J］. 山东大学学报（哲学社会科学版），2007（3）.

［16］付洪泉. 现代性研究的方法论选择——从哈贝马斯的现代性理论出发［J］. 求是学刊，2007（5）.

三、《现代性的碎片
——齐美尔、克拉考尔和本雅明作品中的现代性理论》

[英] 戴维·弗里斯比 著
卢晖临,周怡,李林艳 译
商务印书馆,2003 年

---【作者简介】---

　　戴维·弗里斯比(1944—2010),英国伦敦经济与政治学院教授。他曾任教于肯特大学,从 1995 年开始任格拉斯哥大学社会学教授。此外,他还在耶鲁大学、纽约大学、加州大学、圣地亚哥大学、海德堡大学和康斯坦茨大学做过访问学者。2005 年 9 月,他离开格拉斯哥大学社会学系,去伦敦经济与政治学院任教授。

　　弗里斯比现在的主要研究领域有大都市现代性与建筑,19 世纪晚期和 20 世纪德国社会理论史,齐美尔(又译"西美尔")的社会理论。其主要著作有:《疏离的心灵:1918—1933 年德国的知识社会学》(1983 年)、《格奥尔格·齐美尔》(1984 年)、《现代性的碎片——齐美尔、克拉考尔和本雅明作品中的现代性理论》(1985 年)、《齐美尔论文化:文选》(1997 年)、《现代性之都市风貌:批判性探索》(2001 年)、《格奥尔格·齐美尔的金钱哲学》(2004 年)等。近年来发表的论文有《齐美尔论家庭:导言》(1998 年)、《作为文本的大都市:瓦格纳与维也纳的"第二次复兴"》(1998 年)、《本雅明的拱廊街计划:现代性的史前史》(1999 年)、《风情的现代》(2001 年)等。

── 【写作背景】───────────────────────────

近代西方资本主义社会的兴起与发展，确立了宏大叙事的社会政治文化的主导地位。这种社会政治文化以对自然的精确控制、改造的科学技术为典范，追求社会历史发展的进步性、整体性与统一性。但是，现代资本主义社会的进一步发展，却暴露了理性启蒙运动的社会政治理想也只不过是一种现代的宏大乌托邦叙事。

现代性与后现代问题的国际理论论争在20世纪甚嚣尘上，作为现代性与后现代性的持续关注者，1982年，当代新马克思主义者、英国学者弗里斯比在第一届齐美尔国际研讨会上的论文《齐美尔的现代性理论》，就开启了此后齐美尔与现代性问题研究的主要思路，即以宏大叙事的碎片化为主题。弗里斯比以此为基线，开始了富有创造性的现代性问题探索，这就是1985年呈现给世人的《现代性的碎片——齐美尔、克拉考尔和本雅明作品中的现代性理论》。

── 【中心思想】───────────────────────────

本书主要讨论齐美尔、克拉考尔和本雅明的现代性思想及其方法。弗里斯比认为，与哈贝马斯、韦伯等诸多学者试图建构无所不包的抽象的现代性理论不同，三位学者的现代性研究是从破译现代性碎片的奥秘入手的。在齐美尔《货币哲学》中，透显的是"现实的偶然性碎片"。在克拉考尔的《大众装饰》《白领职员》中，表述的是"无关宏旨的表面显象"。本雅明"拱廊街计划"中的"辩证意象"或"单子论"所阐述的，是在日常生活世界的层面上救赎了最为细微的现代性痕迹。全书内容新颖，文字细腻，是从审美的、政治的和历史的角度阐释现代性问题的一部佳作。

全书由导言、4章正文和结论组成，共约30万字。

── 【分章导读】───────────────────────────

在本书的导言中，弗里斯比概要介绍了本书的主要研讨内容，即主要讨论齐美尔、克拉考尔、本雅明这三位学者的现代性研究方法。在弗里斯比看来，这三位学者的现代性分析的共同点，"是经常无意识地接受现代性现代概念创始人波德莱尔（Charles Baudelaire）所刻画的特征，即'过渡的、短暂易逝的、偶然的'"①。

弗里斯比认为，在19世纪，波德莱尔、马克思和尼采就曾以不同的方式展开了现代社会批判。随着哈贝马斯、利奥塔、伯曼（即鲍曼）等学者的介入，现代性问题成为社会理论讨论的中心，也成为文学和美学领域讨论的话题。但近年来的现代性社会理论过分突出了一个最坚定的反现代主义者——马克斯·韦伯，而韦伯的现代性研究并没能够对资本主义所开启的体验中的重要变迁给予适当的处理。因此，弗里斯比的现代性研究，特别要处理的是从一个与众不同的焦点开始研究三位著名学者的现代性理论，即从波德莱尔界定的现代性的含义出发，探讨齐美尔、克拉考尔和本雅明的作品。

在弗里斯比看来，齐美尔是第一位研究现代性的社会学家，《货币哲学》详尽地阐释了其现代性理论的纲要。克拉考尔的研究从对理性的思考视角出发，进而将理性化视作本质上非理性化的过程。本雅明的现代性理论，在现代性史前史中找到起源，其中一个主要落脚点是19世纪早期巴黎人的拱廊街，这些拱廊街被人们看成是通向表达资本主义梦境的那些想象、错觉与幻景的原始入口。三位作者的中心关怀表现为过渡、飞逝和任意的时间、空间与因果性这三者的不连续体验。以各自不同的方式，齐美尔、克拉考尔和本雅明都关注人们感受和体验资本主义剧变所产生的社会和历史存在的新方式。因此，他们的研究表现出一种有趣的特点，突破了理性主义的传统背景，不是试图从整体上来分析社会，而是试图从社会现实的表面碎片为出发点进行研究。在他们的研究之中确立了总体性与永恒之物。从方法论上讲，由于碎片的过渡、偶然与易逝，研究对象的确定不仅取决于观察现代生活的特殊模式，而且取决于体验新的社会现实本身的崭新模式。弗里斯比说："以齐美尔为例，他的现代性分析的起点不是社会总体，而是'现实的偶然性碎片'。"②

三位作者都表现了对于文学和艺术现代主义的浓厚美学兴趣，而这又反过来影响和丰富了他们有关现代性的想象。与众不同之处还在于，三位作者关于现代性以及现代生活体验的特定本质的探索，他们的起始点不是整体上的社会分析，也不是结构性或制度性的分析。相反，三位作者都是以社会现实的表面碎片为出发点开始他们的研究。实际上，这一点正是他们与现代主

---

① 戴维·弗里斯比. 现代性的碎片——齐美尔、克拉考尔和本雅明作品中的现代性理论 [M]. 卢晖临，周怡，李林艳，译. 北京：商务印书馆，2003：5.
② 戴维·弗里斯比. 现代性的碎片——齐美尔、克拉考尔和本雅明作品中的现代性理论 [M]. 卢晖临，周怡，李林艳，译. 北京：商务印书馆，2003：11.

义运动本身所共有的东西。除了这些方法论、主题、传记和文本方面的联系之外，还有某种东西将齐美尔、克拉考尔和本雅明三人联系在一起。尽管表现方式不一样，他们三人都是自己所在社会的旁观者和陌生人。

由此对现代性的总体认识出发，弗里斯比分四章展开了论述。

第一章《现代性》，弗里斯比探讨了现代性的概念。弗里斯比认为，探讨现代性的社会理论家很快就面临一个吊诡的局面，即现代化社会理论将现代社会当作出发点，而其理论的目的在于宣称后现代性、后工业主义和后资本主义的存在。因此，探讨现代性问题，首先要界定现代性的概念。

弗里斯比从总体上检视了波德莱尔、马克思和尼采的现代性概念，认为他们为我们提供了新奇的、历史的和永远同一的现代性概念。波德莱尔的作品为本雅明提供了"现代性的壁画"，他在《现代生活的画家》这篇文章中赋予现代性概念以现代的意义，把重点放在现在的"新奇"之处，甚至到了将现代性等同于新奇事物的程度。马克思这个隐蔽的现代性分析家把现代性视为一个历史现象，对以商品生产为基础的社会进行了辩证分析，不仅试图去理解资本主义社会的新奇之处，而且在探寻资本主义社会形成的动力中，逐渐认识到它的历史过渡性。现代性对于尼采而言，最终成为"永远同一的永恒轮回"。

进而，弗里斯比具体分析并阐释了波德莱尔在现代性概念方面所做出的贡献。弗里斯比认为，波德莱尔对现代性概念的引入虽然不成系统，但对于未来的现代主义辩论和形成现代性社会理论的努力，都是至关重要的。现代性在现代都市生活的各种体验方式中所处的位置及其艺术表现问题，无意中为那些希望在现代社会生活中考察飞逝的、过渡的和偶然的事物的社会理论家创造了问题。弗里斯比说："波德莱尔将现代体验的转化视作时间上飞逝、空间上暂存的，并将伴生的事件看作是任意和偶然的。"[1] 短暂和永恒的辩证法在波德莱尔的美学中已经具备，现代性社会理论家又把它调换到社会生活本身中。

对于马克思在现代性概念方面的突出贡献，弗里斯比更是给予了高度评价。弗里斯比借用伯曼的观点指出，马克思是"第一个最伟大的现代主义者"，而不是只将他看作现代化理论的一个主要贡献者，马克思的著作已经包

---

[1] 戴维·弗里斯比. 现代性的碎片——齐美尔、克拉考尔和本雅明作品中的现代性理论[M]. 卢晖临，周怡，李林艳，译. 北京：商务印书馆，2003：29.

含了现代性的关键方面,以及对它们的批判性反思。在马克思对解放、生产力、生产关系和一般社会关系的论说中,存在着对现代性内在动力分析的证据。马克思的商品分析直接影响一种将社会现实碎片当作出发点的研究现代性的方法论取向。马克思在对资本主义的分析中确认了现代性体验的"起源",而资本主义当事人对于这些"起源"本身并不清楚。当然,在马克思对"解放"生产力、生产关系和一般社会关系的论说中,存在着对现代性内在动力进行分析的证据。在《资本论》中,马克思的现代性批判更加深刻而具有整体性,尤其是马克思对资本主义商品拜物教的批判,确认了现代性体验的资本主义"起源",而资本主义当事人对于这些"起源"本身并不清楚。

和一些理论家对尼采的理解不同,弗里斯比不把尼采哲学理解为后现代思想家,而是从现代性批判者的视角去理解和分析,认同尼采在现代性概念方面所做出的贡献。在弗里斯比看来,马克思不是唯一一个将当代社会视为被神秘化和幻觉所蒙蔽的人,这也是尼采得出的结论。尼采在后期作品中,特别地提出备受争议的"永远同一的永恒轮回"学说。这一学说预设了一个不连续的、没有持续的、不可逆转的时间概念。归根结底,本雅明详加改造的是波德莱尔的版本。对本雅明而言,是波德莱尔"神奇地从单调生活的灾难中变化出现代性的幻景"。

第二章《乔治·齐美尔:作为永恒现在的现代性》,弗里斯比从七个方面深入探讨了齐美尔的现代性观念:"作为永恒现在的现代性。"在弗里斯比看来,齐美尔之所以被波德莱尔称作第一个现代性社会学家,是因为齐美尔具备那些同代人无法匹敌的捕捉现代性基本体验的能力。齐美尔的现代性分析具有自己的独特性,即齐美尔的现代性解说没有以对世纪之交德国社会重要变化的历史考察为基础,在他描述的任何现象中,都不存在系统性的历史分析。齐美尔竭力要找寻的是波德莱尔所确认的,构成现代性之飞逝的、过渡的和偶然性的因素。齐美尔认为,人们对社会问题的兴趣主要来源于三个方面。一是来自叔本华的意志哲学,即认为人们在生活中没有最终的目的,因而,"人们感到缺乏最终的目标,缺乏一种应该支配整个生活的理想。这种缺失感在80年代被几乎是自发兴起的社会公平理念填补"。二是来自曾经为人们生活提供终极目标的基督教的衰落,那种终极目标"高于一切相对的事物,高于人类存在的碎片性特征,高于手段及手段之间的无限结构"。三是来自人们的缺失感被社会公平的理想和一种服务社会整体的感觉而填补,一种这样的感觉:"个体只不过是社会经纬中的一个交汇点,他献身于大家的利益,只不过是完成了具有最根本特征的一项义务。"

齐美尔对现代性概念做出了自己的独特理解。他认为，现代性的本质是心理主义，现代性是现代社会中一种特殊的人生体验方式，不仅可以被归纳为我们对于它的内在反应，而且可以被归纳为我们内在生活对它的接纳。齐美尔现代性研究的方法和观念，充分展现在其代表性作品《货币哲学》中。他感兴趣的是现象之间的关系，互动和社会交往是其现代性理论的核心概念。齐美尔在《货币哲学》中提出的研究目的，是从表面碎片的研究中寻找总体性，通过审美才可以理解的总体性。表面的碎片能为社会现实的根本方面提供答案，交换作为一个独特的社会现象，确实体现了波德莱尔用来刻画现代性的"过渡的、短暂的、易逝的、偶然的"特征。齐美尔的现代性理论是非历史性的，而是一种对现代社会现实体验方式的解说，构成齐美尔现代性洞见基础的社会经历与其个人的内在体验是紧密结合的。此外，社会学家齐美尔还被一些学者被称为"游手好闲者"，具有和冒险者一样独特的生活态度，把即时现在感视作永恒的主题。

都市成为齐美尔现代性分析的基础与体验的焦点，但齐美尔没有对都市社会结构进行分析，而主要从观察的角度来叙写社会小品。他从"神经衰弱""大都市的社会体验""货币和商品的世界"三个视角来考察分析现代都市生活。在齐美尔看来，城市人的腻烦心态，需要娱乐的精神刺激，这些构成整个社会的"迷宫"意向，而迷宫的根源恰恰在于货币经济。他说："货币不仅代表了被视作迷宫的社会内部的运动，它在交换中的功能还创造了构成经济迷宫的那些联系。所以说，货币就是编织社会之网的蜘蛛。消费者体验以一种迂回的方式成为齐美尔现代性洞识的主要源泉。在齐美尔那里，社会本身这一概念，似乎常常依赖于消费之前的过程，即交换。"① 总而言之，齐美尔现代性社会理论的方法论预设与主要实质特征是非常明显的，他强调的是个体的物化与碎片化，其现代性社会理论非常明确地集中在关于时间（过渡性的）、空间（易逝性的）和原因（偶然性或者任意性）的现代体验的转变。客观文化与主观文化的矛盾要通过客观文化的内在化来解决，除了永恒的现在，不可能有面向个体的世界，现代性本身就成为一个永恒的现在。

第三章《西格弗里德·克拉考尔：现代性的"范例"》，弗里斯比从九个方面深入具体地考察分析了西格弗里德·克拉考尔的现代性观念。通过对克

---

① 戴维·弗里斯比. 现代性的碎片——齐美尔、克拉考尔和本雅明作品中的现代性理论[M]. 卢晖临，周怡，李林艳，译. 北京：商务印书馆，2003：116.

拉考尔作品的粗略考察，弗里斯比指出克拉考尔的观察、研究都是围绕高雅文化的边缘区域而展开的，并且其最终落脚都在那些通俗文化的媒介上，如电影院、街道、体育、轻歌剧、时事讽刺剧、广告和马戏表演等。克拉考尔意图从短暂的文化现象中直接解析出社会的趋势。

通过对克拉考尔早期作品的深入研究，弗里斯比发现，克拉考尔的早期作品包含了不少对现代性历史、哲学理论的回应与质疑等。克拉考尔的现代性批判更加激进，反对运用抽象的范畴去整理社会现实。对他来说，科学和资本主义的胜利，是知识和存在相脱节的一种表现，意义缺失的都市人常常在喧闹生活中忘记自己的内心存在。他认为，"'问题的根源就在科学和资本主义'，'启蒙运动所倡导的永恒的理性自我'，在'物质主义和资本主义时代'日益'原子化'。正是物质主义和资本主义，'逐步地剥去（现实）的内容'，并'最终导致了当今时代的混乱'"①。

弗里斯比认为，克拉考尔现代性理论的核心议题，是人类意识形态的无家可归感。这隐含在他对齐美尔和马克思主义作品的批判性研究中。克拉考尔对齐美尔作品的评价，暗示了这两个人物之间存在着很多亲和性。从克拉考尔的早期作品以及他同布洛赫的通信来看，他对马克思主义著作中人本主义内涵与实质的理解，是建立在他对法国启蒙运动时期的理论家、克尔恺郭尔和马克思等关于人的观念基础上的，这毫无疑问是在强调法国启蒙运动理论家们所主张的人本主义思想，反对德国唯心主义哲学中抽象理性、绝对精神的一统天下，而祛理性之魅（即原文"去神秘化"）。

弗里斯比深入剖析了克拉考尔《侦探小说》中的现代性碎片观念。《侦探小说》的研究构成了克拉考尔阐释资产阶级文化表面现象的最早尝试，反映的是无所羁绊的理智取得最终胜利后的社会状况，那里仅仅是数字和物件的更表面化的并列和混杂，由于把认为消解的现实扭曲成一幅漫画，所以看起来炫目却令人困惑。《侦探小说》的背景是一个"被建构到极致的文明社会"，它所表现的个体，沦为一大堆情感的容器，常常被化约为典型。《侦探小说》的世界是纯形式的关系，如旅馆大堂、理智全能的侦探、形式合法的警察、扰乱社会的罪犯等。案件因果关系不明朗造成的心理恐慌，推理过程的目的性，这些都没有赋予真实事件以意义，也没有超越内在性的混乱。

---

① 戴维·弗里斯比. 现代性的碎片——齐美尔、克拉考尔和本雅明作品中的现代性理论［M］. 卢晖临，周怡，李林艳，译. 北京：商务印书馆，2003：152.

弗里斯比还分析了克拉考尔如何在城市生活中寻找现代性碎片。受过社会学和建筑学训练的克拉考尔,凭借敏锐的视觉,找出了城市生活中偶然生成的碎片,以揭示出它们隐藏的意义,并借此指明现代性的一般特征。敏锐的眼光和批判的唯物主义立场,不仅在克拉考尔的城市意象中日益明显,而且在有关大众文化的探索中也相当突出。

弗里斯比阐释与分析了克拉考尔对大众装饰、电影和摄影术的研究。克拉考尔认为,大众装饰概念是理性化的结果之一,电影和摄影术是对社会空虚状况的逃离。克拉考尔的研究方法既表现了他受马克思主义的影响,又表现出他试图与正统马克思主义区别开来。克拉考尔强调的是阿多诺和霍克海默尔启蒙辩证法及"神话思维"的持续性,即一直被一个主导性的"理性体系"所掩盖。

弗里斯比分析了克拉考尔对白领职员的研究。克拉考尔认为,白领职员也是理性化的产物、牺牲品,笼罩在白领职员的光鲜外表之下的,是对形象和失业的内心焦虑,众多的白领职员是思想上的无家可归者。归根结底,克拉考尔强调了人类日常存在的现实的重要意义。

弗里斯比对克拉考尔的现代性社会批判理论进行了理论描述与定位。他认为,克拉考尔的现代性社会批判理论好比"社会性传记",由于其自觉地反对主观主义,因而也就具备了意识形态批判的功能。

在此基础上,弗里斯比总结了克拉考尔的现代性观念。克拉考尔的现代性分析方法,是在社会和作者之间建构一种预定的和谐。克拉考尔早期的著述,表现了一个不变的主题,即作为一个总体世界的破碎性。"克拉考尔是个拾荒者,他拾起将被彻底湮没的碎片、现代性的丢弃物,至于那些最空洞、代表了'时代的自我评价'的碎片,则任其在晨风中翻飞。他是一个最懂得废旧物和碎片价值的拾荒者,因为他了解它们的来历。碎片能够再次利用,在一个使它们的杂乱拼图能够得到理解的脉络中,可以把它们重新组装起来。"[①]

第四章《瓦尔特·本雅明:现代性的史前史》,弗里斯比集中探讨了本雅明的现代性观念。与齐美尔、克拉考尔相比,本雅明更是着意从事现代性理论研究的,本雅明的"拱廊街计划"之中的现代性理论的整个研究设计,是

[①] 戴维·弗里斯比. 现代性的碎片——齐美尔、克拉考尔和本雅明作品中的现代性理论 [M]. 卢晖临,周怡,李林艳,译. 北京:商务印书馆,2003:250-251.

三、《现代性的碎片——齐美尔、克拉考尔和本雅明作品中的现代性理论》 | 063

有关现代性史前史研究计划的最为充分的蓝本。"起初,本雅明确实经由现代性社会现实的瓦砾追寻到了一条道路。他像一个拾荒者(collector),寻找那些已经失却的现实。但是散落的碎片,那些由本雅明凭借超紫外光捕捉与突破的辩证意象的碎片,已不再只以碎片的方式铺现。拱廊街发展的每一个阶段,都已经不是那些纯粹由引述的蒙太奇所堆积的碎片了。蒙太奇原则从不想象以其本身作为目标。"① 也就是说,本雅明要在最小的个体因素的分析中发现总体存在的结晶。

弗里斯比考察了本雅明现代性史前史的研究过程。1926年3月,本雅明开始撰写《拱廊街计划》,萌生发展现代性的史前史的意图。1927年,本雅明初步完成了《拱廊街计划》的主题纲要,古代性与现代性的辩证,以及古代性存在于现代性之中的认同,已经赋予本雅明的现代性概念以独特性。1930年,本雅明的《拱廊街计划》连同其他文学活动依旧处于酝酿之中。1935年,本雅明将其《拱廊街计划》的有关研究结果做了通报,它们以各种辩证意象形式及其时而对峙并列的拟人方式,勾勒了拱廊街、全景图、世界博览、居室、巴黎的街道和街垒等有限的主题。1938年4月,本雅明对霍克海默尔概括叙述了《拱廊街计划》的三大部分内容。1939年8月,《论波德莱尔的几个主题》出版。这是本雅明在1940年9月16日结束自己的生命前,出版的直接有关"拱廊街计划"的唯一一部作品。

弗里斯比认为,在本雅明《拱廊街计划》的发展中,确实存在的东西是一整套关于如何用现代性史前史继续一个现代性社会理论的问题。弗里斯比说:"碎片、辩证意象、现代性史前史的概念和历史主义的批判,梦幻、觉醒过程和记忆、考古学家和挖掘以及收藏者和游手好闲者都是本雅明拱廊街计划研究的中心。并非所有的这些思想和过程在《拱廊街计划》本身里都有它们的起源,一些将被发现列举在他的早期著作中,另一些则可能呈现在本雅明的方法论预设中。"② 因此,为了实现本雅明寻觅的重建现代性碎片的完整意义,为了创造现代性史前史的辩证意象,创造出自过去的历史客体的单子论结构的现代性起源,本雅明被迫将过去的连续体,连同伴生物历史主义的驱力及其过程的概念,化约为瓦砾。他的目的是现代性史前史的"现实化"。

---

① 戴维·弗里斯比. 现代性的碎片——齐美尔、克拉考尔和本雅明作品中的现代性理论[M]. 卢晖临,周怡,李林艳,译. 北京:商务印书馆,2003:255.
② 戴维·弗里斯比. 现代性的碎片——齐美尔、克拉考尔和本雅明作品中的现代性理论[M]. 卢晖临,周怡,李林艳,译. 北京:商务印书馆,2003:285.

为获致本雅明努力创建现代性辩证意象的真正目标，摧毁历史时间的连续体是必要的。建筑家、收藏者和游手好闲者的活动对本雅明的方法论至关重要，本雅明对这三种人物的倚重，说明了他从事这项任务以及更广义的现代性史前史研究的态度。在《拱廊街计划》中，本雅明所要发现的，通常不是个体的梦想，而是沉浸在梦中的集体梦幻。

弗里斯比具体分析了本雅明的现代性社会批判理论。本雅明考察了"19世纪梦中集体的现象形式"，认为它始于麻痹剂的历史主义及它对面具的渴望，面具所掩盖的是资本主义的物质关系。资本主义社会当中的集体梦幻，掩盖了资本主义的物质关系。资本主义技术所关涉的商业社会关系，都被迅速包含在幻象之中。个人被神秘、幻觉环境包裹着，要恢复目前正在发生的历史意识，就需要一个觉醒的过程。考古学家、收藏者和游手好闲者在现代社会当中都扮演了重要的角色。各种现代化大城市的迷宫，是最为隐藏的方面，代表着古代性迷宫的实现。这是现代性本身的关键特征之一。

对本雅明来说，19世纪的巴黎是现代性和意象的场所，而且它的中心是拱廊街。游手好闲者其实是一个受大众和生产商品化威胁的临时现象。生产商品化削弱了消费者的知识和独特性，催生了广告文化，商品所戴的面具占领了生活所有领域。最为重大的现代迷宫坐落在商品交换和流通的世界之中，并由此产生了统治人的商品拜物教。在新时尚、新广告中创造日日常新的商品新面孔，隐藏了一成不变的交换价值的再生产。这种现代性的基本特征及新奇与永远同一的辩证，以及本雅明早期有关现代性与古代性、大众与城市的辩证，被置于今天的时尚和商品生活的语境中加以验证。

弗里斯比对三位学者的现代性分析做了简要的总结，向读者全面地展现了三位伟大学者的研究进路和内容。现代性正如这三位学者的研究，在一个华美繁复的外表下，隐藏着深层次的内容等待人们去发现，有着无数束缚的枷锁等待人们去认识与挣脱。三位作者都以一种新颖的、激进的方式进行现代性的实际分析，以各自不同的方式试图去破译现代性碎片的秘密。他们的现代性探询都具备了哈贝马斯指出的无所不包的现代化理论著作所缺乏的东西，即关注、重视日常生活中体验现代性的实际方式。弗里斯比说："对齐美尔来说，最重要的地点是世纪之交的柏林；对克拉考尔来说，是巴黎，尤其是魏玛时代的柏林；对本雅明来说，在个人层次上同样是柏林，但是在他雄心勃勃的现代性社会理论中，则是19世纪中期的巴黎。至于资本主义，齐美尔强调成熟货币经济内部的交换和流通过程；克拉考尔突出生产和社会关系的理性化过程;本雅明则聚焦于商品交换和流通的过程,以及随之而来的商品拜物教。"①

── 【意义与影响】────────────────

1985年,《现代性的碎片》在政体出版社出版了英文版。2003年,商务印书馆出版了此书的中文版。

从此书的国外影响来看,弗里斯比对齐美尔、克拉考尔、本雅明的现代性思想研究成为西方现代性思想研究的样板,深深影响了西方学术界。1982年,当代新马克思主义者、英国学者弗里斯比在第一届齐美尔(又译西美尔)国际研讨会上的论文《西美尔的现代性理论》,开启了此后齐美尔与现代性问题研究的主要思路。可以说,现代西方左翼的齐美尔研究一直笼罩在弗里斯比的影响下。弗里斯比在《货币哲学》的译者导言中梳理了齐美尔与马克思主义的关系。在《现代性的碎片——齐美尔、克拉考尔和本雅明作品中的现代性理论》中,弗里斯比将齐美尔、克拉考尔、本雅明的现代性论述逐一厘清,三人的关系是一个老师和两个学生。弗里斯比将齐美尔的现代性学说称为"现代性的碎片",称齐美尔为"社会学的游手好闲者"。弗里斯比的几本研究齐美尔专著的出现,不仅使英语世界的西美尔研究向纵深发展,其最大贡献在于,他前所未有地挖掘了齐美尔的现代性资源——现代性碎片的言述方式,并把齐美尔的研究推向国际化,更为重要的是,他的诸多论点成为后来研究者的出发点。

从此书在我国的影响来看,弗里斯比的现代性研究已在我国学术界产生了较大的影响,成为我国学者研究西方现代性理论的一部重要理论参考。其一,仅从期刊网统计,从1985年到2014年4月,发表相关弗里斯比现代性思想的论文就达12篇,发表论文直接引用《现代性的碎片——齐美尔、克拉考尔和本雅明作品中的现代性理论》一书的论文达137篇。此外,还有相当一批现代性问题研究的著作参考了弗里斯比的《现代性的碎片——齐美尔、克拉考尔和本雅明作品中的现代性理论》。其二,弗里斯比的现代性研究视角独特而多元,开启了现代性研究的新方向与方法。《现代性的碎片——齐美尔、克拉考尔和本雅明作品中的现代性理论》所研究的现代性视角独特,主

---

① 戴维·弗里斯比. 现代性的碎片——齐美尔、克拉考尔和本雅明作品中的现代性理论[M]. 卢晖临,周怡,李林艳,译. 北京:商务印书馆,2003:355.

要讨论齐美尔、克拉考尔、本雅明这三位学者的现代性研究方法;对现代性的刻画独特——碎片式理解,"过渡的、短暂易逝的、偶然性的"。《现代性的碎片——齐美尔、克拉考尔和本雅明作品中的现代性理论》对现代性问题研究的领域微观化、多元化,弗里斯比所关注的重心为日常生活的微观层面,而不是宏大叙事,这对我国现代化进程中的理论与现实发展都是有启发意义的;弗里斯比的现代性研究并不是单纯的元哲学探讨,而是从哲学、社会学、文学、美学等多角度展开,因而必然对众多学术领域的现代性研究产生广泛影响,成为现代性研究的新方向、方法。

【原著摘录】

导言 P4-15

P5 本项研究主要讨论格奥尔格·齐美尔(Georg Simmel 1858—1918)、西格弗里德·克拉考尔(Siegfried Kracauer 1889—1966)和瓦尔特·本雅明(Walter Benjamin 1892—1940)这三位学者的现代性研究方法。

现代性本身这一主题再一次成为社会理论的讨论中心;而且,伴随着假定的后现代性及后现代运动的到来,它也成为文学和美学领域讨论的话题。

P7-8 以各自不同的方式,齐美尔、克拉考尔和本雅明都关注人们感受和体验资本主义剧变所产生的社会和历史存在的新的方式。他们的中心关怀是表现为过渡、飞逝和任意的时间、空间和因果性这三者的不连续的体验——这种体验存在于社会关系的直接性中,包括我们与都市的社会和物质环境之间的关系,以及我们与过去的关系。

P10 三位作者关于现代性以及现代生活体验的特定本质的探索,与众不同之处在于,他们的起始点不是整体上的社会分析,也不是结构性或制度性的分析。在这方面,他们的分析与那些在20世纪社会学领域里已经成为普遍现象的现代化理论没有什么共同点。而就文学、艺术领域里的现代主义社会理论而言,这些分析又与卢卡奇等以现代社会的总体性为前提的理论家不同。相反,三位作者都是以社会现实的表面碎片为出发点开始他们的研究的。实际上,这一点正是他们与现代主义运动本身所共有的东西。

P15 除了这些方法论、主题、传记和文本方面的联系之外,还有某种东西将齐美尔、克拉考尔和本雅明三人联系在一起。尽管表现方式不一样,他们三人都是自己所在社会的旁观者和陌生人。

三、《现代性的碎片——齐美尔、克拉考尔和本雅明作品中的现代性理论》

第一章 现代性 P16—50

P20 在本雅明计划中的以"巴黎——19世纪的首都"为焦点的"现代性史前史"中,有一个开始支配他的研究,那就是波德莱尔。波德莱尔的作品为本雅明提供了"现代性的壁画"。不过,波德莱尔之重要性还在于一个更加特定的意义上:是他在《现代生活的画家》(写于 1859—1860 年,首次发表于 1863 年)这篇文章中赋予现代性(modernite)概念以现代的意义。其重点放在现在的"新奇"之处,甚至到了将现代性等同于新奇事物的程度。第二个同代人当然是马克思,在这个也许可被称作为隐蔽的现代性分析家的人看来,现代性是一个历史现象。马克思对以商品生产为基础的社会的辩证分析,不仅试图去理解资本主义社会的新奇之处,而且在探寻那一社会形成的动力中,逐渐认识到它的历史过渡性。19世纪晚期,尼采参与到对现代性的激进批判——这种批判将现代性视作颓废——行列中。对尼采而言,现代性最终成为"永远同一的永恒轮回"。

P28 波德莱尔对现代性概念的引介,连同对其时间、空间和原因(归结为偶然性)等方面的介绍,虽然不成系统,但对于未来的现代主义(以及现代英雄)辩论和形成现代性社会理论(尤其是在本雅明的著作中)的努力都是至关重要的。现代性在现代都市生活的各种体验方式中所处的位置及其艺术表现问题,无意中为那些希望在现代社会生活中考察飞逝的、过渡的和偶然的事物的社会理论家创造了问题。短暂和永恒的辩证法在波德莱尔的美学中已经具备,现代性社会理论家又把它调换到社会生活本身中。

P29 伯曼已经指出,我们应该给予马克思适当的承认,将他看作"第一个最伟大的现代主义者",而不是只将他看作现代化理论的一个主要贡献者。伯曼认为,马克思的著作已经包含了现代性的关键方面,以及对它们的批判性反思,这在多大的程度上是实情呢?

P31—32 但是,在讨论商品拜物教理论的一些观点之前,应该强调指出,马克思的商品分析直接影响到一种将社会现实碎片当作出发点的研究现代性的方法论取向。马克思从考察商品这一看似最无关紧要的因素入手,在《资本论》中开始了他对资本主义体系的最完整最深入的整体分析。

P37 当承认了这一切,就能明了马克思本人并不是一个现代主义者——在将现代主义者等同于他所勾勒的现代性经验的意义上。哈贝马斯在论及现代性方案时指出,"在对过渡的、飞逝的、短暂的事物的过高评价中,表达的正是一种对业已暗淡但仍旧完好的现实的渴望",这绝不适用于马克思对现代性的论述，后者既没有表达这种对当今社会的隐秘渴望，也没有掩藏一种"对过去的抽象反对"。在马克思看来，他所分析的资本主义社会注定是一个过渡。鉴于欧洲马克思主义取向的社会主义运动在19世纪晚期及以后仍坚持这一观点，它们成了"萦绕"在社会学自身对现代性所作分析中的"幽灵"。

P39 马克思不是惟一一个将当代社会视为被神秘化和幻觉所蒙蔽的人。从另外一个相当不同的角度看，这也是尼采得出的结论。但是尼采对当代社会和现代性的批评——他经常明确地谈及——即使在正式层面上和马克思的批评有一些显著类似，却发端于完全不同的前提。

P46 那么，未来又如何呢？尼采在后期作品中，特别地提出备受争议的"永远同一的永恒轮回"的学说。它预设了一个不连续的、没有持续性的、不可逆转的时间概念。

P50 归根结底，本雅明详加改造的只是波德莱尔的版本。对本雅明而言，是波德莱尔"神奇地从单调生活的灾难中变化出现代性的幻景"。

第二章 乔治·齐美尔：作为永恒现在的现代性 P51-141

P52 在齐美尔社会理论的整体脉络下，根据波德莱尔所理解的现代性意涵，有理由将齐美尔称作第一个现代性社会学家。

P55 齐美尔的现代性解说，没有以对世纪之交德国社会重要变化的历史考察为基础。就此而言，他的研究与他的同代人桑巴特（Werner Sombart）、韦伯等鲜有共同之处。在他描述的任何现象中，都不存在系统性的历史分析。

P62 因此，现代性是现代社会中一种特殊的人生体验方式，不仅被归纳为我们对于它的内在反应，而且被归纳为我们内在生活对它的接纳。

P64 齐美尔处理研究对象的方法和他对现代性的最一贯的论说，可以在《货币哲学》里找到。

P72 如果现代性的特征之一，就是人们感觉到社会现实处在一种永不休止的变动状态中，那么最合适表达这一变动现实的概念，一定是关系性的概念。互动（Wechselwirkung）和社会交往（Verge-sellschaftung）是齐美尔的核心概念，他感兴趣的，正是现象之间的关系。

P81 齐美尔的现代性理论采取的不是历史分析的方式，而是一种对现代性社会现实的体验方式的解说。在这一方面，齐美尔与克拉考尔和本雅明的中心关怀是一样的。

P100 换言之，齐美尔自身的社会体验是现代性论述的基础。他不仅描述他在当代社会中观察到的现代性特征，他也生活在那些特征当中。

P105　在大都市，客观层面对主观层面的凌驾，植根于都市是货币经济中心这一事实。实际上，"货币经济支配着都市"。货币经济的扩张和理智的支配基本上是同时发生的。

P118-119　以"个体碎片化生活内容"为特点的客观文化的不断扩张，客观文化与主观文化之间日趋扩大的鸿沟，是由"生产和消费中的劳动分工"造成的。个体的物化和碎片化是现代性的一个特征，就此而言，将劳动分工当作现代性的根源来讨论，对于理解齐美尔对现代性的广泛反应有着重大意义。但是，我们将会看到，齐美尔的后期作品探究的不是生产领域的劳动分工，而是它对消费的影响。发达劳动分工对消费产生的后果，以及人们对那些后果的认识，继续吸引了齐美尔的兴趣。

P134　在实质性层次上，齐美尔的现代性社会理论非常明确地集中在关于时间（过渡性的）、空间（飞逝的）和原因（偶然性或者任意性）的现代体验的转变上。这三者都来自将即时现在当作差别的和不连续的这样一个现代体验观念。虽然，现代体验的不连续性既来自都市，也来自成熟的货币经济，但最终是后者的发展解释了现代性体验的起源。

第三章　西格弗里德·克拉考尔：现代性的"范例"P142-251

P148　有关世界的不断增长的知识到底出了什么毛病？毛病的根源何在？对克拉考尔来说，根源就在科学和资本主义。

P167　从克拉考尔的早期作品和他同布洛赫的通信来看，非常明显，他肯定会主张，在从法国启蒙运动、克尔恺郭尔和马克思所演变过来的人（human person）的观念的基础上，来认识马克思作品中的"真正的人本主义"。隐含在这一谱系中的，无疑是强调法国启蒙运动所主张的人本主义，反对德国唯心主义中抽象理性的一统天下。在科学和经济生活中，由于应用特定形式的理性，导致了对世界的"去神秘化"，在这之后，必须继之以对形式理性本身的实体化（hypostatization）进行去神秘化。

P168　为空洞理性所疏离的世界之表象，在克拉考尔的研究《侦探小说》（The Detective Novel）（1922—1925）中第一次得到丰富的展现。

P181　受过社会学和建筑学训练的克拉考尔，凭着他敏锐的视觉，找出了城市生活的偶然生成的碎片，以揭示出它们隐藏的意义，并借此指明一些现代性的一般特征。

P182　克拉考尔逐渐形成的批判的唯物主义立场，产生于他对马克思作品的日益不满，以及他与马克思主义者的圈子越来越密切的交往，特别是他同布洛赫、本雅明和阿多诺之间时常并不那么愉快的关系。

P200 克拉考尔从韦伯那里吸取的，不只是关于资本主义的观念，及其对生产组织的强调，还包括他对历史过程的洞察：历史过程是"去神秘化的过程"，在此过程中，由于自然事物不断被新事物所取代，其地位遭到根本性的破坏。但是与韦伯不同，克拉考尔强调的是启蒙辩证法及"神话思维"的持续性，因此前者预示着阿多诺和霍克海默（Horkheimer）二人自己的《启蒙辩证法》（1944）的问世，后者似乎一直被一个主导性的"理性体系"所掩盖。然而，"理智并没有进入自然生活的领域。神话思维的任务是在世界上构筑真理。那是一个早已在真正的神话中被构想出来的王国，那些神话讲述的并非奇闻趣事，而是暗示着正义会奇迹般来临"。

P212 克拉考尔对现代性体验模式的转换的关注，相当明显地体现在他对大都市生活、电影和无线电等新媒体以及大众装饰的出现的研究中，而所有这些研究，要以作者本身所持有的特定立场为前提。

P231 归根结底，克拉考尔强调了人类日常存在现实的重要意义。整本书，按照本雅明的说法，是"一次对质，与日常世界的一个片段的对质，与生活中已成既定事实的'此地''此时'（原文为 a built up "here"，a lived out "now"）的对质"。

P246-247 克拉考尔早期的著述，表现了一个不变的主题，即作为一个总体的世界的破碎性：在一个意义尽失的世界中，仅剩下个体，面对着不再具有任何更高意义或价值的日常存在的碎片。

第四章 瓦尔特·本雅明：现代性的史前史 P252-352

P253 本雅明后期著作受某种十分明确的意图激励，那就是发展一种现代性理论，这一事实或许表明他的现代性论述乃称得上水到渠成。的确，与齐美尔、克拉考尔相比，本雅明是着意从事现代性理论研究的。但是，不仅其理论的主要部分仍旧是一个不得不重新装配的"架构"——正如，维特（Witte）提及的本雅明的有关波德莱尔研究——而且，蕴含在更为广义的"拱廊街计划"之中的现代性理论的整个研究设计，也面临重构。

P259 这种古代性与现代性的辩证，以及古代性存在于现代性本身之中的认同，已经赋予本雅明的现代性概念以独到的特征。

P278 确实存在的东西是一整套关于如何用现代性史前史继续一个现代性社会理论的问题。这里，有关现代性史前史的思想散落在各种已发表的文章、格言和组成现在已发表的《拱廊街计划》的大量笔记之中。有关《拱廊街计划》和《波德莱尔》的方法论序言一直未曾问世。存在着的仅仅反映在《中央公园》《历史概念的论纲》及早期关于《富克斯》的部分论文中等诸如此类，它们都是些将成为这一序言的基础。

P290　因此，为了实现本雅明寻觅的重建现代性碎片的完整意义，为了创造现代性史前史的辩证意象、创造出自过去的历史客体的单子论结构的现代性起源（Ursprung），本雅明被迫将过去的连续体，连同伴生物历史主义的驱力及其过程的概念，化约为瓦砾。他的目的是现代性史前史的"现实化"。

为获致本雅明努力的真正目标——创建现代性的辩证意象，摧毁历史时间的连续体是必要的。这种"在唯物论者的编年史中出现的破坏或批判的时刻"，存在于"那种允许历史客体去构建本身的历史连续性的崩溃之中"。

P294　相比之下，本雅明解构历史的任务，就在于声称"历史是一种结构的主体，其发生地点不是同质空洞的时间，而是由当下（Jetztzeit）的存在所填充的时间"。它似"'老虎'跳进过去"，跳进捕获连续事件幻觉的过去，跳进为创造过去辩证意象而摧毁历史连续体的过去。这个历史计划是现代性史前史的核心。

P299　建筑家、收藏者和游手好闲者的活动对本雅明的方法论至关重要，本雅明对这三种人物的倚重，说明了他从事这项任务以及更广义的现代性史前史研究的态度。

P301　但是，在《拱廊街计划》中，本雅明所要发现的，通常不是个体的梦想，而是沉浸在梦中的集体的梦幻。不同的建筑结构拓印着神学的传说，而集体的梦幻通常是由建筑结构映射的。

P308　19世纪的现实铺叙它自己作为一种幻觉效应，作为一个梦幻世界，作为一个幻象世界、一个神话之世界。它是一个将"荡涤大地、摆脱迷惑与神秘之荆棘的特殊'理性'形式。这是19世纪的目标"。

P309　因此，本雅明考查了"19世纪梦中集体的现象形式"。19世纪的"'评论'并不始于世纪'机械主义'，而是始于麻痹剂的历史主义及它对面具的渴望，在这些面具里，历史存在的迹象被隐藏遮蔽，即，超现实主义是第一个去拾起的。因此，现存的考查与迹象的译释相关联。"面具所掩盖的是资本主义的物质关系。对本雅明来说，"资本主义是一个笼罩整个欧洲的新的梦幻，又是带着一种复活了的神话力量出现的自然现象。"

P311　各种现代化大城市的迷宫，它们最为隐藏的方面，代表着古代性迷宫的实现。这是现代性本身的关键特征之一。

P314 本雅明认为，建筑深涵着现代性的潜在神话，而且被裹挟在都市和拱廊街的"大大小小的迷宫"中。

P320 对本雅明来说，19世纪的巴黎是现代性和意象的场所。而且它的中心是拱廊街，集体的"梦中屋宇"，包括街道的全景和双重性方面：在豪斯曼的老巴黎毁灭中的现代性象征和那些不时将街垒当作自己的象征的大众"集体的房屋"。"社会运动"的威胁和各种各样的不单单表现在街垒的社会运动已经开始巩固一个过程：更严格区分公与私的领域以及接着退居居室之内。本雅明找到了闲逛者的足迹。而这座城市不仅是一个特殊的地点，也是无数社会活动的场所。

P328 大众象征大城市现代性的一个必要特质：事实是，资产阶级世界的幻觉效应比人们梦想的更为昙花一现；而马克思的"所有固体溶入空气"的转换想象的梦魇的可能性，都会成为过去。

驱散这种梦魇的方法之一是，干脆阻止无产阶级进入所有的公共领域，无论是以一个正式政党姿态，还是更非正式地作为组织劳工。然而，对"公民个人"来说，摆脱梦魇束缚的另一个方法是退进居室内。

P339 在新时尚、新广告中创造日日常新的商品新面孔隐藏了一成不变的交换价值的再生产。这种现代性的基本特征——新奇与永远同一的辩证——以及本雅明早期有关现代性与古代性、大众与城市的辩证，被置于今天的时尚和商品生活的语境中加以验证。这对本雅明的《拱廊街计划》来说是至关重要的，因为他坚持了它的基本类型与"商品拜物教特性"的相重合。对19世纪梦幻世界和现代性的中心体验的关键，将落脚在如咒语般弥漫整个环境的商品形式里。本雅明引述马克思的话语说：在商品生产的资本主义社会里，价值将每一个劳动产品转变为一种社会象征符号。本雅明以他自己的方式在较为鲜见的场合努力解读这种象征符号的意义。19世纪幻象效应的解读将他同时代的人指领到了觉醒点。

结论 P353－361

P355 虽然在现代社会的任何地方，都能找到现代性的痕迹和碎片——这通常意味着，在它们最显眼的场所，其秘密仍然未被破解——但是有两个场所非常突出，即大都市和资本主义社会关系。

【参考文献】

[1] 西奥多·阿西诺，雅克·德里达，等. 论瓦尔特·本雅明——现代

性、寓言和语言的种子[M]. 郭军，曹雷雨，译. 吉林：吉林人民出版社，2011.

[2] 陈戎女. 西美尔与现代性[M]. 上海：上海书店出版社，2006.

[3] 俞吾金. 马克思对现代性的诊断及其启示[J]. 中国社会科学，2005 (1).

[4] 张雄. 现代性逻辑预设何以生成[J]. 哲学研究，2006 (1).

[5] 牛宏宝. 现代性/后现代性研究：现状与问题[J]. 人文杂志，2007 (4).

[6] 陈戎女. 西美尔文化—现代性理论述评[J]. 学术研究，2000 (2).

[7] 金惠敏. 两种"距离"，两种"审美现代性"——以布洛和齐美尔为例[J]. 天津社会科学，2007 (4).

[8] 赵亚琼. 从政治哲学到经济哲学——论马克思的现代性诊断视角及其转变[J]. 理论与现代化，2007 (1).

[9] 欧阳彬，朱红文. 社会是一件艺术品——西美尔的"社会学美学"思想探析[J]. 天津社会科学，2005 (2).

[10] 李文阁. 精神家园：马克思哲学的当代意义[J]. 哲学动态，2005 (10).

[11] 李福岩. 现代性社会政治哲学的发展理路检视[J]. 理论与改革，2011 (1).

[12] 王园波. 艰难描画：西美尔的思想肖像[J]. 西南石油大学学报（社会科学版），2013 (4).

四、《纯粹现代性批判——黑格尔、海德格尔及其以后》

[美] 大卫·库尔珀 著
臧佩洪 译
商务印书馆，2004 年

【作者简介】

大卫·库尔珀（1939— ），美国缅因州贝茨学院教授。1939 年，库尔珀出生于美国纽约的郊区，在纽约和马里兰的教会学校接受教育，在耶鲁大学获得博士学位。他先后任教于美国的福德汉姆大学（Fordham）、芝加哥大学、日本的南占大学，目前在缅因州的一所大学教授哲学和宗教。2002 年以来，他已投身全职写作和讲学。

库尔珀的主要著作有《后现代诡辩》《迷宫中的苏格拉底》《哲学、建筑与传统》《苏格拉底的申辩》《超文本和哲学》《庞大的邻居》《纯粹现代性批判——黑格尔、海德格尔及其以后》等。

【写作背景】

自法国思想家利奥塔的后现代理论问世以来，关于现代性问题的论争在学者之间广泛展开。尤其是在面对后现代思潮中一股把现代与后现代截然分立开来，并企图以后现代取代现代的思潮，身处当时最发达社会的美国学者库尔珀，以黑格尔和海德格尔的"对话"的方式，加入到现代性问题的讨论之中。

【中心思想】

不仅对于学者来说,而且对于普通公众来说,现代性都是十分令人困惑的概念与问题。因为,它似乎要求人们在压迫性的传统和空虚的、无根基的自我之间做出抉择。为了寻求对现代性的更为宽广的理解,本书首先关注了现代这个术语,考察了韦伯的观点,然后详尽解读了黑格尔和海德格尔的主要著作,最后试着让黑格尔和海德格尔这两位思想家对话,处理后现代这个术语。作者还提出了自己的观点,认为过一种有意义的生活是可能的,这种生活是自由的,但仍植根于共享的背景之中。

全书由中文版前言、序言和 12 章正文组成,共约 30 万字。

【分章导读】

在库尔珀给中文读者写作的前言中,他谈了两个话题:"今天的黑格尔与海德格尔""今天的现代与后现代",阐明其现代的哲学观,即把哲学理解为一种自我审视的、自我批判的对话活动,反对把哲学视为一套公认的道理。由此哲学观念出发,在现代性与后现代性问题上,他尝试在黑格尔哲学与海德格尔哲学之间、现代与后现代之间、现代启蒙与后现代反启蒙之间、东方哲学与西方哲学之间进行对话。库尔珀还介绍了本书的写作思路,即首先关注现代这个术语,关注它在黑格尔和海德格尔那里的含义以及他们对现代性错综复杂的认同与批判,然后再理解后现代这个概念。

在本书的英文版序言中,库尔珀试图破除关于现代世界独特性与统一性的理论和实践幻想,拒绝将现代性的自我描述范畴当作最终性的,而要对现代性加以适当安置。对此,他也表明了自己的立场,结合德国思想史来说,黑格尔的现代性观念与海德格尔的后现代观念都不是他所赞同的,他反对以绝对理性来建构宏大的哲学体系,但愿意接受黑格尔哲学思想中的一些碎片,更加偏向海德格尔的结构性存在之思。围绕这两位思想家的现代性思考,本书以 12 章内容展开了论述。

第一章《现代世界》,库尔珀对现代世界进行了理论刻画,也就是阐述了其思想中的时代,作为自己理论阐述的出场背景描述,包括"传统同一性与现代同一性""现代性素描""马克斯·韦伯""形式合理性""现代性的其他标志"五个方面的具体内容。库尔珀收集了有关我们这个时代区别于传统社会的一些通常说法。这些说法尽管有些片面,但它们展示了困扰我们的那些问题。社会科学关于这些现时代问题的有益讨论，在一定程度上促进了学者们的理论思考，如神性统治、理性的统一性问题、合理性问题、个体自由与社会整体控制、科层化等一系列社会问题。因而，非常有必要对纷繁复杂的现代性问题做一番理论梳理，即现代性的一些基本的范畴到底包括哪些论题。库尔珀认为，这些范畴和区分，就存在于对现代世界的标准观念和态度背后，它们也正是黑格尔和海德格尔哲学所一直在追问的，也是今天我们避不开的问题。

库尔珀收集归纳了关于现时代区别于传统社会的一些通常说法，进而他试图说明几个问题：许多人认为作为现代人就意味着关于个人与社会的同一性的一种新理想以及价值之间的一种新关联方式；现代性的语汇有异化、袪魅、破碎和病态，现代性激发起了对未来的一种计划性和工程性的态度，它有侵袭私人领域的倾向；韦伯的理论本身就是现代性理论的典型；合理性有三种模式，包括合理性的决定主义模式、合理性的实用主义模式、合理性的技术主义模式，现代社会生活的合理性日益从实质合理性转向形式合理性；在伦理学、艺术等领域中，现代性与后现代性问题也是探讨、论争的重点。在现实层面上，他把美国作为现代性发展的典范国家来加以讨论，他说："而像美国这样的科层社会则接近于形式合理性了，因为从它的行为方式来看，它更像一个程序化的国家，其权力是通过效率及抽象的程序规则来取得合法性的。"[①]

第二章《黑格尔对市民社会的批判》，库尔珀从"市民社会""交互性确认""市民社会的自由和新颖性""对市民社会的批评"四个方面出发，重点探讨了黑格尔《法哲学》及其对市民社会的讨论和批判。库尔珀理论探讨的策略是遵循黑格尔著作的内在逻辑进程，先从黑格尔的逻辑学著作入手，以审视其批判的背景，然后再回到《法哲学》上来，以考察其在国家理论中是如何进行批判的。

库尔珀认为，只有在黑格尔所说的市民社会中，个人自由才发现自身在社会制度与政策中得到了考虑，市民社会组成了一个经济体系，在其中，成员可以通过劳动和交易来满足他们的需求。另外，还有一些必要的市民制度以维持这一体系的运行。在黑格尔的市民社会理论中，自我意识不是一种抽

[①] 大卫·库尔珀——黑格尔、海德格尔及其以后. 纯粹现代性批判[M]. 臧佩洪，译. 北京：商务印书馆，2004：36.

象的存在，也不是一种《鲁滨孙漂流记》式的理想，而是得到了交互性确认。在市民社会中，人们要实现他们的需求，就必须相互依赖。黑格尔对现代性的说明不同于韦伯，因为黑格尔并不承认方法论的个人主义。对于黑格尔来说，市民社会在本质上是某种新事物，而且它所创造的这种个体性在以前从未存在过，在社会关系和自我关联的个体性的新模式中，自由以一种新颖而有力的方式得到了考虑。当然，黑格尔也对市民社会的后果进行了批评。因为，市民社会是以分离为基础的，但充分自由又要求同一性。黑格尔也不同意市民社会式的自由是理想之所在，且反对这种个人主义的观点。当然，黑格尔也不认为市民社会的危机是不可避免的。实质上，黑格尔是在调和康德和亚里士多德的论题。

从中可见，库尔珀对黑格尔市民社会的理解是站在当代西方自由主义的立场上展开的，肯定了黑格尔完善现代性的市民社会理论对现代自由主义的理论贡献，也把市民社会理解成为一个需要的体系。当然，库尔珀不会同意黑格尔的国家整体主义观念。这可以说成是库尔珀对黑格尔市民社会理论的批判的一个回应与理解。但是，库尔珀对黑格尔市民社会的理解，在自觉不自觉地受到马克思著作《黑格尔法哲学批判》影响的同时，没能达到马克思那般理论的彻底性。或许由于价值观念的不同，库尔珀不愿意接受历史唯物主义对黑格尔市民社会批判的理论成果。

第三章《黑格尔的逻辑学及其运动》，为进一步理解黑格尔的现代性观念的深刻内涵，库尔珀深入到黑格尔的逻辑学理论内部进行考察，从"逻辑学的必要性""逻辑学之所为""逻辑学之所不为""螺旋状运动""中介与设定""运动事例之一：形式与内容""黑格尔的论证模式""其他螺旋运动"八个方面展开了阐释。在库尔珀看来，黑格尔肯定现代个体性及其体制的力量与成功，把现代公民的自由个体性与传统社会的稳定共同体结合起来是黑格尔的使命。为弄明白为什么黑格尔认为市民社会必须存在于它称作国家的那种更深层次的共同体中，就得研究黑格尔那些用以描述自我与社会的统一性的抽象范畴，研究其逻辑学的运作，因为逻辑学是黑格尔理论体系的内核。为防止现代性的滥用，对现代主观性加以定位和限制，黑格尔认为逻辑学对现代生活是必要的。

那么，黑格尔的逻辑学有何为呢？黑格尔采纳了康德的先验分析，但反对康德把实在与现象二分。黑格尔的逻辑学是一种形而上学，断言事物的形式和范畴是独立于主观思维的。但是，黑格尔的逻辑学也有所不为，并不是通常意义上的形而上学，尽管其还带有传统形而上学的印迹。在黑格尔对思维范畴的研究中，他并不承认是由于某种超大心灵、精神或上帝的缘故，思维与实在的结构才得以是其所是，他也并不以此解决现代性问题。从某种意义上讲，作为一个整体，黑格尔的体系就什么是实在这个问题给出了答案。在矛盾的推动下，在中介环节的沟通下，黑格尔的逻辑推演运动从一个范畴到另一个范畴进行着，一步步走向定在、实在。其中，形式与内容这一对范畴的推演运动，就是一个范例。

黑格尔断言，逻辑序列作为一个整体并不奢望阐明任何特殊的观点或内容，相反它只求思维完整而纯粹的必然结构。库尔珀说："黑格尔所采取的这种推论过程就是要表明，如果没有被包含在一个更大的整体，即黑格尔称为国家的那个更完全的共同体之中，市民社会的存在是无法设想的。"①

第四章《现代性范畴》，库尔珀归纳并阐释了黑格尔逻辑学中现代性的五个范畴："概念：普遍、特殊、个别""从直接普遍性到形式普遍性""超越市民社会的范畴""客观内容""克服现代形式主义"。库尔珀认为，黑格尔逻辑学的探讨是以对市民社会的定义为指导的，在黑格尔逻辑学的第三部分可以找到市民社会成员的独立性发展成普遍性的形式化的原因。因此，这成为库尔珀探讨黑格尔逻辑学的重点。

在黑格尔逻辑学的第三部分，综合统一性变成了中心主题，提供了把握现代情境所需要的一些范畴。这也成了黑格尔许多批评者们的攻击所在，比如说其逻辑学的第三部分变得不真实了，离开了我们处境中的张力关系。而库尔珀认为，黑格尔的思想是非常统一的。黑格尔《逻辑学》第三部分第一章探讨的主要是概念的三个相互关联的要素，即普遍、特殊和个别，与属、种和个别相对应。直接的普遍性向形式普遍性的推演，是《逻辑学》第三部分第一章的第一部分内容。从社会层面来看，直接的普遍性对应于黑格尔曾描述过的那种传统社会的结构，黑格尔关于国家凌驾于市民社会之上的基本论据大多基于这个逻辑学进程，正如它引发了现代性问题以及与市民社会相适应的这种结构，它同样也超越了这一结构。从黑格尔依据形式普遍性对市民社会所下定义可以看出，当他讨论市民社会时，他的确想到了逻辑学。黑格尔不拒绝对于形式的现代强调，反而竭力使其变得更好，其逻辑序列的最

---

① 大卫·库尔珀. 纯粹现代性批判——黑格尔、海德格尔及其以后 [M]. 臧佩洪，译. 北京：商务印书馆，2004：98.

后一部分、最终范畴——绝对观念，便是对现代形式主义的超越。

第五章《黑格尔逻辑学的运用》，库尔珀试图以此说明，黑格尔怎样才能成为一个基础论者，同时又不设定任何"第一性"来作为基础，甚至从其自身来考察的逻辑学也不能被看成为一个无条件的、自然与精神源于它的第一性原则。库尔珀认为，在逻辑学中，黑格尔并不是在进行概念分析与运用，他的工作是修正性的。因为，黑格尔不仅想对那些已经在起作用的标准进行澄清，而且还提出了一些概念来替代日常使用的概念。黑格尔没有对国家概念进行分析，从而没有说明它必须包括哪些制度。相反，他对作为概念的国家进行了分析，从而说明了它必须体现哪些中介。也就是说，黑格尔从其合理性角度对现代国家进行了理论构想，这无疑又是一个现代版的柏拉图式的理想国。

黑格尔的先验演绎与《逻辑学》相似，其逻辑序列就是设定所有必须被设定的东西的过程，但他没有从公理出发来演绎逻辑序列，打破了西方哲学史上的一个基本传统。如果黑格尔的逻辑学目标成功了，那么他将从根本上克服现代性。黑格尔把他的赌注押在这种逻辑序列开始的必然性，以及序列本身随后的必然性之上。黑格尔这一逻辑学事业的成功，主要取决于逻辑学的这种总体运动的地位，即从直接性、经设定性的分离，直到设定性的综合统一这种运动。这一运动一次又一次地重复，并在这种螺旋运动中回到它自身，以形成逻辑序列的范畴。正是这一逻辑发展过程使黑格尔对现代性的研究终于具有了某种力量与必然性。因此，库尔珀说："因此，黑格尔并没有觉得他正在为现代性问题提供'他的'解决办法。他没有想出任何解决办法。他拥有可使他找到解决办法的逻辑，这种解决办法已然在世界中起作用了；他提供的是自我意识，而不是新的理念。"[①]

第六章《市民社会与国家》，库尔珀探讨了黑格尔法哲学从市民社会到国家观念运动必然性的五个环节："客观内容与自由""自由与风俗""关于国家的三段论""市民社会的自我超越""黑格尔式的国家的成功"。黑格尔认为，从具体生活这个角度来看，市民社会及其文化也只是由于已经存在着国家这个更为广泛的共同体才得以可能，个人自由要求有作为更全面的共同体的国家。自由的一个要素是主体的自我规定性，主体满足欲望的行为只具有形式

---

① 大卫·库尔珀. 纯粹现代性批判——黑格尔、海德格尔及其以后 [M]. 臧佩洪，译. 北京：商务印书馆，2004：147-148.

合理性，其内容是偶然性的。这种自由是一个十分随意的过程，并不是真正的自我规定性。因此，自由内容的客观性必须从自我借以存在的普遍、特殊和个别的中介过程中找到。黑格尔认为，在自由的形式普遍与内容特殊之间的结合上，只有通过确定我在某种合理组织起来的共同体的交互性确认结构中的地位，才能找到那种既普遍化又特殊化的内容，这种方式要比仅仅依靠我的私人思维更能奏效。这样一种共同体将作为一种带有须加以遵守的风俗的生活方式出现。这样，社会整体的这种合理内容将在社会的交互性确认结构中被找到，黑格尔主要在政治层面上完成了对社会内容的揭示。

黑格尔对三段论的研究为概念的绝对形式提供了细节内容，在那里，概念的每个要素都依次受到了中介和进行了中介。黑格尔把国家看成一个体系，在其中，每个要素都轮流成为核心，成为起中介作用的统一者。概念的那三个要素都得到了呈现：普遍的东西即社会整体、特殊的东西即每个人的特定需求和欲望、而个别的东西即作为独立自由个人的各个公民。对于黑格尔来说，国家并不是市民社会的取代者，无论是自由的市民社会还是现代国家，它们都不可能离开对方而存在。而许多现代理论家的错误就在于，把国家仅仅看成放大形式的市民社会。黑格尔对把市民社会当作为社会整体这种做法的恰当性进行了驳斥。并且，黑格尔察觉到了市民社会的许多自我超越趋势，库尔珀把它整理成七个范畴。尽管黑格尔的国家理论存在一些问题，但在国家体制的现代转换上是成功的。

由此出发，库尔珀批评一些学者对黑格尔国家观的错误理解，尤其是"在对黑格尔的国家的这些批判中，最成问题的既不是他在构建政治结构上的创造性，也不是他预测未来的能力。真正成问题的是黑格尔的总体性以及他的逻辑学与世界之间的关系"[①]。

第七章《海德格尔与现代世界》，库尔珀从"无家可归的世界""海德格尔对现代性特征的刻画""与事物的现代遭遇""对事物存在的各种理解""前概念性理解""理解的空间""现代性与主观性""现代性与技术"八个方面，展开了对海德格的现代性理论研究。库尔珀认为，海德格尔对现代世界的描述、对现代性的讨论不那么系统化，但各论题之间的相互渗透性较强，触及的层面较深。海德格尔对现时代的描述很悲观，指认现时代是无家可归的世

---

① 大卫·库尔珀. 纯粹现代性批判——黑格尔、海德格尔及其以后 [M]. 臧佩洪，译. 北京：商务印书馆，2004：184.

界，市民社会正在吞噬国家，事物被转换成了商品，自然仅仅被当成为一个工具，而罪恶则将通过更多的计算来加以解决。在《世界图像的时代》这篇文章中，海德格尔把现代世界的特征归结为五个方面，他说："数学化的自然科学、机械技术、偶像的丧失、努力构造适用于所有人的普遍文化以及将艺术领域转化成审美体验领域。所有这些特征的共同之处就在于：人的支配性的主观性相对于他所规定或喜爱的某些客体领域的关系。"① 对科学的讨论表明了海德格尔对现代人的现实遭遇的理解。海德格尔提出，从前人被拉进一个各种事物被聚集在一起的场所，并独自呈现出来，这是人的悲剧性的荣耀之所在；在现时代，黑格尔又回到黑暗、缺场和否定性上来，这正是自柏拉图以来逐渐得到强化的那个主题。

对事物存在的理解上，海德格尔显示出一种反现代的立场。他认为，我们所遭受的这种形而上学命运独独出现在西方，以意识为中心的话语仅仅是现代西方观点的一个变种。海德格尔认为，在前概念性理解上，概念图式以及其他一些用于清晰理解的工具是次要的。他还对概念和命题是建构与世界的遭遇的唯一方式这个假定进行了抨击，提出概念和命题并不是使事物富有意义地到达我们的基本方法。在理解的空间问题上，海德格尔认为，在对存在的所有理解中，生活时间的维度是最重要的方面。海德格尔依据主观性对现代性进行了说明，他认为，自我不再仅仅是主体与客体关系中的一极了，它成了这种关系的基础，对存在的意志性理解不是通过同人类意愿的类比而产生的，它是先于自我理解的。在海德格尔看来，个人主义仅仅是为现代生活打开的众多可能性中的一种，现代主观性和意志不用在原则上做出多大的改变，就既可以出现在资产阶级个人的生活中，也可以出现在集体主义社会的生活中。在第二次世界大战之后的数十年间，海德格尔讨论现代性的著作以"das Gestell"这个术语为中心。

第八章《适当安置现代性》，库尔珀讨论了先验思想家海德格尔对解蔽事件的阐述，即海德格尔对现代性问题的适当安置。库尔珀认为，对于海德格尔来说，所有实体都是在可能性领域的有限结构即世界中被揭示出来的，没有一种东西是仅仅通过一种方式而被永恒地揭示出来的。因为，在这个总体可获得性世界中，不存在一个最高的存在者，没有一个存在者是所有其他存

---

① 大卫·库尔珀. 纯粹现代性批判——黑格尔、海德格尔及其以后［M］. 臧佩洪，译. 北京：商务印书馆，2004：190.

在者的根据，因为最高存在者不存在。把我们的时代定义为普遍化强制的时代，海德格尔的目的是想让我们供认，我们就是以这种方式受到挑战的，进而以诗意的栖居克服之。普遍化强制的统治地位耗尽并磨平了形而上学寻求原因和根据的冲动，因此，我们现代人尤其适用于经验这种独立的本成事件。本成事件最重要的地方就在于，几乎没有任何东西来汇报它。

所谓本成事件，即"本成事件显然是先于任何我们在它之中可能做、说或想的东西的。它对我们的影响是总体性的和直接的。它为人与存在者的遭遇以及使人与存在者保持一致开启了可能性，但它本身并不是一个将被遭遇到的存在者"[1]。可以说，离开了人，只会有一些处于黑暗中的事物。有的既不是意义，也不是意义的缺场。不会有什么东西丢掉了或缺场了，也不会有将事物填充起来的虚无空间。有了人以后，事物就处于被揭示状态之中了，但仅以某种有限的、受限制的方式。最后，库尔珀告诉我们，虽然海德格尔与传统形而上学以及康德的批判哲学之间存在着很大的距离，但海德格尔关于本成事件的思考仍然停留在先验哲学的一般界限之内，尽管他提请我们注意的是事物的在场过程，而非在场的事物本身。

第九章《现代世界中的生活》，库尔珀阐述了海德格尔对现代世界中生活的构想。海德格尔认为，思想可以遭遇到技术的本质，普遍化强制的命运可以为本成事件开辟出一条道路。但是，在技术之外，有可能开启出一个全新的时代、全新的生活方式，我们可以直接而诗意地与人的存在的最深层的所在和谐地生活在一起。库尔珀认为，海德格尔试图为了人的有限性而解放人，并将人解放进这种有限性中去；这种有限性是无可逃遁的，但只有在这种有限性之中才是自由；海德格尔并没有停留在现代两难悖论之中，既没有肯定无根的现代主观性，也没有回到传统社会中去；在海德格尔的后期著作中，他用"思"这个术语来取代哲学。库尔珀把现代世界中的生存样式称为"解构性的生存"，还认为，这个术语隐含在海德格尔的哲学之"思"中，解构性的生存是海德格尔对现代世界中的生存所提出的一种忠告，其哲学之"思"是关于遥远未来的一个准备，即"思"准备着一个新的在地球上的栖居样式的到来，并做好准备条件。

海德格尔在后期著作中提出了"四重整体"问题。"四重整体"描述了在

---

[1] 大卫·库尔珀. 纯粹现代性批判——黑格尔、海德格尔及其以后 [M]. 臧佩洪，译. 北京：商务印书馆，2004：263.

任何时代中先前、未来和任何世界的世界化，它提供了去经验在我们的世界中的前概念性的和前命题性的寓居。海德格尔的思想并非是私人性的和个体化的，而是具有一些公共性的和实践性的后果。从海德格尔的思想中可以抽取出三点社会的和政治的内涵：一是海德格尔恪守事物应按其之所是来命名这一信条，二是海德格尔不提倡有计划的革命，三是海德格尔的解构性生存不纯粹是理论性的。

第十章《黑格尔与海德格尔》，库尔珀对黑格尔与海德格尔的现代性观念进行了比较研究。库尔珀首先勾勒出这两位思想家之间的基本类似与差别。库尔珀说："对于这两位思想家来说，'现代性'所指的都是自宗教改革以来的这个时代，即一个在他们自己的日子里就已达到了顶峰的时代。"① 但是，他们对这个顶峰的理解不同，一个光明、一个黯淡。他们都同意，把现时代看成一种统一出现的事物，现代主观性的一个标志是永远更多的欲望，现时代实现了某些始自于古希腊、并把古希腊历史一分为二的东西，我们需要超越无内容的现代自我，都力图破除现代的二分法，都认为思想家在克服现代性的过程中有特殊的作用。

但是，他们在个人主义在何种程度上来说是现代主观性的本质上看法不同，海德格尔对现代性的那些盛气凌人的层面的强调要超过黑格尔。然后，库尔珀聚焦于最重要的使现代性得以可能的问题上，即那个为了思的事情，到底是给予还是抽回它自身呢？对于黑格尔来说，让事物得到揭示的东西是精神的达及"在场"；对海德格尔来说，则是本成事件的抽身。库尔珀模拟了两位思想家相互批判性的对话，进而指出他们为什么认为对方不恰当的原因。最后，库尔珀在东西方关系问题上得出了自己的一些思考。

第十一章《进一步的探讨》，在对黑格尔与海德格尔现代性思想比较研究的基础上，库尔珀提出了一些不同于他们的现代性问题的解决之道，在此可以看出库尔珀对海德格尔思想的借鉴多于黑格尔。库尔珀试图以一种从黑格尔和海德格尔那儿学到的但又并非与它们完全保持一致的方式，开始思考我们的现代世界。库尔珀力图把黑格尔和海德格尔的现代性理论整合起来，在把辩证法的自洽性、闭合性打开的同时，把现象学进一步开启、去蔽，把统一性与多样性结合起来。他认为，只要我们力图把自我想象为某种与一系列

---

① 大卫·库尔珀. 纯粹现代性批判——黑格尔、海德格尔及其以后 [M]. 臧佩洪，译. 北京：商务印书馆，2004：309.

可能性或多样性相遇的实体，我们就会踏上属于现代性的道路。

第十二章《对现代世界的重新审视》，库尔珀从"现代性与后现代性""现代性与传统""重新思考现代世界""生活在我们的世界中"四个方面出发，对现代世界生活的意义进行了审视与总结。其中可以看到，后现代概念的创始人、法国思想家利奥塔的后现代观念影响了库尔珀，把后现代看成是对现代的反思与重写，而不是区别于现代的一个阶段等。库尔珀指出，应放弃现代的统一性与后现代的多样性这种二分法，还要放弃传统社会与现代社会的二分法。进而，库尔珀重新思考了现代世界，反对基础主义、片面的主客二分，把宽容、自由与个性看作当今的实质性价值观，强调了私人领域与公共领域的分离。

【意义与影响】

《纯粹现代性批判》是库尔珀 1986 年的作品。2004 年，商务印书馆出版了此书的中文版。

从本书总体意义与影响上说，这是一部研究西方现代性理论的重要参考书。这本书在对黑格尔的现代性理论和海德格尔后现代理论分析的基础上，模拟两位德国思想家在"现代性"问题上的对话，得出了一些很有价值的观点，如统一性与多样性相结合而非对立的思想、反对现代与后现代的二分法思想等，都具有重要的理论意义与现实意义。这本书在我国学术界也产生了一定的影响，对推进中国的现代化理论研究，探讨全球化语境下中国学者参与全球文化理论研究，以及东西方的文化交流与对话等，都具有重要的参考价值。当然，我们也应注意鉴别库尔珀的西方价值观念和西方文化中心论的思想倾向，不应全盘接受此书的思想观点。

从本书具体意义与影响上来说，主要有两个方面。其一，从现代性最典型发展的美国现实出发，对现代性理论与实践进行了全新诠释。本书对现代性问题的探讨，既有对现代性问题的深刻学理分析，又紧密联系美国现代性发展的实际，赋予了现代性问题研讨的美国特色。可以说，当代美国是现实层面上现代性最充分、最典型发展的国家，取得了现代化发展的巨大成就，也遭受了现代性发展的不良后果，对现代性发展既有反思又充满期待。在此历史、现实与文化背景下，库尔珀写作此书，提出了适当安置现代性问题的富有启发性的思想，成为国内外学者研究现代性问题的一部重要的理论参考书。

其二，从现代性理论经典的诠释中显现出当代美国哲学的思想深度与高度，对我国学术界相关研究提供了理论参考。除实用主义、分析哲学、政治哲学以外，现当代美国哲学能够在纯粹哲学探讨方面有很深、很高建树的不多，库尔珀《纯粹现代性批判》一书可谓具有美国哲学高度的一本。在此书中，库尔珀对现代性问题的诊断与超越思路如建设性的、多元的、历史的、辩证的现代性发展道路，对思想大家韦伯、黑格尔、海德格尔等的现代性哲学的比较综合分析与评价举重若轻、富有启发，成为我国学界现代性问题研究论著的重要参考。

【原著摘录】

中文版前言 P1-10

P4 在哲学中，后现代这个术语已日益与解构以及其他一些"法兰西"运动联系在一起，其倡导者们用它来解放自我、共同体以及身体，以使之从现代理性的或科层化的总体性的压制下摆脱出来。理性、透明性、自主性、控制及进步等——启蒙价值观——与其说是被否定了，还不如说是被解构了。这也就是说，它们对绝对性和总体性的自负受到了质疑，且被移置于一个由其他价值观和活动所构成的领域之中，对于这些价值观和活动，它们既不再能加以规定也不再能加以统治。

序言 P11-20

P12 我对这两位德国思想家哪一个都不支持或赞同。我极为欣赏黑格尔体系的复杂性：他是一个伟大的建构性的思想家——对于这一点，海德格尔也会欣然承认的。但是，我们现在是否仍需要某些更伟大的体系却很难说。如果非得作出选择不可，那我宁愿选海德格尔的解构性生存，而非黑格尔的合理化生存；但是，为了对各种状态进行详细的考察，对黑格尔体系的某些碎片加以挖掘还是大有好处的。

P14 正如查尔斯·泰勒所指出的，黑格尔在对现代性标准的自我形象的原子论个人主义作出批判的同时，并没有随意地又反过来陷入浪漫主义的观点中去。而且，我们在他身上也看不到那种标准的自由主义或保守主义的标签，而在其他那些思考现代性的人身上，我们却常常可以看到这种标签。

第一章 现代世界 P20-47

P23 我们对社会给予物的控制就要逊色多了，但我们也努力想成为社会的控制者和调节者。广告、经济干预、教育和再教育以及社会科学建议：所有这些都是想跟我们对自然的控制看齐。这是对自然的控制的另一翻版。

我们把周围的一切事物，包括我们自己，都认定为计划和控制的可能对象。这正是那种新间距的一个标志，而且它还引发了对这种控制的精神倾向的反叛。有人说，我们走得太远了；我们或是醒悟，或是造就那终将毁灭我们的魔怪。

P31 技术化生产、科层机构以及其他一些现代化因素造就了一种极具效率的经济，但它们对于原子化的和计算性的模式向我们的其他生活领域的扩散也起了一种推波助澜的作用。现代生产内在的时间态度激发出了对未来的一种计划性的和工程性的态度；这种态度不仅表现在个人关系上，也体现于商业和行政管理活动中。在我们的劳动关系趋向于抽象化和角色专业化的时候，我们很难继续保持那种丰富而具体的个人生活。现代社会具有排斥中型规模的社会结构的趋势，这样，极度个人化的自我所直接面对着的就是一些非个人化的巨型结构。

P35 在现代生活的这些领域中可以发现这样一种特殊变化：形式合理性相对于实质合理性具有了优先性……在实质合理性的情形中，有一些价值观是被当作纯然真实的价值观而被接受的，而且这些价值观与被如此接受的这一世界图景也很切合。现代性并不只是动摇了这种传统，而且颠覆了这种传统。对效率和一致性的考虑将不再受到一套给定的实质性价值观和生活方式的制约。而这些规范自身，反过来还要根据其在达成已选定目标和意义的过程中所体现出来的效率和一致性来加以判定。

第二章　黑格尔对市民社会的批判 P48-72

P48 把黑格尔说成一个现代时代的批判者也许会显得很奇怪。他的哲学意图是赞美与完善现代性，而不是拒斥它。然而，对于黑格尔来说，完善某一事物就是指消除它在最初所表现出来的片面性和抽象性。现代性也不例外。

误导我们的也许是黑格尔的腔调。他并不是一个异化的批判家，而在我们的通常理解中，伟大的批判家必定是异化于他的社会的。黑格尔赞同他所看到的东西，将其称为文化和社会的普遍方向。他热情地支持他所理解的现代时代的重要进展。

P51 催生现代时代的事件有很多，例如基督教改革、法国大革命、新型科学、工业革命、笛卡尔主义与康德主义哲学，还有黑格尔称为"浪漫主义"的艺术或晚期基督教艺术。所有这一切都将个人主观性从以往的束缚下解放了出来，但是，只有在黑格尔所说的"市民社会"中，个人的自由才发现自身在社会制度与政策中得到了考虑。

P54 自我意识的交互性确认并不是一种抽象；它对相互作用提出了某种

结构上的要求：一套角色体系、要作出的行动、要遵守的惯例等，这样，我才可以将你确认为正在确认我的你。这种相互作用的结构并不是相关个人所获得的自我性的逻辑结果。它恰恰是他们成为自我的一个途径。从这个意义上说，自我只存在于相互作用之中。

P62 在整个西方历史中，贯穿着一个人类同一性概念逐渐从偶然内容中纯化出来的过程。在法国大革命期间，人们试图建成一种具有将个人定义为纯粹选择者的确认结构的社会和政治学。但是，这种尝试仅仅否定性地定义了自我，即不受偶然内容的制约，其结果便是毁灭社会。

第三章 黑格尔的逻辑学及其运动 P73-99

P80 也许从某种意义上来讲，作为一个整体，黑格尔的体系就什么是实在这个问题给出了答案。但是，他的逻辑学并不是一些形而上学主张的集合。它是对思维必须运用的那些范畴的研究。黑格尔的逻辑学声称，思维的各种结构实际上不能以其自身为基础，它们必须被作为要素包含到其他结构中去。关于黑格尔的那些宇宙论或超大实体式的解释就属被抛弃的思维方式之列。

P85 中介与中介性的（Vermittlung, vermittelt）及其对立面非中介与非中介性的（Unvermittlung, unvermittelt）是贯穿黑格尔著作——尤其是逻辑学——始终的关键术语。黑格尔到处竭力寻找中介、否定性环节，他总在试图弄清那些看起来简单与直接的东西实际上是如何通过复杂的中介与相互依赖而存在的。

从字面来看，所谓"中介"就是在中间、联结两个极端。这个含义说明被中介项已经是独立存在的了，但黑格尔却试图表明所有事物都是中介性的，没有东西是直接第一性的存在物。除了整体运动，没有东西是第一性的和独立的，但即使整体运动也不可能离开其中介性内容而存在。在逻辑学中，中介包含范畴的一种渐进发展，直至没有一种东西被设定为第一性的或独立的。

P99 至少，黑格尔会断言，逻辑序列作为一个整体并不奢望阐明任何特殊的观点或内容，相反它只求阐明思维完整而纯粹的必然结构。

第四章 现代性范畴 P100-127

P100 黑格尔在第三部分给他正在思考的这种自我差异的统一性赋予了各种各样的名称："普遍性""概念""判断""三段论"以及"绝对观念"等。这些名称取自于传统的学院逻辑学，先是被赋予了康德主义的色彩，尔后又被打上了黑格尔主义的烙印。它们所起的作用都与希腊文逻各斯（logos）这个概念相类似。

P106 如果普遍性对于黑格尔来说就意味着统一性和一般性，那么特殊性就意味着确定性和区分，而个别性也就意味着实存性、单个性、自我关联的独立性以及自足性。虽然黑格尔的个别性范畴与亚里士多德的个别实体观念有着明显的联系，但从其含义来讲，它却是作为那种观念的后续者出现的。

P115 现代性就是通过在制度以及个别自我中设定特殊个人（连同他们的愿望与需求）与普遍的东西——风俗与法律等社会事物——之间的差异而产生的。不论这种差异是通过路德式的宗教定义，即个人与上帝的直接联系，来加以设定的，还是通过笛卡尔的怀疑，或通过自由市场体制来加以设定的，在所有这些场合中，某种差异对于思想和行动来说都是至关重要的。

第五章 黑格尔逻辑学的运用 P128－153

P130 黑格尔打破了西方哲学史上的一个基本传统——把确定性和规定性视作通过对某种先验非确定性的限制而产生的。黑格尔不是通过对某种原初完满性逐步施加限制来取得逻辑学内容的。逻辑学的那些最后范畴并非指向所有事物背后的某种无形式的能量。相反，黑格尔谈到了一种错综复杂地联系在一起的运动——它造就了思想空间。

P142 对于黑格尔来说，我们对解释性机制的渴望反映了我们的一种无能，即关于逻辑范畴向自然和精神的过渡，我们无法理解这些逻辑范畴怎么就比我们所能给出的任何解释更具基础性。在这个逻辑序列之外，不论人们给出什么样的理由，它们都将是以取自于这个逻辑序列的先前阶段中的东西为根据而组织起来的，而且它们都不会在这个逻辑序列的背后或之外来谈论它的运用或体现。

这是彻底的先验哲学，克服了康德的不彻底性，从而使其革命得以贯彻到底。

P153 在近代，反基础论的思想家积极地同任何第一性的或总体性的设定行为展开了斗争，他们的思想已变得日益流行了。这就在黑格尔的总体化思想与海德格尔对"形而上学"的抨击之间引发了一场争论。

第六章 市民社会与国家 P154－185

P160 黑格尔试图以社会和个人自由为基础来肯定一种既是实质性的又是形式化的合理性。说它是实质性的，是因为有一些确定的结构和生活方式被当作合理性的而加以认可。说它是形式化的，是因为这些结构是从逻辑概念中的中介运动的绝对形式中产生出来的。它不是韦伯的两种合理性中的一种，因为它同时具有这两种合理性的特性，而且还因为在它之中没有一样东西是直接的，结构、过程、特殊内容或者个别自我等都不是直接的。

P166-167　虽然黑格尔的制度建议没能始终很好地贯彻他的本意，但他却是无意宣扬极权主义的。他想标明的是这样一种立场：它既不代表那种陈旧的中央集权式的专制主义，也不代表那种无限分裂性的法国大革命式的和市民社会的自由。

P168　黑格尔认为，许多现代理论家的错误就在于，把国家仅仅看成为放大形式的市民社会。黑格尔对把市民社会当作为社会整体这种做法的恰当性进行了驳斥。

P173　黑格尔寻求的是一种新的共同体，在其中，"经济人"所过的生活将受到改造，转而追求共同善。

第七章　海德格尔与现代世界 P186-233

P189　在海德格尔对现代世界的描绘中，市民社会正在吞噬国家。所有传统因素都正在被摧毁或被改造成可在市场上出售的产品，恭候消费者的任意选择。海德格尔认为，统治着我们生活的是"计算性思维"，而且他把这归因于那些同韦伯的形式合理性一样的基本结构。

P223　在海德格尔看来，个人主义仅仅是为现代生活打开的众多可能性中的一种；对于他来说，现代主观性和意志不用在原则上作多大的改变，就既可以出现在资产阶级个人的生活中，也可以出现在集体主义社会的生活中。政治、宗教或哲学上的那些典型的现代问题，始终难以解决，人们对此争论不休；这表明，虽然表述方法千差万别，但这个潜藏在背后的关于存在的现代理解仍然在起作用。

P224　在第二次世界大战之后的数十年间，海德格尔讨论现代性的著作开始以 das Gestell 这个术语为中心。他把它用"作明确表达现代技术本质的关键词"（《艺术作品的起源》，第 97/84 页）。海德格尔这里所说的技术（technology）不仅仅是指机器。它们是一种转喻，指的是他称作为技术（das Technik）的特定的可能性领域。他把机器技术与数量化自然科学仔细区分开来，但他颠倒了对它们之间关系的普通理解。

第八章　适当安置现代性 P234-273

P238　在我们的时代里，最高存在者衰亡了。我们有的是一个从上帝之死中产生出来的世界。海德格尔解释尼采的话是为了说明，不再存在任何基础，既没有上帝，也没有任何他的替代物。

P246　虽然海德格尔没有求助于任何最终的具体总体性，但他的想法也并非仅限于：对普遍化强制进行描述，或者认为除了以其自身为根据就找不到其他方式来研究现代性了。

P253　可以说，离开了人，只会有一些处于黑暗中的事物。有的既不是意义，也不是意义的缺场。不会有什么东西丢掉了或缺场了，也不会有将被事物填充起来的虚无空间。有了人以后，事务就处于被揭示状态之中了，但仅以某种有限的、受限制的方式。

第九章　现代世界中的生活 P274－307

P276　在西方传统中，通常的说法是：将人从他的有限性中解放出来。而海德格尔却想为了人的有限性而解放人，并将他就解放进这种有限性中去；这种有限性是无可逃遁的，但只有在这种有限性之中才是自由。

P279　在海德格尔的后期著作中，他用思（Denken）这个术语来取代哲学（philosophy）……这个思既不是科学也不是哲学，后两者在传统中被理解为对确然性、基础以及最终同一性的某种探索，而在此一思之中，我们可以经验到潜藏于西方世界和我们的当前处境背后的那块空地（the clearing）。

P299　海德格尔对民主的忧虑根源于权力意志——他在我们对各种问题都想加以控制这种愿望中看到了这种权力意志，他的这种忧虑还根源于他对舆论的反思，在他看来，舆论就像是普遍化强制世界中的一种可以操纵的商品。

P306　因此，从海德格尔的思想中可以汲取出一些模糊的、然而却是真实的政治涵义。海德格尔本人并没有对这些涵义作过描绘。这可能是他的个人立场和社会立场的一种反映，但这与他作为一个思想家的姿态也是联系在一起的。

第十章　黑格尔与海德格尔 P308－360

P310　区别现代性的最明显的现象就是空虚的主观性，在这一点上，黑格尔和海德格尔是一致的。

P333　虽然海德格尔把黑格尔解读成一个笛卡尔主义者是错误的，但他关于黑格尔仍处于形而上学传统之中这个一般性解读却是正确的。黑格尔追求自洽性、自我透明性和调和性的在场。然而，他却并不完全符合海德格尔为形而上学家所描画的标准形象。他并不诉诸某种超大—实体的自洽性，并以此来作为世界的奠基石。

P353　然而，海德格尔在《〈明镜周刊〉访谈》中说道，如果西方想要克服技术，这必须发生于其内部，而不能靠某种外来传统如禅宗佛教的输入（《〈明镜周刊〉访谈》，第214页/第62页）。很明显，西方会对东方造成危害，但是，这却不是一种交互性的关系：西方能腐蚀日本但日本却不能拯救西方。

第十一章　进一步的探讨 P361-387

P373　我们的任务不是思考我们如何能够同时生活在几个世界之中，每一个世界在自身的意义上都是完成了的；我们的任务是思考我们生活于其中的世界如何才能少一些统一性，而多一些内在的多样性，且不再由某单一基本空间所构造。

P387　也许我们应该以某种海德格尔的方式思考我们目前的处境，海德格尔曾尝试性地展望了一个可能的非形而上学的时代，这一时代并不具有存在的总体意义，它惟一具有的是多样的且彼此相关的事物的在场及其对我们的各种各样的召唤。

第十二章　对现代世界的重新审视 P388-408

P398　在现代性看来，自我（the self）不仅是统一化的，而且还是起统一作用的。自我是一切事物会聚之点，它通过态度、信念和决心创造统一性，但这样一种自足的、统一的主观性是不可能的。使表现在许多现代制度中的形式合理性和个人主义得以可能的东西既非单纯之物亦非统一之物。也许存在着各种类型的必要条件，但并不存在某种单一的深层事件，由它赋予我们存在的离散性的时间性以一种统一化的形态。

P399　尽管自17世纪以后，艺术、政治和哲学等等的发展具有巨大的相似性，而且它们之间的相互影响也很多，但我们没有必要得出结论说它们都是对某种单一的现代召唤的应答，或者说它们表达了某种单一的现代精神形态。应该存在或多或少一致性即部分一致性的空间，但也应该存在多元影响和多元决定的空间。

【参考文献】

[1] 张雄. 现代性逻辑预设何以生成 [J]. 哲学研究，2006（1）.

[2] 王昌树. 论海德格尔的世界概念 [J]. 社会科学辑刊，2007（2）.

[3] 张曙光. 马克思哲学研究应有的现实性与超越性——一种基于人的存在及其历史境遇的思考与批评 [J]. 中国社会科学，2006（4）.

[4] 刘梅，王佳. 现代性的问题 [J]. 兰州学刊，2006（8）.

[5] 张盾. 重新阐释马克思与黑格尔的理论传承关系——从黑格尔的视角看 [J]. 江海学刊，2006（5）.

[6] 罗骞. 重建现代性批判的理论范式——从现代性批判的视角看马克思对黑格尔的批判及其意义 [J]. 天津社会科学，2006（6）.

［7］余其彦. 移情理论能为普世伦理做些什么［J］. 理论月刊, 2005（4）.

［8］唐正东. 诠释马克思主义哲学应该坚持的两个原则［J］. 哲学研究, 2005（10）.

［9］牟方磊. 海德格尔论科学与技术［J］. 云梦学刊, 2011（5）.

［10］刘小波. "生物返祖": 一个畸形儿的悲剧［J］. 科技世界, 2012（15）.

［11］张一兵. 市民社会: 资本主义发展的自我认识——来自于马克思主义的一种谱系学分析［J］. 南京大学学报（哲学·人文科学·社会科学版）, 2009（2）.

［12］袁兆文. 论海德格尔对"现代性"的批判［J］. 甘肃社会科学, 2013（3）.

五、《现代性的困境——哲学、文化和反文化》

[美] 劳伦斯·E. 卡洪　著
王志宏　译
商务印书馆，2008 年

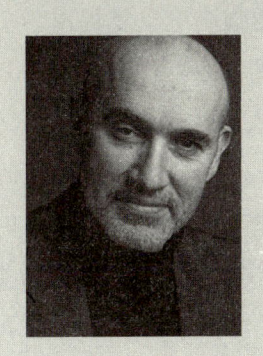

【作者简介】

劳伦斯·E. 卡洪（1954— ），在美国纽约州立大学获得哲学博士学位，现任美国波士顿大学哲学助理教授，主要从事欧洲哲学、"经典"美国哲学、社会政治哲学、形而上学与自然科学关系方面的研究。其主要著作有《公民社会》、《哲学的终结》、《现代性的困境——哲学、文化和反文化》（1988 年）、《两端哲学：实用主义，基础主义与后现代主义》（1995 年）、《公民社会：保守党意义的自由实践》（2002 年）、《文化革命》（2005 年）等。

【写作背景】

自文艺复兴以来，西方世界的思想正发生剧烈的变革，创造出一种新型的文化即现代性的文化。在卡洪看来，这种现代性文化的嫡系传人是所有生活在西欧和中欧、加拿大和美国的人。通过殖民主义、贸易往来等途径输出意识形态，现代西方把自己文明的组成要素注入非西方社会固有的文化之中。然而，这种源自西方的现代性正处于发展的困境之中。一方面，在科学与哲学中，确定性与尽善尽美的信念恰如前现代的宗教与政治权威一样，看起来幼稚得不可救药。在文学艺术中发生的变革使所谓艺术的各种见解泛滥成灾，让公众茫然不知所措。在两次世界大战期间，现代性的摇篮已经把自己损毁得分崩离析。另一方面,科学和理性主义的理想已深深扎根于民众的思想观念之中。文学艺术以其感性的、商业化的形式深深吸引着大众。自由、民主、法治成为当今世界各国发展的普遍形式,人类个体似乎越来越成为价值的终极支座和真理的终极法官。

在今天,西方被各种似乎根深蒂固的社会问题,如犯罪、吸毒、色情业等所困扰。这些社会顽症在公众的脑海里反复提出了一个问题,即个体应该需要什么样的自由。20世纪发生的一系列激烈冲突,暴露出当代西方制度中存在着赤裸裸的权力与暴力,使人道主义文化看起来似乎天真幼稚。总之,现代世界在这种困境中进退维谷,它使技术的、社会的和思想的变迁中的爆炸性浪潮翻滚起来,向现代性的根本原则发出了猛烈的撞击,现代性正在腐蚀它自己文化和思想的基石。可以说,这是20世纪后半叶最大的问题。作为文化的一个重要组成部分的哲学,正遭受着折磨与巨大的冲击。正是在这些理论与现实的背景下,卡洪的《现代性的困境——哲学、文化和反文化》一书问世,试图解答现代性所面临的一系列困境问题,提出一个关于现代性发展之整体的建设性理论,以跨越现代思想中的某些最成问题的二元对立。当然,本书的主题也是作者多年以来的兴趣与信念的产物。

【中心思想】

卡洪在本书中提出的论点,是现代文化沿着主体主义的路线向前发展,这种发展已经导致在文化当中存在着心理学的自恋的对应物——哲学的自恋。人类文化活动的内在价值已经丧失了,现代世界观的思想基础已经遭到了破坏,陷入了困境。现代性的当代困境中一个决定性因素,是现代文化中某种令人难以捉摸、但却十分重要的气质在逐步地自我削弱。据此,卡洪从历史的角度审查了现代哲学和文化中的某些难题,并且提出了一个关于现代性发展之整体的理论,其建设性目标在于跨越现代思想中某些最成问题的二元对立。本书提供了一条更好理解纷繁复杂的现代性各种发展进程的道路,并以一种新的方式设想哲学的将来。它同文化的关联是可能的,其途径是指出对于这些新的可能性而言,某些已经普遍接受的概念障碍并非必然存在,也不具有正当性。

全书由序言、导论、正文和后记四部分组成,正文分为三部分10章,共约35万字。

五、《现代性的困境——哲学、文化和反文化》

【分章导读】

现代性在20世纪的充分展开，暴露了其理论与现实困境。在哲学理论上对主体、理性、自由等的过度张扬；在实践中，对客体自然的过度破坏、社会关系过度的不和谐，如战争等，以及由此造成了对人自由的宰制等一系列现代性的困境问题。对此，站在建设性的现代性与自由主义立场上，卡洪为了应对现代性的困境问题，提出了自己的理论思考。他认为，源自西方世界的现代性观念，如科学、理性、民主、人道主义等，在20世纪下半叶正面临着挑战，正逐步走入自己的反面。西方世界社会生活中的方方面面问题，正困扰着现代性的根基性理念，如两次世界大战就是对现代性的人道主义、人的价值与尊严的挑战。与此相应，以哲学为代表的现代文化也走入了困境，对于它们自身的社会和思想问题而言，哲学一日比一日没有意义，正在走向自戕。

关于本书要解决的问题，卡洪提出他要解答以下三个相互关联的问题：对于构建现代西方世界思想支架的那些文化原则而言，发生了什么？我们能否依旧相信作为现代性的必要组成部分的人道主义？哲学，现代性和人道主义这二者的主要缔造者，是否已经死亡。关于本书的任务，卡洪说，他将从历史的角度来审查现代哲学和文化中的某些难题，并且提出一个关于现代性发展之整体的理论。本书的建设性目标，在于跨越现代思想中某些最成问题的二元对立。本书的宗旨，是提供一条更好地理解纷繁复杂现代性的各种发展进程的道路，并以一种新的方式设想哲学的将来。它同文化的关联是可能的，其途径是指出对于这些新的可能性而言某些已经普遍接受的概念障碍并非必然存在，也不具有正当性。

为此，在本书的导论《现代性、哲学和文化》中，卡洪首先阐述了两方面的问题：一是概述了现代性论争；二是论述了作为一种文化过程的哲学，讨论了哲学和文化之间的关系，为以下各章的论述做了一个理论的铺垫。

每一个现代性问题的研究者心中都有一个对现代性问题的理解。在卡洪看来，可以把现代性定义为阐释的观念、原则和类型，这些观念、原则和类型跨越从哲学到经济学的全部范围，种类繁多，歧异纷呈，而且自16世纪开始一直贯穿整个20世纪，西欧、中欧和美国的社会和文化越来越觉察到自身奠基于它们之上。对众多学科领域而言，想要为现代性确定一个历史的起点是不可能的，由于它事实上存在着许多起点。对哲学家而言，17世纪必然是肇端之处，大家普遍同意它是现代哲学的开端。对于后现代主义、晚期现代性的看法，卡洪在此初步把其视为一个时间的概念，指出19世纪晚期和20世纪是晚期现代性的组成部分，即所谓后现代主义。

关于现代性论争，卡洪指出："现代性论争关注的核心点是对于现在的各种相反的趋势所作的批判性分析和对于将来的预言，而不是为了自己的利益去关注过去；过去之接受审查是为了寻求现在的各个组成部分的根源。于是，在这个语境之中，起点的选择就理应由人们当下关注的事情来决定。"[①] 在此观念之下，卡洪对现代性论争的典型分析颇有见地。其一，他认为马克思、韦伯和弗洛伊德这三位思想家为现代性论争提供了背景材料，洞见到马克思是对现代性发难的始作俑者。其二，他指出，重新以尖锐的态度提出现代性问题大约是在第一次世界大战前后的德国。尼采是预见到将来要废除基督教作为西方占统治地位的公众力量的第一人，斯宾格勒在那本影响巨大的《西方的没落》中预言了西方文化在道德上和精神上的死亡，而为了回应法西斯主义，法兰克福研究所的社会批判理论家们把心理学和精神分析概念融入他们的马克思主义社会理论当中。其三，美国自由主义与保守主义的政治论争都是围绕着现代性的难题而展开的。自由主义忠诚拥戴早期与晚期现代性，关注私人生活领域；保守主义只忠诚于早期现代性，更关注共同体。而法西斯主义与共产主义这两种相对立的意识形态，都拒斥古典的与早期现代性的规范与理想。卡洪坚信，尽管现代性的发展到了否定它自身的基础的地步，但民主、法律规则、人类个体内在价值等这些基础仍是我们须臾不可或缺的那些理想的基石，它们是自由社会的基础。从中我们可以看出，现代性问题哲学论争的最后，走向了对现代社会政治问题的论争，即走向了如何实现人的自由问题的论争。从中也可见，卡洪是站在现代西方自由民主政治哲学的立场上探讨现代性问题的，进而来阐发其文化哲学观念的。

对于文化与哲学的关系，卡洪把哲学"作为一种文化过程的哲学"，即"把哲学当做文化的一部分来处理，而不是作为没有任何实践旨归和目标的超文化行为——这种超越性行为不受历史上社会和文化生活中任何事件和趋势的影响"[②]。在卡洪看来，如果要想充分彻底地理解哲学，就必须懂得哲学思想得以产生和获得自己生命的社会和历史语境。因为，哲学家的理论著述既

---

① 劳伦斯·E. 卡洪. 现代性的困境——哲学、文化和反文化 [M]. 王志宏，译. 北京：商务印书馆，2008：17.
② 劳伦斯·E. 卡洪. 现代性的困境——哲学、文化和反文化 [M]. 王志宏，译. 北京：商务印书馆，2008：26.

是对具体的哲学文化著述的创造性回应，又是对当代文化发展状况的创造性回应。他套用杜威的话说，"哲学就是选择"，即哲学介入社会和文化状况时明显之处有二：一是哲学家在写作之前，其注意力所投向的是问题的选择，而当代社会生活的结构和动力机制有助于构成问题之所是；二是此类问题比其他问题更有社会重要性，或者说在思想上更为紧迫。这些在柏拉图的《国家篇》、奥古斯丁的《上帝之城》、笛卡儿的《沉思集》或者洛克的政治哲学等著作中都能得到体现。

哲学文化对某一历史时期、某一历史共同体所出现的问题的反思性思考，深沉而个性化，是以部分体现整体的方式呈现的。这在一个多元的现代社会中会体现得更加明显。如果某个共同体认为有价值的哲学提供了指导行动的观念，就会塑造共同体生活的发展进程。就是说，哲学和艺术、文学形式一样，作为文化的一部分，能够参与社会文化的变迁进程中来，并对文化发生影响。哲学与文化的关联再也回不到柏拉图、亚里士多德乃至杜威与罗素的时代，再也不能对社会政治、公众与文化发生直接而重大的影响，但也不会淡出对社会政治、公众与文化的影响，或者错误地宣布其"死亡"。

就此，此书以三部分10章浓重的笔墨展开了论证。

第一部分，"主体和对象的动力机制"包括第一至第六章的内容：《主体主义和先验的综合》《打造新的立场：笛卡儿》《重铸综合：康德》《哲学的自恋和主体主义的极端化》《没有对象的主体主义：胡塞尔》《没有主体的主体主义：海德格尔》。卡洪重点讨论了笛卡儿、康德、胡塞尔和海德格尔的哲学立场和论证，试图证明：主体主义是如何从它在17世纪的古典框架中以如下这种方式向前推进的，它把自身转变成一种貌似与其相互对峙但却保存了它基本的主体主义范畴的学说。他认为，尽管现代性、启蒙危机与问题重生，但启蒙依旧是西方各种最为突出的成就，因为现代性是自由的基础；走出现代性困境的唯一途径，是把现代性自我否定的内在品质从现代性传统中与其他那些并不必然是自我否定的方面区分开来，并把它孤立起来。

主体主义是现代思想的一个核心概念与特征。卡洪在第一章中所言的主体主义，并不相应于主体主义伦理学、以主体为中心的认识论、作为形而上学之实体的主体、唯心主义、自我论或者意志主义常用的哲学术语。在现代哲学和文化中，主体主义是举足轻重和强大有力的观点或者说范畴图型之一；主体主义是这样的一种信念，即主体性和非主体性之间的区别，是探究中最为根本的区别，主体性是对于所有任何事物、场或者诸显现的总体性的意识；对主体主义而言，主体性和客观性之间的区别，是把存在之物分隔开来的最为根本的工具；而客体、客观性就是与主体、主观性相互配套的对偶词。

进而，卡洪把这个术语分为"主体主义无孔不入"与"主体主义——先验的综合"两部分，进行了深入探讨。所谓"主体主义无孔不入"，是指主体主义的二元对立所产生的理智力量排山倒海、无孔不入，对理论家和公众的思考产生了不可估量的影响。表现在：一是主体主义无论是在一元论形而上学体系中，还是在二元论形而上学体系中，都找得到它的表达方式，从笛卡儿到艾耶尔、从唯理论到经验论，都可以找到主体主义的存在。二是主体主义在某种程度上可以充当价值论和伦理学研究的基石，主体主义必须被看作是人类行为的属性和基本特征。所谓"主体主义——先验的综合"，指主体主义是最为典型的先验的观念。而其所谓的"先验"不是先验的形而上学观念，是指诸观念在主体主义哲学中可以执行的一项功能，如上帝、理性这两个概念。现代哲学中主体主义体系的动力机制，涉及主体主义的、先验的、自然主义的三个不同的因素或者说观点的相互联系。首尾一贯的主体主义理所当然是一种贫瘠枯竭、毫无创造性的哲学。然而，自19世纪中叶以来，主体主义和先验观念之间的那种不可分割的综合性关系已不可逆转地坍塌破碎了，即主体主义走向了极端。

正如卡洪在第二章中所言："笛卡儿是现代主体主义的奠基人"[①]，其二元论思想在哲学史上典型而富有争议，而其真正的奠基性工作是主体主义的阐释范畴，这集中体现在《第一哲学沉思集》这部巨著之中。笛卡儿的重要方法论原则是怀疑，通过怀疑确证了精神性主体的真实存在，进而确定了物质世界的存在，最终又确证了上帝的存在，把哲学、科学与神学安置在一个互不相扰的环境中。可以说，使笛卡儿的图形变成主体主义的，并且与此前的柏拉图主义、亚里士多德主义、经院主义哲学传统大相径庭的，是笛卡儿把感觉和思想规定为个体意识的行为或者特征。此观点的后果，是把人类的意识或者主体性这一个特殊的方面搬移到了舞台中心，一跃而成为人类学和认识论的中心。笛卡儿的这个创新有着十分关键的认识论蕴涵。他强调"我思"、怀疑的先在性，凸显了哲学理性的批判精神与权威。由此，笛卡儿哲学也出现了一个问题，他把其哲学建立在一个本质上是私人性的基础上了，虽

---

① 劳伦斯·E. 卡洪. 现代性的困境——哲学、文化和反文化[M]. 王志宏，译. 北京：商务印书馆，2008：62.

然后来他在"第二沉思"中已经在形式上克服了。

通过分析笛卡儿证明上帝存在的循环论证，即上帝的存在要通过自然之光和清楚明白的标准而得到证明，而它们二者的效力却只能由上帝的存在来保证，卡洪提出，笛卡儿没有能够从私人性中产生出上帝和世界。如果笛卡儿严格遵从其主体主义立场，他就不可能证明上帝的存在或者物质性实体的存在。也就是说，他必须超越主体主义立场本身，进入到先验主义。先验主义给主体性奉上通达非主体性的工具，而依照严格的主体主义准则，它不可能拥有这种工具。概而言之，笛卡儿给我们对早期现代主体主义做了经典的阐述，并保持了250年之久。笛卡儿哲学的奠基石是总体性、客观性、上帝和理性这些概念。这一主体主义——先验的综合的观念后来遇到挑战、遭到批评。在18世纪，首先遭到批评的是其先验观念，其中休谟在主体主义的旗帜下对先验综合的批判十分猛烈而典型，可称为从内部批判"主体主义——先验"的"始作俑者"。但这一批判事业的十分杰出者是哲学家康德，他在批判先验主体主义的理性思考中，"永久地改变了从那以后从事哲学事业所使用的语言"。

以《纯粹理性批判》这一划时代的巨著为起点，康德在近代认识论领域掀起了一场哥白尼式的革命，确立了其先验唯心主义认识论体系。在第三章《重铸综合：康德》可以看出，他在与先验主体主义当中各种内在难题长期斗争中，使主体主义和先验因素和睦共处，并开创了崭新的哲学事业——"先验的转折"。康德的主体主义把主体的知识、经验及与世界之间的相互作用看得高高在上，对于人类认知活动的二元论理解，就被赋予了知性特权，为自然科学的合法性辩护工作贡献良多，确立了科学的权威地位，并使人为自然立法，大大确立了理性主体的权威与力量。

在康德的第一批判中，有两个十分重要的概念："现象"与"自在之物"。"现象"是实体的显现，是可以感知的，是可以被认识的；"自在之物"等同于本体，是感性与知性无法感知的实存，是不可知的。"现象"与"自在之物"彼此不能通达。通过对康德现象与自在之物二分理论的分析，卡洪提出，康德的创新之处在于，尽管他严格地保留了在分析的秩序和实际显现的秩序之间的区别，但是他断定存在着有关知识的第三范畴，即先天综合知识，作为客观性的普遍而必然的条件，这种知识不是通过逻辑分析得来的。现代西方哲学家海德格尔在《存在与时间》中多次讨论康德"统觉的先验统一性"——我思，认为康德非常独断地因袭了笛卡儿的立场，把五彩缤纷的现象界当作感官的一个结果了。可以说，康德以两种方式对他自己的主体主义防微杜渐，挖空了主体主义的基础，还试图超越它。但其先验哲学体系中依旧弥漫着主体主义的气息。

现代主体主义思想继续前行，这也是一个主体主义极端化的历史发展进程。第四章中出现的"哲学的自恋"这个新概念是对这一历史发展进程的描述。主体主义在近 300 年来翻天覆地的社会变迁中确实发挥了巨大的历史作用。但是，对自然的"去神话化"和对形而上学和宗教信仰的解构过程中，也即是在人的解放过程中，主体的所有能力被掳夺一空，对于外在于主体的所有事物的内在价值的循序渐进的否定，把一无所有的主体交付给了没有物质性的价值。卡洪把主体主义这种去先验化的、极端化的形式称为"哲学的自恋"。哲学的自恋与哲学家的自我向心性毫不相干，它指的是作为某些哲学基本特征的有关主体和客体的描述，这些哲学中的主体主义已经被推向了极端，而且在某种程度上崩溃坍塌了。

借用弗洛伊德等的精神分析理论，卡洪阐述了哲学自恋的心理学。他认为，把哲学当作基础性的学科就是一种哲学的自恋，哲学的自恋是一种设想主体和对象的方式，在某些精神病理学中可以发现其中隐含着这些概念，哲学有这个禀赋。通过"镜子世界，空虚的自身""把自身和对象等量齐观""分裂""关系作为完整性的语境"四个方面，卡洪提出，自 19 世纪中期以来，许多哲学体系拒斥了先验主体主义综合中的先验因素，但却保留下来了主体主义范畴。这些极端的主体主义体系都可以被恰如其分地看作是各种类型的哲学自恋，哲学的自恋这一术语与精神病理学上使用的自恋有关。

哲学的自恋在主体性、现象与自然世界这三个主语里打转。哲学的自恋，依照它继续保存下来的主体主义范畴，保持了主体和非主体之间的绝对区别。哲学作为一个整体，其典型特征就是在不可区分之物之间的二分法。主体和非主体相互间走向无限趋近，实际上已经具有同一性了，在实践上不可分，但它们仍旧不能等量齐观。

本书的第五章介绍了 20 世纪德国伟大哲学家、现象学家胡塞尔的主体主义，该思想可以称之为"没有对象的主体主义"。卡洪通过考察胡塞尔在《笛卡儿式的沉思》中的理论构架，旨在提供一幅关于一般先验现象学的本性以及胡塞尔后期特殊的现象学思想的概括性图景。胡塞尔现象学有五个要点：其一，现象学不仅是一种方法，更是一门哲学科学；只有借助先验的还原和相关的概念，现象学才能变成完整的和自我连贯的；世界上所有的存在者都是意义的综合体，而所有意义综合体都是由先验的主体性构造而成的。进而，卡洪提出，胡塞尔的先验现象学是一种极端的主体主义哲学。其二，胡塞尔把先验现象学称为新笛卡儿主义，但其《笛卡儿式的沉思》中的主体间性理论失败了。因为，他没能证明那个建构起来的他者其自身的不依赖于单子而独立存在的完整性。其三，胡塞尔把先验的自我揭示为所有意义综合体的构造者。他试图摆脱唯我论的控制，却在此过程中排出了自我的完整性。其四，萨特的自我是胡塞尔的那个被设想为意向行为的对象的世俗的或者说精神物理学的自我，他确证了胡塞尔先验现象学中存在的问题以及其中自相矛盾的蕴涵。但是他并不因此就避开了主体主义。其五，胡塞尔讨论了现象学中一些自相矛盾的谜题，最重要的是"人类主体性的悖论"，还有关于"悬搁"的悖论。

本书第六章谈到胡塞尔的高足海德格尔的主体主义可以称为"没有主体的主体主义"，其存在主义哲学没有回避主体、主体性这样的术语本身，而是批评了这些术语被经常使用和理解的方式，毫不含糊地肃清主体主义的语言。但是，海德格尔继承了胡塞尔的现象学，依旧浸淫在笛卡儿—康德—胡塞尔的传统中，主体主义因素在其思想中占据核心地位，并且给他的哲学带来了许多严重的自恋。可以说，虽然海德格尔几乎完全肃清了主体主义的语言，但在事实上，他所提出的是一幅关于世界中的人的极端主体主义的图画，只是和胡塞尔的那幅图画各有千秋而已。《存在与时间》中哲学的自恋就是胡塞尔的立场的镜像，它从后者演进而来，而这二者又都是现代主体主义传统发展而来的产物。在《存在与时间》中，海德格尔所讨论的核心问题是存在的意义问题，提供了一门关于人这种存在者的考古学，一套循序渐进深入到更根本层次的关于人这种存在者的生存论定义。人这种存在者被一以贯之地阐释为展开状态，并使其呈现出来，逐渐走向敞亮的"处所"。对海德格尔而言，存在着的就是现象、显现，现象就是构成存在的东西，丢掉了海德格尔语言——"自我—意向行为—意向对象"的三脚架，而对意向行为进行了重新阐释，使现象得到揭示。所以法国哲学家列维纳斯在对海德格尔以及一般现象学进行类似抨击的同时，也认为海德格尔对他者的本体论还原和胡塞尔的现象学方法一脉相承，正确地看到了海德格尔那里有一种"辩证法"。和此在自身概念一样，海德格尔的世界概念也缺乏存在的完整性。当下"上手状态"是存在者存在的一种样式，另一种不同样式是"现成在手状态"，二者区分的关键就是海德格尔的世界概念。从上手状态转变成某种样式的现成在手，最后终于沦落为纯粹的自然的现成在手状态，这是一个循序渐进的非世界化的过程。海德格尔的世界实际上是此在，是此在的筹划，是此在进行自我领会的视域；世界的世界性是"意蕴"，而意蕴又奠基于此在领会的筹划之上。这幅图景具有准神学色彩，结果导致了其哲学的自恋。

第二部分，"现代性理论"包括第七至第八两章的内容：《启蒙和自恋：阿多诺、霍克海默和拉希》《文化理论和反文化的兴起》。卡洪展开了对现代性的理论性理解。关于现代性的论证有两位代表性的作家——阿多诺和霍克海默，对他们理论观念的批判性重塑，卡洪在本书中提出了一种关于现代性的新颖而独特的观念，即一种文化理论。在此基础上，卡洪提出了有关这个研究的新内容，追问我们的文化概念自身、意义与价值，最后考察了在文化史的进程中这个概念又是如何发展变化的。

卡洪把现代性看成是一个辩证的过程，因此，他首先讨论和批判了现代性的辩证理论。辩证理论的主要代表作是阿多诺、霍克海默的《启蒙辩证法》与霍克海默的《理性之蚀》。启蒙精神在给西方带来社会、思想与物质进步的同时，也在其内部播下了倒退的种子。依照启蒙辩证法，启蒙通过彻底贯穿它自身的逻辑蕴涵而颠覆自身，倒退到新的野蛮状态。而阿多诺和霍克海默这种关于启蒙的进程、关于它的代价的观念的原型是黑格尔的主人和奴隶的辩证法。采用了同样观点，拉希以《自恋的文化》也揭示了这种否定的辩证法。拉希认为，这个时代的基本特征，是以消费为定向的资本主义的广告铺天盖地而来，官僚统治的合理性侵入了福利自由主义状况下的个人生活，由于把成功定义为暴得大名，日常的行为必然会处于观察之下，个人意向也有人煞费苦心地管理，资本主义的思考侵犯个人生活已经到了前所未有的程度。以个人主义或自由主义的话语来说，这种启蒙辩证法就是，当民主社会逐渐让它自身越来越完全地臣服于"革命的个体主义"理想时，当它扫清心目中的那些通往个人自律的殿堂之路途中的种种障碍时，它也就把可以充当个人的内容的所有价值承诺和所有信念的合法性都驱除了。辩证的现代性理论虽然目光犀利、直指本源，但它们的阐释出了差错，削弱了它们想要捍卫的那些价值，即民主政治和道德的人道主义基石。

在此基础上，卡洪在第八章提出了一种关于现代文化发展的独创性理论。他认为，"辩证理论事实上是一种现代文化主体主义的理论"，"在辩证理论思考文化问题时，其自身是主体主义的"[①]。所谓文化，并非是社会事实自身，

---

① 劳伦斯·E. 卡洪. 现代性的困境——哲学、文化和反文化[M]. 王志宏, 译. 北京：商务印书馆，2008：313-314.

而是在它获得了可共享的意义时，它才变成了文化的。就是说，文化是有意义的产品的仓储室，一直处于创造和同化的过程中，是多元的。阿多诺和霍克海默的大众文化，拉希的自恋文化，森尼特的私人文化等，它们的基本特征都是对文化自身的阐释发生了变化，一种反文化盛极一时，甚嚣尘上。公共领域被阐释为价值中立的领域，是争取个人目的、利益的手段，而非具有它自己的独特价值和赏心乐事的个体的有意义的存在语境。这种处境的危险，是当代人可能会在前所未有的程度上把公众交往和公众生活当中越来越多的东西看作是无意义的，这几乎成了不可逆转之势。反文化作为一种文化类型把文化自身阐释为没有任何内在固有的意义或价值。通过引入这个概念，并把注意的焦点放在文化的自反性上，对主体性和自恋的分析，都可以根据它们隐含的文化阐释而得到重新阐释。

第三部分，"文化维度"包括第九至第十章的内容：《反文化和所谓的哲学死亡》《文化的形而上学：一种多元主义——自然主义的观点》。卡洪探讨了"文化维度"的现代性问题，把现代性理论、文化概念与哲学主体主义、哲学的自恋的批判融合在一起。

首先，通过使用变动不居的文化概念这把钥匙，揭示了哲学主体主义是如何与现代性理论整体匹配得天衣无缝的，而有人断言的哲学的终结又是如何折射出 20 世纪西方文化中更为广阔的各项主题的。卡洪认为，每一门哲学之创设都是用来讨论非常有限的一些问题的，只有在它处理那些问题时，通过讲道理而获得巨大成功的情况下，它才变成了公众哲学思想的一部分。但是，在阐述现实的某些其他领域时，主体主义就力不从心了。一方面，文化与现代主体主义之间存在着潜在的矛盾，文化被看成是人类追求真理的绊脚石；另一方面，事实上，文化是真理的唯一工具，文化、人类生产和阐释文化的能力，是这种存在的本质，没有它们就没有人类生存。正是通过重振文化概念的活力，我们才能建构一个更加富有成效的主体主义的替代性视野，更加充分地从整体上把握现代性的发展。早期主体主义和哲学的自恋是反文化的，哲学的自恋拒斥了体现在以前的先验理性概念之中的主体—对象之间的先验关联，把对文化的可能阐释限制在主体—对象范畴范围之内。正如晚期现代性的反文化涉及文化去除自身的合法性。19 世纪几个最有影响的哲学流派，以不同的方式宣告哲学死亡。如维特根斯坦主张，哲学唯一具有合法性的任务是等待有朝一日，有人做了一个从语言学上看使人产生误解的陈述，然后指出其中的错误。但哲学并非处在终结点上，现代性也没有处在它的终结点上，现代性也不是主体主义的同义词，它还有很多牌可以打，没有理由认为我们处于后现代了。后现代主义者号召彻底拒绝现代性的观念是错误的，因为现代性在今天仍可带给我们很多哲学之外的收获，如人道主义、民主等。其实，哲学的问题是它忘记了与世界的真实联系。另外，我们只需要意识到，整个哲学史是哲学和人类文化与社会生活结缘的证据。

其次，在多元主义的文化理论基础上，作者为主体主义提出了一个哲学的替代物。这是一种植根于对文化适当理解之中的体系化的非主体主义哲学的导论，将要清除掉在为一个非常适宜的哲学帐篷里埋树桩时存在的概念障碍，旨在为哲学开启新的可能性，跨越某些概念困难。因为，正是这些苦难使那些可能性看起来几乎是海市蜃楼而不能受人注目。其一，存在的完整性和存在者的内在关联是相互以对方为前提而又互相蕴含的。个体存在的完整性是一个存在着而且有着一定程度的完整性，是有着特性或本性的事物。内在关联意味着，每一个具有完整性的个体必须同时以某种方式与至少某些其他个体发生关联，是探讨存在的完整性的组成部分。这两个重要概念及其关联，是巴什拉哲学的诸核心观念直接提到过的，在西方哲学史上也是一再被论及，如在亚里士多德哲学中所讲的个体与实体之间的关系，中世纪基督教哲学中所讲的上帝和创造者之间的关系，笛卡儿哲学中的思维与存在之间的关系，休谟哲学中的自我与实体之间的关系等。探讨存在的完整性和内在关系表面上看来互不相容的这个传统问题，对于分析现代主体主义具有非常重要的意义。其二，文化概念及其重要哲学特征。文化是一个社会对自身和世界的各种阐释的总体性，体现在公众的或可共享的人类产品中。文化具有三方面的主要特征需要深入理解：文化关系到二元对立之前充满意义的事物；文化是共有的、公众的、交往性的现象；文化是人类的历史性的阐释和建构行为的多元的、偶然的创造。其三，心灵和知识的观念在文化视野中的蕴含。20 世纪有两位作家在他们的作品中赋予了文化以核心的地位，其中温尼斯特是从精神病学的视野出发的，把文化视为"我们生活的地方"；卡西尔则把人的本质看成是一种文化的，把科学、艺术、宗教、哲学都看成是文化哲学。而对于美国哲学家杜威来说，其重要哲学概念经验可以代之为文化。其四，文化与自然。卡洪提出，关于自然的多元解释会缓和文化和自然之间对立问题的辩证观点。

在本书的最后，卡洪概括总结了自己现代性文化的三个重要观念。通过探讨"楼梯上的纳粹军靴"，卡洪阐发了现代人道主义的思想，提出"现代人道主义是一种信念，它相信，真理的最终裁定者、价值的最终源泉以及政治权威最终的宝库都是人类个体，政治史的最大功绩是法律、管理和社会风尚组成的体系，这个体系反映了并且推进了这些信念"[①]。通过探讨"反文化和美国式民主"，卡洪阐述了民主文化观念，主题是信任人类个体的终极价值，相信个体是真理、价值和政治权威的终极源泉。通过探讨"并非墓志铭"，卡洪阐述了自己的哲学观，即哲学作为一种文化的哲学不会终结，因为它聚焦在这个自然的世界上的人类社会生活上，进一步说，现代性并未终结。

【意义与影响】

1988年，纽约州立大学出版社出版了此书的英文版。2008年，商务印书馆出版了此书的中文版。

总体说来，自本书出版以来，在学术界形成了日益重大的影响，被誉为"1940年代《启蒙辩证法》出版以来最富于原创性的现代西方文化哲学著作"[②]。此书以主体主义与哲学的自恋、现代性理论的理解、文化维度的现代性三个部分分析了现代性困境的生成问题，指出了现代性问题的建设性解决方案，把深入严谨的理论阐释及敏锐与深沉的现实关怀、反思批判与理论建构紧密结合起来，创造性地提出了非主体主义的、自然主义的文化哲学新形式，言说语境辩证历史而具有普遍性，引起了广泛的学术共鸣。

具体说来，此书的意义与影响有三个方面。其一，此书对主体性、现代性问题的理论阐释深刻、独特而富有启发性。笛卡儿、康德、马克思、弗洛伊德、胡塞尔、海德格尔、杜威、霍克海默、阿多诺等哲学史上著名思想家的主体性与现代性理论的理解深刻而独特，是相关理论问题研究无法回避的、必要的理论参考。其二，此书对现代性所引发的一系列社会政治困境问题，如各种暴力犯罪、工具理性膨胀、人道主义灾难、信仰迷失等的分析与解答独特而具有普遍性，成为一种有影响力的建设性解决现代性困境的思考方式。其三，此书多元主义、自然主义、个人主义与自由主义的新文化形而上学观念与主张，是对现代性西方哲学的批判与发扬，是西方自由主义价值观念的

[①] 劳伦斯·E. 卡洪. 现代性的困境——哲学、文化和反文化 [M]. 王志宏，译. 北京：商务印书馆，2008：418.

[②] 劳伦斯·E. 卡洪. 现代性的困境——哲学、文化和反文化 [M]. 王志宏，译. 北京：商务印书馆，2008.

当代延续，这必然引起与现当代西方自由主义、保守主义等各流派发生理论论争，也必然与马克思主义价值观念发生理论碰撞与交锋，还必然存在着借鉴其理论的改造问题。

【原著摘录】

序言：困境 P1-12

P1　通过殖民主义、贸易往来以及输出意识形态，现代西方把它自己文明的组成要素注入到非西方社会固有的文化之中。

P3　人们确信，在这个世界上，人类个体是价值的终极支座和真理的终极法官。

P5　现代世界在这种困境中进退维谷。它使技术的、社会的和思想的变迁中的爆炸性浪潮翻滚起来，而不管它是祸是福，这些浪潮向现代性自身建基于其上的那些根本原则发出猛烈撞击。

导论：现代性、哲学和文化 P16-35

P16　作为权宜之计，可以把现代性定义为阐释的观念、原则和类型，这些观念、原则和类型跨越从哲学到经济学的全部范围，种类繁多，歧异纷呈，自16世纪一直贯穿整个20世纪，西欧、中欧和美国的社会和文化越来越觉察到自身奠基于它们之上。

P17　现代性论争关注的核心点是对于现在的各种相反的趋势所作的批判性分析和对于将来的预言，而不是为了自己的利益去关注过去；过去之接受审查是为了寻求现在的各个组成部分的根源。

P18　有三位思想家为现代性论争提供了背景材料：卡尔·马克思、马克斯·韦伯和西格蒙特·弗洛伊德。马克思可以说是对现代性发难的始作俑者。他对现代欧洲的政治、社会和文化的原则作了批判，指出它们来源于现代经济的本性——资本主义。马克思是理解了——在这方面许多当代的马克思主义者却不甚了了——资本主义具有永远都既是压迫力量又是解放力量这种根深蒂固的矛盾的本性的第一人。

P24　现代性辩证法的错综复杂性和人道主义与民主这二者当中最为核心但却难以捉摸的特征直接息息相关，其特征是试图在个体自由的基础上来组织社会。把一切委诸于个体自由是所有现代性的本质，无论早期还是晚期。但是正如我们将要看到的，在现代性的早期和晚期，人类个体的概念变动不居，无有定形，结果，到了晚期现代性，个体自由的观念问题百出，莫衷一是。而要设想一个自由个体的联合体更是难上加难。

第一部分 主体和对象的动力机制 P37－285
第一部分引言 P39－41

P40　尽管我们周而复始地遭遇到各种逆流，我们仍然不能抛弃现代性，因为现代性是自由——不管是写进西方各民族宪法和良心的自由理想，还是在西方民主社会中经验到的极大程度的自由的现实——的基础。

第一章 主体主义和先验的综合 P42－61

P44－45　主体主义的二元对立所产生的理智的力量能够排山倒海，无孔不入，对理论家和公众的思考产生的影响不可估量，惜乎常常为人视而不见。它的默默无闻是它的衡量权力的尺度，其程度已经到了我们习惯于把它当做自然而然、不可逆转的地步了。把所有的存在物分隔成两块，一面是我自己内心的经验和思考，我就是内部，另一方面是世界的其余部分，我在其中行为、观察着的外部，难道还有比这做法更为顺理成章的吗？

P55　先验是指诸观念在主体主义哲学中可以执行的一项功能。我们将会看到，在17世纪，上帝这个概念充任了这项功能；在18世纪，理性这个概念经过先验的解释之后，频频效力于同一个目标。

P57　现代哲学中主体主义体系的动力机制涉及三个不同的——主体主义的、先验的、自然主义的——因素或者说观点的相互联系。这三者之间存在着确定的联系。

第二章 打造新的立场：笛卡儿 P62－87

P64　笛卡儿把反对经院主义的、唯物主义的物理学和关于人的精神的、宗教的思想聚拢在一起，打造出一个貌似有理的综合体。

P71　笛卡儿的观点的后果是，把人类的一个特殊的方面——意识或者主体性——搬移到了舞台中心，并由此置换掉其他那些以前一度成为令人瞩目的哲学中心的观念，一跃而成为人类学和认识论的中心。

P85－86　笛卡儿没有能够从私人性中产生出上帝和世界。如果他严格遵从他的主体主义立场，他就不可能证明上帝的存在或者物质性实体的存在……这就是说，他必须超越主体主义立场本身，进入到先验主义；先验主义给主体性奉上通达非主体性的工具，而依照严格的主体主义准则，它不可能拥有这种工具。

第三章 重铸综合：康德 P88－115

P96－97　康德的创新之处在于，尽管他严格地保留了在分析的秩序和实际显现的秩序之间的区别，但是他断定存在着有关知识的第三范畴，先天综合知识，作为客观性的普遍而必然的条件，这种知识不是通过逻辑分析得来的。

P103　对康德而言，与现实相接触只能通过感性：我们通过感性不能认识实际存在的是什么东西，但是只有通过感性我们才能知道那个东西存在。

P112　但是海德格尔的批评只是在一定程度上是正确的。康德以两种方式对他自己的主体主义防微杜渐：他挖空了主体主义的基础，他还试图超越它。

第四章　哲学的自恋和主体主义的极端化 P116－163

P124　我把主体主义这种去先验化的、极端化的形式称为"哲学的自恋"。

P129　依照主体主义的模型，所谓的对自然的"去神话化"和对形而上学和宗教信仰的解构都被理解为迈步朝向人的解放。但是，结局竟是这样，对于外在于主体的所有事务的内在价值的循序渐进的否定把一无所有的主体交付给了没有物质性的价值。主体的所有能力被褫夺一空，除了它那朝向物质对象性的"自然"冲动、它的工具理性的控制和对于对象性的纯粹意识。如果物质的东西是唯一的实在性，那么，它们必定是价值的唯一体现。在主体主义的笼罩之下，任何其他拟议的价值都只能被理解为私人的幻想和痴心妄想。

P130　哲学并不为其他学科奠立基础或者打底子。哲学是最一般或者说最综合的一门研究，但是这和成为基础性的学科大相异趣。其他学科并不需要哲学来保证它的有效性，但是在和其他的人类活动，思想或者其他什么发生关联时，它们的确需要哲学。哲学总是对非哲学的概念作出回应，探究和澄清它们的含义，并且使得它们成为哲学的。

P139　自19世纪中期以来，许多哲学体系拒斥了先验的主体主义综合中的先验因素，但却保留下来了主体主义范畴。这些极端的主体主义体系都可以被恰如其分地看做是各种类型的哲学的自恋。

P162　哲学的自恋在以下三个术语这里打转转：主体性（被设想为一个存在着的实存或过程）；现象；以及非主体性的、非现象的自然世界。哲学的自恋的两种形式，要么把对象世界还原为主体，要么把主体还原为对象世界。无论在哪一种情况中，现象都被保持为有特权的那个项的唯一可能的内容。

第五章　没有对象的主体主义：胡塞尔 P164－221

P175　事实上，胡塞尔蓄意已久，想要发展出一种纯粹科学的、极端主体主义的哲学。那个不大明显、也断然不是胡塞尔的目的的东西是，他把主体主义范畴运用到了无以复加、纯粹完美的地步，反而揭示出这些范畴的与生俱来的不稳定性以及其中隐含着的自恋情结。

P184　对先验现象学而言，先验主体性如何能够在自身内部构造其他的主体性问题就变成了最为至关重要的一个问题了。

P202　胡塞尔从一开始就陷入了困境。他试图摆脱唯我论的纠缠，把对象——世界建造成为单子自身：结果是，他不但没有驳斥唯我论，相反，在这过程中他排除自我的完整性。

P206　萨特已经抨击了现代主体主义的一条最为核心的教义：把意识等同于我或者自我。但是他并不因此就避开了主体主义；他以它的丝毫未见缓和的形式或者自恋的形式彻底地矢志维护它。萨特否认意识等同于自我，他把自我抛弃在对象——世界当中，不仅仍旧保持了而且变本加厉地强调了意识和对象世界之间的绝对区分。

P216　胡塞尔精心构造的哲学是想建构一个体系，为对严格意义上的主体性和非主体性或者说对象性之间的区别的研究做奠基性工作。胡塞尔想清除主体主义传统中笛卡儿、康德和其他人的自然主义的和先验的因素，并从而纯化那个传统中本源意义上的范畴动力。

第六章　没有主体的主体主义：海德格尔 P222－285

P228　虽然海德格尔几乎完全肃清了主体主义的语言，但是事实上，他所提出的是一幅关于世界中的人的极端主体主义的图画，只是和胡塞尔的那幅图画各有千秋而已。此在自身什么都不是；它是对世界的展开，但是世界自身也什么都不是，它只是此在的一个筹划。

P237－238　《存在和时间》提供了一门关于人这种存在者的考古学，一套循序渐进深入到更根本的层次的关于人这种存在者的生存论定义。这些层次之所以充任人这种存在者的定义，归根结底是因为，此在所指代的是人，或者更明确地说，是"我们每一个人就是这个存在者本身"的那个存在者，是《存在与时间》的可能的读者一族。

P269　在现成在手的东西和上手的东西之间的区分的关键就是海德格尔的世界的概念。

P270　从上手状态转变成某种样式的现成在手，最后终于沦落为纯粹的自然的现成在手状态，这是一个循序渐进的非世界化的过程。

P279　此在让存在者来照面，同时又让它们在它自己的自我领会内部同它自身因缘际会。世界构成了此在的自我领会。这幅图景是准神学的：此在的存在不同于延展物，正如上帝不同于人，这样的此在逐渐通过它自己筹划着的世界来领会它自身，似乎世界的存在之目的就是这个造物主的自我领会，这个造物主通过上帝创造性地设定了一个与他的神圣的存在相对立的"非我"而获得这种自我领会。

第二部分　现代性理论 P287—338

P289　哲学既是社会变迁的晴雨表，又是社会变迁的工具……社会事件对有些哲学家的影响微不足道——尤其是那些兴趣点非常狭隘的哲学家和技术型哲学家——对另一些思想家的影响非常显著。

第七章　启蒙和自恋：阿多诺、霍克海默和拉希 P294—312

P294—295　现代性不是拿一种目标或价值和另一种目标或价值做交易；它是一个辩证的过程，在这个过程中，那个要达到的目标或要获得的价值，在眼看着唾手可得之际，被暗中破坏了。转变成了对它自身的空洞的模仿。

P296　黑格尔的主人和奴隶辩证法是阿多诺和霍克海默关于启蒙的进程、关于它的代价的观念的原型。

第八章　文化理论和反文化的兴起 P313—338

P317　文化关系到公众可以理解的并且表现或激发可共享的意义的事物——即产品——而意义又和全部人类生活和世界相关，意义是跨语境的，不仅仅在某一特定的语境中起作用。

P318　文化是有意义的产品的仓储室，多多少少一直处在创造和同化的过程中，这就为人类交往和个体的阐释性生活提供了中介和语境。它是多元的，其中有无数种传统、潮流和色彩。

P337　这种处境下的危险是，当代人可能会在前所未有的程度上把公众交往和公众生活当中越来越多的东西看做是无意义的，这几乎成了不可逆转之势。

第三部分　文化维度 P339—413

第九章　反文化和所谓的哲学死亡 P344—366

P345　每一门哲学之创设都是用来讨论非常有限的一些问题的，只有在它处理那些问题时通过讲道理而获得了巨大成功的情况下，它才变成了公众的哲学思想或文化著述的传统之中活生生的一部分。

P350　主体主义对文化暗中持有敌意，这就构成了一个现代性的悖论或反讽：在现阶段，主体主义几乎成了人道主义的同义语，变成了人的独特性和高贵性的辩护士；但是主体性又把全部范围内的人类创造性和阐释性活动——这也就是说，文化——看做是人类追求真理的绊脚石。

P366 没有必要认为，我们如今只要赞同哲学应沉浸于世俗事务中的观点，就会处于毁灭的边缘。我们只需要意识到，整个哲学史是哲学和人类的文化和社会生活结缘的证据。

第十章 文化的形而上学：一种多元主义——自然主义的观点 P367-413

P385-386 哲学成了对它自身的分析，变成了文化批评的一种样式，变成了对于别的领域作出的肯定性、建设性姿态的反应，哲学所能期望的只是对它"进行解构"。于是哲学过着寄生的生活，只会品头论足，而不会自力更生。

P412-413 哲学永远也不会达到一种最后的再也无法改善的状态，它永远不能获得确定性。这不是哲学的缺陷，因为哲学并不需要达到一种无法达到的状态以期自抬身价，见诸于世……用俗而又俗的话来说，哲学是一种假设性的努力，目的在于增进我们对于世界的理解与识鉴。在这个意义上，很难想象在人种消亡之前哲学会沉寂于世。

后记：人道主义、民主和文化 P414-444

P423 什么是民主文化？首先，在这样一种文化中，最为重要和无处不在的文化主题是，信任人类个体的终极价值，相信个体是真理、价值和政治权威的终极源泉。

P427 如果一个人仅仅在私生活当中才有自由，那么他就不自由。公共领域中的自由和私人领域中的自由是不可分隔开来的。如果我们不能自由地选取公众王国中的材料来照面，吸收它们和对之重新作阐释，私人王国中就不可能有什么有意义的创造性。

【参考文献】

[1] 杨玉昌. 中国古典哲学中的"后现代"[J]. 河北学刊, 2008 (6).

[2] 汪民安. 福柯与哈贝马斯之争[J]. 外国文学, 2003 (1).

[3] 谢立中."现代性"及其相关概念词义辨析[J]. 北京大学学报（哲学社会科学版），2001 (5).

[4] 周宪. 审美现代性的三个矛盾命题[J]. 外国文学评论, 2002 (3).

[5] 刘宗碧. 马克思理论的当代性问题——一种现代性视域的思考[J]. 黔东南民族师专学报, 2002 (2).

［6］刘森林. 虚无主义与马克思：一个再思考［J］. 马克思主义与现实，2010（3）.

［7］李宝文. 当代研究范式转换中的现代性问题［J］. 马克思主义与现实，2010（3）.

［8］刘日明. 资本的政治文明化趋势及其限度［J］. 学术研究，2010（10）.

［9］陈树林. 当代文化哲学范式的回归［J］. 哲学研究，2011（11）.

［10］张琳，王永和. 现代性悖论下信仰危机的表现［J］. 思想教育研究，2012（1）.

［11］郭明. 现代性的祛魅与救赎——读劳伦斯·E. 卡洪《现代性的困境》［J］. 理论月刊，2012（11）.

［12］李福岩. 罗蒂后现代政治哲学视域中的马克思［J］. 人文杂志，2013（7）.

六、《现代社会冲突——自由政治随感》

[英] 拉尔夫·达仁道夫 著
林荣远 译
中国社会科学出版社,2000 年

【作者简介】

拉尔夫·达仁道夫(1929—),出生于德国汉堡的一个工人家庭。在汉堡和伦敦攻读并获得哲学博士学位,先后在汉堡、蒂宾根和康斯坦茨等大学担任社会学教授。其父古斯塔夫·达仁道夫是德国有名的工人运动活动家和德国社会民主党领袖。不过,拉尔夫与他父亲的社会思想倾向不同,他自青年时代起就参加了德国自由民主党。达仁道夫(又译"达伦多夫")也积极从事政治活动,1968 年任联邦德国巴登—符腾堡州自由民主党副主席,1969 年当选联邦德国议院议员,任外交部议会国务秘书,1970 年至 1974 年在布鲁塞尔担任欧洲共同体委员会委员。

拉尔夫·达仁道夫是当代西方著名的社会学家,他的社会学著作甚多,其中主要有:《工业和企业社会学》(1956 年)、《工业社会的阶级和阶级冲突》(1957 年)、《社会学的人》(1958 年)、《德国的社会和民主》(1965 年)、《冲突与自由》(1971 年)、《生存机会》(1979 年)、《论不列颠》(1982 年)、《内外之旅》(1984 年)、《法律与秩序》(1985 年)、《欧洲革命之观察》(1990 年)、《现代社会冲突——自由政治随感》(1992 年)等。

【写作背景】

第二次世界大战后世界政治格局的巨大变化，极大地冲击和震撼了资本主义各国的社会。在这个背景下，结构功能主义学派应运而生，首先在美国崛起，一直持续至 20 世纪 60 年代。它着重从功能上分析研究社会系统的制度性结构。与此同时，社会冲突论风靡于美国，并波及欧洲某些国家。它主要研究社会冲突的起因、形式、制约因素及影响。社会冲突论持激进的社会观点，主张社会变革，强调社会冲突对社会的巩固和发展具有积极的作用，代表社会的激进派。与社会冲突论相反，结构功能主义持保守的社会观点，它注重研究社会运行和社会发展中的平衡，主张社会的稳定与整合，代表社会的保守派。

可以说，社会冲突论是对结构功能主义的反思和对立物。不过，二者都是维护型的社会学，即一个企图通过保持社会稳定，一个更多主张社会改革、巩固和保持社会制度，首先是巩固和维护资本主义的社会制度。在 20 世纪 60 年代欧美各国社会运动、学生运动等风起云涌的时刻，达仁道夫的社会冲突论应运而生。

【中心思想】

《现代社会冲突》的主题是研究 20 世纪工业社会的社会冲突，尤其是经济合作与发展组织各国的社会冲突，如革命和生存机会，公民权利和社会阶级，工业社会的政治，极权政治，第二次世界大战后的发展和经济增长的极限，失业问题，下层阶级和多数派阶级，对世界公民社会的展望等。本书的基本命题是：现代的社会冲突是一种应得权利和供给、政治和经济、公民权利和经济增长的对抗。围绕着这几对矛盾，达仁道夫展开深入的论述。他认为，社会现象本身充满着辩证关系，往往同时呈现出相互矛盾的二重层面，即稳定与变迁、整合与冲突、功能与反功能、价值共享与利益对立等。因此，既要从社会均衡角度研究社会现象，又要从社会压制角度研究社会现象，尤其要加强发展社会压制模式理论。达仁道夫社会冲突论的主要论点是，冲突是由于权力分配引起的，而不是由于经济因素引起的。因此，最好的办法是各利益集团各司其事，这样虽时常会有一些小冲突，但却限制了严重冲突的集中爆发。

全书分为前言和 8 章正文，约 20 万字。

【分章导读】

正如达仁道夫所言,本书的基本命题简单而明确,主要是探讨现代社会冲突。所谓现代社会冲突,是一种应得的权利和供给、政治和经济、公民权利和经济增长的对抗。这种对抗也可以理解为利益得到满足的少数人与多数人、多数阶级之间的对抗,这种对抗在达仁道夫所生活的时代普遍存在且错综复杂,在 21 世纪的当今世界则愈演愈烈,不时以各种方式爆发。紧紧围绕这一基本命题,达仁道夫分八章对现代社会问题展开了理论分析与阐述。

第一章《革命和生存机会》。这章对现代社会革命与生存发展基本矛盾解决问题的探讨,既可以说是全书观念出场的社会历史背景与空间场域,也可以说是作者对现代世界社会问题的宏观理解与把握,即把现代性及其社会问题主要理解为应得权利和供给、政治经济与生存机会问题。站在西方自由主义的立场上,回应马克思的现代性社会革命与批判理论,达仁道夫总结了现代性社会问题的变迁,指出现代性社会经济的与政治的两面性。近代双元革命即法国大革命与英国工业革命,以及后来的俄国革命,对现代社会发展有着重大的双重影响,可谓"有苦有甜"。他肯定了工业革命的积极意义,带来的是经济持续的增长与社会的发展,但对 18 世纪及 19 世纪的政治革命却颇有微词,认为它们带来的是社会动荡,不应再继续革命了。进而,他批判了马克思的革命与阶级斗争理论,认为它只是一种中看不中用的理论,只是一种思维模式,不是解决社会冲突的好办法。

达仁道夫不赞同马克思解决社会问题的革命的彻底的历史主义方法,但他接受了马克思把社会划分为经济的与政治的两部分,又受到现代美国学者阿玛蒂亚·森、罗伯特·诺齐克、劳伦斯·米德关于"应得权利"观念的影响,初步提出并探讨了社会冲突理论的核心概念:应得权利与供给,一种现代的政治与经济权利理论。他把工业革命看作是一场供给革命,最终导致国民财富的巨大增长;把法国革命看作是一种应得权利的革命,它最终确立了人权和公民权进步取得的一个新阶段。在 18 世纪,为了资产阶级的利益,这两种革命相互靠近了。从那时以来,供给派和应得权利派——对应着经济增长政策和一种公民权利政策——处于相互斗争之中,今天亦仍然如此。这就是产生于前面所提出的各种考虑的思维模式。

政治与经济、应得权利与供给的矛盾关系在今天继续着,体现在社会民主党人和新自由党人之间的论争,或者凯恩斯派和弗里德曼的门徒之间的论争。对此，达仁道夫提出了自己的现实性解决方案，试图把矛盾双方连接起来。斯密、哈耶克、弗里德曼等自由放任主义经济学家站在"应得权利"一边，主张自由放任的市场经济，反对人为的、政府的、对市场的干预，坚持最小政府理论。而凯恩斯派则站在"供给"一边，强调政府对经济的干预。达仁道夫看到，这两派对政治与经济关系的处理各有优缺、无法做到纯粹，"如果涉及应得权利的改变，市场就不灵，而如果提高供给，则政府就失灵，然而，倘若让市场和国家对按其本质无法承担的事情承担责任，那就错了"。因而，他站在调和的立场上，更偏重"应得权利"一方，他说："主要的问题是政治性质的，即在这样的意义上：它们要求采取自觉的行动，以确立权利和对财富的再分配。"[①]

由此立场与观念出发，达仁道夫提出了自己解决社会冲突问题的理论策略，即类似康德的温和自由主义主张，建立一个现代的公民社会，以达到法与自由的现实结合。自由将建立在立宪国家（民主政治）、市场经济和公民社会三大支柱之上。这种现实的结合在理论上就是所谓"生存机会"，而"生存机会就是选择（Optionen）和根系联结（Ligaturen）的函数"，"选择就是应得权利和供给的特定结合"[②]。他认为，马克思在《共产党宣言》与托克维尔在《论美国的民主》中所提出的解决策略，或是"英雄的现实主义"，或是梦想的乌托邦，他们对公民社会的构想是没有吸引力的、遥遥无期的。

第二章《公民权利和社会阶级》，主要围绕不平等、统治、阶级斗争，公民权利的崛起，马歇尔的论点，公民社会，一切可能世界中最好的世界等五个小问题而展开，重点探讨了现代社会冲突的转变，即由大规模的社会阶级斗争、革命转向微观政治领域中的问题，并且提出公民权利保护和公民社会的建设成为了现代社会发展的主要问题。

通过对欧洲三大革命及其历史地位的考察，达仁道夫提出，生存机会的分配与应得权利在任何社会里都是不平等的。因而，"自由人的联合体"是一种幻想，任何社会的联合都要求存在统治，都要求有行为规范。不平等、统治必然带来社会冲突，而冲突会带来社会进步。因此，社会并不可爱，但却是必要的。他认为，为更好地统治社会，我们需要借鉴阿克顿的教导："一切

---

① 拉尔夫·达仁道夫. 现代社会冲突——自由政治随感 [M]. 林荣远，译. 北京：中国社会科学出版社，2000：30.

② 拉尔夫·达仁道夫. 现代社会冲突——自由政治随感 [M]. 林荣远，译. 北京：中国社会科学出版社，2000：31-32.

权力都使人腐败,绝对的权力绝对使人腐败。"这是使得公民权利成为现代的关键概念之要点。社会冲突的形式在变动之中,但已不再是马克思所言说的阶级斗争,一切社会的冲突史取代了马克思的一切社会阶级斗争史。社会变革有两个决定性的门槛,一是从身份向契约的过渡;二是完全现代社会的门槛,公民权利不再是论争的占主导地位的主题。在这两个门槛之间,有一个很长的阶段,在这个阶段里,公民权利是变革的主题,而阶级斗争是变革的工具。达仁道夫预见,如果生存机会不再是应得权利的机会,而是供给的机会,社会冲突就会采取一些新的形式。

在现代社会中,随着公民权利的崛起,在理论上公民权利成为中心概念,在实践中争取公民权利的斗争成为现代社会冲突的主题之一。达仁道夫认为,公民权利在封建结构中产生后,其内在必然地最终导致普遍的公民社会,即世界公民社会。但在民族国家里,即通往一种普遍法治的公民社会的道路上进步的源泉,公民权利获得了它们的现代特点。在现代社会、民族国家中,由于公民自由与权利的扩展,社会成员的冲突比以前繁多、加剧而普遍了。这在美国社会中体现得更为突出,如美国社会的黑人问题和妇女问题。

通过分析马歇尔关于公民权利和社会阶级的观点,提出现代社会变迁使得不平等的各种形式和由它们产生的冲突发生变化。达仁道夫赞同过去的质的、政治的差异,现在变成为人与人之间的量的、经济的差异。马歇尔把应得权利的实现分为三个阶段,即较狭义的公民权利阶段、政治权利阶段和社会权利阶段。达仁道夫提出,公民的基本权利是走向现代世界之关键,它包括法治国家的基本要素,法律面前人人平等和可靠的适用法律裁定程序,公民基本权利的弱点是体现它们的法律本身可能是片面的。

达仁道夫认为公民社会作为自由的媒介物的有三个特征:第一个重要特征是它的要素的多样性,第二个重要特征是很多组织和机构的自治,第三个重要特征与人的行为举止有关系,即与加通·亚什所说的"有礼貌的、宽容的和无暴力的",但首先是"资产阶级的和文质彬彬的"行为举止有关系。公民社会是专制独裁权力的眼中钉、肉中刺,它的产生采取了静悄悄而无害的方式。

达仁道夫认为,20世纪50年代以来,世界各国的理论与实践正一步步走在通往一切可能的世界中的最好世界的道路上。正如福山所说的"历史的终结",大的斗争激情为经济的计算、技术问题的无尽解决、环境问题、消费欲望的满足所取代。一个供给与应得权利的公民社会,带来了极端的民族主义和好战的原教旨主义对公民社会多样性的不宽容,是对现代开放社会、公民社会的最大挑战。而公民社会的建立并不是在一个单个的国家里建立的,它需要在全世界推行,这不是乌托邦。如果要把现代性社会所取得的成果继续拓展,就必须从世界公民社会开始。

第三章《工业社会的政治》,达仁道夫论及了变革的因素和动机,马克斯·韦伯和现代政治的问题,关于混合宪法或现实存在的自由三个问题。自第二次世界大战以来,现代社会处于变动之中,其中一个非常重要的方面,是愈来愈新的应得权利的发展总是跳跃式的。总体而言,现代社会中的公民权利确实是进步了。到底是什么推动公民权利的进步呢?达仁道夫认为,首先是战争导致很多人地位有所改善,战争经验和社会变革之间的另一种关系更为实际些。从英国的情况来看,政府、工会和企业之间的同盟产生了社团主义的偏好,决定着英国政治生活长达 50 年之久,当然也有伟大的英国首相乔治和丘吉尔的重要作用。工业的日益发展也起着巨大地推动作用,工业社会里的政治,受社会力量、议会和精英们的相互作用。

在此,不能避开对现代政治问题重大贡献。韦伯把科学和政治、理论和实践结合于一体,试图把不含价值判断的科学与经验政治完全分离开来,但失败了。韦伯对官僚政治体制作用的分析十分投入,形成了其独特的理论视角,不过,他对官僚体制前机构的分析却显得苍白无力。韦伯所探讨的政治及其机构的问题,可以被概括为民主与领导的问题。在官僚政治体制内,民主是可以可能的?韦伯向我们指出"包括社会阶级在内的、有关决定着演变的能量和方向的社会力量的模型和有关把他们的利益与眼下的要求协调起来的精英的模型,太过于简单"[1]。再者,民主的代议机构,也是被官僚体制所统治着。因而,韦伯的兴趣不在民主方面,而是通过把政治作为职业的政治家的社会形象,以领导者的魅力处理社会事务的。然而,官僚政治的日益增长的风险也令韦伯十分担心。因而,未走出官僚制的深渊,必须找到适应现代公民社会的自由宪法这条安全的航线。

美国的宪法、美国的体制是对现代政治问题的一个可信的回答,韦伯对此很满意。他认为:美国的体制,运作得非常好,美国的例子显示着有关政治民主的社会前提的一段完全不同的历史,这就是公民权利与开放边界相结

---

[1] 拉尔夫·达仁道夫. 现代社会冲突——自由政治随感[M]. 林荣远,译. 北京:中国社会科学出版社,2000:78.

合的历史。英国政治的特征并非程序规则的结果，而是具有更为深刻的根源，它反映着英国社会的核心是静态的社会经济的形态。在国家的经济状况较差或很糟糕的时候，英国宪法表现了具有令人惊叹的抵抗力。德国还没有完全摆脱官僚体制，未能完全摆脱那种旨在克服现代政治问题的尝试失败的累累后果。法国一直处在强烈要求更多民主与对专制制度的偏好之间来回拉锯之中。因此，达仁道夫认为，混合三种体制最好，自由的、开放的共同体需要三件东西：政治的民主、市场经济和公民社会、混合得好的宪法。

第四章《极权主义的诱惑》，论及了一种幻想的破灭，极权主义，各种专政和简单的尺度三方面的问题。与西方许多思想家一样，对第一次世界大战进行理论分析，达仁道夫不是批判资产阶级对利润的追求、瓜分世界的罪恶战争进行挞伐，而是提出无产阶级革命的幻想至此破灭了。他认为，革命的幻想把对进步的不可阻挡的进军的信仰与乌托邦的海市蜃楼结合起来，引诱人们脱离现实的世界，而在实际上是引导人们离开自由。他认为，以马克思为代表的一些知识分子把乌托邦的幻想强加给受苦受难的人们，而不是带给他们现实的利益。达仁道夫对此展开了批判，并针对无产阶级概念，提出无产阶级正在消失，工人阶级正逐渐资产阶级化，由工业进步和普遍的经济发展带来的新的中产阶级正巨大增长。国家民主社会主义与斯大林苏联社会主义的集权实践更是助长了社会主义幻想与革命幻想的破灭。

达仁道夫指认并批判法西斯希特勒德国的国家社会主义与斯大林统治时期的苏联共产主义为极权主义的典型。他提出，极权主义是从传统的统治向理性的统治进步的画面中脱落下来的，是从专制主义向自由的宪法进步的画面中脱落下来的，欧洲的极权主义是在两次世界大战之间这几十年的一种典型的现象。德国与俄国在20世纪30年代绝不是典型的现代群众社会，到处显示着从前社会结构的痕迹。由于这种不完善的现代精神、没有形成公民社会，以及类似海德格尔这样的知识分子的背叛，还有领袖的蛊惑人心的花言巧语，结果走上了奴役之路。因此，极权的初始状况是没有有意义的前后关系的特权和没有文化根基的公民权利之间的不可调和性，也就是说，是一个既不能向前走进公民的社会，也不能后退到较传统的模式的社会。极权主义的过程排解这种不可调和性，它残暴地破坏一切留存着的传统的或专制制度的结构。然而，它没有用任何持久的东西去取代它们。它实现了现代化的消极部分，又没有实现与之相对的积极部分。实际上，极权主义的统治与其说是革命，不如说是紧急状态。这样一种状态不能维持很长的时间。因此，极权主义是对无组织进行组织的一种极端的可能性,是无政府状态的一种政府制度。

为避免重蹈极权主义的覆辙,达仁道夫通过评价科克帕特里克的文章《各种独裁制度和简单的尺度》,进一步批判了以苏联为代表的极权政体,指出现代化及其民主社会是避免极权主义的必由之路,赞美了英、美的自由政体。他认为,开放的、自由的社会能够同时既帮助其他的社会、又尊重它们的自身特点。这就是在极权主义时代结束之际突然闪亮起来希望之一。

第五章《30年光辉的岁月》,达仁道夫分析了资本主义现代民主在20世纪30年发展历程中的光辉的岁月,论及了四个问题:雷蒙·阿隆的世界;趋同,社会主义和现实的多样性;民主的阶级斗争;1968年。从20世纪50年代到90年代世界各国的发展变化中,总结开放社会自由、民主的发展。在达仁道夫眼中,其父亲和法国社会学家、政治哲学家阿隆有着大致相同的人生经历,一直都在与极权主义进行着斗争,争取着现代民主与自由。他认为,开放社会的辩护士阿隆的一生分为"历史里的哲学家"(1905—1955)和"社会里的社会学家"(1955—1983),成功地拒绝了极权主义的诱惑,阿隆强调极权主义的纽带使得在"希特勒—斯大林的盟约"里"两个革命凑在一起"。阿隆把工业社会界定为像雷诺和雪铁龙这样的企业所代表的大工业作为典型的生产方式的社会,经济增长是核心,并且伴以更好的分配,但他不认为增长是一种绝对价值。阿隆的主要兴趣在于工业社会的未来,他认为,工业社会具有一种向着中产阶级的形式发展和缩小差距的倾向,在生活水平得到提高的程度上,也许会有一种缓和专制主义的极端形式的倾向,而且要求增进社会福利的呼声变得更加强有力。

针对社会发展的趋同论,达仁道夫提出了社会尤其是社会主义发展的多样性问题,从中可见其资产阶级自由主义价值观念的立场。和一般的西方资产阶级学者一样,达仁道夫把苏联社会主义的高度中央集权以及中国的社会主义作为批判对象,提出苏联和中国式的体制是官僚体制,在进行经济改革的同时,要启动政治改革的战略性杠杆,并认为这是通往自由之路的关键问题。社会主义不是另一种工业社会,而是一种引入发展进程的方法,是一种发展中国家现象。在那些在专制制度统治下实现初步的现代化和工业化的地方,社会主义特别有它施展身手的机会。因此,现实存在的社会主义过去和现在充其量是通往现代世界的次优道路。而且作为这种次优道路,它本身没有效率。倘若它坚持政治的控制,那么,经济就仍旧不发达;倘若它严肃认真地对待经济进步的要求,那么,它的政治基础就受到威胁。那种认为资本主义与社会主义两种制度相互趋同的思想是不能接受的,也是不值得追求的。他说,现实存在的社会主义的发展中国家的经验,对于经济合作与发展组织来说,根本无关紧要,倘若苏联各个部分或者中国在数十年间建设成为发达的国家,那么,它们也将会找到它们自己的形式,犹如在它们之前美国、欧洲国家和日本所做过的那样。从自由主义视角出发,达仁道夫总结说,开放的社会、人的生存机会、公民权利、富裕、自由,这是一些毫不含糊的价值。实现这些价值的现实社会的特殊条件,以及因而也包括其方式、方法,是各不相同的。实际上,现实世界的多样性本身就是开放社会的一部分。

因而,达仁道夫认为,马克思的阶级斗争理论已经过时,取而代之的是李普塞与安德森所提出的"民主的阶级斗争",其基础就是组织(社团主义),方法就是意见一致,资本和劳动之间的紧张被承认为劳动市场上的合法原则,公民的身份地位是进入这个进程的关键。1968年法国的社会冲突,象征着社会民主主义的胜利,使民主成为一种生活方式,同时表明是结束的开始。此后出现的变化,已经改变了现代的社会冲突的场景和题材。

第六章《增长的极限》,论及了一种世界秩序的支离破碎、关于经济增长的争论、新的漫无头绪、后工业社会等问题。达仁道夫认为,阐述社会发展问题,首先就要注意国际世界的秩序问题,他对当前世界秩序的判断是,一种世界秩序在支离破碎,听任大国更直接实施强权的厉风洗劫,新的世界秩序尚待建立。因为,他认为,大国总是喜欢把国际体系作为一种为本国利益服务的工具,因此就很难在国际贸易规则上达成一致。在20世纪80年代,国际秩序的危机加剧了。美国在里根总统的领导下,对一切国际组织和国际协定采取愈来愈消极的态度,如离开联合国教科文组织,结束国际海洋法会议谈判,不理睬国际法院的判决,还有1991年的海湾战争等。美国等超级大国从康德哲学又回到了霍布斯哲学。战后秩序的支离破碎令人不安,深深冲击了生存机会的供给方面。

面对经济增长的争论,达仁道夫发表了自己的看法。1972年,梅多斯等人致罗马俱乐部的第一份报告的题目是《增长的极限》,切中了20世纪70年代的气氛。梅多斯等人提出如果在世界人口、工业化、环境污染、粮食生产和资源开发等方面,当前的增长趋势保持不变地继续下去,那么在今后100年内的某个时候,我们的行星,将达到增长的极限。对此,达仁道夫提出了不同的看法,认为罗马俱乐部报告的弱点在于它的极限观念,若把极限作为分析的中心，其思维是单向的。他还提出，70年代关于经济增长的辩论有两个重要特征，一个特征是提出的问题令人眼花缭乱、含混不清，一些人怀疑经济增长是否还能够达到，一些人怀疑这样的增长是否值得期待。另一个特征是提供非经济学的办法解决经济学问题。有些人干脆打退堂鼓，甩手不干了，摇身变为绿党；有些人企图重新复活最粗糙的、数量形式的经济增长的精神。面对新的漫无头绪，达仁道夫指出，各国政府和公民们必须做出决定。

针对贝尔的后工业社会理论，达仁道夫提出了一些自己的看法。他认为，在后工业社会，西方文化取向发生了变化，勤俭节约、艰苦劳动和先苦后乐等新教伦理，决定了数世纪的资本主义经济增长，最后毁灭于一种直接消遣的文化。不是生产、创造，而是分配、销售主宰着生活。对于评价社会发展的转折点应该小心谨慎为好。不过，他指出，几十年的经济增长和社会进步是在一个漫无头绪、扑朔迷离的阶段中结束的。过去的成就制造了一些新的困难问题，这些新难题不再能够采用那些久经考验的方法加以解决。达仁道夫的基本出发点是，返回到社会民主主义的甜蜜现实之路是不存在的，同样也不能回到社会达尔文主义及其代价论之中去，这种代价为整整一个世纪的演变提供了契机。前进的道路要求重新确立公民权利、生存机会和自由的内容。

第七章《阶级斗争之后》，达仁道夫分析了20世纪70年代以后即"阶级斗争之后"西方的社会发展，论及了失业，下层阶级、公民和分裂主义者的定义，社会失范的风险等问题，阐述了现代西方社会所面临的一系列问题。第一位的便是失业问题。达仁道夫认为，70年代的症候是滞胀，80年代的一种症候是相当可观的经济增长和居高不下、而且持久的失业之间的奇特的矛盾。对欧洲、美国和日本的劳动和失业做比较研究后，将会清楚地发现令人目瞪口呆的差异：欧洲的僵化性、美国的流动性和日本的家丑不外扬的做法。因此，持续长久的失业就使得应得权利成为一个非常严重的问题。只要通往市场的进入通道、因而也是通往供给的进入通道仍然取决于就业，那么，失业就意味着这条进入通道仍然被阻塞着。劳动是工业世界的普遍主题，长期失业和严重的贫困现象标明一种凶兆，充分就业便成为社会和政治改革的主题。

关于阶级斗争之后如何界定各类社会人群，尤其是大量处于社会底层的人群，达仁道夫给出了"下层阶级"的概念，由此出发界定了公民和分裂主义者。下层阶级不是站在一个角色阶梯的底部，也不是至少在一个行进队伍的末尾被拖着一起前进，它发现自己在社会方面已经脱了钩，而且处在一种越来越不能避免的受歧视循环之中。下层阶级固然需要提供补助，由国家和社会帮助他们摆脱困境，更重要的是，采取更有效的办法使他们摆脱失业与贫困。如美国总是在寻找各种解决办法，这些办法的一个特点是强调劳动这种积极的措施。由此可以看出，达仁道夫接受了美国的劳动价值观。在现代社会，阶级不再是冲突的占主导地位的基础，分离主义者、原教旨主义者和浪漫主义者想要同质性，然而自由党人需要异质性，因为异质性是在一个多样性的世界里通往普遍公民权利的唯一道路。

阶级斗争之后，社会矛盾冲突即是所谓社会失范的风险。达仁道夫认为，现代社会最主要的冲突是社会失范。他把产生失范行为的重点放在了下层阶级身上。在他看来，下层阶级本身是分裂的，因此，它的大多数成员都在寻求自己的、完全是个人的摆脱苦难的出路，对公众讨论的大题目，他们相当无所谓，置之不理。下层阶级倾向于冷淡麻木，对一切漠不关心，不去关心官方社会的准则和价值，这已经成为广泛传播的习惯。这种习惯有一个名称叫作失范。达仁道夫说，在现代的社会科学里，这个概念归功于埃米尔·迪尔凯姆，他谈到失范，是为了描写由于经济和政治的危机使得社会的规范失去效力。失范的结果是人们失去一切约束，直至他们把自杀看作是唯一出路。

第八章《一种新的社会契约》，论及了20世纪90年代初期的欧洲、自由党人的议程、一次向年轻人演讲的提纲、世界公民社会、关于战略性的变化等问题，阐述了世界公民社会的理想。达仁道夫把社会契约看成是随着社会矛盾冲突而不断更新的约定，为制定更加合理的契约，就需要对他所处的20世纪90年代的欧洲社会有较好的把握。在他看来，90年代初期，人们在欧洲再也不能谈论漫无头绪、扑朔迷离了；形势异常清楚，只不过它极端令人捉摸不定。除了人对事物的旧的无把握性外，又增加着一种特殊的、就此而言是新的无把握性。在这些日程的背后，蕴藏着一种希望，期待能产生一个激进自由党，不管是从现存的各种政治组织的影响范围内产生也好，也不管是作为欧洲的超脱旧的边界的首创也好。两股政治运动力量自告奋勇，起来打碎由多数人所支持的、社会民主主义现状的僵化，其中之一是撒切尔主义，另一个则是绿党。通往自由的道路至少应有三个因素，一要创造可靠的应得权利结构，二要创造供给增长的前提条件，三要公民社会经受考验。

达仁道夫坚信，自1989年以来，自由主义、市场经济在全世界范围内取得了胜利。为促进自由与民主事业的更好发展，各国自由党人需要明确下一步的行动纲领与策略。因而，他探讨了自由党人的政治议程。关于自由党人的战略，首先是政治制度的问题，其中的两项任务首当其冲，它们是一部简明的国家宪法的核心组成部分，必须有可能进行革新，民主的后援必须能够运作。也就是说，必须能够监督执政者和吸纳公民及其各种组织的冲力作用。自由党人的第三组问题是机构建设任务问题。因为机构的松懈根本运转不了，如果我们不是坚持要设置机构和制度，那么，我们将很难找到其他的稳定的渊源。进而言之，机构和制度设置是扩大所有人的生存机会的唯一的工具。人们肯定不能一劳永逸地确立最优规范。然而，人们可以找到一些具体个案赖以衡量的原则。还有，简明的宪法享有公民对它的尊重，它使公民社会的生动活泼的多样性成为可能。

一切理论准备就绪之后，达仁道夫激情地畅想了通往未来自由的世界公民社会的道路。他说，两种生活方式似乎对年轻人有着特别的刺激，一种生活方式是对金钱的癖好，另一种生活方式是对脱离社会、自暴自弃的癖好。至关重要的是找到一种生活，它既不叫作官僚体制，也不叫作癖瘾。对于这篇随感的主题，达仁道夫说，在好些时候，战略性的变化要求更加强调供给，在另一些时候，则要求有更大的应得权利。对于自由党人来说，所偏重的改革是始终针对两者的。自由的政治关键要点是同时提供更多的机会，又让更多的人分享机会。他认为，我们必须走的三条道路是朝着创立一种有效的、国际的法，把我们带到公民社会，尤其带到私人的组织。

──【意义与影响】────────────────

此书在1988年出版了英文版，1992年出版了德文版，2000年中国社会科学出版社翻译出版了中文版。

此书是达仁道夫社会冲突论的主要著作，是《工业社会的阶级和阶级冲突》的姐妹篇。达仁道夫自称本书是他的社会科学之总和。在本书中，达仁道夫提出，现代社会冲突是一种应得权利和供给、政治和经济、公民权利和经济增长的对抗，冲突是由于权力分配引起的，而不是由于经济因素引起的，并提出了一些政治调和措施。

达仁道夫所开创性提出的社会冲突理论，使他成为国际学界公认的、与米尔斯和科塞并列的现代社会冲突理论的三位杰出代表之一。其社会冲突理论获得广泛而巨大的影响，同时带来了褒贬不一的评价。

此书在我国学界产生了广泛而巨大的影响，成为研究社会冲突、现代中国社会发展问题的一部重要理论参考书。在詹火生的《达仁道夫——新冲突理论的开拓者》、宋林飞的《西方社会学理论》、侯均生的《西方社会学理论教程》、贾春增的《外国社会学史》等著作中，都对达仁道夫的社会冲突理论进行了重点评价。从 1995 年到 2014 年 5 月，我国学界发表的期刊论文引用《现代社会冲突》一书的达 385 篇，其中核心期刊文章 223 篇，内容涉及哲学、社会学、法学、政治学等诸多学科领域。

排除其异质性的西方价值观因素，对处于社会发展转型时期的中国特色社会主义现代化稳定发展来说，《现代社会冲突——自由政治随感》一书对现代社会冲突的利益分析是具有历史唯物主义因素的，同时具有社会发展的辩证性思维，对于我们化解非根本性的社会冲突与矛盾，构建和谐社会，具有启发意义；其对公民社会构建的思考，对于国家治理现代化、法治化发展的当代中国来说，也是具有一定参考作用的。

【原著摘录】

P1 现代的社会冲突是一种应得权利和供给、政治和经济、公民权利和经济增长的对抗。这也总是提出要求的群体和得到了满足的群体之间的一种冲突，尽管近来一个广大的多数阶级的产生使局面变得错综复杂，纷繁异常。

第一章 革命和生存机会 P8—37

P10 马克思的理论有两个部分：社会政治部分和社会经济部分。这两部分都是了解现代社会冲突的关键，虽然马克思衔接这两部分的方式和方法十分令人怀疑。

P13 马克思主义者试图解决革命的无产阶级的消失问题，他们为此绞尽脑汁，搞得头痛万分。实际上，历史主义导致僵化，把决裂和革命作为"现实变革"的据说是惟一的方法，同时，不仅是在一般人的生活现实里的经常性的变化，而且整个社会的较为悄悄发生的结构的变化，它都没有看到。马克思的理论太漂亮了，不能应用；它是一种思维模式，与历史的经验很少有瓜葛。

P23—24 工业革命首先是一场供给革命。它最终导致国民财富的巨大增长。另一方面，法国革命是一种应得权利的革命。它最终确立了人权和公民权进步取得的一个新的阶段。在 18 世纪，而且是为了资产阶级的利益，这两种革命相互靠近了。从那时以来，毋宁说，它们又分道扬镳了。供给派和应得权利派——对应着经济增长政策和一种公民权利政策——处于相互斗争之中，而且今天亦仍然如此。

P24 在这里，政治和经济是按广义的、非技术性的意义来理解的。区别在于，政治的进程是建立在人的干预之上的，而经济的进程则是按自然生长过程进行的。政治发生在机构里，经济发生在市场上。这既不排除无计划的政治冲突，也不排除经济发展的有意识支持。实际上，这种区别的要害之处在于重新把政治和经济放到一起，即确定它们的关系。

P36 自由建立在三大支柱之上，亦即立宪国家（民主政治）、市场经济和公民社会。

第二章 公民权利和社会阶级 P38-67

P45-46 公民和国家的关系恰恰不是存在于国家公民的定义里，而是自由的主题。

P49 各种群体为争取横向的（民族的、文化的）包容或排斥的斗争，不能描写为阶级冲突，或者说，无论如何不能主要描写为阶级冲突。

P53 公民的基本权利是走向现代世界之关键。属于基本权利的包括：法治国家的基本要素，法律面前人人平等和可靠的适用法律裁定程序。

P58 作为自由的媒介物的公民社会，有其专有的特征，在这里应该强调其中的三个特征。

公民社会的第一个重要的特征是它的要素的多样性。"结构"这个词还是夸张了在这种多样性里的秩序。有很多的组织和机构，人们能够在其中实现他们在各方面的生活利益。

P58-59 公民社会的第二个重要特征是很多组织和机构的自治。同时，自治首先必须理解为独立于一个权力中心。凡是社区自治得到严肃对待的地方，乡镇的行政管理（自治管理）就能够变为公民的社会的一部分。即使由国家财政拨款维系的机构，如大学，也能实行自治。

P59 公民社会的第三个重要的特征与人的行为举止有关系，即与加通·亚什所称的"有礼貌的、宽容的和无暴力的"、但首先是"资产阶级的和文质彬彬的"行为举止有关系。

第三章 工业社会的政治 P68-96

P84 无论如何，美国的例子显示着有关政治民主的社会前提的一段完全不同的历史。这就是公民权利与开放边界相结合的历史。

P89-90 英国政治的特征并非程序规则的结果，而是具有更为深刻的根源。它反映着英国社会的一种其核心是静态的社会经济的形态。社会形态往往被描写为一种阶级体系；不过，如果阶级能解释政治冲突的社会的动力，那么在英国情况则有所不同。

P95　自由的、开放的共同体需要三件东西：政治的民主，市场经济和公民社会。这三大自由支柱之间的关系是错综复杂的，而且往往是不能加以组织的。

第四章　极权主义的诱惑 P97－123

P99　我们需要一幅未来的画面和一种如何实现它的设想。与此相反，革命的幻想把对进步的不可阻挡的进军的信仰与乌托邦的海市蜃楼结合起来。它引诱人们脱离现实的世界，因而在实际上——如果不是有意的话——引导人们离开自由。

P109　实际上，一种反现代的特征，一个对现代精神的反叛，明白无误地存在于极权主义的诱惑之中。

P113　因此，极权的初始状况是没有有意义的前后关系的特权和没有文化根基的公民权利之间的不可调和性，也就是说，是一个既不能向前走进公民的社会、也不能后退到较传统的模式的社会。极权主义的过程排解这种不可调和性，它残暴地破坏一切留存着的传统的或专制制度的结构。然而，它没有用任何持久的东西去取代它们。它实现了现代化的消极部分，又没有实现与之相对的积极部分。极权主义是纯粹的破坏。

P115　在现实的世界上，总是有不同的观点，因此就有冲突和演变。实际上，冲突和演变就是我们的自由；没有它们就不可能有自由。

P123　开放的、自由的社会能够同时既帮助其他的社会、又并尊重它们的自身特点。这就是在极权主义时代结束之际突然闪亮起来希望之一。

第五章　30年光辉的岁月 P124－153

P128－129　然而，公民权利的发展能够伴随以极大的不平等，在历史上，实际情况也如此。第一，权利本身是不完善的；很长时间，公民的平等仍旧是一种虚构。第二，那些被吸纳到工业增长的新的进程中的人，要么是事业有成，并因此达到相当的富裕，要么他们处于已经不再存在的过去和尚未存在的未来之间的真空地带，正如今天在第三世界大城市边缘的贫民窟和铁皮小屋里，这仍然引人瞩目。在今天的经济合作与发展组织的各国里，发生了两件事情。第一件是，公民身份地位的病毒在某种程度上正在蔓延。公民权利的这种扩大是前几章的主题。第二个进程在于供给的增长。因此，在越来越开放的社会里，有着越来越多的东西可供分配。

P137－138　社会主义不是另一种工业社会，而是一种引入发展进程的方法。社会主义是一种发展中国家现象。在那些在专制制度统治下实现初步的现代化和工业化的地方，社会主义特别有它施展身手的机会。显而易见，对少数人的供给会提高，而大多数人却未能赢得经济和政治参与的机会。

P138 因此，现实存在的社会主义过去和现在充其量是通往现代世界的次优道路。而且作为这种次优道路，它本身没有效率。倘若它坚持政治的控制，那么，经济就仍旧不发达；倘若它严肃认真地对待经济进步的要求，那么，它的政治基础就受到威胁。如果从根本上说有诸如制度趋同这类东西的话，那么这种趋同的成因就在于自由的各种变化形式里。

P140 这不是相对主义。开放的社会，人的生存机会，公民权利，富裕，自由，这是一些毫不含糊的价值。实现这些价值的现实社会的特殊条件，以及因而也包括其方式、方法，是各不相同的。实际上，现实世界的多样性本身就是开放社会的一部分。

第六章 增长的极限 P154-181

P159-160 这样一个没有多边规则的世界，对于生存机会具有种种后果。它首先是一个只能很少去促进人的应得权利的世界。尽管很多人不喜欢南非的种族隔离，但是却没有国际手段可以改变它；一位果敢的总统必须从内政方面去实现这种改变。

P160 战后秩序的支离破碎也冲击了生存机会的供给方面。在国际关系中，总是首先涉及到经济的供给。布雷顿森林会议和哈瓦那回合谈判的结果，即国际货币基金组织、世界银行和关贸总协定，对于战后时代的经济奇迹，作出了它们的贡献。因此，国际经济机构和货币机构的软弱，其结果是损害着增长的机会。

P162 致罗马俱乐部的报告的弱点在于它的极限观念。对于预见更加遥远的未来，外推法并非十分明白易懂的方法，假设问题会指数式地而不仅仅是直线式地恶化，可能会吓坏一些思想较为简单的人，使他们惊慌失措，但是，无助于问题的解决。谁若把极限作为他的分析的中心，他的思维是单向的。

P171 官僚体制是社会国家的最大的矛盾。它意味着，那些应该关怀他人的人，如教师和护士，淹没在行政工作中。此外，它还意味着，接受服务的人不能要求简单的和明白易懂的权利，而是不得不经受忍辱屈尊，他们必须填写表格，公开他们的具体生活情况，排长蛇阵等待，才能在某些机关办公室商议和讨价还价，到底国家哪个部门应该负责为他们提供一份大锅饭。作为一种起初似乎是不可避免的以及可能确定如此的官僚体制化的结果，个人的问题被普遍化、格式化了，并被归入档案卷宗或计算机磁带，变成为非个人的事例了。这种结果是不恰当的，并导致不快和恼火。很多人没有行使他们的应得权利；整个程序令他们厌烦，或者他们对此一无所知，或者他们不想知道，因为它会令人厌烦。一种公正的体制变成为一种不公正的现实。

P173 人们不再对政府期望很多。他们压低自己的期望。庞大的国家不是被拆毁，而是被它的公民们所离弃。

P180 不过，必须指出，几十年的经济增长和社会进步是在一个漫无头绪、扑朔迷离的阶段中结束的。过去的成就制造了一些新的困难问题，这些新难题不再能够采用那些久经考验的方法加以解决。

P181 我的基本出发点是，返回到社会民主主义的甜蜜现实之路是不存在的，虽然由于缺乏可信的替代性选择，社会民主主义的残余起初可能是一种可以接受的次优答案。而且，返回到前天的痛苦的梦幻去的道路更是不存在的，即不能回到社会达尔文主义及其代价之中去，这种代价为整整一个世纪的演变提供了契机。前进的道路要求重新确立公民权利、生存机会和自由的内容。

第七章 阶级斗争之后 P182—212

P182 我们的目光必须转向80年代的另一种症候，即相当可观的经济增长和居高不下、而且持久的失业之间的奇特的矛盾。

P183 如果对在欧洲、美国和日本的劳动和失业作比较研究，将会清楚地发现令人目瞪口呆的差异：欧洲的僵化性、美国的流动性和日本的家丑不外扬的做法。

P192 因此，持续长久的失业就提出应得权利问题。只要通往市场的进入通道、因而也是通往供给的进入通道仍然取决于就业，那么，失业就意味着这条进入通道仍然被阻塞着。哪怕失业救济金和失业补助保护人们不受极端贫困化之苦，情况也还是如此。在欧洲，已经开始了关于劳动和公民身份地位日益分开的辩论；有些作者和政治家，把从劳动中解放出来视为在通往解放道路的必要一步。

P195 下层阶级不是站在一个角色阶梯的底部，也不是至少在一个行进队伍的末尾被拖着一起前进，它发现自己在社会方面已经脱了钩，而且处在一种越来越不能避免的受歧视循环之中。

P204 分离主义者、原教旨主义者和浪漫主义者想要同质性，然而自由党人需要异质性，因为异质性是在一个多样性的世界里通往普遍公民权利的惟一道路。

P209 在现代的社会科学里，这个概念归功于埃米尔·迪尔凯姆（Emil Durkheim），他谈到失范，是为了描写由于经济和政治的危机使得社会的规范失去效力。失范的结果是人们失去一切约束，直至他们把自杀看做是惟一的出路。

第八章 一种新的社会契约 P213—258

P215 在20世纪80年代，甚至多数派阶级的成员们也开始怀疑。情况变得更加漫无头绪、扑朔迷离了。两股政治运动力量自告奋勇，起来打碎由多数人所支持的、社会民主主义现状的僵化。其中之一是撒切尔主义，另一个则是绿党。

P225—226 凯恩斯认为，不参加任何组织又搞政治是毫无意义的和孤独的，他是对的。厌恶各种组织包括各种政党的寡头政治和官僚体制因素，直至厌恶毫无作用的原教旨主义，也没有多大意义。然而，这里草拟的日程不得视为替某一个特定的政党制订的纲领。

P228 诚然，错误代价最小化的原则，说起来容易，实现起来不容易。对教条的诉求是人的一种根深蒂固的恶习，这种恶习的产生是因为人要寻求保护和确定性。人恰恰不是天生就有自由主义素质的，而是恰恰相反。

P234—235 如果我们不是坚持要设置机构和制度，那么，我们将很难找到其他的稳定的渊源。进而言之，机构和制度设置是扩大所有人的生存机会的惟一的工具。

P235 人们肯定不能一劳永逸地确立最优规范；然而，人们可以找到一些具体个案赖以衡量的原则。

P246 在所有重要的事情当中，最为重要的事情是帮助世界上迄今为止被忽视的地方的人们，找到通往自由的公民社会的道路。

P257 在好些时候，战略性的变化要求更加强调供给，在另一些时候，则要求有更大的应得权利。对于自由党人来说，所偏重的改革是始终针对两者的。自由的政治关键要点是同时提供更多的机会，又让更多的人分享机会。

【参考文献】

[1] 宋衍涛. 开放社会的民主冲突逻辑 [J]. 江苏社会科学，2003 (6).

[2] 王小章. 国家、市民社会与公民权利 [J]. 浙江大学学报（人文社会科学版），2003 (5).

[3] 李庆霞. 全球化视域中的文化本土化研究 [J]. 社会科学战线，2007 (1).

[4] 汪民安. 现代性的冲突 [J]. 福建论坛，2007 (5).

[5] 朱红文. 在现代性的视野中探求人的发展 [J]. 学习与探索，2005 (5).

[6] 李庆霞. 论全球化与本土化的文化冲突 [J]. 求是学刊，2003 (6).

[7] 李庆霞. 全球化进程中的文化冲突 [J]. 教学与研究，2004 (6).

[8] 罗宏. 文化研究的中国姿态 [J]. 广东社会科学，2004 (4).

[9] 章忠民. 传统形而上学与当代社会的冲突及其变更——从近代哲学到现代哲学的转型问题的研究 [J]. 求是学刊，2001 (5).

[10] 宋衍涛. 西方政治冲突理论的发展历程 [J]. 学术界，2010 (12).

[11] 罗洪. 政治社会学视阈下的"群体性事件"反思 [J]. 未来与发展，2011 (1).

[12] 刘京希. 试论政治发展的生态化路径选择 [J]. 文史哲，2012 (2).

[13] 任剑涛. 从冲突理论视角看和谐社会建构 [J]. 江苏社会科学，2006 (1).

[14] 张卫. 当代西方社会冲突理论的形成及发展 [J]. 世界经济与政治论坛，2007 (5).

[15] 叶克林，蒋影明. 现代社会冲突论：从米尔斯到达伦多夫和科瑟尔——三论美国发展社会学的主要理论流派 [J]. 江苏社会科学，1998 (2).

[16] 赵华兴. 拉尔夫·达伦多夫公民社会观评析 [J]. 中共山西省委党校学报，2012 (3).

[17] 赵华兴. 冲突与秩序——拉尔夫·达伦多夫的政治社会学思想研究述评 [J]. 河南社会科学，2009 (1).

[18] 胡锐军. 西方政治冲突思想沿革及主要观点 [J]. 行政论坛，2013 (5).

七、《现代主义的政治——反对新国教派》

[英] 雷蒙德·威廉斯 著

阎嘉 译

商务印书馆，2002 年

── 【作者简介】──────────────────────

雷蒙德·威廉斯（1921—1988），当代英国著名的马克思主义文艺理论家。他的政治、文化、传媒和文学作品都受到了马克思主义观念的影响，他在新左派和广泛的文化领域内是很有影响的人物。其作品《政治与文学》仅在英国销售量就达 75 万册。当代英国著名学者特里·伊格尔顿称他是"能将理性与情感罕见地结合起来的作家"。

1921 年 8 月 31 日，威廉斯出生于威尔士乡村一个铁路工人家庭。他十几岁的时候生活在纳粹和战争阴影之中，受到左翼文化团体的影响。第二次世界大战期间，他进入剑桥三一学院学习，但被战争服务工作打断了学业，他加入了英国共产党。1941—1945 年，他在英国反坦克团、警卫装甲师任职。1946 年，他获得三一学院的硕士学位并且担任了几年剑桥大学的成人教育教师工作。1951 年，作为预备役军人，他被英国政府军队召集回到部队去参加朝鲜战争，但他拒绝参加。1961 年，由于其作品强有力的影响，威廉斯被邀请返回剑桥大学任教。1973 年在斯坦福大学任访问教授。从 1974 年开始，他任剑桥大学戏剧学教授直到 1983 年退休。他于 1988 年 1 月 26 日去世。

雷蒙德·威廉斯（又译"雷蒙·威廉斯"）的主要著作有《文化与社会》（1958 年）、《论传播》（1962 年）、《现代悲剧》（1966 年）、《马克思主义与文学》(1977年)、《政治与文学》(1979年)、《唯物主义和文化问题》(1980年)及《希望的资源》(1989年)、《现代主义的政治——反对新国教派》(1989年)等。

── 【写作背景】────────────────────────────

第二次世界大战以后，资本主义与社会主义的经济、政治与文化发展与转向，是威廉斯现代文化理论批判性思考的社会历史背景。另外，威廉斯在第二次世界大战后英国继续教育机构长期的教学与研究经验，成为他对文化理论思考的有力支撑。

威廉斯本人有关他的"可能的著作"最详细的计划，是复写在背面的，但读者们马上就会注意到：此书英国编者对这些文章的组织，在有些方面与威廉斯本人对文章的组织不同。此书英国编者托尼·平克尼最终没有采用威廉斯的草案有三个原因。第一，它删去了《语言与先锋派》一章；第二，正如各种箭号、星号和括号所提示的，威廉斯本人似乎还在不断琢磨自己文章排列的不同的可能性；第三，有另外两个稍稍不那么详细的计划，它们在一些重要的方面不同于这里所复写的计划。此外，有两章的定稿缺失，它们的确是有点关键的篇章，而威廉斯最后再也没有写过；正如在《引言》中所解释的一样，此书英国编者决定收入其他相关的文本，它们在主题上也许可以替代那些未完成的文本本身，而那些文本需要根据各篇文章的顺序做进一步的改变。相应地，此书英国编者不得不求助于一种他们认为在发展中的论点的基本逻辑，以便组织这些文章，希望这样做仍然会忠实于雷蒙德·威廉斯心目中的计划。

── 【中心思想】────────────────────────────

本书是根据威廉斯生前计划编成的一本论文集，汇集了作者去世前10年中所撰写的11篇文章。这些论文有一条贯穿始终的主线，即作者始终关注现代主义和先锋派问题。威廉斯将这些问题放到文化研究的视野中加以考查，提出了"超越现代"的文化理论主张，以避免落入"后现代主义"的窠臼。

全书由编者引言、11章正文和附录组成，共约19万字。

── 【分章导读】────────────────────────────

本书英国编者托尼·平克尼为这本书写了一个较长的引言，简要介绍了雷蒙德·威廉斯的生平、作品以及编入本书作品的主要内容。在平克尼看来，他就现代主义理论领域所做的概述，正是威廉斯的著作在数十年中要避免那种枯燥无味的二元僵局的稳固的力量。威廉斯的各种著作题目中最持久的关联物，正是一直试图把我们的社会存在犬牙交错的散落片断放回到一起去。平克尼说："因为《现代主义的政治》坚持认为：现代主义作为一种历史现象和文化现象，不可能凭文学理论的各种牌子来把握，它在一种自我伺服的循环中，实际上产生于它本身的过程和策略；本书也必须被相应地理解为某种总体的文化社会学的强有力的论题介入，以及地方史的个案研究。"[①] 在欧洲所有的先锋派之中，似乎只有表现主义才在威廉斯的整个一生中最使他投入，表现主义制作的影片在威廉斯还是一名学生时就对他有极大的意义，当表现主义艰难地与自然主义决裂时，它仍然是他后来对戏剧的关注的中心。然而，正是意大利和俄国的未来主义，才支配着后来对先锋派进行反思的这本书。要问为什么会如此，马上就会把我们带向作为当代论争和干预的《现代主义的政治》。一种超越这种没有出路的现代主义及其认可的各种文化理论的文化现状，如威廉斯在本书中断断续续评论的，仍然是模糊的。虽然是表现主义从美学上塑造了威廉斯，但却是未来主义占据了他对现代主义的最终反思。

第一篇文章《现代主义是何时？》，即本书的第一章。这篇演讲是威廉斯在布里斯托尔大学发表的年度系列讲座之一，发表于 1987 年 3 月 17 日。弗雷德·英格利斯认为，对威廉斯来说，"后现代主义是一种出自敌对阵营的、严格的意识形态混合物，始终需要受到这种有权威的反驳。这是一篇由这位'威尔士欧洲人'针对当前主导的国际意识形态而作的讲演"[②]。威廉斯首先说明了现代和现代主义的含义以及它们的一般所指时间段，进而提出将现代主义的时刻固定下来的过程，是一件鉴别挑选的传统机制的事情。对于文学的各种形式来说，现代主义意味着：自我反省的文本侵占了公共舞台和审美舞台的中心，公开抛开了固定的形式、学院、资产阶级趣味不变的文化权威及其市场通俗性的必要性。现代主义因而从政治上完全确定了分水岭。

不过，现代主义被限制在经典领域，并且以一种纯粹意识形态的行为拒

---

① 雷蒙德·威廉斯. 现代主义的政治——反对新国教派 [M]. 阎嘉，译. 北京：商务印书馆，2002：5.

② 雷蒙德·威廉斯. 现代主义的政治——反对新国教派 [M]. 阎嘉，译. 北京：商务印书馆，2002：47.

绝其他一切。"'现代主义'被限制在这个高度挑选过的领域,以一种纯粹意识形态的行为拒绝其他一切,荒谬的是,它的最初的、无意识的嘲讽在于:它使历史突然停止了。现代主义是终点站,此后的一切都不被算在发展之内。它们是'之后';呆在后面之中。这种选择在意识形态上的胜利,无疑要由在大都市主导的各个中心里的艺术家本身的生产关系来解释,他们经历了各种都市移民居住区中迅速流动的流亡者的体验。"[①] 现代主义也很快丧失了它的反对资产阶级的姿态,达到了与新的国际资本主义轻松自在的结合,这意味着现代主义的各种创新已经成了固定的各种形式。要逃离后现代主义非历史的固定性,必须找到一种与之不同的传统。

第二篇文章《大都市概念与现代主义的出现》,即本书的第二章。在这篇文章中,威廉斯在20世纪先锋派运动的实践和观念与大都市的决定性联系的基础上,分析了大都市观念与现代主义的出现之间的关系。他认为,随着巨大的集合城市的持续增长,各个大都市的文化状况已决定性地改变了,主要表现为三个方面:一是存在着一种对于少数派的艺术与大都市的特权和机会之间的特殊关系在事实上的坚持;二是存在着一种持续的大都市的知识霸权;三是深信那种超越追问的东西,赞成一切有效力的"绝对现代"的时代,即有效的、永恒的人类状况有限的普遍性。

因为英国很早就经历了工业发展和大都市发展的初期阶段,所以威廉斯从英国文学中列举了五种主题的例证:一是现代大都市中的陌生人群;二是个体在人群中的孤独寂寞,这给予城市中的异化以一种社会方面的强调;三是对陌生和拥挤提供了一种非常不同的解释,并因而对城市的"不可测知"提供了一种非常不同的解释,尤其是对"黑暗的伦敦"的观念给予了一种社会方面的强调;四是与异化的城市相对照,也能看到大都市中人的团结的新的可能性;五是对现代大都市更积极的发展方向的新阐发,即前工业城市和前大都市的城市作为一个光明和学习之地,以及作为力量和宏大之地的观念,随着对物质光明的一种特殊强调,得到了恢复。

大都市给大的传统学院和博物馆及其传统提供了场所,对现代主义文化来说,它们的非常近似和控制力,既是一种标准,又是一种挑战,因而现代主义转移的关键文化因素是大都市的特性。威廉斯说:"因而,现代主义转移

[①] 雷蒙德·威廉斯. 现代主义的政治——反对新国教派 [M]. 阎嘉,译. 北京:商务印书馆,2002:52.

的关键文化因素是大都市的特性：在这些总的条件中，但接着，甚至更加决定性地，是在它对形式的直接影响方面。形式方面创新的最重要的一般要素，是向大都市移民的事实，而不可能太经常地在这种准确的意义上强调有多少主要的创新者是移民。在主题的层面上，这一点以一种明显的方式构成了陌生和距离（的确还有异化）的各种要素的基础，它们如此经常地形成了贮藏的一部分。"① 与此同时，正是在大都市的开放和复杂性之中，不存在新作品可以与之联系的任何定形的和不变的社会。大都市发展的力量不应被否认。它的解放与异化、接触与陌生、激励与标准化的复杂过程的令人兴奋和挑战，依然有强大的效力。现代化这个被信以为真的普遍性，属于既是创造性地居前的、又是创造性地继后的一个历史阶段。

第三篇文章《先锋派的政治》，即本书的第三章。1912年1月，"斯德哥尔摩工人公社"的成员为庆祝斯特林堡63岁寿辰展开游行，并高举红旗，唱革命歌曲。这一事件促发了威廉斯的思考，他以此为例，试图说明现代主义运动或者先锋派政治的相互矛盾的特征。而要进一步了解先锋派政治更为一般的复杂性，那就要去注意各种艺术运动和文化构成的连续性以及先锋派的真实历史。19世纪晚期，先锋派经历了迅速发展的三个阶段，成了以这种艺术的名义对整个社会和文化秩序的一种攻击，成了一种使人性复兴和解放的创造力的斗士，即完全对抗性的一类。与此同时，以各种工人运动为基础的、政治革命的直接号召在这一时期崛起。未来主义要消灭传统的号召，与社会主义者要消灭整个现存的社会秩序的号召，有部分一致。

在19世纪，源于贵族式批评的要素明显要强得多，令人悲哀地幸存到20世纪，它还主张艺术家是本真的贵族中的一员，即在精神的意义上，如果要做艺术家，的确就是要做贵族。"在另一方面，像工人阶级一样，各种社会主义和无政府主义运动发展出了它们自己的批评，把资产阶级确认为资本主义的建立者和代理人，因而是把一切更加广泛的人类价值（包括艺术的各种价值）变成金钱和交易的特殊根源，艺术家们有机会加入或者支持一种广泛的、成长中的运动，它将推翻并取代资产阶级社会。"② 对现代主义和先锋派来说，极其重要的一个特殊例证是最终被称为"资产阶级家庭"。因此，不断增长的

---

① 雷蒙德·威廉斯. 现代主义的政治——反对新国教派 [M]. 阎嘉, 译. 北京：商务印书馆, 2002：66.
② 雷蒙德·威廉斯. 现代主义的政治——反对新国教派 [M]. 阎嘉, 译. 北京：商务印书馆, 2002：79.

对资产阶级家庭的批评，正像对资产阶级本身的更加普遍的批评一样，是模棱两可的。

威廉斯认为，先锋派中的新东西是挑衅性的推动力和有意识地面对对于解放和创造力的要求。1914年至1918年的战争之前，存在着一种走向新的政治势力的强烈运动，到20世纪20—30年代，走向了这些不同的和相反方向的形形色色运动，一直具有一个总的共同特征：全部都在开辟写作、艺术和思想方面的新方法和新目标。自1945年以来，先锋派运动已经非常引人注目了，特别是在电影、视觉艺术和广告中。

第四篇文章《语言与先锋派》，即本书的第四章。这是威廉斯对语言与先锋派关系的研究，试图揭示先锋派艺术的特征。按常规假设，现代主义始于波德莱尔，或者始于波德莱尔的时期，而先锋派则始于1910年左右，始于未来主义者的各种宣言。进一步说，先锋派是1910年左右到1930年各种运动的一种综合。它不仅向艺术机构挑战，而且也向"艺术"或"文学"本身的机制挑战，典型的是以一个广泛的纲领——它包括推翻和改造现存社会，虽然是以各种各样的形式。因此可以看出：现代主义和先锋派两者中的一个关键要素，是蓄意搅到一起，甚至是迄今为止被看成是不同的各种艺术的综合。

威廉斯认为，"在先锋派的实践中，最恰当的例证当然是超现实主义者的'无意识写作'，它以我们已经确认的一种或许几种有关语言及其当代状况的主张为基础"①。而无意识写作的实现，是在梦游者的或阴魂附体似的状态中，通过内在的描述：各种药物是达到这种状态的一组手段；深奥的、神秘的、超验的哲学的几种变体是另一类手段。对表现主义者来说，在写作中，重点不在超越性的各种矛盾之上，而是在把它们提升为一种形式的原则：鲜明地把心灵的各种状态极端化，愤怒地把各种社会地位极端化，它们的冲突于是成了真理的推动力。

尤其是在早期阶段，表现主义的词语确实是"超理性的"，但却是为了矛盾冲突而不是为了理解。威廉斯还指出，"作为文本特征的'意义含混'或'复调'乃至'对话'，如果要对它们作严格的语法分析，就不得不涉及到社会实践"②。只有当我们开始超越应用语言学和派生出来的各种文学分析形式

---

① 雷蒙德·威廉斯. 现代主义的政治——反对新国教派 [M]. 阎嘉, 译. 北京：商务印书馆, 2002：103.
② 雷蒙德·威廉斯. 现代主义的政治——反对新国教派 [M]. 阎嘉, 译. 北京：商务印书馆, 2002：113.

中这些已被接受的理论主张之时，这项工作才可能完成。

第五篇文章《作为政治论坛的戏剧》，即本书的第五章。在这篇文章中，威廉斯以传奇似的"镜子胡同"入手探讨作为政治论坛的戏剧，以便能够真实地洞察先锋派戏剧与革命的政治之间的复杂关系。威廉斯认为，先锋派艺术依据的是对资产阶级文化及其封闭的、个人化的、复制的作品和机构的愤怒拒绝，在它们自身之中包含了深刻的不同社会原则，以及几乎不同的有关艺术的基本目的的各种概念。由于先锋派的言辞进入了学术的批判和讨论之中，对作品产生了深刻的消极影响，再加之 1917 年后的现代主义戏剧的发展，对理解先锋派戏剧本身的复杂特征，尤其是理解它同政治的关系而言，产生了深刻的消极影响。因此，他首先考察了 1917 年之后各种危机之前的现代主义戏剧发展。

整个戏剧史上两个转变都宣称要拒绝或者超越自然主义，第一个主要的转变是文艺复兴，第二个主要转变是资产阶级戏剧的发展。在戏剧、剧院发展的关键时期，资产阶级戏剧的影响和各种形式造成了它们决定性的面貌，资产阶级戏剧因而转向了积极介入它自身的形象，而这些形象无疑都是多愁善感的和遵奉国教的。在后来的一切戏剧中，可以确认出一种有巨大影响的戏剧的五个因素。第一，在根本上承认当代是戏剧的正统题材。第二，承认本土是相同运动的一部分，戏剧的地点至少在名义上是异国的。第三，日益强调日常语言的各种形式是戏剧语言的基础。第四，强调社会广度。第五，完成了一种决定性的现世主义。在威廉斯看来，自然主义的变化是决定性的，自然主义可以用来概括上述五个资产阶级因素的效果，19 世纪后期的自然主义实际上是现代主义戏剧的第一阶段，其核心是人本主义和世俗的主张。用一个词来总结这种多变化的拒绝，那就是"自然主义"。"直到我们的时代，几乎没有一场新的戏剧运动或者剧院运动没有在宣言、纲领或新闻稿中宣称它要拒绝或者超越'自然主义'。而且尤其令人吃惊的是，在相对明显的各种意义上，占压倒多数的戏剧作品和创作一直都是自然主义的，或者说至少是自然主义的（因为可能存在着一种差别）。为了解开这个纠结，我们必须注意到它的历史。"[①]

接着，威廉斯通过恩斯特·托勒尔和欧文·皮斯卡托这两个人物的作品

---

① 雷蒙德·威廉斯. 现代主义的政治——反对新国教派[M]. 阎嘉，译. 北京：商务印书馆，2002：119.

考察了德国戏剧发展的经验，界定出主体的和社会的表现主义最终辨别得出的各种形式，也最终为先锋派的各种方法找到了各种新名称。但是，有一种趋势正在朝对资产阶级持有异议的新形式转移，它正是以对于主体性的强调，来拒绝同它的深刻关怀无关的任何公共世界的话语。威廉斯最后指出，各种不同形式的先锋派戏剧也是一种政治。

第六篇文章《〈现代悲剧〉编后记》，即本书的第六章。自《现代悲剧》写作完成几年之后，威廉斯写了此编后记，以证明自己所提出的关于现代悲剧一些观念，进一步阐发自己对现代悲剧的新看法。"这本书的写作针对的是剑桥特殊的各种意识形态压力，针对的是一种文化的主导时期更广泛的各种压力，要把这种修辞学问题分解成悲剧理论和实践的历史的、持续的多样性。多样性的这种意义，和真正的悲剧变体的意义，仍然是我的主要重点，因为对简单化和简化的压力继续要起作用。"[1] 在他看来，最近10年里大众戏剧创作的主导核心之中，大量地被强硬的警官所取代，在身体方面和道德方面与他们在搜寻和惩罚的那些人难以区分开来，但由于有形式上的优点，他们被当成是站在法律一边，是在如此和应当如此的事情一边。这与更加强硬的各种政治姿态有着明确的联系，即一种新的蓄意的、合乎宪法的独裁主义。

他还看到，对斯大林主义的体验，已经彻底地减少了对于很多最积极地面对帝国主义和资本主义毁灭性与垂死秩序的人们的信心。因此，斯大林主义恐怖的各种真实事件终于作为一种哑剧而起作用，像举行仪式地和静止地在新的每一幕、每一场面前展示。他认为，悲剧可以在本质上属于历史过程的如此多的形式，如在失败的革命中；在震荡和失败的时代深刻的分裂和矛盾中；在受阻的和显然不活跃的时期的僵局或者对峙中。然而，正是在后两个方面的相互交错中，在像我自己一样的各种文化中，我们现在才发现了我们自己。

第七篇文章《电影与社会主义》，即本书的第七章。在这篇文章中，威廉斯从电影的情节与内容等方面探讨了电影与社会主义之间的联系。他首先提出一种现象，即最初的电影观众是工业化世界各大城市里的工人阶级民众，而在同样的时期，劳工运动和社会主义运动的力量正在壮大。他认为，就像社会主义本身一样，电影被认为是一种现代新世界的先驱，它以科学技术为

---

[1] 雷蒙德·威廉斯. 现代主义的政治——反对新国教派 [M]. 阎嘉，译. 北京：商务印书馆，2002：147.

基础，在根本上是开放的、运动的，是一种有力的、通俗的和革命的媒介。

威廉斯注意到，在资本主义电影发展的历程中，电影是被有选择地控制着，过去数百年中的大多数严肃艺术、电影中事实上都是持有异议的资产阶级艺术家们的创作。因而，他说："在任何后封建的社会里，当社会主义者们料想他们拥有一种对通俗趣味的垄断时，或者说在料想只有他们及其同盟者才在为新的自由而斗争中争夺国家权力和已经建立的资本主义的权力时，他们却错了。"[1] 但是，它就像反资本主义的一样，你可以从它继续走向社会主义，或者你可以从它向回走到各种各样被理想化了的"前"资本主义的社会秩序，即等级制的、有机的、前工业化的、前民主的。

威廉斯还提出了对以往一切文化、电影的批评性评论，即大多数人的生活都已经被大多数艺术几乎全部忽视了。此外，作为社会主义者，在多数人开始卷入从前被认识到的那种政治活动和工业活动时，我们不应当相信它们完全变成了有趣的这样的大错误。那种错误应当受到萨特的嘲弄，即对很多马克思主义者来说，只有当人们先进入资本主义的雇佣时，他们才生出来。因为我们要是认真对待政治生活的话，我们就必须进入真实、复杂的世界中生活。

第八篇文章《文化与技术》，即本书的第八章。高技术可以传播低等文化，高雅文化可以维持在较低的技术层次上。因此，文化保守派和一些文化激进派都一致认为各种新技术对文化是一种威胁。为排除技术决定论与文化悲观主义的可怕结合，威廉斯要从理论上清理和解释文化与技术的关系。技术决定论的基本设想是，一种新技术产生于技术研究和实验，接着它会改变它从中出现的社会或者部门。威廉斯则认为，所有技术研究和实验都是在早已存在的社会关系和文化形式之内进行的，技术的发明本身也很少具有社会意义。

因而，事实上并不是技术发明导致了社会制度和文化制度。因为至少有三个总的目标，不是源于这项技术，而是源于整个社会秩序。第一目标是从制造公司和它们在政府中的同盟者，到开创一个新的市场销售阶段，都存在着巨大的压力。第二个目标甚至也很少是从技术上决定的。第三个目标与此有部分联系，渗透"政治上"封闭的各个地区，或者渗透相关的政治上的垄

---

[1] 雷蒙德·威廉斯. 现代主义的政治——反对新国教派 [M]. 阎嘉, 译. 北京：商务印书馆, 2002：154.

断集团,就像用无线电短波早已做过的那样。在这两个目标方面,在国家的空中合法主权方面存在着各种问题,但与此相反,有关空间自由的意识形态,也有一系列通过近海定点和当地代理公司共谋的创始。在整个这一范围中,在一个完全超出技术的范围里,各种决定最终都是经济上的和政治上的。

文化悲观主义在技术方面和机构方面的论点虽然很初级,但它的根子很深,因此威廉斯对之展开了论述。他认为,文化悲观主义最明显的来源是反对一种受资本主义资助的文化强大压力,文化悲观主义最深刻的来源是这一信念,即将获胜的,除了过去之外,没有别的什么东西。原因并不在某些抽象的"通俗趣味"当中,即"粗俗大众"的观念是文化悲观主义的首要条件。"通俗"文化有两个领域,它们可以被看成是相对有别于主导的资本主义部门。第一,是一种蓄意寻根的通俗历史和行动。第二,有一个非常不同的通俗文化的有弹性的领域,它的大部分现在都在市场上销售,但它的大部分也不是源于这个市场。任何新技术的契机,都是一种选择的契机。在现存的社会条件和经济条件之内,各种新的系统将被当作传播的各种形式来设置,而一点没有真正想到各种相应的生产形式。

第九篇文章《政治与政策:艺术委员会的实例》,即本书的第九章。在这篇讲稿中,威廉斯以艺术委员会为例批评了凯因斯主义的政治与政策。威廉斯认为,在历史上,艺术委员会是一个凯因斯主义的机构,"它本身的这一点有助于解释它当前的各种问题。但是,像凯因斯曾经大量插手指导的其他很多机构和政策一样,真正有趣的是:从一开始就存在着界定和意图的各种不确定性与混淆。就它们本身而言,就它们对总政策持续的、经常使人糊涂的影响而言,这些都很有意义"[①]。为了确认凯因斯的独特性,威廉斯考察了艺术委员会的直接前身——音乐与艺术促进委员会的成立大会。国家戏剧机构这种新机构应当做什么,威廉斯可以区分出四种不同的界定:美术的国家庇护人,意在诱导自力发展经济的政府投资,市场中的一种妨碍,一种扩展中和变化中的通俗文化。

通过这四种界定,威廉斯展开了分析,第一种界定在艺术委员会的工作中很可能是主导的;第二种界定是意在诱导自力发展经济的政府投资,它现在也许只能诱导某种欲望;第三种界定的这个领域必须寻求最严格的同期保

[①] 雷蒙德·威廉斯. 现代主义的政治——反对新国教派[M]. 阎嘉,译. 北京:商务印书馆,2002:201.

证；第四种界定的全部问题汇集到了一个实际的核心，鼓励一种严肃的、扩展中的和变化中的通俗文化——艺术的性质和目的的全部问题才要被重新界定，而且这种重新界定的关键要素才是开放性的。在严格的艺术和文化的基础上，威廉斯认为自己是第四种界定的支持者。

第十篇文章《文化研究的未来》，即本书的第十章。这篇文章是威廉斯对文化研究的未来发展趋势的预测。他首先从一个相当核心的文化理论问题即文化研究的构成与规划开始探讨，概括性地提出了一个关于文化研究的至关重要的理论创造，即拒绝给规划以优先权，也拒绝给构成以优先权，或者用较老的话来说，拒绝给艺术以优先权，也拒绝给社会以优先权。威廉斯在第二次世界大战后英国成人教育机构中获得了大量的工作与研究经验，因此他以英语研究或文学研究在正规教育和继续教育中的对比为例，说明文学研究的各种创新都出现在正规的教育机构之外，原因之一是在正规的学院教育机构那些维护原初规划的研究员们被边缘化了，在正规的学院教育的构成上，一群来自小资产阶级家庭的文学研究的少数派被边缘化了。进而他提出，要努力恢复对大多数人进行的平民教育，文化研究的规划才能获得完全的成功，而放弃对大众的通俗教育以及平民文化的愚蠢无知，并不是那么容易得到解决。

对于 20 世纪 60 年代英国出现的另一种性质的教育研究机构——"开放大学"，威廉斯给予了高度评价，认为它将启蒙大众，是一种真正开放的教育，不是一种官僚主义的、集中化的、强加的文化纲要。当"开放大学"存在知识上的各种问题引起争议的时候，一种理论获得了成功，它把这种构成的情景按照它的方式合理化了，使它成了官僚主义的、知识分子的根据地。对于文化研究的未来，威廉斯反对知识训练的趋同方法与知识史方面的探讨，而注意文化研究的构成与社会机构间的联系，进而修订教学大纲和训练方法。

第十一篇文章《文化理论的运用》，即本书的第十一章。这是威廉斯 1986 年 3 月 8 日在由"牛津英语高级快车"组织的"批评的状况"大会上发表的演讲，他试图从社会和历史方面探讨文化理论是什么和做什么。他把有意义的文化理论界定为，区别于特定艺术的各种理论，区别于一般秩序和机构的适当的社会理论与社会学理论，区别于在某个中间地带、既是社会又是艺术的创造实用的文化理论。他提出，文化理论最有意义的时候，是在它正好涉及多种多样人类活动之间的"联系"之时，而那些活动在历史上和理论上以这些方式被聚集起来，尤其是当文化理论在可描述的整个历史情景之中来探讨这些动态的、特殊的关系之时。

艺术作为一项专门化活动与作为一种自主活动的意义，被它日益要求表现和支配人类的创造性加强了。在理论上，在文化与社会很有意义的新的关键词方面最终获得了成功，是现在为人熟悉的这个模式：一方面是艺术，另一方面是社会结构，以及二者间有意义的关系的设想，而把艺术和社会两极分化或等同起来的模式是错误的。因此，有意义的文化理论可能是怎样的、能够做什么这个问题，仍然比任何理论阶段的内在历史都更重要，只有在它确证了真实社会历史之内的关键联系和关键断裂之时，它才成为有用的。

附录《媒介、边缘与现代性（雷蒙德·威廉斯与爱德华·萨义德）》。这是一篇威廉斯与萨义德关于媒介、边缘与现代性问题的一些对话，进一步佐证了威廉斯的现代主义政治的一些观念。威廉斯提出，一种严格的学术上的分析方法超越了狭隘的学术环境，更适合于教学与交流，而且这种分析方法可以从政治上进行检验。

【意义与影响】

本书是雷蒙德·威廉斯生前计划编写但没有完成的文集。从书中的行文脉络可以看出，威廉斯从文学艺术角度对现代主义政治的全新理解。本书在1989年出版了英文版，此书的中文版于2002年由商务印书馆翻译出版。

从《现代主义的政治》11章内容的论述中可以看出，威廉斯论域广泛，超越了单一的学科界限，涉及哲学、政治、社会、历史、文学、影视、戏剧、艺术等学科领域，像一个古典知识分子那样思考社会生活各领域的问题，而且思考视角独特而深入。因此，其理论影响必然是广泛而深刻的。

《现代主义的政治》一书的最大意义与影响是，把传统的马克思主义与结构主义的马克思主义相结合，首创了文化唯物主义理论。威廉斯批判了英国的精英文化理论传统，对大众文化观念进行了历史审视和重新建构，进而超越传统的文化贵族立场而站在整个人类文化前途的立场上看待大众文化的发展，为大众文化研究提供了理论思路。这本书对我国文化、艺术研究与教育来说，具有重要的理论与实践意义。威廉斯的文化理论不仅适用于英国文学和文化的批评实践，而且对分析和研究我国文学传统和文化经验有借鉴意义，对中国特色社会主义的文化发展也有一定的借鉴意义。

威廉斯对都市文化霸权理论的分析，详细揭示出资本主义主导文化与边缘文化的相互推动对保持社会发展的张力。威廉斯对文化的概念做出了独特理解，即文化既可以"部分表达为上层建筑"，还"属于社会的基础性成分"，与葛兰西的文化领导权理论有异曲同工之处。由此出发，威廉斯批判了正统教条主义的、庸俗唯物主义的文化观念，进而批判了经济决定论、还原论、唯心主义等错误思潮在当代国外马克思主义运动中的不良影响，坚持了历史唯物主义的文化原则，坚持下层民众、工人阶级要在现实的政治经济与文化斗争中获得具体解放，表现出马克思主义的思想倾向，当然也有经验主义的思想倾向。

由此文化唯物主义的崭新视角出发，威廉斯对现代主义的文学艺术、影视与戏剧等作品及其传播做出了全新的解读与分析，开启了现代性政治哲学批判的新范式。《现代主义的政治》一书，揭示了现代主义蕴涵的广泛性及其重要分水岭：传统贵族意识形态的政治与现代资产阶级意识形态的政治，阐释了现代主义的先锋派、戏剧、电影、艺术委员会、传播媒介技术之中所蕴含的资产阶级政治哲学意识形态，为民众打开了一个批判分析历史唯物主义新窗口。

【原著摘录】

1. 现代主义是何时？P47-53

P49　正像经常出现的那样，确定将现代主义的时刻固定下来的过程，是一件鉴别挑选的传统的机制的事情。

P51-52　现代主义因而从政治上完全确定了"分水岭"——不只是在特定的各种运动之间，甚至就是在它们"内部"。在保持反对资产阶级方面，它的代表们要么选择从前贵族对艺术的评价，把它当作一个在金钱和商业之上的神圣领域，要么选择从1848年以来颁布的革命的艺术教条，把它当作大众意识的解放先驱。

P53　发生得相当迅速的是：现代主义很快丧失了它的反对资产阶级的姿态，达到了与新的国际资本主义轻松自在的结合。它在一个全世界的市场上（跨边界和跨阶级）的企图，被证明了是谬误的。它的各种形式把自身提供给了文化竞争和废弃的商业相互作用，因为它的各个派别、各种风格和样式的变化对于那个市场十分重要。痛苦地获得的有意义的分离的各种技术，借助训练有素、自信的技术专家们特殊的感觉迟钝的帮助，被重新定位为仅仅是广告和商业电影的各种技术方式。

2. 大都市概念与现代主义的出现 P54-70

P54　现在很清楚的是：在20世纪先锋派运动的实践和观念，与20世纪大都市特定的条件和关系之间，存在着各种决定性的联系。证据始终存在着，而且在很多情况下确实还很明显。然而，直到最近，还很难使这种特定的历史和文化关系，脱离一种不那么特定的、但受到广泛赞美（以及诅咒）的"现代"感。

P65 由于许多社会的和历史的原因，19世纪下半叶和20世纪上半叶的大都市，变成了一个全新的文化维度。它现在远远超过了非常巨大的城市，甚至超过了一个重要国家的首都城市。它是新的社会关系、经济关系和文化关系开始形成的场所，超出了城市和国家较老的意义：一个事实上要在20世纪下半叶得到扩展的独特历史阶段，至少有可能扩展到全世界。

在最早的阶段中，这种发展与帝国主义有很大的关系：由于财富和权力有磁性地集中到帝国的首都，以及同时出现的世界主义者接触到各种从属文化的广泛多样性。但是，它始终不止是传统的殖民制度。

P66 大都市给大的传统学院和博物馆及其传统提供了场所；它们的非常近似和控制力，既是一种标准，又是一种挑战。但还有，在新的、开放的、复杂的、流动的社会中，以任何形式背离或者持异议的小群体，都可能找到某种立足点，在构成它们的艺术家和思想家分散于较传统的、封闭的社会里的情况下，这在各个方面都是不可能的。

P67 与此同时，正是在大都市的开放和复杂性之中，不存在新作品可以与之联系的任何定形的和不变的社会。各种关系都是对开放、复杂、有生气的社会过程本身而言，这种实践唯一可理解的形式，就是对媒介的强调：媒介以一种前所未有的方式规定了艺术。

P69 大都市发展的力量不应被否认。它的解放与异化、接触与陌生、激励与标准化的复杂过程的令人兴奋和挑战，依然有强大的效力。但是，再也不可能把这些特定的、有踪可寻的过程表现得似乎就是普遍性，不仅在历史中不可能，而且它也不可能在历史之上并超越历史。对现代主义的普遍性的阐述，在每种情况下都是对于终止、崩溃、失败和挫折的特定条件的一种富有成效但并不完美、最终令人失望的回应。

3. 先锋派的政治 P71-91

P73 为了开始理解先锋派的政治更为一般的复杂性，我们必须超越这些单个的人，去注意各种艺术运动和文化构成的汹涌湍急的连续性，它们构成了如此之多的欧洲国家的现代主义、然后是先锋派的真实历史。这些自觉的、被命名和自我命名的群体的出现，在最广泛的意义上是这场运动的一个关键标志。

P75　"现代"的东西，确实是"先锋派"的东西，现在相对来说陈旧了。它的作品和语言所揭示的东西，即使在它们最强有力的时候，也是一个可以看作是相同的历史时期，不过，我们并不完全是从中产生的。

P79　在19世纪，源于贵族式批评的要素明显要强得多，但是，它找到了它自身的隐喻形式，要令人悲哀地幸存到20世纪，甚至要被最不可能的人所接受：要求，的确还主张艺术家是本真的贵族中的一员；在精神的意义上，如果要做艺术家，的确就是要做贵族。一个替代的词语汇集到了这种主张的背后，从阿诺德的在文化上高傲的"残存者"，到曼海姆的必不可少的不受约束的知识分子，以及在主张方面的更加个人化——最终是信徒——"天才"和"超人"的信徒。

P82　在很多方面，现代主义的一个主要因素在于：在个人欲望和关系方面，它是成功的、发展中的资产阶级本身的一个本真的先锋派。第一阶段拼死的挑战和深深的震撼，要变成相同秩序的后期阶段的统计资料，乃至各种惯例。

P90　先锋派的政治从一开始就可能走两条道路中的任何一条。新艺术或者可以在一种新的社会秩序中找到自己的位置，或者可以在一种在文化上经过转换、但在其他方面一直是旧的和复旧的秩序中找到自己的位置。十分明确的那一切，从现代主义开初的轰轰烈烈，直到先锋派最极端的各种形式，在事实上可以完全留下来的是一无所有：内在的各种压力和不能忍受的各种矛盾将推动某些彻底的变化。

4. 语言与先锋派 P92—115

P93　现代主义始于波德莱尔，或者始于波德莱尔的时期，而先锋派则始于1910年左右，始于未来主义者的各种宣言，对这两种假设的运动，我们可能还不会说：我们在它们之中发现了某种关于语言或者关于写作的特定的和可以确认的主张，这类主张是后来在理论上的或虚假的历史陈述所提供的。

P94—95　我将接受这种常规的描述：先锋派是1910年左右到1930年代晚期各种运动的一种综合……它们不仅向艺术机构挑战，而且也向"艺术"或"文学"本身的机制挑战，典型的是以一个广泛的纲领——它包括推翻和改造现存社会，虽然是以各种各样的形式。

P99　现代主义和先锋派两者中的一个关键要素，是蓄意搅到一起，交错受精，甚至是迄今为止被看成是不同的各种艺术的综合。

5. 作为政治论坛的戏剧 P116－135

P117 "镜子胡同"传奇似的、或许不足为信的那个时刻，使人较真实地洞察到了先锋派戏剧与激进的或革命的政治之间的复杂关系。

P118 先锋派的言辞（很有特点的是拒绝最近的过去）已经留存了下来，进入了似乎是学术的和批判的讨论之中，不仅由于对早期作品产生了深刻的消极影响，而且更由于对现在的问题而言，对理解先锋派戏剧本身的复杂特征、尤其是它同政治的关系而言，产生了深刻的消极影响。

P126 由于显而易见的各种原因，"政治戏剧"的概念主要与第二种趋势有联系。但是，完全忽视第一种趋势的政治效果，将是错误的，由于日益强调疯狂、破坏性的暴力和性解放，这种趋势在后一个时期，尤其是在1950年之后，一直支配着西方的先锋派戏剧。这种支配中的一个要素，可以被看成是那种最极端的政治倾向中的一种失败——社会主义的布尔什维克变体——它曾让自己依附于工人阶级的各种观念和计划。战后的历史，特别是苏联的经验，已经使早期勇敢的加入者明显出现了问题。然而，由于这两种趋势仍然很活跃，而在变化着的比例当中，重要的是在先锋派戏剧的各种概念中，在它们最明确地开始转向的地方去确认它们。

P134 然而，在我们考查这种最新的、实际上有各种不同形式的先锋派戏剧时不得不说的是：它（按它自己的各种方式）也是一种政治。它要继续震撼和挑战。它经常以它自己的各种赞同形式来阐明混乱、骚动和被算作疯狂的各种形式，正统社会带着其全部政治色彩赤裸裸地对它们不予考虑。

6.《现代悲剧》编后记 P136－151

P136 从我写作《现代悲剧》以来的过去几年之中，已经有了足够的证据证明它的各种主题的中心地位。在我结束的那个点上，由于斗争的孩子们面临着大人们借助于石头，一段非凡的历史将要开始。将会有解放以及镇压"布拉格之春"。在名义上革命后的各个政权内部，将有各种新的声音，存在着有点不顾一切的、有点歇斯底里的、有点头脑清醒的挑战。

P148 然后有了很容易认可对各种戏剧形式的分析的时刻，这时，斯大林主义恐怖的各种真实事件终于作为一种哑剧而起作用，像举行仪式地和静止地在新的每一幕、每一场面前展示。肯定不可能尊重那些没有看过的人，也不可能尊重那些只是说他们以前看过的人，正像不可能不憎恨那些试图只用辩解来掩盖这种悲剧性历史的人一样。

P149 悲剧可以在本质上属于历史过程的如此多的形式：在失败的革命

中；在震荡和失败的时代深刻的分裂和矛盾中；在受阻的和显然不活跃的时期的僵局或者对峙中。然而，正是在后两个方面的相互交错中，在像我自己的一样的各种文化中，我们现在才发现了我们自己。

7. 电影与社会主义 P152－169

P154 事实上，在几种意义上，正因为电影是通俗的，它才在某种程度上仍然受到控制，正如早期报纸所发生的情况一样，也如后来的无线电广播、电视和录像将发生的情况一样。

P161 当我还是一名学生时，人们就常说蒙太奇和辩证法，与相同的思想革命运动的各种形式有着密切的联系。诚然，正是在从前，我们在一切以意识形态为重点的上千部影片中看到过看上去像做出来的同一种东西。

P163 过去百年中的大多数严肃艺术——在电影中跟在任何艺术中一样清楚——事实上都是持有异议的资产阶级艺术家们的创作。但是，它就像反资本主义的一样；你可以从它继续走向社会主义，或者你可以从它向回走到各种各样被理想化了的"前"资本主义的社会秩序：等级制的，有机的，前工业化的，前民主的。我不知道是谁最先以苏联电影中的主要角色都是拖拉机为笑柄的，但他极有可能是一个持有异议的资产阶级，甚至是一个所谓的现代主义者，因为明显地较反动。当然，苏联的革命电影愚蠢地、武断地停留在它的轨道上，却不是因为它转向了一个男男女女实际上都在工作的世界之中。相似地，像社会主义电影本身那样表现资产阶级生活的极端愚蠢和挫折，即使像20世纪艺术那种经典的对资产阶级持有异议的程式那样继续表现一种经过挑选的、摆脱它而出走的个人，你都没有触及到社会主义电影。

8. 文化与技术 P170－199

P170 高技术可以扩散低等文化：毫无问题。但是，高雅文化可以维持在技术的低层次上：这正是大多数高雅文化被创造出来的原因。

正是对这种情况所作的似乎可能、但毫无希望的各种结论，当前大多数对于文化与技术之间的各种关系的思考才达到了，并且停止了。

P171－172 然而，实际上，所有技术研究和实验都是在早已存在的社会关系和文化形式之内进行的，很典型的是为了早在一般预见中的各种目标。此外，技术发明本身比较说来很少具有社会意义。

P183 光缆和卫星的新技术，由于它们能够从社会方面被表现为新的、因此创造了一种新的政治局面，所以按它们通常被预见到的各种形式，在实质上就是跨国的。在各种技术原因的借口之下，现存社会将被迫放松或者在实际上放弃它们的一切内部调节的权力……社会成本，以及高高飞舞的跨国系统对任何社会及其经济进行渗透的后果，将留给残存的国家政治实体来支付，或者被它拖欠。

P187 原因并不在某些抽象的"通俗趣味"当中："粗俗大众"的观念是文化悲观主义的首要条件。真正的原因更特殊，更有趣。现代主义的原创性本身就是对于一种主导社会秩序的各种复杂后果的回应，在那种秩序中，帝国的—政治的权力与法人的—经济的权力的各种形式，同时在毁灭传统的社群，在造成真实的和象征性的权力与资本在几个大都市中心里重新集中。

9. 政治与政策：艺术委员会的实例 P200－213

P200 英国的公共生活相似地被钟摆的比喻误导了，钟摆左右摇摆，但总会回到中间。我们或许还记得，当钟摆处于静止的中间时，钟就停止了。

正中间地带的观念被证明有效，是因为它受到来自各个相反方向的攻击，但它掩藏了一个至关重要的假设，即受到攻击的正是它本身的直率和有条理。要不然，就什么都没有证明，因为一种变动也许会受到来自一种立场的攻击，而一种完全不同的变动又不同于另一种。

P204 然后，这些就是四种界定和意图：美术的国家庇护人；意在诱导自力发展经济的政府投资；市场中的一种妨碍；一种扩展中和变化中的通俗文化。显然有可能一心一意地、也是完全彻底一心一意地坚持所有这些界定。但是，在它们从公众评价和宣言的层面转换到实际的政策层面时，先是着重点的各种差别和优先权的各种问题，接着是实际的各种矛盾，很快就出现了。

10. 文化研究的未来 P214－229

P215 这是已经作出的至关重要的理论创造：拒绝给规划以优先权，也拒绝给构成以优先权——或者用较老的话来说，拒绝给艺术以优先权，也拒绝给社会以优先权。新奇之处恰恰就是注意到了，在其他那些被分离的领域之间存在着一些更基本的联系。

P216 非常值得注意的是，在每一种情况下，文学研究中的各种创新，都出现在各种正规的教育机构之外。19世纪晚期，当事实上根本没有任何有组织的英国文学教学之时，这种要求就在这个社会被忽视的、在某种意义上受到压制的两个文化领域里出现了。

P217 英语研究进入大学之后，在20年当中已经把自身变成了一种相当正规的学院课程，它们把那些维护原初规划的研究成员们边缘化了。到这个时候，由于它在机构之内所做的事情，在很大程度上就是再生产它本身，而这正是所有的学术机构倾向于做的：它在再生产的那些教员和主考人，都在再生产像他们自己一样的人。假如没有来自外在于既定教育体制的各种群体的那种压力和那种要求，这种新的训练方法在很大程度上就会转而依靠自己。

P228　我有意不按照知识训练方法的趋同现象来概括文化研究的全部发展，那是写这种历史的另一种方法；一种内在的和阐明的方法，但仍然是不够的，除非你始终把它同这些趋同现象所发生的和"不得不"发生的那些构成和社会机构联系起来。因为在我们进入即将到来的时期时，知识史方面的探讨，使我们分不清什么才是一种新的文化研究构成的历史机遇。而且准备这种新的创始（它的确要遭到很多既得利益和政治利益的极大反抗）的时间，恰恰就是"现在"。

11. 文化理论的运用 P230-249

P230　因为我想把有意义的文化理论，一方面区别于特定艺术的各种理论，文化理论试图以自己的一些最不重要的形式取代它们或者压制它们，另一方面区别于一般秩序和机构的适当的社会理论与社会学理论，一些文化理论试图取代它们或者囊括它们。

P231　文化理论最有意义的时候，是在它正好涉及到多种多样的人类活动之间的"联系"之时，而那些活动在历史上和理论上以这些方式被聚集起来，尤其是当文化理论在可描述的整个历史情景（它们实际上也是变化着的，现在还是可变的）之中来探讨这些动态的、特殊的关系之时。

P245　我要开始问：有意义的文化理论可能是怎样的，能够做什么。这个问题仍然比任何理论阶段的内在历史都更重要，只有在它确证了真实社会历史之内的关键联系和关键断裂之时，它才成为有用的。从上面对各种文本和个人进行挑选，这是学术批评最糟糕的遗产，它决定了依赖注解和批评的整整一代人的调子与自满，必须被一种同样持久的参与实践活动所取代，包括在各种新的作品和运动之中。

附录：媒介、边缘与现代性（雷蒙德·威廉斯与爱德华·萨义德）P250-280

P253　这些是我的两个论点：我认为，一种分析方法，最初经常是一种严格的学术上的分析方法，可以得到各种具体的体现，它们是更加适合于教学的、可见的和可交流的，超越了一种狭隘的学术环境。其次，你可以历史地、有意识地在非常不同的情景中，从政治上检验对各种表达的分析方法，并且发现——始终要受关于这个细节和那个细节的论证的支配——那种方法站得住脚。

【参考文献】

[1] 陈戎女. 西美尔与现代性 [M]. 上海：上海书店出版社，2006.

[2] 黄汉平. 拉康与后现代文化批评 [M]. 北京：中国社会科学出版社，2006.

[3] 李兆前. 雷蒙德·威廉斯的戏剧理论研究 [J]. 首都师范大学学报（社会科学版），2006（2）.

[4] 张平功. 历史之镜：析雷蒙德·威廉斯的文化唯物主义 [J]. 学术研究，2003（8）.

[5] 张平功. 雷蒙德·威廉斯的文化阐释 [J]. 国外社会科学，2001（2）.

[6] 王淑芹. 威廉斯的文化思想诠释 [J]. 山东大学学报（哲学社会科学版），2006（3）.

[7] 阎嘉. 情感结构 [J]. 国外理论动态，2006（3）.

[8] 黄华军. 雷蒙德·威廉斯大众文化思想的理论立场 [J]. 广西师范大学学报（哲学社会科学版），2005（2）.

[9] 赵斌. 雷蒙德·威廉斯的"文化与社会"[J]. 外国文学，1999（5）.

[10] 薛稷. 雷蒙德·威廉斯的文化人道主义思想探析 [J]. 马克思主义与现实，2011（1）.

[11] 张秀琴. 威廉斯的"文化唯物主义"意识形态论研究 [J]. 哲学动态，2011（2）.

[12] 伊格尔顿. 纵论雷蒙德·威廉斯. 王尔勃，译. //马克思主义美学研究：第1辑 [M]. 桂林：广西师范大学出版社，1999.

[13] 曹莹莹. 雷蒙德·威廉斯国内研究综述 [J]. 文学界（理论版），2010（6）.

[14] 洪进. 威廉斯文化唯物主义思想述评 [J]. 江淮论坛，2001（5）.

[15] 乔瑞金，许继红. 威廉斯传播技术的哲学解释范式研究 [J]. 马克思主义与现实，2009（6）.

[16] 张亮. 雷蒙·威廉斯"文化唯物主义"视域中的电视 [J]. 文艺研究，2008（4）.

八、《现代性的五个悖论》

[法] 安托瓦纳·贡巴尼翁　著
许钧　译
商务印书馆，2005 年

―――【作者简介】―――

安托瓦纳·贡巴尼翁（1950—　），文学博士、法国历史学家和文学家、巴黎索邦大学法国文学和比较文学研究中心教授、美国哥伦比亚大学法国文学和比较文学专业讲座教授。1985 年以来，在哥伦比亚大学担任法文教授。1991 年以来，教授美国总统夫人希拉里法语和比较文学。1994 年，任巴黎索邦大学教授、牛津大学客座研究员。2006 年 4 月起，任法兰西学院教授，讲授现代和当代法国文学史。

贡巴尼翁早期从事蒙田研究与普鲁斯特研究，成果颇丰。近年来，他逐渐将研究重点转向文学理论领域。其主要研究领域有文艺复兴运动、19 世纪末和 20 世纪初文学理论和历史批评。其主要著作有《第二只手——引述的方法》（1979 年）、《理性，蒙田》（1980 年）、《文学第三共和国——从福楼拜到普鲁斯特》（1983 年）、《跨世纪的普鲁斯特》（1989 年）、《现代性的五个悖论》（1990 年）、《聊天室在他的口袋里》（1993 年）、《理论的癫狂——文学与伦常》（1998 年）、《约瑟夫的梅斯特尔与罗兰巴特》（2005 年）、《反现代派》（2009 年）等。

八、《现代性的五个悖论》

【写作背景】

20世纪后半叶,全球资本主义与社会主义发展过程中出现了一系列新情况。这引起了当代各国思想家对现代世界发展问题的全方位关注,他们反思启蒙运动以来的经济、政治与文化发展,对当下的世界发展问题提出了一些反思性的看法。如果把这些看法归结起来,便是现代性与后现代性问题。在当代法国学术界的主流看来,现代性与后现代性问题是与波德莱尔、尼采等名字紧密联系在一起的。自1979年法国著名后现代学者利奥塔发表《后现代状况》一书以来,尤其是1985年德国著名学者哈贝马斯发表《现代性的哲学话语》一书以来,现代性与后现代性问题的理论论争在20世纪可谓甚嚣尘上,深深影响了当代世界各国学者的理论研究。在此背景下,作为现代性与后现代性问题的持续关注者,贡巴尼翁开始写作这本书。另外,这本书的写作还出于贡巴尼翁教学的需要。自1988年秋季学期以来,贡巴尼翁在巴黎综合工科学校有一系列讲座。在这些讲座中,贡巴尼翁认真思考了现代性问题。在此基础上,1990年他编辑出版了《现代性的五个悖论》一书。

【中心思想】

本书对现代性问题进行了深入的理论思考,集中探讨了现代性的五个悖论:对新的迷信、对未来的笃信、对理论的癖好、对大众文化的呼唤和对否定的激情。贡巴尼翁认为,自近代西方社会所形成的现代社会传统正由一个死胡同走向另一个死胡同,不免会产生背叛自身的问题,即背叛真正的现代性问题。因为,现代性是这一现代社会传统所拒斥的东西。凭借这些所谓的转折点或现代标志性人物的长廊,可以理出一段现代传统的悖论史。贡巴尼翁对正统的历史叙述提出了质疑和批评,试图揭示现代性被遮蔽的面孔。他没有囿于定见,也没有无条件地接受所谓的权威观点。一方面,他对带有遗传论的历史主义的正统叙述提出了批评;另一方面,他对现代主义的目的论观点也提出了质疑。

全书由绪论、5章正文和结语组成,共约11万字。

【分章导读】

在绪论《现代的传统 现代的背叛》中,贡巴尼翁首先以一个令人愕然的观点开头,引出"现代性已成为一种传统"这一观念。他说,令人感到有些困惑的是，现代性已成为一种传统，传统竟被视作现代性的顶点，但是，在英语中，现代的传统并不是一种悖论。贡巴尼翁以波德莱尔和帕斯卡尔的观点评价了这一自相矛盾和自我毁灭的传统，指出现代传统是以作为价值标准的新之诞生而开启的，因为新在过去从来就没有被当作过价值标准。进而，贡巴尼翁指出了他在本书中所要探讨的主要问题，即"现代性的五个悖论：新之迷信、未来教、理论癖、对大众文化的呼唤和否定的激情。现代传统由一条死胡同走向另一条死胡同，不断背叛自身，背叛真正的现代性，因为现代性是这一现代传统所拒斥的东西。我对此的看法并不抱有贬义……新之美学的这五个悖论，每一个都与现代传统的一个关键时刻、一个危机时期相联系，因为这一传统是由无法解决的矛盾所组成的。第一个危机的年代可定在 1863 年……1913 年是第二个悖论产生的年代……1924 年，是《超现实主义一号宣言》问世之年，这一年可视作第三个悖论产生之年。从冷战时期到 1968 年，为第四个时刻，这一时期也是我最难以说清的……最后是 20 世纪 80 年代，这是最后一个悖论产生的年代"①。

第一章《新之威望：贝尔纳·德·沙特尔、波德莱尔与马奈》，贡巴尼翁集中探讨了现代性的第一个悖论：新之迷信。

作为现代性理论研讨的一组重要概念——"现代、现代性、现代主义"，在法语、英语、德语中的内涵存在着很大争议，在各语言文化中的使用意义不同，而且这一组概念还会随着研讨的深入不断变动其概念外延，即"它们并不指向清楚、明晰的观念，也不指向封闭性的概念"。因而，贡巴尼翁将对这一组概念谱系进行简要的历史梳理，"将介绍最早的现代派，特别是波德莱尔和马奈，他们所表现出的双重特性将被作为例证，说明现代性的第一个悖论"②。

为此，贡巴尼翁历史地展开其论述，考察了"现代性、现代、新"这些概念的来源以及它们相互间的关系。他首先以兰波"必须绝对地现代"的宣告开头，指出兰波的这一口号，是作为对古老的强烈拒斥，而波德莱尔的新和兰波的新似乎关系不大，波德莱尔的新是绝望的意思。接下来，贡巴尼翁开始历史地梳理"现代性"概念的来源。"现代性"一词，如取其现代特征之义，最早出现在 1823 年巴尔扎克的作品中。"现代主义"一词，如取其品味

---

① 安托瓦纳·贡巴尼翁. 现代性的五个悖论 [M]. 许钧, 译. 北京：商务印书馆，2005：5.
② 安托瓦纳·贡巴尼翁. 现代性的五个悖论 [M]. 许钧, 译. 北京：商务印书馆，2005：8.

之义，最早见于于斯曼的《1879年沙龙》。形容词"现代的"，早在5世纪末就以拉丁文形式出现，但这一词刚出现时，是与"古代的""久远的"相区别，即与古希腊、古罗马一去不复返的过去相区别，还不涉及时间问题。在12世纪文艺复兴时期，人们开始思考"现代的"这一概念是否包含着从古代到现代的进步概念，这一概念与我们的现代观是不可分割的。对此，受到贝尔纳·德·沙特尔启发的贡巴尼翁以一幅中世纪的著名图像——"圣约翰站在以西结的肩头，圣马克站在但以理的肩头"，说明现代性难以摆脱的悖论性，即现代包括对自身的否定。

贡巴尼翁指出："当然基督教的时间观包含了某种精神进步的观念，但那只是标识上的进步，是将旧约和新约之间的连接关系当作当前永恒的生命之间的关系的典范……要使'moderne'这一形容词具有对我们而言的模糊意义，进步这一概念的创造是必不可少的，这就是奥克塔维奥·帕斯所指出的，要以某种肯定的意义来定义时间。"[①] "现代的"即进步的这一观念的创造，扩展至历史，不仅在科学或哲学知识领域，而且是在文学艺术方面对进步的肯定。这种思想是借17世纪以来的古今之争应运而生的，新之美学的可能性由此而开启。

在整个18世纪，直到孔多塞《人类精神进步史概论》的问世，随着对进步的肯定，人们已经准备好构建古典主义与浪漫主义这一对概念。一种新的、不断重新开始的美学，在法国大革命赋予其令人震撼的历史典范之前，看来是不可思议的。随着"现代性"的来临，现在与过去的区分瞬间消失了。古典趣味与现代趣味之间的对立也不再具有任何意义，古典主义也不再被视为昨日的浪漫主义。意思是说，古典主义者在他们所处的时代本身就是浪漫主义者，而浪漫主义者是明日的古典主义者。这是19世纪的共同观念。

通过分析波德莱尔的一系列作品，如《1846年的沙龙》《现代生活之画家》，以及他对绘画作品的评价，尔后通过与尼采《不合时宜的再思》的比较，贡巴尼翁指出，其一，"波德莱尔作为19世纪最富有洞见的观察家，他比任何人都明白自司汤达以来将艺术等同于现时所产生的后果。对于普遍认为是由他创造的这一现代性，波德莱尔的态度是矛盾的，他对美重新消失感到高兴，但同时，他又对其消失予以抵触，就像是面临着一条死胡同，面临着与他所厌恶的现代化和世俗化联系在一起的某种衰败。波德莱尔的现代性

[①] 安托瓦纳·贡巴尼翁. 现代性的五个悖论［M］. 许钧，译. 北京：商务印书馆，2005：13.

打一开始就是模棱两可的，因为他的现代性是对社会的现代化与工业革命等作出的反应。美学的现代性就其本质而言是以否定性加以定义的：它否定资产阶级，谴责艺术家在低级趣味主宰下的庸俗且守旧的世界中被异化"[①]。其二，现代性就是作为现时的、没有过去也没有将来的现时的意识，它仅仅与永恒相关。正是在这个意义上，现代性拒斥了历史性的时间给人的快感或诱惑，代替了一种英勇的选择。其三，尼采不得不强调现代人的历史病的存在，历史病使现代人沦为某种追随者，无法创造真正的新事物。正因为如此，现代性与颓废在其思想中是同义词。他和波德莱尔一样，认为历史和进步只是造作的一次又一次更新，因此从中看不到超越现代性或摆脱颓废的可能性。

贡巴尼翁最后根据波德莱尔对居伊的评价，归结出现代性的四个特征。一是非完善性，这是人们对库尔贝与马奈之后所有现代传统艺术家的指责，尤其是对印象派的指责，也是对波德莱尔散文诗的指责。二是零碎，这是针对现代派常见的批评之一，人们常说现代派重细节、画概貌，明显具有社会政治性。三是无意义或意义丧失，这与对有机的统一和整体的拒绝几乎是分不开的，非完善和零碎在意义的不确定之中相汇合，表达并不意味着什么。四是自主、自反性或循环性，其原因在于波德莱尔是以美的双重性质来对现代性这一概念进行界定的，要求艺术家具有批评意识。总之，波德莱尔把现代化看作某种颓废，亦即看作一种导向世界末日的进步。

进而，贡巴尼翁集中探讨了马奈的现代性观念。画家马奈的两幅作品《草地上的午餐》《奥林匹亚》引起了后人的激烈争论。这两幅画到底是什么含义？它到底想要言说什么？通过人们对这幅作品的评论，尤其是通过波德莱尔的评论，贡巴尼翁试图说明，马奈的意图是极为模棱两可的、矛盾的，无论是面对现代性还是面对资产阶级，马奈始终都是矛盾的。在贡巴尼翁看来，马拉美在《印象派与爱德华·马奈》一文中揭示了马奈的不确定性难题，即在现代性与现时关系的双重性中所铭刻的命运，艺术的自主性一时受到危害，继又重新获得。贡巴尼翁认为，现代传统往往要求助于大众文化以革新艺术，净化其陈规。就这样，现代传统在同艺术的自主性展开所谓战斗的同时，最终增强了其自主性。相对于观众的这一矛盾性，因为事关观众，在大众文化与精英之间左右摇摆，最终成为现代传统无法解决的悖论。

第二章《未来教：先锋派与正统叙述》，贡巴尼翁集中探讨了现代性的第

[①] 安托瓦纳·贡巴尼翁. 现代性的五个悖论 [M]. 许钧, 译. 北京：商务印书馆, 2005：19.

二个悖论：未来教。

  首先进行的探讨是区分现代性与先锋派。贡巴尼翁认为，现代性与先锋派不是同时出现的，而且，最初的现代派并不认为自己代表着某种先锋。然而，人们却常常将现代性与先锋派混为一谈。这两者确实都是悖论的，但它们所遭遇的并不是同样的两难境地。如果现代性的悖论在于它与现代化关系的模棱两可，那么先锋的悖论则在于它的历史意识。两个矛盾的基本点构成了先锋悖论：解构与建构、肯定与否定、虚无主义与未来主义。由于存在这种矛盾性，先锋派的肯定往往只用于某种解构意志的合法化，而理论上的未来主义只是论战与颠覆的某种借口而已。反之，虚无主义的要求则掩盖了诸多的教条主义。先锋一旦用对未来的激情替代对现时的赞同，便毫无疑问地使现代性内在的悖论之一变得更为活跃。它将满足于自我肯定的抱负而变成一种必然的自我解构与自我否定。先锋派与现代传统的正统历史始终分享着"未来的宗教"这一修辞手法，其结果也始终是悖论性的，那就是这些历史不知真正的现代性。"现代性与先锋并不是同时出现的……简言之，就是先锋艺术首先是服务于社会进步的艺术，后在美学意义上成为先于自身时间的艺术。"① 先锋派将政治词汇普及使用至艺术，似乎从来都是处在无政府主义和专制主义的分裂之中。最早一批想要成为先锋，亦即以艺术政治的标准来衡量他们的艺术实践的人，是新印象主义者，这些人在政治上说到底是左派。其推动者是批评家费利克斯·费奈翁，是他创造了新印象主义一词。

  先锋派是如何一步步走向一种未来教的？先锋一词本义是军事上的，继而又变成了美学术语。其政治的用法在 1848 年革命后普及，后来进入艺术批评的词汇之中。在法兰西第二帝国期间，先锋一词在美学领域中遇到了关键性的词义转移，就是先锋艺术首先服务于社会进步的艺术，后在美学意义上成为先于自身时间的艺术。就介入艺术的第一义而言，可在圣西门主义者那儿见到先锋一词，用于指称艺术家的使命在于与博学者和企业家一道，当一个社会运动的启迪者、社会主义的宣传者，就像一个预言家。先锋派将政治词汇普及使用至艺术，似乎从来都是处在无政府主义和专制主义的分裂之中。先锋分为两种，一种是政治的，另一种是美学的。或更确切地说，一种是服务于政治革命的艺术家先锋，亦即圣西门主义者或傅立叶主义者意义上的先锋；另一种是满足于一项美学革命计划的艺术家先锋。简要地说，在这两种

---

① 安托瓦纳·贡巴尼翁. 现代性的五个悖论 [M]. 许钧，译. 北京：商务印书馆，2005：37-38.

先锋中，一种是想利用艺术改造世界，而另一种想要改造艺术，认为众人一定会跟随他们。雷纳托·波吉奥里对两种先锋做了如此区分。他认为，这两种先锋只是在一个很短的时期内会合过或合二为一过，那就是在 1871 年和巴黎公社之后，即从这一联盟的杰出体现者兰波开始，到象征主义和自然主义为止。

在 19 世纪 80 年代，随着绘画方面的新印象主义与文学方面的颓废主义、象征主义和自然主义的出现，便产生了艺术与时间、艺术与历史之间的必然联系。同时，对传统的否定渐渐向否定的传统转移，向所谓革新的学院派方向转移，而相继出现的先锋派纷纷对此加以谴责，最终也逃不过沦为学院派的命运。不过，先锋一词的意义转移，首先是服务于进步，后来本身成了未来派。从那个时期起，历史学家与先锋派认同的是同样的进步学说与形式辩证发展学说。由此而产生现代传统的正统叙述的整个正统性，便在于其木头一般死板的语言。这种历史主义确实有助于驱除现代的时间意识，使导向肯定与否定、自由与专制、虚无主义与未来主义的先锋派的种种矛盾倾向得以调和。

正统叙述如何一步步走向一种未来教？贡巴尼翁认为，现代传统的正统叙述既是历史先锋的正统叙述，也是形式主义批评的正统叙述，这一正统叙述似乎是建立在某种护教论或目的论的意图之上。他把现代传统的这种叙述的两种变体当作净化的辩证法加以讨论，其一是用于诗歌。相对于散文，诗歌一般被视作文学现代性的所在地，其特征便是对传统形式的逐步抛弃，去现时化与去人格化是现代诗歌传统辩证分析的两个要素。其二与绘画有关。他说："去现实化与去人格化是现代诗歌传统辩证分析的两个要素……另外，将现代诗歌视作对本质的寻求的正统叙述也在悖论的意义上无视现代性的本质构成因素之一：讽刺……最后是最为严重的一点……波德莱尔的时间是一个个无关联的现时连续的时间，是一个不间断的时间，如果艺术家可从中提炼出某种美的话，至少是这样。可先锋派的时间都在抢先的概念上将连续性与结果混为一谈。"①

以第二次世界大战之后最有影响的美国批评家克莱门特·格林伯格为例，贡巴尼翁讨论了遗传学历史主义的第二个变体。他认为，格林伯格提出了一套现代主义的普遍理论，以展现从马奈到抽象的表现主义，尤其是到杰克

---

① 安托瓦纳·贡巴尼翁. 现代性的五个悖论 [M]. 许钧，译. 北京：商务印书馆，2005：47-50.

逊·波洛克的绘画演变过程。从康德的批判到黑格尔的美学，这一哲学体系最终传承到格林伯格和泰奥多尔·阿多诺，他们两位都是把风格历史当作外部现象的门徒，反对艺术进行社会学分析的马克思主义圣经。阿多诺的观点与格林伯格很相近，格林伯格在1955年发表的《美国式的绘画》一文中证实了这一原则。在贡巴尼翁看来，格林伯格是现代主义具有雄辩力的理论家之一，在最近几年来，他成了后现代主义信徒的眼中钉，因为他的叙述带有目的论性质和护教论性质。格林伯格对绘画分析的价值似乎在于拒绝以高级的现实主义来解释印象主义，而是以绘画本身来谈绘画，指出这种画是使用某些手段来迫使人们把它当作一个面来解释。正是在细节问题上，格林伯格对赛尚绘画的观点是很片面的，因为它是一种历史遗传学的观点。最后，贡巴尼翁提出，他反对把遗传学的历史主义和美学的战斗精神当作同一的进步主义幻想的两面。

第三章《理论与恐怖：抽象化与超现实主义》，贡巴尼翁集中探讨了现代性的第三个悖论：理论癖。

贡巴尼翁指出，在新之盛名和未来主义这两个现代性的悖论分别出现之后，紧接着出现了现代性的第三个悖论：理论的恐怖主义。

借助阿多诺的辩证法，贡巴尼翁讨论了抽象化和现实主义的矛盾。在贡巴尼翁看来，人们试图将现代性和先锋派归结为同一的定义，并将两者混同于一个运动时，是出自于政治的或意识形态的动机。将现代传统一概描述为对怪诞或晦涩的崇拜，与之相呼应的，是极力想把整个现代艺术等同于对资本主义社会中艺术单一化和文化工业化的反抗。人们可以看出这是一种马克思主义的世界观和艺术观。对新的追求因此也就是现代艺术的特性，存在于文化工业化的自主化之中。但这也是资本主义市场的迫切需要。现代艺术的准则看来也就类同于市场准则，因为艺术作品是一件商品。艺术家虽然反对资产者，却依赖于同一的生产方式。因此，对艺术家和艺术而言，人们都看不出有多大希望可以摆脱资本主义的异化。阿多诺顺着自己的逻辑，强调新的二元性，但他对理论并不是没有戒备的，因为理论往往只提供某种必然性的虚幻保证。他也意识到，超现实主义和无意识理论之间存在着联系，无论在艺术家身上还是在批评家那儿都存在。现代派没有理论，先锋派试图借助于理论来保证自己的未来。但是，理论与宣言并无助于区分媚俗艺术和必然的新，抽象化和超现实主义的矛盾例子已说明了这一点。

关于抽象艺术。贡巴尼翁认为，18世纪各种美学所强调的形式与内容之分,以及在 19 世纪不断增强的形式的自主性,无疑是使抽象化成为可能的条件。借助于抽象化,形式脱离了内容,直至成为自身的内容,或更确切地说,直至取消了形式与内容的区分。第一部抽象作品是康定斯基的一幅水彩画。"在康定斯基看来,现实主义曾是辉煌的资本主义的最佳样式,但从今之后将被废弃。20 世纪将意味着唯物主义的终结。康定斯基看到一个'精神的转折'即将到来,为此而成为了一个时代的预言家,在新的时代,艺术将从自然和物质中解放出来。艺术一旦成为非物质的,也就是抽象的,它将自由地表达深藏在表面世界之下的精神之真实。"[1] 也就是说,艺术是一种宗教,而抽象化作为"世界的新形象",有助于人们达到本质的因素。

关于超现实主义。通过对布勒东、希里科和达利等艺术家作品及理论的分析,贡巴尼翁提出,超现实主义是战斗的先锋,意识到自己要担当某种历史角色,在超现实主义这一运动中,理论与实践之间的差距似乎是对称的。如果说抽象化艺术缔造者的哲学从超现实主义的绘画中退隐而去的话,那么与此相反的,是超现实主义那些激进而极端的理论宣言导致了一些往往是厚古的作品,催生了新的学院主义。超现实主义崇拜奇异,最终导向了表现想象世界的学院派,其代表为比利时的两位画家:马格里特和德尔沃。

第四章《受骗者的市场:抽象表现主义与波普艺术》,贡巴尼翁集中探讨了现代性的第四个悖论:对大众文化的呼唤。

在引言中,贡巴尼翁说明了在这章他所要探讨的是这一现象,即市场对艺术和文学越来越强大的控制以及它们越来越沦为市场的工具。他也指出了这一章的写作思路。

其一,贡巴尼翁主要探讨艺术从巴黎转移到纽约,即从旧世界转向新世界。这是艺术演变的一个关键要素,其起点便是抽象表现主义运动,它造就了美国的统治地位。他说,在 1945 年之后,选择的却是另一种绘画,用以代表美国与马克思主义和苏联的意识形态抗衡,可这种绘画却深受法国超现实主义,同时也受到马克思主义和托洛茨基主义的影响,这就是抽象表现主义。然而,凭借一种新的历史窍门,抽象表现主义的极端性又被归结为它的美国来源。因为它产生于美国,所以这种绘画便更甚于欧洲传统,具有现代性的所有悖论。抽象表现主义是美国的,表现在波德莱尔曾说过的实用主义或幼稚性。孩子的幼稚或病愈者的幼稚所表现的是一种毫不转弯抹角的创作,采

---

[1] 安托瓦纳·贡巴尼翁. 现代性的五个悖论 [M]. 许钧,译. 北京:商务印书馆,2005:75.

取的是初始的或原始的方式，而不将创作遮藏在完成的物体之后。

其二，贡巴尼翁讨论了 20 世纪 60 年代波普艺术在向大众化发展过程中的重要性，以及杜尚在整个这段艺术终结史中更加重要的地位。他认为，波普艺术在今天看来比抽象表现主义还更过时，这似乎是导向消费社会的一个关键阶段。波普艺术的政治悖论，在于这一艺术明明依赖消费社会，却有可能像在 1968 年的法国一样，被视作是对消费社会的不满，而不是被看作消费社会之规律的极度表现。杜尚的美术作品进一步证明了，艺术从此只是一种商品，艺术家和受众，精英文化和大众文化之间的对立消除了。"历史总是在嘲讽人，它要让现代传统最终达到的是波普艺术，在这里，对现代性所有标准的机械阐释必定导向对现代性和艺术的彻底悲观主义。波普艺术远远没有代表 1968 年那一代人（尤其是欧洲）所信仰的文化革命，反而揭示了现代传统的精英和神秘主义本质，暴露了任何艺术对市场的依赖性。在波普运动之后，人们还可以谈最小主义艺术、观念艺术、超现实主义艺术，还有'Body Art'（身体艺术）等等，但是与后现代的时髦相比，所有这一切看来都不过是一段段轶闻而已。"[①]

其三，贡巴尼翁分析了法国新小说、新批评在艺术工具和新的贬值语境中的演变。他认为，战后法国新艺术作品的发展是跟在美国后边走的，从"物体主义"或"心灵主义"到"文本主义"，新小说走的是拉康、福柯和德里达的那条解构立体实在性的人文科学的道路。由于其双重性以及与主体性关系并不确定的手法，新小说就其历史而言，差不多就等于美国的绘画。

第五章《气数已尽：后现代主义与出尔反尔》，贡巴尼翁集中探讨了现代性的第五个悖论：否定的激情。

贡巴尼翁通过对后现代的分析，认为该术语存在逻辑矛盾。进而他指出，后现代包含对现代的一种反动，现代已成为替罪羔羊；后现代首先是一个论争口号，以反击现代性的意识形态或作为意识形态的现代性，亦即它所反对的与其说是波德莱尔充满矛盾和分裂的现代性，毋宁说是 20 世纪历史先锋派的现代性。因此，倘若现代性是复杂而充满悖论的，那么后现代性也同样如此。

其一，贡巴尼翁探讨了建筑领域中后现代的意义。后现代的建筑想要与国际性的风格决裂，它要求具有折中主义、地域主义和诉诸模糊回忆的权利，

[①] 安托瓦纳·贡巴尼翁. 现代性的五个悖论 [M]. 许钧，译. 北京：商务印书馆，2005：117.

它所依据的是一种反对几何纯粹主义宽容的诸说混合论。现代主义乌托邦产生于第一次世界大战和俄国革命之后，它梦想在新的基础上重建欧洲，将城市规划与建筑融入社会改造的计划之中。"后现代主义自在建筑领域获得胜利之后，便广泛流传到广义的艺术、社会学、哲学领域……后现代主义作为意识形态终结之意识形态，尤其以其容忍性和对批判的放弃为特征……美国的后现代派承认的是著名的先驱，处在最前列的有博尔赫斯、纳博科夫和贝克特。然而，这三位作家没有什么共同之处，除了与表现之习规的游戏。"①

其二，贡巴尼翁探讨了文学和造型艺术领域中后现代的意义。后现代主义远没有为精英文化的民主化而竭尽全力，相反，它致力于大众文化的合法化。如果说，现代性是对现时的痴迷，先锋性是历史性的一次冒险，那么，拒绝被人们以历史的术语加以思考的后现代的意向性，看来对现代性的敌意便少于对先锋性的敌意。除非是一种犬儒主义的、商业的变种，这是媚俗的最后一个灾难。后现代主义并不反对波德莱尔的现代性，因为后者也始终被先锋主义所背叛。它所要反对的，是历史先锋主义最典型的对进步与超越的偶像化崇拜。

其三，贡巴尼翁探讨了社会学和哲学领域中的后现代的意义。他认为，后现代主义产生于当代世界中出现的历史意识的重大危机，产生于现代的进步、理性和超越之理想合法性的危机。在这个意义上，后现代也许代表着真正的现代性的迟迟到来。对于哈贝马斯和法国后现代主义之间的论争，贡巴尼翁指出，他们对"现代"概念的意义存在着分歧。在法国，现代是在以波德莱尔和尼采为发端的现代性意义上来理解的，当然也就包括虚无主义。从一开始，它与现代化，尤其是与历史的关系以及对进步的怀疑都是双重的。在本质上，它是美学的。而在德国，与之相反，现代是以启蒙运动为发端的，而如今放弃了启蒙，便是放弃了启蒙理想。这一矛盾不可能从启蒙时代到古拉格，从雅各宾党人到黑格尔再到马克思存在着连续性为托词，就可轻易了结的。"后现代主义就不仅仅是现代性历史中充满的种种危机的再一次危机，不仅仅是现代的种种否定中的最后一次否定，也不仅仅是现代主义反抗自身的最新阶段，而是现代史诗的结局本身，是哈贝马斯所说的'现代规划'永远不可能实现这一意识的觉醒。"② 在后现代，一系列的现代对立因此而失去

---

① 安托瓦纳·贡巴尼翁. 现代性的五个悖论 [M]. 许钧，译. 北京：商务印书馆，2005：135 - 136.
② 安托瓦纳·贡巴尼翁. 现代性的五个悖论 [M]. 许钧，译. 北京：商务印书馆，2005：150.

了其非此即彼的锋芒。

在结语"回归波德莱尔"中，贡巴尼翁指出，现代艺术是悖论的，波德莱尔和尼采从一开始就已经提出来，艺术在现代意识中是居于中心地位的。因为，作为当代根本价值标准的新，早已在艺术中取得了其合法性。他所偏爱的是不受现代性批判的艺术家。

【意义与影响】

《现代性的五个悖论》一书于1990年在法国Seuil出版社首次出版，2005年商务印书馆组织翻译出版了此书的中文版。

这部著作虽然篇幅不长，但涉及的问题很多。贡巴尼翁在有限的篇幅里，以清醒的头脑、明确的思路和简洁的表述，把握住了"现代性"这个复杂而众说纷纭问题的实质。他在本书中紧紧抓住"现代性"这个问题，没有纠缠于历史上的是是非非，也没有陷入对细枝末节的论述，而是从现代性自身的矛盾入手，集中探讨了现代性的五个悖论：新之迷信、未来教、理论癖、对大众文化的呼唤和否定的激情。说到底，问题在于肯定与否定这对根本性的矛盾上。新与旧、过去与未来、理论与实践、大众与精英、否定与肯定，现代性就是在这种非此即彼、二元对立的模式中永远走不出自身的怪圈。在贡巴尼翁看来，"现代传统由一条死胡同走向另一条死胡同，不断背叛自身，背叛真正的现代性"。由此，他提出了两个尤其值得我们今日要认真加以思考的问题：对未来的崇拜是否已经消除？我们是否已经根除了对新的迷信？一味求新，只把目光投向未来，有可能走向反面，那就是忽略传统，忽略过去，忽略自身立足的基点，最终会否认自身、丧失自身。当今，"创新"的口号喊得很响，但愿我们能吸取历史的教训，讲"创新"而不忘传统。不然，所谓的"新"就很有可能成为无源之水。

《现代性的五个悖论》一书以独特的话语方式对现代性问题进行了全新的诠释，并且从本书看似驾轻就熟、随手拈来的现代性悖论的分析中，我们可以看到，贡巴尼翁对哲学史上现代性问题研究的经典大家及前沿思想家理论的深刻洞见与把握。这使得本书成为国内外学界研究现代性相关理论问题不可多得的一部重要参考书。贡巴尼翁在分析现代性问题上的思维方式、概念及话语方式，影响了我国学界的现代性问题研究，随着我国现代化进程的发展，以及现代性问题研究的深入，人们会越来越关注现代社会的文化危机，对这部著作的研究也会更加深入，其影响也将更大。这部著作启示我们，现代与传统、多样与同一、新与旧将是我们始终要面对的一个矛盾状态，以一种同一的思维面对现时的社会生活与各种文化现象是不可取的。

---【原著摘录】-------------

绪论　现代的传统　现代的背叛 P1-6

P1　资产者再也不会为之愕然。他已经见识了一切。在其眼中，现代性已成为一种传统。唯一任其感到有些困惑的是，如今，传统竟被视作现代性的顶点。

P3　现代传统是以作为价值标准的新之诞生而开启的，因为新在过去从来就没有被当作过价值标准。但是，新这个词本身就是令人困惑的，因为它属于历史叙述的某种特殊类型，也就是现代类型。

P5　我们对现代性的当代意识，往往被称之为后现代，它允许人们对曾经为现代之标志的发展逻辑略而不论。

第一章　新之威望：贝尔纳·德·沙特尔、波德莱尔与马奈 P7-35

P9　兰波宣告："必须绝对现代。"随着兰波，现代这一口号响彻四方，作为对古老的强烈拒斥。

一开始，波德莱尔的新和兰波的新似乎关系不大。

我将追溯到更远以便探求这些概念的本源并对它们之间的系谱关系作一梳理。"现代性"一词，如取其现代的特征之义，它在波德莱尔作出界定之前，就已于1823年出现在巴尔扎克的作品中，而"现代主义"一词，如取其品味之义，且往往被认为是极端的品味，它最早见于于斯曼的《1879年沙龙》。

P14-15　时间的肯定观，即时间的线性、累积和因果式发展的观念，当然意味着基督教的不可逆转和有限的时间……这一观念扩展至历史，尤其是艺术史，如同在科学技术方面从16世纪起被发现的一条完善的法则。

不仅仅在科学或哲学知识领域，而且在品味方面对进步的肯定，亦即在文学艺术领域肯定现代之于古代的优越性，这种思想是借17世纪以来的古今之争应运而生的。

新之美学的可能性由此而开启。

P15-16　一步步穿越现代传统的历史有着太多的讽刺，而其中之一便是反对模仿的现代人提出的主要论点——明确的论点——之一，即成功的模仿只属于天才，因为天才有与古代最伟大的人物相匹敌的能力……就这样，现代的论点一开始就打上了某种让步的标记。与布瓦洛、拉辛、拉封丹、博须埃相比，基诺、圣埃弗勒蒙、贝洛、丰特奈尔有同样的分量吗？但是……他们还是有理由面向未来的。

P16 在整个18世纪，直到孔多塞的《人类精神进步史概论》的问世，随着对进步的肯定，人们已经做好准备，构建如下这一对概念：古典主义与浪漫主义。

P20-21 波德莱尔认为，现时的观念仍然是任何美学体验的构成要素……现代性，若当作现时的观念来解，便取消了与过去的任何联系，仅仅视作各个独特的现代性的更替，无助于分辨"现时美的特征"。想象力作为对现时作出敏感反应的一种能力，意味着对过去的遗忘和对即时性的认同。

P21 现代性就是作为现时的、没有过去也没有将来的现时的意识；它仅仅与永恒相关。正是在这个意义上，现代性拒斥了历史性的时间给人的快慰或诱惑，代替了一种英勇的选择。在波德莱尔看来，与永恒或无时间性相对立的，是受时间束缚而又吞噬着自身的现代性永恒且不可抵挡的运动，是不断更新、否定昨日之新的新的废弃。

P22 在《不合时宜的再思》中，尼采也不得不强调现代人的历史病的存在，历史病使现代人沦为某种追随者，无法创造真正的新事物：正因为如此，现代性与颓废在其思想中是同义词。他和波德莱尔一样，认为历史和进步，只是造作的一次又一次更新，因此从中看不到超越现代性或摆脱颓废的可能性。

第二章 未来教：先锋派与正统叙述 P36-64

P43-44 在19世纪80年代，随着绘画方面的新印象主义与文学方面的颓废主义、象征主义和自然主义的出现，便产生了艺术与时间、艺术与历史之间的必然联系，同时，对传统的否定渐渐向否定的传统转移，向所谓革新的学院派方向转移，而相继出现的先锋派纷纷对此加以谴责，最终却也逃不过沦为学院派的命运。不过，先锋一词的意义转移——首先是服务于进步，后来本身成了未来派——如杜雷一书的书名所揭示的那样，与形式创新成为批评阐释原则的那个时期是相吻合的。从那个时期起，历史学家与先锋派认同的是同样的进步学说与形式辩证发展学说……遗传学的历史主义的有关例证我们在后文将会谈到，这种历史主义确实有助于驱除现代的时间意识，使导向肯定与否定、自由与专制、虚无主义和未来主义的先锋派的种种矛盾倾向得以调和。

P45 正统的叙述仿佛始终是根据它意欲达到的目的来抒写的——在这个意义上，它是目的论的——它有助于赋予当代艺术以合法性，而当代艺术本来是想与传统决裂的——就此而言，它是护教论的。我将把现代传统的这种叙述的两种变体当作净化的辩证法加以讨论。其一是用于诗歌。相对于散文，诗歌一般被视作文学现代性的所在地，其特征便是对传统形式的逐步抛弃；其二与绘画有关。

P54 从康德的批判到黑格尔的美学，这一哲学体系最终传承到格林伯格和泰奥多尔·阿多诺，他们两位都是把风格历史当作外部现象的门徒，反对对艺术进行社会学分析的马克思主义圣经。

第三章　理论与恐怖：抽象化与超现实主义 P65－93

P65 新之盛名和未来主义的激情分别出现，在这之后，另一同样矛盾的特征在我们看来也系于现代传统：理论的恐怖主义……像波德莱尔、马奈或塞尚这些最早的现代派，是身不由己或在不知不觉中当了现代派，他们并不认为自己是革命者，也不认为自己是理论家。

P67 当人们试图将现代性和先锋派归结为同一的定义，并将两者混同于一个运动时，在我看来，这是出自于政治的或意识形态的动机。将现代传统一概描述为对怪诞或晦涩的崇拜，与之相呼应的，是极力想把整个现代艺术等同于对资本主义社会中艺术单一化和文化工业化的反抗。自19世纪初浪漫主义者把矛头指向大众文化的首要因素，艺术家开始谴责资本主义艺术作为商品的堕落以来，与受制于社会再生产要求的大众文化相对立的自主的精英文化的发展，便构成了包括各种倾向在内的现代传统的原则，在形式的追求中渐渐远离了大众。

P71－72 阿多诺顺着自己的逻辑，强调新的二元性，但他对理论并不是没有戒备的，因为理论往往只提供某种必然性的虚幻保证。他也意识到，超现实主义和无意识理论之间存在着联系，无论在艺术家身上还是在批评家那儿都存在，强调这一点，恐怕是切中要害的。

抽象艺术是在第一次世界大战之前那几年，差不多同时在慕尼黑、巴黎和莫斯科出现的，代表人物为康定斯基、蒙德里安和马列维奇。

P73－74 18世纪各种美学所强调的形式与内容之分，以及在19世纪不断增强的形式的自主性，无疑是使抽象化成为可能的条件。借助于抽象化，形式脱离了内容，直至成为自身的内容，或更确切地说，直至取消了形式与内容的区分。

据说第一部抽象作品是康定斯基的一幅水彩画，日期为 1910 年……康定斯基放弃物体、追求纯形式的过程极其缓慢，也很谨慎，而同时代的布拉克与毕加索发现立体主义的过程却很神速，两者形成了鲜明的对照。

P80　艺术是一种宗教，而抽象化，作为"世界的新形象"，有助于人们达到本质的因素。

P82　至上主义和虚无主义有许多共同点，它们都公开宣称放弃信仰对象但又不放弃信仰。

P83　超现实主义是战斗的先锋，意识到自己要担当某种历史角色，在超现实主义这一运动中，理论与实践之间的差距似乎是对称的。如果说抽象化艺术的缔造者的哲学从超现实主义的绘画中退隐而去的话，那么与此相反的是，超现实主义那些激进而极端的理论宣言则导致了一些往往是厚古的作品，催生了新的学院主义。这不是说抽象化没有导致守旧派，但是，布勒东的精神恐怖主义……在 1924 年的第一号《宣言》中，布勒东公开谴责绘画和文艺领域的现实主义和实证主义。

P89　达利是超现实主义团体中最有天赋的画家……他的画中很快越来越多地出现了自我参照的老套，最终出于政治上的原因——他的那帮极左派朋友、他犹豫不定的反纳粹态度以及他对希特勒的钦佩——和美学上的原因——他喜欢梅索尼埃和学院派，过分地追求不合时空的完美，后又回归了完善与精致的画风——于 1935 年与超现实主义团队分道扬镳。

第四章　受骗者的市场：抽象表现主义与波普艺术 P94－121

P94－95　我们这个时代，被称为"后现代"——后现代性或对现代的唾弃，谁也不知道——它似乎在确认新的光环的丧失。然而，这种衰落却是由第二次世界大战以来快得令人惊异的更新速度所酿成的……即市场对艺术和文学越来越强大的控制以及它们越来越沦为市场的工具。

首先我将谈及艺术在 1945 年以后从旧世界向新世界，即从巴黎向纽约的转移，这是现代艺术演变的一个关键要素，其起点便是抽象表现主义运动，它造就了美国的统治地位。然后，我将指出 20 世纪 60 年代波普艺术的重要性，以此对艺术作一界定，或拿美国批评家哈罗德·罗森伯格的话说，作一"重新界定"。

P97　但是，在 1945 年之后，选择的却是另一种绘画，用以代表美国与马克思主义和苏联的意识形态抗衡，可这种绘画却深受法国超现实主义，同时也受到马克思主义和托洛茨基主义的影响，这就是抽象表现主义……更为奇怪或更为机智的是，所选择的绘画看来像是与美利坚主义，与"美国的生活方式"（American way of life）的实用主义相对抗的表现方式。

P103　然而，凭借一种新的历史窍门，抽象表现主义的极端性又被归结为它的美国来源。因为它产生于美国，所以这种绘画便更甚于欧洲传统，具有现代性的所有悖论。抽象表现主义是美国的，表现在其实用主义或其幼稚性——波德莱尔曾说，孩子的幼稚或病愈者的幼稚——表现的是一种毫不转弯抹角的创作，采取的是初始的或原始的方式，而不将创作遮藏在完成的物体之后。

P105　波洛克在1947年至1951年间的作品，比纽约画派其他成员的作品更为明显，是从未有过的最真切、最当下、直接产生于感觉冲动的作品：感觉、动作和笔路巧成一体……自20世纪60年代开始达到了很高卖价的精英艺术的最终不幸的结局。

P106　波普艺术在今天看来已经过时，比抽象表现主义还更过时，但是，后者（艺术，进而上升为精英艺术）被前者（概念艺术，进而上升为大众艺术）推翻，似乎是导向新在消费社会贬值的一个关键阶段。

P107-108　波普艺术的政治悖论，与抽象表现主义的悖论相对称，在于这一艺术明明依赖消费社会，却有可能像在1968年的法国一样，被视作是对消费社会的不满，而不是被看作消费社会之规律的极度表现。

不管任何价值判断，杜尚的作品都代表着在一个被技术统治的世界中对20世纪艺术最深刻的一种思考。

P117　这是一个多世纪的现代传统的结局：艺术从此只是一种商品。艺术家和受众，精英文化和大众文化之间的对立消除了。战后的美国绘画深深地被欧洲传统所影响，对伟大艺术的任何尊重都已经无从谈起，当代艺术从此不再以传统为敌，而是以传媒为同伙。

P120　从"物体主义"或"心灵主义"到"文本主义"，新小说走的是拉康、福柯和德里达的那条解构立体实在性的人文科学的道路。由于其双重性以及与主体性关系并不确定的手法，新小说就其历史而言，差不多就等于美国的绘画。

确实，在二十年之后，法国的毛主义仍然给人留下一种印象，曾经为80年代当权的那些人组建过一所优秀的干部学校。

"新"这个形容词，在"辉煌三十年"的法国保存了些许价值，在那里，新浪潮、新批评、新烹调、新哲学或新城等等，差不多都是一些风行的口号。

第五章 气数已尽：后现代主义与出尔反尔 P122–151

P122 后现代，20世纪80年代的这个新的老一套，侵入了美术——如果还能说美术的话——文学、造型艺术，也许还包括音乐领域，但首先是建筑，还有哲学等领域，这些领域已被先锋派及其疑难所厌烦，并为决裂的传统越来越好地融入消费社会的商品崇拜而感到失望……不可否认的是，后现代包含对现代的一种反动，现代已成为替罪羔羊。但是，该术语的组成本身——与 postmodernisme（后现代主义）和 postmodernité（后现代性）这两个术语一样——马上提出一个逻辑问题。

P123–124 后现代首先是一个论争口号，以反击现代性的意识形态或作为意识形态的现代性，亦即它所反对的与其说是波德莱尔的充满矛盾和分裂的现代性，毋宁说是20世纪的历史先锋派的现代性。因此，倘若现代性是复杂而充满悖论的，那么后现代性也同样如此。

早在20世纪50年代初……是消费社会的意识形态或非意识形态。

后来，在20世纪70年代，始终还是在美国，该词在乐观主义和论争的意义上被再次使用，尤其在伊哈布·哈桑的《俄耳甫斯的肢解：迈向一种后现代文学》（1971年）一书中……然而，后现代主义是否就相当于真正的认识论转向或托马斯·库恩意义上的"范式"转向，它是否产生了独特的形式，或只是在一个不同的语境下重新使用了一些旧的方式而已，这是很难断言的。

P125 后现代声称与现代决裂，但在与现代决裂的同时又重现了"决裂"这一杰出的现代行动，显而易见，后现代存在着一个悖论。

对后现代的拷问实在太多，它在法国激起了强烈的怀疑，因为自认为是人权之父，是现代性或先锋之父的法国人并不是后现代的创造者。我首先将回到对后现代的意义达成了某种共识的建筑领域，继而讨论该概念在文学与造型艺术范畴的使用，然后再论及后现代"范式"的社会学与哲学问题。

在法语中，"Postmodernisme"（后现代主义）一词往往只用于指称一种建筑风格；《小拉露斯词典》就只取这一含义。

P126 后现代的建筑想要与国际性的风格决裂；它要求具有折中主义、地域主义和诉诸模糊回忆的权利；它所依据的是一种反对几何纯粹主义的宽容的诸说混合论。

P127 现代主义乌托邦产生于第一次世界大战和俄国革命之后；它梦想在新的基础上重建欧洲，将城市规划与建筑融入社会改造的计划之中。建筑的现代主义一开始是以明确的理想为基础的：一幅理性的图像将符合一个理性的社会，而理性的社会是建立在现代的神话和对过去的拒斥之上的；机械化被设想成为快乐与幸福的所在，比如像在勒科比齐埃的机器屋子里。

P130 后现代建筑往往给人以模仿或戏仿的印象。

P133 在法国的建筑舞台上，工厂模式还是以现代的为主。

P145 后现代主义产生于当代世界中出现的历史意识的重大危机，产生于现代的进步、理性和超越之理想的合法性的危机。在这个意义上，后现代也许代表着真正的现代性的迟迟到来。

P145-147 为后现代的辩解几乎都倾向于自我毁灭。利奥塔在《后现代状况》中将后现代形容为对宏大叙事的不信任，因为这种宏大叙事自两个世纪以来一直在为知识辩护，因此也就意味着需要一种历史哲学。在他看来，后现代性等于是知识合法性的一种普遍危机状态和伟大的决定论的非稳定化。他对直到最近都起着统治作用的两种理论模式作了区分：一种为有机的，另一种为辩证的，那就是功能社会学或系统论和马克思主义。但是这些模式相互交叉，又相互中和，阶级斗争成了与自由资本主义相联系的调节原则，而共产主义社会以马克思主义的名义总是倾向于扼制差异。

有必要想一想哈贝马斯在对后现代主义和新保守主义作比较时为什么会如此严厉地抨击法国思想……新马克思主义者也很乐意，如弗雷德里克·詹姆逊，在他看来，后现代主义在否定艺术自主性的同时在巩固资本主义的逻辑。

P149 更为严重的是，哈贝马斯和法国后现代主义之间的论争表明了对"现代"概念的意义存在着分歧。在法国，现代是在以波德莱尔和尼采为发端的现代性的意义上来理解的，当然也就包括虚无主义；从一开始，它与现代化，尤其是与历史的关系以及对进步的怀疑都是双重的；在本质上，它是美学的……而在德国，与之相反，现代是以启蒙运动为发端的，而如今放弃了启蒙，便是放弃了启蒙的理想。这一矛盾不可能从启蒙时代到古拉格，从雅各宾党人到黑格尔再到马克思存在着连续性为托词就可轻易了结。

P151 新/旧、今/昔、左/右、进步/反动、抽象/形象、现代主义/现实主义、先锋/媚俗等等，这一系列的现代对立因此而失去了其非此即彼的锋芒。

结语 回归波德莱尔 P152-154

P153 艺术在现代意识中是居于中心地位的，因为作为当代根本价值标准的新早已在艺术中取得了其合法性。

P154 波德莱尔曾经说过，德拉克洛瓦和司汤达一样，"十分害怕被人欺骗"。我所偏爱的，是不受现代性欺骗的艺术家。

【参考文献】

[1] 安托瓦纳·贡巴尼翁. 自由的现代派——《反现代派》导言[J]. 郭宏安,译. 中国图书评论,2008(7).

[2] 周宪. 文化现代性精粹读本[M]. 北京:中国人民大学出版社,2006.

[3] 蔡铮云. 另类哲学[M]. 上海:上海人民出版社,2005.

[4] 刘小枫,等. 作为学术视角的社会正义新传统[J]. 开放时代,2007(1).

[5] 王伯鲁. 广义技术视野中的技术困境问题探析[J]. 科学技术与辩证法,2007(1).

[6] 张海燕,高靖生. 当代正义论证范式的一种转型——奥特弗利德·赫费的交换正义性评述[J]. 国外社会科学,2007(1).

[7] 郑莉. 现代性论争的缘起、困境及出路[J]. 理论参考,2007(10).

[8] 张世远. 形而上学危机与后现代主义思维方式[J]. 辽宁师范大学学报(社会科学版),2007(1).

[9] 周计武. 艺术的终结:一种现代性危机[J]. 文艺研究,2007(7).

[10] 高玉. "现代性"研究的语言学范式:话语论[J]. 学术月刊,2008(5).

[11] 李福岩. 马克思政治哲学与后现代政治哲学的关系研究[M]. 北京:中国社会科学出版社,2012.

[12] 邓永芳,蔡益群. 西方政治文化现代性论析[J]. 长白学刊,2012(4).

[13] 殷曼楟. 论现代性的矛盾性——反思波德莱尔的现代性概念[J]. 四川大学学报(哲学社会科学版),2012(4).

[14] 赵周宽. "新"世界的迷茫——现代性悖论的起源[J]. 咸阳师范学院学报,2013(1).

九、《现代性与自我认同——现代晚期的自我与社会》

[英] 安东尼·吉登斯 著
赵旭东，方文 译
生活·读书·新知三联书店，1998 年

——【作者简介】————————————————————

安东尼·吉登斯（1938— ），当代英国著名的社会学家、中国社会科学院名誉院士。他所建立的"结构化理论"在全球学术界产生了举足轻重的影响，所提出的"第三条道路"理论深刻影响了 20 世纪末西方社会政治发展的方向。同时，他还将"现代性""全球化"推向了全球学术研究的中心。他被誉为"布莱尔的精神导师""出版界的独行侠"。2004 年，他被授予"终身贵族"头衔。

1938 年 1 月 18 日，吉登斯出生于伦敦北部爱德蒙顿镇一个普通职员家庭。1956 年，他进入赫尔大学学习心理学和社会学。1959 年，他进入伦敦经济学院攻读硕士学位。1966 年至 1969 年，他先后访问和任教于加拿大西蒙·弗雷泽大学、美国加利福尼亚大学洛杉矶分校。1969 年，他受聘于剑桥大学国王学院。1976 年，他获剑桥大学博士学位。1986 年，他受聘为剑桥大学社会学教授。1987 年，他被任命为剑桥大学社会学会会长。1997 年至 2003 年，他出任伦敦经济学院院长。他现为英国上议院议员，主要研究全球化背景下英国和欧洲的政治发展。吉登斯在理论上的创新主要表现在：（1）对以马克思、涂尔干、韦伯等为代表的经典社会学家思想的反思；（2）对以结构主义、功能主义和解释社会学等为代表的现代社会学研究方法的反思；（3）对社会学研究方法的重建，提出了著名的"结构化理论"；（4）现代性理论范式的提出和现代性发展的反思；（5）第三条道路等。

吉登斯的研究领域遍及社会学、政治学、心理学、哲学等学科，先后出版学术著作 40 余部，其中许多著作具有世界性影响，主要有《资本主义与现代社会理论》（1971 年）、《发达社会的阶级结构》（1973 年）、《社会学方法的新规则》（1974 年）、《社会理论的核心问题》（1979 年）、《对历史唯物主义的当代批判》（1981 年）、《社会学》（1982 年）、《社会的构成》（1984 年）、《民族国家与暴力》（1985 年）、《社会理论与现代社会学》（1987 年）、《现代性与自我认同——现代晚期的自我与社会》（1991 年）、《超越左与右》（1994 年）和《第三条道路》（1998 年）等。

── 【写作背景】

第一，本书是吉登斯思考现代社会理论的一个自我延展。吉登斯的思想脉络大体可以分为两个阶段。第一阶段是 20 世纪 70 年代的"结构化理论"，即对社会学整体主义与个体主义思想的一种综合，《社会的构成》一书是这一阶段的代表性作品。第二阶段是 20 世纪 80 年代以来的现代性问题研究，《现代性的后果》《现代性与自我认同——现代晚期的自我与社会》等著作是这一阶段的代表性作品。本书也是吉登斯对过去一贯建构的抽象社会理论工作的链接，并把其应用到现代性研究之上的一个研究结果。吉登斯对晚期现代性的研究成果，在学界深深地影响了"全球化"问题的研究。

第二，本书是吉登斯在梳理社会学理论家马克思、涂尔干、韦伯的现代性思想基础上的一个理论延展。在吉登斯看来，马克思和涂尔干的现代性思考过于乐观，而韦伯则更关注现代性的负面影响，他们都只关注现代性发展历程中的一个维度，如资本主义、工业主义等。吉登斯对现代性持一种审慎的态度，他认为，现代性的后果不容乐观，现代世界是一个可怕的危险世界，需要我们不断努力来克服它的负面效应。其中，从制度层面思考现代性、思考自我认同问题，就是一个现代人类解放的理想模式。

── 【中心思想】

这本书在吉登斯著作的思想脉络中，具有关键性的转折地位，即在对现代性的后果进行宏观考察的基础上，进入微观个体层次来探讨。在他看来，在一个高度现代性的社会里，焦虑与不安的个体自我认同的过程，就是以生活政治代替解放政治的过程，也就是克服现代性问题的理想途径。本书从个人能动性的概念出发展开对现代性的论述，并有选择地借用了若干心理学概念，强调现代性的个人内在性，同时集中探讨了现代社会中自我认同新机制的出现及影响。全书重点在于：自我认同的塑造过程中，外在的全球现代性制度对个体的冲击以及个体对这一冲击的吸纳和强化作用。

具体说来，本书的主要内容可分为四个方面。第一，现代性改变了人们日常生活的实质，知识体系的专门化导致了权威多元的困惑和怀疑的流传以及道德的困境，全球化的新风险和庞大的社会机器又导致了人们无法把握命运的焦虑。第二，个人对外在的结构化压力做出了抵御性的反应。个体在危机与风险面前，通过反思可以有意识地创造自我实现的方案，而外在于个体的现代性在产生压力的同时，也为个体创造了力量延伸的手段与空间。第三，不同于许多对现代社会持悲观与批判态度的社会思想家，吉登斯指出了现代社会中个人可以进行一场"生活政治"，通过自我反思与自我重建，促成自我实现的生活方式，在被社会结构化的同时也对社会进行建构。第四，基于"建构化"理论，吉登斯分析了现代社会中自我认同的新机制，着重分析了个人是如何一方面由现代性结构所塑造，同时也塑造着现代性的结构本身。

全书主要由引论和7章正文组成，共约19万字。

【分章导读】

这是一本理论性很强的社会政治哲学论著，作者从自己独特的视角出发，运用自己开创的新概念，对现代性进行了全新的阐释，深入论述了自我认同的新机制。毫无疑问，自我认同问题关涉心理学，但也诚如吉登斯所言，他在本书中所阐述的自我认同问题主要不是一个心理学问题，而是一个社会学问题。而就书中论及的现代性与自我认同的新机制而言，我们不能简单地把它视为一个社会学问题，由于它涉及元社会政治发展的元理论问题，故而，可称这部著作为社会政治哲学论著。

第一章《高度现代性的轮廓》，吉登斯阐述了自己对时代发展的深刻理解，勾画了一幅"高度现代性的轮廓"，进而阐发了现代性和个人认同之间的密切关联。

可以说，在此书写作出版的20世纪90年代，正是后现代思潮在世界范围内风起云涌的时候，世界各国学者都把思考的注意力瞄向了它。作为一位世界顶尖级思想大师，吉登斯也以自己独特的理解参与到这场讨论中来。没有采取将现代与后现代截然分裂开来并加以对立的简单思维方式,吉登斯把它们视为现代性内部的统一整体,不采用"后现代"这一概念,而使用"高度现代性""晚期现代性"的概念,并把它看成是对现代性的反思。吉登斯所谓高度(或晚期)现代性,是指现代制度发展的当前阶段,是现代性的基本特质的极端化,全球化是其标志。随着现代性在21世纪初的充分展开,20多年后的我们更清晰地看到吉登斯这一理论判断的高超性。

以典型的英国经验主义思维模式开篇,吉登斯以对沃勒斯坦和布莱克斯里研究婚姻的著作《第二次机会》的评价作为背景,从具体个人生活层面向更为制度化的层面刻画了现代性这种恼人的喧哗现象,进而提出了自己对于现代社会本质特征的看法。他认为,现代性这个术语是指在欧洲封建社会以后所建立的并在20世纪日益成为具有世界性影响的行为制度与模式;现代性可分为四个维度:工业主义、资本主义、监控制度和战争的工业化;现代性产生了明显不同的社会形式,其中最为显著的便是民族—国家。

在许多关键方面,现代制度与前现代的文化及生活方式都是断裂的。他说:"现代性是一种后传统的秩序,但在这种秩序之下,作为秩序保证的传统和习惯并没有被理性知识的必然性所代替。"[①] 现代社会的转型是在三种力量的推动下完成的。一是时空分离与重组。在前现代的情境下,时间和空间通过空间的定位而连接在一起;在现代社会,时空分离对于由现代性引入人类社会事务中来的那种巨大的推力十分重要,这种现象使"用历史去创造历史"的观念普遍化,并使现代社会生活逐渐脱离传统的束缚。二是社会制度的抽离化,即社会关系从地方性的场景中被挖出来,并使其在无限的时空地带"再联结",日常生活的许多领域从个人的经验中脱离,被符号化,并成为专家系统的专门技术领域。抽离化机制有两种类型,即"符号标志"和"专家系统",也可统称为"抽象系统"。专家系统在本质上都依从于信任。三是彻底的反思性背景。这一反思性指的是依据新的知识信息而对旧的知识体系的修改或抛弃。现代性的反思性混淆了启蒙思想的期望,削弱了知识的确定性,使科学依赖的不是证据的归纳积累,而是依赖方法论上的怀疑原则,成为存在性的烦恼。因此,现代性导致了全球化,没有人能逃避由现代性所导致的转型。人类经验的传递从传统到现代的转型意味着,在现代性的条件下,媒

[①] 安东尼·吉登斯. 现代性与自我认同——现代晚期的自我与社会[M]. 赵旭东,方文,译. 北京:生活·读书·新知三联书店,1998:3.

体并不反映现实，反而在某些方面塑造现实，尽管我们不能说媒体的符号和意象就是一切。

高度现代性的特征在于两个方面：对"自然力理性"的广泛怀疑，对科学技术作为双刃剑的认可。在现代高风险社会中，专家知识并不创造稳定的归纳场所，新型的、内在奇异的情境和事件是抽象系统扩展无法避免的后果。这即是说，在晚期现代性的环境下，许多形式的风险很难评价。吉登斯认为，自我认同和全球化中的转型，是地方性和全球性辩证法的两极，或者说，个人生活中亲密行为的变迁与现代社会转型密切相关，现代性的反思、怀疑已延伸到自我的核心部位。

第二章《自我：本体的安全和存在性焦虑》，对现代性背景下主体人——自我的生存状态进行了元理论阐述。从中我们既可以看到西方现代性发展困境下带给本体自我的信任与存在的焦虑问题，又可以看到吉登斯以崭新的自我理论对现象学、存在主义哲学的回应。

吉登斯首先讨论了实践意识与本体安全的关系。他认为，其一，实践意识和行动的反思性监控融合在一起，但它是"非意识的"，而不是无意识的，本体安全的观念与实践意识默契的品质紧密相连。其二，基本信任是在儿童、婴儿的早期经验中获得的，基本信任的建立是自我认同的精致化，同样也是与他人和客体认同的精致化之条件。其三，焦虑、信任和社会互动的日常惯例如此紧密地联结在一起，以至于我们可以恰当地把日常生活的仪式理解为是一种应对机制。其四，存在性问题关涉人类生活的基本参量，并且由每个在社会活动的场域中"践行"的个体所解答，它们设定下列的本体论和认识论的因素：存在和存有，有限性和人类生活，有感知和反思性的创造物与之相分离，他人的经验，自我认同的连续性。其五，对身体的轮廓和特性的知觉是对世界创造性探索的根源。在日常生活互动情境中，对身体的惯例化控制，对于个体保护壳的保持是关键性的。正常外表能以一种与个人自传的叙事相一致的方式保持下去，对个体安全感是决定性的。肉体的脱身是在日常生活的紧张情景中每个人在本体安全被打乱时都能感受到。生活制度对自我认同的中心重要性，在于它们把习惯与身体的可见外表方面联系起来。其六，本质上，动机产生于焦虑及其相伴随的有本体安全感赖以产生的学习过程。而羞耻感直接与自我认同有关，这是因为它基本上是对叙事充分性的焦虑，只有借助这种叙事，个体才能保持连贯的个人经历。"理想自我"是自我认同的核心部分，因为它塑造了使自我认同的叙事得以展开的理想抱负的表达渠道。

第三章《自我的轨道》，吉登斯在自我认同的元理论基础上进一步前进，从五个方面深入具体地探讨了"自我的轨道"：（1）自我认同、历史和现代性；（2）生活风格和生活规划；（3）纯粹关系到理论与实践；（4）身体和自我实现；（5）厌食神经症和身体的反思性。

吉登斯以容瓦特的《自我治疗》理论为切入点，探讨现代性的自我重构问题。其一，后传统的社会世界是反思性地组织起来的，自我不是现代性的独特产物。在所有的文化中，个体性都肯定受到程度不同的赞赏，并且在某种意义上成为个体潜能的培育方式。借助容瓦特的理论，吉登斯推导出关于自我认同的历史与现代性问题的十条结论。并且认为，这些归纳虽有些片面，但它们显示了在当代世界即晚期现代性世界中，有关自我和自我认同的某种真实的东西，即通过把它们和这一世界的制度转型的特征联系起来，我们就可洞悉其原因了。其二，生活风格关涉自我认同的真实核心，尤其可运用于消费领域。在高度现代性的境况下，我们所有的人不仅追求生活风格，并且在重要的意义上被迫如此，我们没有选择但不得不选择。个体所遭遇的选择多元性主要来自五个方面：（1）人在后传统秩序中生存这个事实；（2）生活世界的多元化；（3）被正当化的信念的场合性本质的存在性影响；（4）被传递的经验的无处不在；（5）与他人的关系的直接相连即和亲密关系的转型相联结。其三，性亲密关系和友谊的现代系统特征，在于伙伴是在多种可能性中自愿选择的。吉登斯用理想型的方式解释了纯粹关系的要素：与传统场合中紧密的个人关系相反，纯粹关系并不依靠外部的社会和经济生活状况，它似乎是自由漂泊的；纯粹关系的追寻仅仅是为了它能给卷入的伙伴双方带来些什么；纯粹关系是以一种开放的形式、连续的基础上被反思地组织起来的；"承诺"在纯粹关系中扮演中心的角色；纯粹关系专注于亲密关系，是伙伴之间关系能够长期稳定的主要条件；纯粹关系依赖于伙伴之间的相互信任，而相互信任反过来又与亲密关系的获得紧密相连；在纯粹关系中，个体不只是简单的"认可对方"，而在这种反应中，对方也发现其自我认同被证实。其四，在日常生活的互动中，身体的实际嵌入是维持连贯的自我认同的基本途径。随着现代性的出现，某种类型的身体外貌和行为举止，明显地具有特殊的重要性，而在许多前现代文化的场景中，外貌的标准化主要是依据传统的标准。对此，吉登斯以科尔曼的《身体的感觉》一书来证明自己的观点。其五，透过对厌食神经症的分析，吉登斯提出，在高度现代性的后传统环境中，无论是外貌还是行为举止都不是作为给定物而被组织的，身体直接参与建构自我的原则之中。身体的生活制度是主要手段，借助这些手段，现代社会生活的制度反思性才得以集中于修养身体，而这些生活制度也与感觉性的形式直接相关。

第四章《命运、风险与安全》，吉登斯深入分析了高风险社会中人的自我认同问题。其一，生活在高度现代性世界里，便是生活在一种机遇与风险并存的世界中，命运并不起什么正式的作用，而富有命运特征的事件或情境对个人的命运定向来说是极其重要的。命运理念与中世纪后期的那些命运理念之间的一个主要联结点，便是运气这个概念。其二，高后果的风险从定义上讲，是远离个体能动者的，这种风险是现代性的黑暗面。因此，现代性的风险氛围使每个人变得纷乱不堪，无一人能够幸免于它的冲击。其三，对特定风险的主动接受是风险氛围的一个重要部分，即是在"可容许的限度"内被接受下来。在高度现代性的时代，要想舒适地存在于这个世界上是成问题的。其四，在现代社会，个体对反思性地塑造一种自我认同的追求愈是强烈，他就愈会意识到当下的实践决定着未来的结果。其五，现代制度的变迁特征的那种或多或少稳固、深刻而又迅速的冲力，加之结构的反思性，意味着在日常生活事件的层面上以及在哲学解释上不存在什么想当然的事情。也就是说，在今天所能够接受的、得体的、可取的行为，可能会随明天的情境或后来知识观的改变而改变。现代金融是一个令人生畏的抽象系统，它是把真正的全球化过程与日常生活的世俗化联结在一起的象征体系。其六，自然的社会化有助于使许多先前对人类行为不规范的或无法预期的影响稳固化，大量抽象系统是直接与个体在日常生活中所面对的形形色色的选择联结在一起的。但这也产生了使个体不知所措的风险——高后果的风险，致使精确的风险评估成为不可能。其七，抽象系统的操作化不仅表现在工作场所，而且表现在社会生活的每个方面，进一步促使了高后果风险的出现。如腰背部有问题的人的诊疗实例说明，并不存在至高无上的权威。因此，专业人员对于核心部分的特定专家领域也跟外行人一样面临两难困境的选择，甚至是专家系统中最珍爱的信念也要面临修改。

第五章《经验的存封》，所谓经验的存封，是把日常生活与潜在扰乱生存问题的经验，特别是指疾病、疯癫、犯罪、性和死亡分离开来。经验的存封是通过专家系统——银行、科学技术、医疗系统等把各种不良的经验存封起来，进而实现新的自我认同。

吉登斯认为，现代性最强调控制，即让世界服从于人的支配，经验的存封也即是现代社会对人的自我认同的一种新控制。吉登斯首先谈到了社会变迁的影响。其一，每一种社会变迁都以各种方式来把生活历程看作是一种独特的和封闭的轨迹，它主要包括如下几种方式：作为一种分离开的时间段的生活历程是远离于时代的生命周期；生活历程与地点的外在性分离开，而地点本身又受到抽离化机制扩展的侵蚀；生活历程变得越来越脱离开与其他个体和群众存在固有联系的那种外在性；生活历程围绕着"开放的经验门槛"，成为结构性的而不是仪式化的阶段。其二，现代性有着与社会再生产和自我认同相关联的控制取向，这两种取向在道德经验的层面上有一定的特殊后果。吉登斯把这些后果统称为经验的存封。现代制度的激进性和全球化，影响着内在参照性，存封与控制会加强，外部对这种反思性的组织系统的干扰会降到最低点。从方式上讲，最重要的就是通过监控进程的加速而带来行政权力的扩大；公共领域与私人领域的再排序、分离与改变构成了亲密关系转换的一般框架基础；结果是与自我认同相关的羞耻感与负罪感增强。其三，关于存封的领域，吉登斯做了重点的介绍。他认为，从内在参照系统的角度看，现代性控制取向在文化与哲学层面上的意涵是众所周知的。从某种情形来说，实证的思想在现代性的反思中成为一种核心的指导思想。实证主义追求的是从转换性的过程中抹去道德的判断和美学的标准，它有助于促进行动并提供解释和分析。这里"经验的存封"这个术语指的是隐秘的联结过程，这一过程将日常生活的程序从下列现象中隔离出来，如疯癫、犯罪、疾病和死亡、性以及自然现象。在某些情况下，这种存封直接地是一种组织机构，是一种真正的心灵避难所（比如监狱和医院）。在另外的一些情况下，存封越来越多地依赖于现代性内在参照系统的一般特征。吉登斯还指出，在日常生活层面上，现代性所把握的道德本体论的安全感，有赖于把社会生活从产生人的核心道德困境的基本生存观中排除出去的制度化做法。

第六章《自我的磨难》，吉登斯探讨了自我认同的生产和再生产。在他看来，生活在一个世俗的风险文化中，使本体安全的基础迅速被侵蚀和瓦解，从而把自我置于焦虑的磨难之中。人类进入反思现代性阶段以后，自我本体安全的基础已发生了根本性转型，今天的人类生活在一个更加不确定的环境中，使自我更加经受焦虑的磨难。具体地说，反思现代性条件下的自我，主要经受着以下几个方面的磨难。

其一，由"纯粹关系"所带来的磨难。在反思现代性条件下，传统的血缘关系和亲密关系已经不再能够充当社会关系的纽带了。在切断了外在道德标准之后，在富有命运特征的时刻以及在其他生活转变的时刻，纯粹关系已经失去了传统社会那种外在的道德标准和参照框架，成为一种脆弱不堪和变幻莫测的关系。其二，全球化冲击所产生的磨难。在反思的现代性社会，尽管自我仍然生活在特定的环境之中，但与前现代社会相比，这种环境已经被遥远的信息、事件所干扰和鼓噪，个体的生活已真正表现出全球化的特征，并与全球背景联结在一起。其三，高后果风险给自我所带来的"无力感"和"剥夺感"。在反思现代性社会，不仅传统的"外在风险"没有消除，而且还产生了后果更严重的"人为风险"，如核威胁、全球生态灾难、全球金融的风险等。这些风险随着全球化的发展而波及整个人类。这种情况的出现使自我形成一种"无力感"和"剥夺感"，使自我被吞噬在各种后果严重的风险之中。其四，科学本身成为自我不确定性的根源。在反思现代性社会，科学已取代传统而成为确定性的权威。但是，科学的品质恰恰不在于其知识的确定性上，而在于这种知识的开放性和可怀疑性上。科学越是发展，其专业化的程度也就越高，各专业之间的知识壁垒也越严重。对自我而言，科学的专业化发展从根本上排除了获得统一权威的可能性，而且还越来越使他陷于一种无知的境地。其五，商品化对自我所形成的磨难。反思现代性社会在经济维度上的表现是经济全球化，每一个人的生活都不可避免地受全球市场经济的影响。在商品化的影响下，自我有关生活方式、生活风格的选择越来越被这种势力所左右，自我越来越按照广告、媒体所宣传的标准来消费或包装自己。

第七章《生活政治的兴起》，吉登斯讨论了从解放政治到生活政治转向过程中的自我认同问题。

其一，吉登斯区分与界定了解放政治与生活政治。他提出，解放政治为一种力图将个体和群体从某种束缚中解放出来的观点。一是力图打破过去的枷锁，这是一种面向未来的改造态度；二是力图克服某些个人或群体，支配另一些个人或群体的非合法性统治。因解放政治关心消灭剥削、不平等和压迫，因而其取向是"脱离"而非"朝向"。解放政治是一种生活机遇的政治。而生活政治便是一种生活方式的政治，是为了使我们做出使我们获得自由的那些条件的一种选择，因而是一种选择的政治、一种生活决策的政治。妇女运动是生活政治的先驱。其二，生活政治是一种由反思而调动起来的秩序。在一种反思性秩序中，它是一种自我实现的政治，在那里这种反思性把自我和身体与全球范围的系统联结在一起。在这一活动领域中，权力是一种产生式的而不是等级式的，身体过程和发育的反思性占有，是生活政治争论与斗争的一个基本要点。其三,生活政治重新给那些受现代性的核心制度所压制的道德和存在问题赋予重要性。抽象系统侵入自然,人对自然控制的极度扩张已达到了极限。这些包括由此带来的环境破坏和崩溃,它们重新引入了现代性的反思性。晚期现代性中,生活政治的问题渗透到社会生活的许多领域。这是因为个体层面及集体层面上的众多选择领域,都是通过抽象系统的扩展以及自然过程的社会化而得以开拓的。在晚期现代性中,征服未来的反思性企图几乎是普遍的,许多类型的个体行动和组织卷入,都可能会形塑生活政治的问题。

【意义与影响】

1991年,本书出版了英文版。1998年,北京生活·读书·新知三联书店出版了此书的中文版。本书影响了吉登斯此后的著作。从书中的行文脉络可以看出,吉登斯之后许多著作不少的重要概念,都是源自于此。其中,最为典型的是《亲密关系的转变》一书。更重要的是,吉登斯开始用这里所提出的"生活政治"来响应真实世界,导致《超越左派右派》与《第三条路》这两部著作的问世。

《现代性与自我认同——现代晚期的自我与社会》一书对现代性、自我认同与生活政治等问题富有创造性的洞见,在国内外学术界产生了巨大反响。从当代全球研究现代性问题的视野来看,吉登斯与鲍曼是英国学界的杰出代表,可与德国的哈贝马斯、美国的詹姆逊、法国的福柯与德里达等并肩而立,成为国际范围内讨论现代性相关理论问题的代表性思想家。从中国研究现代性问题的视野来看,自1998年《现代性与自我认同——现代晚期的自我与社会》一书在我国出版以来,引起了我国学界广泛而持久的关注,成为我国学界现代性相关问题研究的一部非常重要的参考书。

首先,此书对现代性的揭示是独特的,从经验主义哲学的视角为人们提供了认识现代性的新视角,具有重要的理论与现实价值。与黑格尔、马克思、韦伯、涂尔干、哈贝马斯等不同,吉登斯从全球现代化高度发展的经验事实出发,从现代社会生活时空重组、社会制度抽离化、现代性反思三种独特动力的理论分析入手,把现代性视为"工业化的世界"与资本主义,即在后封建的欧洲所建立的20世纪以来的行为制度与模式。与福柯、德里达、利奥塔、鲍德里亚等后现代思想家不同,吉登斯不同意把后现代作为现代之后的概念,而使用晚期现代性、高度现代性、自反现代性概念。吉登斯还分析了现代性的全球性、历史性、制度性、反思性、断裂性、晚期性与风险性，指出了克服现代性风险与危机的建设性方案。吉登斯的现代性思想有其局限性也有其借鉴意义，与马克思的现代性思想有共同之处。

其次，此书对自我认同新机制的翔实、深刻、创造性的探索，从现代性视域下个体自我与整体社会关系的新视角出发，为人们提供了解决自我认同问题的新机制，具有重要的参考价值。自我认同的机制问题，是《现代性与自我认同——现代晚期的自我与社会》一书探讨的理论中心。高度现代性风险社会发展的新条件下，自我发展面临着前所未有的挑战。在吉登斯看来，高度现代性的风险社会带给主体自我最大的威胁是，本体的安全与存在的焦虑，人与人之间信任感丧失，自我心理出现了前所未有的困惑、迷茫与磨难，自我存在的价值与意义感迷失。

最后，此书创造性地提出超越现代性社会与个人发展困境的政治哲学解决方案——走向生活政治，不同于解放政治与后现代政治的哲学努力，对现代社会政治发展具有一定理论与现实借鉴意义。近代西方启蒙运动运动以来，出现了现代资本主义的政治解放与马克思共产主义的人类解放两种解放政治哲学；后现代政治哲学拒斥与解构这种解放政治，宏大理想幻灭。基于此，吉登斯提出了走向生活的政治：对话民主、生态政治、自我认同的政治等，试图在解放政治与后现代政治之间寻找超越左与右的第三条道路，实质上是改良版的现代资本主义政治哲学。但其具体微观生活政治主张，对克服现代性社会风险与危机，对现代社会民主政治发展与人的发展，都是有借鉴意义的。

【原著摘录】

引论 P1—10

P1 事实上，现代性的显著特征之一在于外延性（Extensionality）和意向性（Intentionality）这两"极"之间不断增长的交互关联：一极是全球化的诸多影响，另一极是个人素质的改变。而本书的目标就是要分析上述这种交互关联的实质，并且提供一套用来思考这些问题的概念性词汇。

P2 虽然本书的核心是自我（Self）问题，但它主要不是一本心理学的书。本书突出重点是在于关注自我认同（Self-identity）的新机制的出现。这种新机制，一方面由现代性制度所塑造，同时也塑造着现代性的制度本身。

P5 在现代性的后传统秩序中，以及在新型媒体所传递的经验背景下，自我认同成了一种反思性地组织起来的活动。

P9 在晚期现代性的背景下，个人的无意义感，即那种觉得生活没有提供任何有价值的东西的感受，成为根本性的心理问题。

第一章 高度现代性的轮廓 P11-38

P16 就本书而言，我是在很宽泛的意义上使用"现代性"这个术语的，它首先意指在后封建的欧洲所建立而在20世纪日益成为具有世界历史性影响的行为制度与模式。"现代性"大略地等同于"工业化的世界"，只要我们认识到工业主义并非仅仅是在其制度维度上。工业主义是指蕴含于生产过程中物质力和机械的广泛应用所体现出的社会关系。作为这种关系，它是现代性的一个制度轴。现代性的第二个维度是资本主义，它意指包含竞争性的产品市场和劳动力的商品化过程中的商品生产体系。

P17 用什么来解释现代社会生活的独特动力品质呢？三个主要因素，或三组主要因素与之有关，而每个（组）因素对本书中所展开的论点都是基本的。第一个因素我称之为时空分离（Separation of Time and Space）。

P18 时间与空间的分离首先包含时间的"虚空"维度的发展，它也是地点转换的主要杠杆。

P19 时间和空间的虚空过程对现代性推动力的第二种重要影响，即社会制度的抽离化来说是至关重要的。

P20 抽离化机制（Disembedding Merchanism）有两种类型，我分别称之为"符号标志"（Symbolic Tokens）和"专家系统"（Expert Systems），又把它们统称为"抽象系统"（Abstract Systems）。符号标志是交换媒介，它有标准价值，因此在多元场景中可以相互交换。其本原的，也是最为重要的例证就是货币。

P22 现代性本质上是一种后传统秩序。时空转型伴随着抽离化机制，驱使社会生活脱离固有的规则或实践的控制。这就是彻底的反思性的背景，它是现代制度推动力的第三种主要的影响。现代性的反思性必须与内在于所有人类活动的、对行动的反思监控区别开来。现代性的反思性指的是多数社会活动以及人与自然的现实关系依据新的知识信息而对之作出的阶段性修正的那种敏感性。

P23 现代性的全球化的趋势，内在于刚刚被勾勒出的动力影响之中。普适性特征的时空重组、抽离化机制和现代性的反思性看来都阐释了扩张主义，即在与传统上的固有实践相遇时，现代社会生活的那种鲜明特性。在某种意义上，现代性所导致的社会活动的全球化，就是真正的世界性联系的发展过程，这些联系包含在全球民族——国家体系中或国际的劳动分工之中。

P29 概言之，在现代性的条件下，媒体并不反映现实，反而在某些方面塑造现实。但是，这并不意味着我们应得出这样的结论：媒体创造了"超现实"的自主的王国，其中的符号和意象就是一切。

P34－35 我想指出，在高度现代性的条件下，自我认同和全球化中的转型，是地方性和全球性的辩证法的两级。或者说，个人生活中亲密行为方面的变迁，与真正宽广领域的社会联结的建立直接相关。

第二章　自我：本体的安全和存在性焦虑 P39－79

P40 实践意识是本体安全感的认知与情感的依托，而本体安全感又是所有文化中的大部分人类活动的特点。本体安全的观念与实践意识的默契的品质紧密相联，或者借用现象学的术语，是与日常生活中"自然态度"所认为的"涵括"（Bracketings）紧密相联。

P42 在情感以及一定程度上的认知意义上，扎根于现实存在中的信任，即对个人的可信度有信心的感受，是在婴儿的早期经验中获得的……基本信任的体验是布洛赫（Ernst Bloch）所说的特定"希望"的核心，也是蒂里希（Tillich）所称的"存在的勇气"的根源。

P43 习惯和惯例的保持是反抗焦虑威胁的关键堡垒，就此而言，它本身也是一种充满张力的现象。

P45 创造性，意味着在涉及预先确定的活动模式时，能够创新地行动或思考的能力，它与基本信任紧密相关。就其本质而言，信任本身在一定意义上是创造性的，因为它需要一种"跳入未知"的承诺，或者说一种幸运的抵押品，这种抵押品意味着接受新鲜经验的准备状态。然而，去信任也是去（无意识地或者相反地）面对丧失的可能性，即就基本信任的情形而言，就是看护人援助的可能丧失。

P46 基本信任的建立是自我认同的精致化，同样也是与他人和客体认同的精致化之条件。

P48 焦虑必须在与个体所发展的整体安全体系的关系中得到理解，而不能仅仅被看成与特定风险或危险相联结的独特性现象。

P49 由于焦虑是弥散的，所以它自由漂浮：它缺乏特定的对象，而能依附于对任何原初刺激作出转弯抹角的（虽然在无意识中是精确的）反应的项目、特质或情境……我们应该把焦虑的本质理解为一种无意识组织起来的恐惧状态。

P52　获得本体安全，等于就是在无意识和实践意识的层面上去拥有所有人类生活都会有所体现的基本存在性问题的"答案"。

P58　自我认同并不是个体所拥有的特质，或一种特质的组合。它是个人依据其个人经历所形成的，作为反思性理解的自我。认同在这里仍设定了超越时空的连续性：自我认同就是这种作为行动者的反思解释的连续性。

P66　肉体的脱身是在日常生活的紧张情景中每个人在本体安全被打乱时都能感受到。分裂（Splitting）是对消逝的危险的暂时反应，而不是长期的分离。

P68　生活制度与"行进"的正常惯例不同。所有的社会惯例需要对身体加以的持续的控制，而生活制度则是领会的实践，它对机体需要加以严密控制。

P75　羞耻感植根于"古远的环境"中。正是在这个环境中，个体开始发展出与看护者相分离的自我认同感。"理想自我"是自我认同的核心部分，因为它塑造了使自我认同的叙事得以展开的理想抱负的表达渠道。

第三章　自我的轨道 P80－124

P85　我并不认为，只有作为现代性的独具特征，"个体性"的存在才是至关重要的；而我更不认为，自我是现代性的独特产物。在所有的文化中，"个体性"都肯定受到程度不同的赞赏，并且在某种意义上成为个体潜能的培育方式。

P91　这里的背景，是晚期现代生活的存在场所。后传统的社会世界是反思性地组织起来的并为抽象系统所许可。并且在这一世界中，时空的重新安排使地方与全球获得重组，自我经历巨大的变迁。治疗和自我治疗都表达了这种变迁，并且在自我实现的形式中提供了实现这种变迁的方案。

P93　个体所生存的情境愈是后传统的，生活风格就愈多的关涉自我认同的真实核心，即它的生成或重新生成。生活风格的观念常常被认为尤其可运用于消费领域。

P107　对亲密关系的期盼，为自我的反思计划与纯粹关系之间提供了可能最紧密的联系。亲密关系或是对它的追求，位于现代形式的友谊和两性关系的核心。

第四章　命运、风险与安全 P125－168

P125　生活在高度现代性世界里，便是生活在一种机遇与风险的世界中。

这是为适应自然的支配和历史反思性所创造的那种体系的必然衍生物。在这样一个体系当中，命运（Destiny）和命运定向并不在其中起什么正式的作用，这一系统是通过我所谓的自然与社会世界的开放式人文控制（作为一项原则）来运作的。

P131-132 风险以及在风险评估当中对未来拓殖的企图如此重要，以致于对风险加以研究便能够提供我们认识现代性核心要素的相关信息。这里包涉了一些要素：对个体来说，生命威胁风险降低，随之而来，就有了抽象系统对日常活动大范围的安全要求；制度性有边界的风险环境的建立；作为现代性反思的一个关键方面的那种对风险的监控；源自全球化的高后果性风险的创造；以及所有这些的运作对一种内在不稳定的"风险氛围的"回归的抗拒。

P143 专家系统变得越来越集中，而领域就会变得越来越狭小，在这样的领域中，任何特定的个人都能够声称自己是专家；在其他的生活领域中，她或他会处在与其他的每个人一样的境遇当中。

P149 在现代社会状况下，个体对反思性地塑造一种自我认同的追求愈是强烈，就愈会意识到当下的实践决定着未来的结果。

P154 现代制度的变迁特征的那种或多或少稳固、深刻而又迅速的冲力，加之结构的反思性，就意味着在日常生活事件的层面上以及在哲学的解释上不存在什么想当然的事情。今天所能够接受的、得体的、可取的行为，可能就会随明天的情境或后来知识观的改变而改变。

P157 抽象系统大规模地侵入到日常生活中去便产生了使个体不知所措的风险；高后果的风险就落在此范围之内。

P164 前面曾强调说过，没有一个人能够完全地摆脱现代性抽象系统的影响，因为这是生活在一个高后果现代性世界中的必然结果。

第五章 经验的存封 P169-212

P174 抽离化机制侵入到自我认同的核心中来，但是这并不使自我"虚空"（Empty out），而只是把先前的自我认同根基其上的支持挪走。相反，这允许自我（原则上）在社会关系上有较多的隐秘性，社会情景超越了先前的可能性并通过反思融入到自我认同的形塑中来。

P175 现代性有着与社会再生产和自我认同相关联的控制取向，这两种取向在道德经验的层面上有一定的特殊后果。我把这些后果统称为经验的存封。

九、《现代性与自我认同——现代晚期的自我与社会》

P182－183　从内在参照系的角度看，现代性控制取向在文化与哲学层面上的意涵是众所周知的。从某种情形来说，实证的思想在现代性的反思中成为了一种核心的指导思想。实证主义追求的是从转换性的过程中抹去道德的判断和美学的标准，它有助于促进行动并也提供解释和分析……这里"经验的存封"这个术语指的是隐秘的联结过程，这一过程将日常生活的程序从下列现象中隔离出来：如疯癫、犯罪、疾病和死亡、性以及自然现象。在某些情况下，这种存封直接地是一种组织机构，是一种真正的心灵避难所（比如监狱和医院）。在另外的一些情况下存封越来越多地依赖于现代性的内在参照系统的一般特征。泛言之，我的观点是：在日常生活层面上，现代性所把握的道德本体论的安全感，有赖于把社会生活从产生人的核心道德困境的基本生存观中排除出去的制度化做法。

P197　从生存的观点来看，如果把与日常生活甚至是与长期的生活规划有关的重要经验类型存封起来，那么自我的反思性投射便会在道德匮乏的场景下被赋予新的能量。不足为奇的是，在这种情形下，新形成的纯粹关系的领域可能会承受一种重负，这就是使自身成为对个体的生命发展产生道德福祉环境的经验领域。

P197－198　现代社会中的自我是脆弱的，是易损的，是有裂痕的，是呈碎片状的，这样一种观念恐怕就是时下讨论自我与现代性时最具代表性的观点。这种分析有些从理论上说是与后结构主义相关联的：正如社会世界变成是情境化和分散化，自我也出现了这样的变化。

P209　治疗是一种在自我的投射中所深深隐含的一种专家系统。在心理分析的形式下，治疗成为了一种与人格的病理学作斗争的手段……但是在晚期现代性的情境下，治疗的最为重要的方面，并不是在这个方向上。实质上，应当把治疗理解和评价为一种生活规划的方法论。

第六章　自我的磨难 P213－245

P216　对现代性的不可抗拒的本质理解走过了一个漫长的道路，这一理解的目标是要解释为什么在高度现代性的条件下危机成为了正常化的现象。

P217　晚期现代性易患危机的本性在两个方面具有无法解决的后果：它激发了一种不确定性的泛化氛围，这种不确定性使得个体感到坐立不安，不论如何凝神静思也无济于事；再就是，它不可避免地使每一个人都暴露在各种重要性程度不一的危机情境中，危机的情境有时会威胁到自我认同的核心本身。

P219－220 纯粹关系以及被卷入其中的亲密关系，对自我的整合来说产生了大量的负担……与他人形成一种可信的关系，会为道德支持提供一个主要来源，这主要还是因为这种关系与基本信任之间有着一种潜在的联合。但是，切断了外在的道德标准之后，在富有命运特征的时刻以及在其他生活转变的时刻，纯粹关系作为安全感的源泉，便有其弱点了。

P222 "活在世上"，这里的"世"就是晚期现代性的世界，它在自我的层面上包含了各种各样独特的紧张和艰辛。我们若把它们理解成是两难困境，便能够很容易地对它们加以分析。在某个层面上，这种两难的困境需要得到解决以便保持一种对自我认同的内部一致性的叙述。

P225 在生产力发展的时候，特别是在资本主义时代，个体将对其生活环境的控制让渡给了机器和市场的支配。这便是人类最初的异化；人的力量被体验为一种从客观化的社会情境当中投射出来的力量。

P227 无力与占有之间的两难困境也有其弱点。当一个个体在他的现象世界的主要领域感到受一种无力感重压时，我们可以说这是一种吞噬（engulfment）的过程。

P229 在传统文化中，不管对传统权威的服从有多深厚，都不能够消除日常生活中的不确定性。权威的前现代形式的力量，几乎可以被理解成是一种对日常生活的不可预期性以及对人们感受到但却不能控制的影响力的反应。

第七章 生活政治的兴起 P246－271

P247－248 若在一定程度上做非常简捷的概括，我们就会在现代政治学中看到有激进主义（这包括马克思）、自由主义和保守主义等三种整体的视角，它们虽然十分不同，但是共同都受解放政治的支配……我把解放政治定义为一种力图将个体和群体从对其生活机遇有不良影响的束缚中解放出来的一种观点。解放政治包含了两个主要的因素，一个是力图打破过去的枷锁，因而也是一种面向未来的改造态度，另一个是力图克服某些个人或群体支配另一些个人或群体的非合法性统治。

P251 生活政治并不主要关涉为了使我们作出选择而使我们获得自由的那些条件：这只是一种选择的政治。解放政治是一种生活机遇的政治，而生活政治便是一种生活方式的政治。生活政治是一种由反思而调动起来的秩序，这就是晚期现代性的系统，它在个体和集体的层面上都已极端地改变了社会活动的存在性参量。

【参考文献】

[1] 安东尼·吉登斯. 现代性的后果 [M]. 田禾, 译. 江苏：译林出版社, 2000.

[2] 安东尼·吉登斯. 超越左与右 [M]. 李惠斌, 杨雪冬, 译. 北京：社会科学文献出版社, 2000.

[3] 安东尼·吉登斯, 克里斯多弗·皮尔森. 现代性——吉登斯访谈录 [M]. 尹宏毅, 译. 北京：新华出版社, 2001.

[4] 孙志文. 现代人的焦虑和希望 [M]. 陈永禹, 译. 北京：生活·读书·新知三联书店, 1994.

[5] 安然. 在断裂和连续之间——评吉登斯的现代性思想//北京大学世界现代化进程研究中心 [M]. 现代化研究：第一辑. 北京：商务印书馆, 2002.

[6] 陈嘉明. 现代性与后现代性十五讲 [M]. 北京：北京大学出版社, 2006.

[7] 郭馨天. 吉登斯：激进的现代性//谢立中, 阮新邦. 现代性、后现代性社会理论 [M]. 北京：北京大学出版社, 2004.

[8] 成鹤鸣. 晚期现代性：反思的制度性与终结——解读吉登斯的《现代性与自我认同》[J]. 南京社会科学, 2000 (6).

[9] 贾国华. 吉登斯的自我认同理论评述 [J]. 江汉论坛, 2003 (5).

[10] 刘谦. 吉登斯晚期现代性理论述评 [J]. 厦门大学学报（哲学社会科学版）, 2006 (3).

[11] 冯颜利, 杨炯. 马克思与吉登斯现代性思想比较 [J]. 马克思主义与现实, 2011 (3).

[12] 杨少英, 李海霞. 吉登斯的现代性思想对中国社会建设的启示 [J]. 人民论坛, 2012 (20).

[13] 山小琪. 吉登斯的现代性理论及其对当代中国的启示 [J]. 马克思主义与现实, 2005 (4).

[14] 杨玉洁, 赵岩. 自我在现代性条件下的形塑——吉登斯《现代性与自我认同》对自我的解读 [J]. 学习与探索, 2008 (6).

[15] 李强. 现代性中的社会与个人——安东尼·吉登斯《现代性与自我认同》述评 [J]. 社会, 2000 (6).

[16] 郭忠华. 现代性·解放政治·生活政治 [J]. 中山大学学报（社会科学版）, 2005 (6).

十、《现代性与矛盾性》

［英］齐格蒙特·鲍曼　著
邵迎生　译
商务印书馆，2003 年

———【作者简介】———

　　齐格蒙特·鲍曼（1925—　），英国利兹大学和波兰华沙大学退休的社会学教授，当代现代性与后现代性研究著名的理论家之一。澳大利亚社会学家、国际性社会理论杂志的主编贝尔哈兹说，鲍曼是当今用英语写作的著名社会学家。当代英国社会学家吉登斯说，鲍曼是一个后现代性的理论家，他发展了一个任何人都必须认真对待的立场。1990 年，鲍曼被授予雅马尔费奖。1998 年，鲍曼被授予阿多诺奖。评论者普遍认为，鲍曼的成功不仅基于其作为一个作家和评论家的文学技巧，更基于其富有创造性的思想和敏锐的社会学洞察力。

　　鲍曼出生在波兰西部波兹南一个贫苦的犹太人家庭，在苏联接受教育。1939 年第二次世界大战爆发后，鲍曼全家逃亡苏联。1943 年，18 岁的鲍曼参加了在苏联的波兰军队。20 世纪 50 年代初，鲍曼在波兰军队中快速提升，成为年轻的上校之一。大约在这个时期，鲍曼开始攻读哲学和社会学学位。这时的鲍曼可谓仕途一片光明。但他没有料到，在 1953 年的反犹太清洗中，28 岁的他被突然撤销了军队中的职务。鲍曼经历了希望，也饱尝了失望。从军队解职后，鲍曼就开始了他的学术生涯。1954 年起，他在华沙大学哲学与社会科学系任初级讲师。1961 年，他晋升为助理教授，并担任波兰有名的社学杂志《社会学研究》编辑委员会的主任。1966 年，他当选波兰社会学协会执行委员会的主席。1967 年，波兰发生了反犹运动，党的领导阶层把犹太人比作"第五纵队"，即国外势力的间谍。1968 年，鲍曼上交了党证，被解除了教授职务，被迫从波兰移居西方，最终定居英国。

鲍曼是一个多产的作家，从 1972 年进入利兹大学算起，仅英语著作就出版了 20 余部，其著作涉及社会学、哲学、文化研究和政治学等众多学术领域。在他的众多著作中，最有影响力的则是他的"现代性三部曲"和"后现代性三部曲"。鲍曼本人把《立法者与阐释者》（1987 年）、《现代性与大屠杀》（1989 年）和《现代性与矛盾性》（1991 年）称之为"现代性三部曲"。贝尔哈兹则把《后现代伦理学》（1993 年）、《生活在碎片之中》（1995 年）和《后现代性及其缺憾》（1997 年）称为"后现代性三部曲"。进入新千禧年后，耄耋之年的鲍曼仍笔耕不辍，他每年都有新书问世，近年著作包括《流动的现代性》（2000 年）、《共同体》（2001 年）、《个体化的社会》（2001 年）、《被围困的社会》（2002 年）、《流动的爱》（2003 年）、《虚度的光阴》（2004 年）等。

【写作背景】

鲍曼个人的曲折生活经历是这部著作诞生的直接背景。他出生于犹太人家庭，在欧陆的社会政治动荡中一直遭受着被迫害之苦，这些在后来的学术生涯中，都为其提供了直接的思考对象。在现代社会中，富有才华的鲍曼的个人事业发展多次遭受社会政治变故的捉弄，一次次从满怀希望中跌入低谷，最终沦为彻底的异乡人，这也为鲍曼的这部著作提供了直接的理论底色。

鲍曼的这部著作的诞生还有深厚的思想渊源。他受到三位思想家非常重要的影响，他们是马克思、葛兰西和哈贝马斯。鲍曼从马克思那里获得的中心思想是，为了理解世界，具体的人类存在不得不重新获得对其控制，即克服资本主义的异化，再次使世界成为他们自己的。葛兰西的文化霸权理论启示鲍曼，文化是最具决定性的战场。从哈贝马斯的理论中，鲍曼认识到，社会主义知识分子的任务，是为未被扭曲的交流创造现实的社会政治条件。同时，也正如鲍曼自己所说，该书的中心问题，深深地植根于阿多诺和霍克海默在批评启蒙辩证法时所提出的命题之中，并企图将历史学和社会学的血肉包裹在启蒙辩证法的骨架之上。

没有哪位杰出的当代思想家像鲍曼那样经历过如此多重的思想转型，但其最终的坐标定位在对整个现代性社会的科层制管理上，以及现代理性规训的深刻怀疑上。对鲍曼来说，现代性是一个陷阱，后现代性又是一个雷区。作为前者的批判者和后者的预言家，他揭示了我们和他一道处于的困境，即我们如何才能实现现代性和后现代性的相互超越呢？在鲍曼看来，现代性在根本上是矛盾的，可以说，后现代性是没有幻觉的现代性。正是在上述思想的基础上，鲍曼才开始着手《现代性与矛盾性》的写作的。

【中心思想】

矛盾态度似乎是鲍曼社会学的一个关键主题。鲍曼观点的震撼力在于，矛盾态度被排挤到了现代性之外，成了"现代性的废物"。可是，它也是现代性的要素，因为矛盾态度还在持续发生，每天都发生在我们的日常生活中。现代性对矛盾态度的攻击在《现代性与大屠杀》中达到了高潮，这种攻击源于社会工程改造社会的野心。社会工程的想象力就是它对完美和静止的追求。

该书以发人深思的崭新视角论述了现代性与后现代性争论中提出的各种问题。鲍曼认为，现代性许诺为人类社会生活带来只有理性才能够提供的那种清晰性和透明性。但很遗憾的是，这种情况并没有出现，而且我们现在也不再相信会出现这种情况。我们愈来愈强烈地意识到人类生存不可改变的偶然性，以及各种选择、身份和生活筹划的无可挽救的矛盾性。现代性的许诺为何没实现？作者认为，答案在于许诺本身，在于所有试图履行这一许诺的尝试所表现出来的自我损毁性。正是在后现代时代，现代性筹划的自我损毁性充分展现在世人面前。后现代时代就是与矛盾性和解的时代，就是学会如何在不可救药地充满矛盾的世界上生活的时代。

全书分为导引和 7 章正文，共约 28 万字。

【分章导读】

与其他现代性的解说者不同，鲍曼把现代性理解为秩序与混乱矛盾性的发展，这也是全书论说的核心概念。所谓矛盾性是现代性的常态，属于"变形的自我"，"即那种将某一客体或事件归类于一种以上范畴的可能性，是一种语言特有的无序，是语言应该发挥的命名（分隔）功能的丧失。无序的主要征兆是，在我们不能恰当地解读特定的情境时，以及在可抉择的行动间不能做出选择时，我们所感受到的那种极度的不适"[1]。从这一概念出发，鲍曼

---

[1] 齐格蒙特·鲍曼. 现代性与矛盾性 [M]. 邵迎生, 译. 北京：商务印书馆, 2003：3.

提出了又一个重要概念——分类。分类，即为分离或分隔。表面上看，语言的命名/分类功能把对矛盾性的防范看作是其自身的目的。分类包含着包容和排斥的行动。而另一方面，矛盾性是分类劳动的副产品，同时需要做进一步的分类。

随后，鲍曼提出了一个有争议的问题："现代性缘于何时"，引出现代性概念。在定义现代性之前，他首先论述了秩序。他说，秩序就是非混乱，混乱乃是无秩序，秩序和混乱是现代之孪生儿。在他看来，可以将现代视作一个时段，而在这一时段中，秩序得到反思。而混乱即秩序的他者和秩序之抉择，就具有了现代性。另外，只要"存在"是通过设计、操纵、管理、建造而成并因此而持续，也便具有了现代性。而典型的现代实践，是为了根除矛盾性而做的努力。鲍曼分别从现代国家、现代智力和现代存在等方面展开了详细论述。在他看来，作为一种生活形式，现代性通过为自己确立一项不可能的任务而使自己成为可能，而其同时也是一种不可遏制的向前行进。他还精辟地分析了现代性等同于焦躁的原因，并由此引出了碎片化的概念。

由此基本概念出发，鲍曼对现代性与矛盾性展开了七章的论述。

第一章《矛盾性的丑闻》，概括叙述了现代筹划的系列要素，包括对哲学理性的合法追求、国家的造园抱负、应用科学的造园抱负。这些要素都将证据不足地说明将矛盾性、偶然性视为一种威胁，并使这一威胁的消除成为社会秩序的一个主要的想象之所。

现代反矛盾性之战的发展经历了一系列的阶段，其中对犹太人的大屠杀是一个典型。通过对犹太人大屠杀现有解释的研究，鲍曼提出拒不接受大屠杀事件的教训，主要表现在将大屠杀异邦化或边缘化为一个一次性历史事件的种种企图之中，并对异邦化和罪行边缘化的实现策略展开了详尽解释。这既是鲍曼对德国法西斯屠杀犹太人的理论控诉，也是作为异乡人、犹太人的鲍曼对现代秩序、统一性的一种体验与理解。

现代性国家对秩序的追求，有着一种"对立法理性的梦想"。在现代时期，哲学家的立法理性与国家的过于物性的实践非常合拍。鲍曼说："以理性方式设计的社会是现代国家公然的终极因。现代国家是一种造园国（gardening state）。其姿态也是造园姿态。它使全体民众当下的（即野性的、未开化的）状态去合法化，拆除了那些尚存的繁衍和自身平衡机制，并代之以精心建立的机制，旨在使变迁朝向理性的设计。"[①] 哲学就是一种立法权，

---

① 齐格蒙特·鲍曼. 现代性与矛盾性 [M]. 邵迎生，译. 北京：商务印书馆，2003：31.

而哲学家的职责是关心和监护他人，立法理性的策略和国家权力的实践之间存在着一种选择性亲和。政治领域消除矛盾性是为了统治秩序，理智领域消除矛盾性是为了同一性，二者在实质上有共通之处。

鲍曼认为，现代理性与权力合谋规划着整体性的世界，这是哲学王的社会政治理想——"造园国的实践"。他认为，现代德国对犹太人的大屠杀，就是一种造园术，也类似于医学绝育对人类的控制。这实质上是基于加快人类走向完美进程的造园理论，既难加控制又具有无政府主义性质的犹太人，就成为精心设计的未来花园所预留的田地中的众多杂草之一。因此，鲍曼说："造园—培育—外科手术的抱负绝非德国特有。即便是社会工程之宏大抱负在历史上最邪恶的体现——种族改良（'人类的遗传科学与人类的培育艺术'），也非产自德国。"①

他认为，一旦对秩序的渴求以及统治者负责引进秩序的职责等问题解决后，余下的便是对成本和效力的考虑了。而在其中，现代精神就尤为突出。这就是"造园抱负与现代性精神"。在对"一元社会论"运动分析后，鲍曼指出种族改良并非德国特有，欧洲各国都有这种活动。甚至可以说，这一思想弥漫于整个现代社会，并可能成为其集体精神最显著的特征。而一旦它与现代国家权力结合在一起，并有了完美、理性化社会宏大幻象，也就能够触发现代种族大屠杀。

鲍曼认为，科学、合理秩序与种族大屠杀之间存在直接而必然的联系。鲍曼从科学产生和对大自然的定义一步步理论推演，指出了种族大屠杀的非纳粹和前纳粹的、科学的根源，一针见血地指出，科学、科学家自始至终参与了纳粹种族大屠杀的活动。这可以在人类科学发展的每一进程中发现，柏拉图的理想国、中世纪的神权政治等，都是与科学理性相伴的。

科学和理性要实施屠杀之罪恶，一个非常重要的环节就是把施暴对象进行"非人性的叙述"。对敌人做非人化的界定自古就有，在现代，更是有现代组织和技术加以彻底变革，并用远距离的大屠杀所取代。这正是科学非人性的一个表现。同时通过削弱道德抑制作用的制约，大规模行动独立于道德判断的制约，从这一角度讲，现代性为种族大屠杀提供了手段。因而，鲍曼说："能够真正抗衡并最终抵消现代性的工具性能及其工具—理性心态中的种族大

---

① 齐格蒙特·鲍曼. 现代性与矛盾性 [M]. 邵迎生，译. 北京：商务印书馆，2003：49.

屠杀的潜在性的惟一因素,是权力的多元主义(因此也包括权威意见的多元主义)。"① 也就是说,权威多元主义使道德回归于行动的个体,并使非人性化的对象重获人性。多元主义使之成为必然的中央管理的消散,意味着不存在一个可能做着"统一、普适秩序"美梦的管理中央,更不用说实施这一秩序了。因此,定义和意义的统一,目标、策略、进步标准的统一,完美形象的统一,变革所具有的以及应该具有的方向感的统一,都注定无法完成,注定要从议事日程上彻底抹去。许多符号学的、价值论的矛盾性反倒显露出来,成为社会存在的恒久特征,而非社会存在的转瞬即逝(至今仍失修)的缺憾。

第二章《矛盾性的社会建构》,主要从社会方面探讨"秩序的建造",即在理论和实践中导致产生那种矛盾得臭名远扬的异乡人范畴。为此,那些理性的建构者、秩序的规划者就要制造朋友与敌人的对立,但这在鲍曼看来是一种服务于秩序统治的虚幻创造。他说:"显然,存在着某种对称:没有敌人就没有朋友;同样,如果没有外部那个豁着大口的敌意深渊,也就没有朋友。然而,对称只是一种幻觉。"②

现代理性的一个重要理论追求就是必然性与确定性,对不确定性充满着疑惑与恐惧。像诠释问题之所以给人以烦人的感觉,是因为诠释问题的未决,意味着不确定性。而不确定性具有混乱的性质,给人以不舒服或危险的感觉。但异乡人状态决不可以被还原成诠释问题的生成,同时有些异乡人并不具有尚未决断性。而一旦不熟悉者变成了异乡人,领土、人和功能上的分离就不再够用。异乡人的特殊性在于他们的逗留总是暂时的,而即使如此,他们危险的非一致性并未终止。这种实质的非齐一性是概念的非齐一性的必然结果。因此,鲍曼认为,异乡人的原罪,就在于他的在场与他者的在场之间的互不相容性,这也正是异乡人被视为现代性灾星的原因所在。

而异乡人充满着不确定性,因此,秩序的控制者要"与不确定性斗争"。浓厚的合群性作为前现代的标志,在它的世界里,只有朋友和敌人,而异乡人则处于边缘性地位,对世界的二元性形成了严重的挑战。鲍曼指出:"民族国家主要被设计成对付异乡人而非敌人。正是这一特征使得它有别于其他超个体的社会分类。"③ 正是民族国家促进了本土文化保护主义和齐一性的产生与发展,而国家强求的同质性则是民族主义意识形态的实践。

---

① 齐格蒙特·鲍曼. 现代性与矛盾性 [M]. 邵迎生,译. 北京:商务印书馆,2003:77.
② 齐格蒙特·鲍曼. 现代性与矛盾性 [M]. 邵迎生,译. 北京:商务印书馆,2003:80.
③ 齐格蒙特·鲍曼. 现代性与矛盾性 [M]. 邵迎生,译. 北京:商务印书馆,2003:96.

世界有确定性，也有不确定性，正如有秩序也有混乱一样，这是一个确定性与不确定性共存的世界。然而，理性的秩序却总是在试图驱除不确定性，现实中要驱除异乡人。因而在他们看来，黏滑性（sliminess）可以说是异乡人的一大特性，对此统治者可以采用分离策略或消灭策略，鲍曼指出"通过'将其锁闭'在异国情调这一贝壳之中来保持与异乡人之间的心理距离，并不足以缓解他那固有的以及危险的非齐一性……异乡人始终是恒久的'黏滑者'，总在威胁着要刷去对本土身份有着重要意义的边界。危险必须得到警示，本地人必须得到警告并保持警惕，否则他们就会挡不住诱惑，在使他们之所以成为他们的那些不同方式之间搞折衷"[1]。

因而，异乡人成为了大屠杀的首选对象。从绝对意义上说，异乡人并不只是站错了位，而是无家可归。当对异乡人的激进解决方案不可行时，统治者的文化栅栏可以用作权宜之计。严格禁令通婚、通商和共生，是最常见的文化隔绝和限制接触的方法。因而，污名被贴到了异乡人身上，作为一种虚拟社会身份来掩饰他们所界定的实际身份。在分析了污名和现代性的关系之后，鲍曼引出了同化的概念。一方面，自由主义者的同化削弱了污名最牢固的基础；另一方面，异乡人努力通过文化适应达到文化同化，但这种驯化并不是唯一的难处，因为对文化局外性的生产总是以集体为目的的。企图摆脱唯异乡人独有的污名的个人，凭借其个人的努力很快就会发现自己受到双重约束。

被自由主义诱惑的个体在困境中往往会承认自己的低劣，并产生出自身怨恨，这正是内魔概念准确抓住的情感。这也即是鲍曼所说的"转嫁包袱"。"转嫁包袱""内魔"（inner demons）引起的痛苦变成对源类别的侵犯，进而被当作他们的原型，并被感知为他们的化身。这种异乡人内心的矛盾状态会一直在纠结，外在世界强加给异乡人的所谓"自身陶冶"计划是不可能克服他们的内在矛盾性的，因而被本地人理解成为一种异乡人在自身陶冶上的"愚笨或恶意、无能或不乐意"。矛盾状态不是异乡人选择的，也不是他能控制得了的，它是由社会产生的。进而，有些人会得出这样一个结论，那就是，把异乡人定义为一种文化现象。这更被鲍曼视为对异乡人进行内魔化的起点，对异乡人进行迫害与屠杀过程的起点。

第三章《矛盾性的自身建构》，主要从个人自身方面探讨"秩序的建造"

---

[1] 齐格蒙特·鲍曼. 现代性与矛盾性 [M]. 邵迎生，译. 北京：商务印书馆，2003：101.

只会在理论和实践中导致产生那种矛盾得臭名远扬的异乡人范畴。鲍曼首先指出,成为异乡人意味着一切都是不自然的,决定异乡人状态的具体原因有二:一是本地人状态的"自然性";二是异乡人不会接受本地文化。这样,"本地人会怀着真正的恐惧心理,带着嫉妒的目光,或者(最常见的是)两者兼有,来看待他们转嫁给异乡人的自由。然而,对异乡人本人而言,自由首先表现为严重的不确定性"①。

鲍曼认为,将异乡人抛在客观性这一地位上的,是所谓的"在群外",因为这使得本地人感觉不舒服。在很大程度上说,异乡人臭名的获得,是因为其地位绝不会具有本地人的地位所拥有的那种程度的坚固性、终结性和不可扭转性。另外,异乡人的忠诚也总是令人怀疑的。异乡人通过对本地文化的接受,以及对同化的接受来表示愿意转变为本地人,但同化努力的内在局限使得异乡人的局外性更显得冒失和烦人。当同化计划的表面手段破产后,对该计划中的客观性加以拯救的方式,除了求助于种族主义外,还有退避于"异乡人状态"之中。

在此论述中,鲍曼插入一个补论"弗兰茨·卡夫卡,或普遍性的无根性",论说犹太人一直是欧洲有着原型意义的异乡人。作为普遍存在的也是最根本的异乡人,欧洲犹太人能洞察到异乡人最深层次的体验。正是这种痛苦体验的犹太性,使得人们可以从弗兰茨·卡夫卡的著作中,获得有关现代人普遍困境的寓言,而且找到了有关异乡人的定义。卡夫卡本人作为一个异乡人,认识到成为异乡人也就意味着要遭到拒绝,也就意味着放弃自身构造(Self-constitution)、自身界定、自身认同(Self-identity)的权利。异乡人本身没有任何属性,因其无家无根而具有普遍性。而在无根性中,普遍性和相对主义都找到了它们的根,以自己的方式成为矛盾存在的产物。

"知识分子的新石器时代革命",是鲍曼对多数知识分子转型的刻画,即由独立的理性思考者而转向了与权力合谋的附庸。相应于新石器时代革命的本质是从游牧生活过渡到定居生活,知识分子也同样由异乡人过渡到定居了下来。昔日的自由知识分子变成了基金与饭碗、薪水与法令全书的捍卫者,专家知识与权力日渐合流,知识不再是无权者权利的理性世界。只有为数不多的知识分子过着流放的生活,坚决不与政治融洽相处。因为在政治气氛中,自由精神无法喘息。在无根知识分子向确立的知识阶级转化中,被疏离、被

---

① 齐格蒙特·鲍曼. 现代性与矛盾性 [M]. 邵迎生,译. 北京:商务印书馆,2003:118.

边缘化的知识分子越少，其忠诚的明确性与其社会定位（Location）的矛盾性之间的反差也就越大。

在对"无根性的普遍性"的探讨中，鲍曼认为，异乡人特性私化的一个具有矛盾性的必然结果是异乡人性质的普遍性，而这种普遍性却使得异乡人的人性形式显得很褊狭，亦即在涉及每一个子系统时，个体成为永远的半异乡人——一种矛盾混合体，而如果不涉及任何一个子系统，他则完全是一个本地人。当现代性处于没有归属状态阶段时，矛盾性需要得到辩解，疏离即使没有失败但普遍具有不稳定性。此外，在本地人安居的世界中做个异乡人，与在变化的世界中做个异乡人，有着实质性的区别。普遍性的幻象产生于无根性，而一旦无根性本身变成一种普遍的状况，特殊性也就消失了。如果每个人都是异乡人，那就没人是异乡人了。后现代性的趋势到底在多大程度上带来了对异乡人特性的废除，还有待分晓。

现代世界的普遍性和齐一性对异乡人的生存构成了严重的威胁，对现代世界的和谐发展也构成严重的威胁，然而随着现代性的充分展开，一个后现代时代也为克服这种威胁带来了新的机遇。"自由、平等、博爱是现代性的呐喊。自由、多样性、宽容则是后现代性的休战套语。"[①] 后现代性是对难以根除的世界多元性的接受，意味着要克服矛盾性、促进相同性，是对齐一性和普遍主义的颠倒。在后现代的多元和多元主义的世界中，一切公认的原则都不具有明证性。共存的原则只可能取代普遍化原则，而宽容只可能取代顺从。随之，破坏性冲动的立足之地也就彻底消失了。另外，对区分的持久性的接受与社会工程有密切关系。

第四章《同化社会学中的个案分析（一）：囿于矛盾性的陷阱》，这项个案研究是关于现代反矛盾之战以及由这一战斗所造成的、未曾料及又不可避免的文化反响。鲍曼首先引出矛盾性的囚徒概念，即对少数人群体在开放社会中困境的研究，并围绕着关于同化的现代兜售展开论述。

"德国犹太人的案例"阐明了，为什么要选择居住在日耳曼文化地区的犹太人历史作为重点分析的案例，还有对犹太人同化的历史事件和现代同化进程的一般社会学机制探索的主要事实。因而，鲍曼说："由于与德国总体的现代化经历保持着一致，德国犹太人的现代化经历因此是高度地自身监控、自

---

① 齐格蒙特·鲍曼. 现代性与矛盾性 [M]. 邵迎生，译. 北京：商务印书馆，2003：149.

身反思并被理论化了，以致其他明显与之相似的个案都不能与之相媲美。"①

"犹太人同化的现代化逻辑"表明，新兴民族国家的普遍化抱负是现代化的一大特征。现代国家的权利制度是其对立法和高压统治的垄断，是朝向统一性的现代性突进的一个方面。这实质上是犹太人的一个陷阱。进行同化的犹太人被迫去证明他们的德国性（Germanhood），但是，他们要证明这一点的努力恰恰被认为是不利于他们的证据，证明了他们的欺骗性，而且很有可能也是证明他们的颠覆企图的证据。"对于由学习和自身完善的行为所推动的同化目的而言，德国性就像所有受民族制约（nation-bound）的属性一样，是极其不合适的。不管拖延多久，民族都不是学习的产物。民族是宿命和血缘的共同产物——否则就根本不是一个民族。"② 传统的、前现代的犹太隔离的一种新的、微妙的形式：疏离的形式，也即社会隔绝和精神孤独，意味着孤独从一种偶发性的不幸变成了一种标准状况。

想象中的"真实德国"才是犹太人唯一的德国。而在现实中，同化的努力使得犹太人与他们准备加以同化并进入的德国社会迎头相撞。"确切地说，羞耻是文明神话最有效的防护罩，而且——同时——是最具犹太性的感情。"③ 德国本土社会的同化压力使得文化遵从成为社会和政治解放的条件。在少数人群体中，这种同化压力被反映为一种人类精髓的普遍性对社会狭隘性和特质性的挑战。

所谓"同化的内魔"，即是说在关于同化的民俗中，东方犹太人（东欧犹太人）不被允许拥有自己的身份。无论是现在还是以前，东方犹太人的角色定位是由具有同化作用的西欧犹太人决定的。

所谓"没有了结的旧账"，即是说犹太人的同化传奇所包含的侮辱证据似乎和精神上的高傲性一样多。在舍勒姆看来，奴性、乞讨的同化，是尊严的悲惨丧失。正是在德国，同化计划的虚荣才被残忍地表现出来，让人无法再有任何幻想。

所谓"同化筹划和反应策略"即是说，德国犹太人的经历提供了一种有用的立场，从这个立场出发，可以清楚地看到一些关于同化机制关键的、但却经常遭到忽视的侧面。

所谓"同化的终极边疆"即是说，同化成为了一种只有少数精英进入并

---

① 齐格蒙特·鲍曼. 现代性与矛盾性 [M]. 邵迎生，译. 北京：商务印书馆，2003：166.
② 齐格蒙特·鲍曼. 现代性与矛盾性 [M]. 邵迎生，译. 北京：商务印书馆，2003：183.
③ 齐格蒙特·鲍曼. 现代性与矛盾性 [M]. 邵迎生，译. 北京：商务印书馆，2003：197.

对之进行深刻的自身反思和分析的社会场所。同化作为社会工程的前沿，是向前延伸的秩序的利刃。现代筹划在很大意义上始料不及的副产品，是其产生的压力导致了现代文化的诞生和繁荣。

所谓"同化的二律背反和现代文化的诞生"即是说，同化压力承诺给予归属感，但却送来了遗弃，同化压力的受害者从他们的苦难中产生了一种创造力量，这点在弗兰茨·卡夫卡那里尤为突出。

第五章《同化社会学中的个案分析（二）：矛盾性的报复》，在前面个案研究的基础上，鲍曼继续深入研究同化筹划的某些文化后果。他认为，尽管同化筹划决意要根除矛盾性，但却造成了它的泛滥；卡夫卡、齐美尔、弗洛伊德、德里达等的命题也在这一语境中得到重新分析。然而，并非所有的同化过程都曾是悲剧式的，对绝大部分在中层和上层社会的西方犹太人而言，同化仅仅意味着与人攀比和赶时髦。

在关于"矛盾性的反击"中，是针对评述弗洛伊德展开理论研究的。面对同化的悲剧，以弗洛伊德为代表的犹太知识精英在逃离与绝望的同时，也以学术的成就洗刷自己的耻辱，并反对由社会所维系的"真理"的虚假伪装。这场对社会发动的攻击获得了"两大好处"：成名及被开化的"善良"社会所接纳。

在"弗洛伊德，或者作为权力的矛盾性"中，鲍曼认为，上帝最初赐予犹太人的只是一个文本，而试图取代该文本已经明确表述的意义的每一次诠释，都变成了文本的延展。像弗洛伊德这样的异乡人，坚定地置身于反矛盾性斗争的接受方，将精神分析看成是诠释的艺术，认为人类世界的全部可以转变为一个有待诠释的文本。对弗洛伊德而言，没有什么诠释是完整的，也不允许诠释满足于自身的真。

在"卡夫卡，或命名的困难"中，鲍曼认为，在所有德语作家中，卡夫卡对反义连词"aber（但是）"的使用是最多的，但这并不代表彼此排斥。卡夫卡自己也知道，在他根本不具有任何"部族性"的意义上，他不是一个犹太人，他的目标只是离开。卡夫卡是由对立或者说是由对立之否定——对立之——构成的。

在"齐美尔，或现代性的另一端"中，鲍曼认为，齐美尔是非常有力度的、最富洞察力的现代性分析家，也是那个时代多产的社会学家之一。但是，他当时却一直得不到承认，因为其犹太出身及其社会学著作顶撞了当时的标准社会学著作。齐美尔分析中的"痛苦"被用来衡量人类的状况，人们也开始认可其关于社会实在的所有真理都是分裂的、碎片性和片段性的思想。他从孤独流浪者的视角综观了人类状况，诊断出"普遍人性"的论说最初就是谎言。因而，鲍曼说："齐美尔正确地诊断出'普遍人性'（universal human nature）将死亡，或者也许可以说'普遍人性'最初就是谎言。这种'普遍人性'在现代性的狂飙运动时期的早期曾被伪装成对差异性的攻击，并被伪装成更新的踩灭他性的企图……齐美尔也注意到（比其他有所注意的人要早得多），现代生活的现实已经使总体化的梦想变得举步维艰；确切地说，这些梦想都具有自我损毁性。"①

在"同化的另一面"中，鲍曼认为，和弗洛伊德、卡夫卡、齐美尔一样，德里达的诠释学是站在同化的另一边，这往往变得更宽泛并在文化上更具有生命力。而犹太人惊人的文化创造力的插曲，是痛苦和折磨的产物，也是现代狭隘性之戏的产物。

第六章《矛盾性的私化》，即矛盾性的当代困境。随着现代国家逐渐放弃自己的造园抱负，并随着哲学理性宁要诠释性而不要合法性，由消费市场支持并调节的专门知识网络作为这样一种情景取而代之。在这一情景中，个体必须单独正视矛盾性难题，并在它们私己的自身建构努力中寻求着社会中已有先例的肯定性。"世俗权力不再着力去消除矛盾性，矛盾性就从公众领域转移到了私人领域。总体而言，它现在是一件个人事务……获得目的和意义的明了性，这是一项个体的任务和个人的责任。努力是个人做出的。这种努力的失败也具有个人性。对于失败的指责，由于指责而引起的罪恶感，这些都具有个人性。"② 由此出发，鲍曼探讨了当下情景中的文化及道德后果。

在"对爱的追求，或专家知识的存在基础"中，鲍曼认为，随着现代的、按功能区分的社会的到来，所有的个人都失去了家园，变成了异乡人。普通的、互惠式的情爱模式无法解决现代人"先天失去家园"所产生的尖锐问题。这一点也产生了对市场推销爱的替代品的需要，成为专家知识的存在基础。这也是矛盾性私化的结果。

在"技能的调换"中，鲍曼认为，专家知识为个体的不安和焦虑提供了得到社会认可的解决方案，而专家知识的社会权威依赖于四个相互紧密关联的假设。可以说，超个人的专家知识对个体生活世界的控制具有自身

---

① 齐格蒙特·鲍曼. 现代性与矛盾性 [M]. 邵迎生，译. 北京：商务印书馆，2003：284.
② 齐格蒙特·鲍曼. 现代性与矛盾性 [M]. 邵迎生，译. 北京：商务印书馆，2003：299.

繁殖性。

在"专家知识的自身繁殖"中,鲍曼认为,起中介作用的专家知识和辅助技术使现代社会变成了矛盾性和不确定性的领域。大部分矛盾性和不安全感产生于专家生产和管理技术形成的生活环境,这些危险的产生有两个根本的途径。结果是,需要专家知识来解决的问题变得更多了。

在"推销专家知识"中,鲍曼认为,只要专家知识仍然是一种商品,它就要遵循普遍的市场准则。因此,专家们必须为他们自己和他们的服务创造需求。而当把对专家的依赖体现为个体的解放,同样适用于对在社会秩序里获得明确定位的需要的分析。

在"躲避矛盾性"中,鲍曼认为,专家建议和由专家设计的物品满足了人类另一个关键的个体需求:对理性的需求。专家知识阻止了外行的穿透,因而被认为是可以复制权力和依赖的经典模式,而外行人想变得理性的欲望成了专家知识的助推剂。这部分最后通过对美国伟大的购物中心制度——彻底理性化的专家设计的产物的总结,深刻地展现了现代社会对矛盾性的躲避。

在"专家设计的世界的倾向和局限"中,鲍曼主要分析了专家设计世界的倾向和它的局限性。对专家领导的技术世界的前景感到关切的作家可分为四类,他们一致认为,专家知识和技术上升对现代世界产生的变化是非常彻底而且无法恢复的。在向更高的技术效率进发的努力中,专家知识必须消除所有的整体性,但并不能完成其建立一个没有含混性和充满理性选择的透明世界的愿望。

第七章《后现代性,或对矛盾性的宽容》,思考了在公认的偶然性条件下"无基础"生存的实践后果。其目的并不在于做出社会诊断,而在于将有关后现代时代错综复杂的政治问题、道德问题的讨论提上议事日程。

在"从宽容到协同"中,鲍曼以"什么是解放,解放意味着什么"开篇,指出解放是对象间的关系,其标志是恐惧的终结和宽容的开始。现代社会将其自身的非确定性当作一种暂时的苦恼加以排遣,后现代的境况将宽容揭示为宿命,从而使得从宿命到好运、从宽容到协同的漫长道路成为可能。

在"《驱魔者》和《兆头》,或知识的现代和后现代局限"中,鲍曼首先指出,知识的借口可以从两个方面加以怀疑:现代性与后现代性,最终颠覆了现代自信。通过对《驱魔者》和《兆头》这两部作品的分析,鲍曼得出了三点结论。最后,鲍曼指出,后现代性缺乏现代性的那种铁拳,需要的是钢铁般的神经。

在"新部落主义，或寻求庇护"中，鲍曼认为，后现代时代也是共同体的时代，通过阐述理查德·伯恩斯坦的"传统"、米歇尔·马费索利提出的新部落主义和康德的审美共同体观念，鲍曼指出，后现代状态充满了二律背反。

在"后现代性的二律背反"中，鲍曼认为，作为一项筹划，秩序使得一切自发性在被证明为清白之前都值得怀疑，并将矛盾性等同于混乱。只要社会权势坚持自己的普遍抱负，知识分子和专家知识就有其立足之地，这种确信也可以转译成两种补充的信仰。说到底，正是现代意向使得差异成为一种罪过。面对寻求或者强迫共识的现代决心，后现代精神也许只能以其惯有的宽容相对待，后现代的宽容和多样性也有其危险和恐惧。

在"协同性的种种未来"中，鲍曼认为，协同性是宽容的一个机遇，协同性是一个最高等级的机遇，但宽容本身并不能产生协同性。历史地看，从残忍到宽厚是一个漫长而又折磨人的方式。现代社会工程的未竟事业也很可能爆发为一种对人类新的野蛮的仇视。而对一切关注做坚决、毫不妥协的私化，是影响后现代社会意义的一个主要因素。

在"社会主义：现代性的最后立场"中，一方面，鲍曼认为，现代社会主义就是现代性的反文化。另一方面，鲍曼通过对列宁社会主义革命和戈尔巴乔夫的分析，指出共产主义和社会主义一样，具有彻头彻尾的现代性。

在"社会工程有前途吗？"中，鲍曼提出，在经历了共产主义实验的不名誉的结局之后，很少有人为社会工程的理性和道德廉正性进行辩护了。然而，将社会工程当作政治实践的无效手段加以摒弃，意味着对一个全然不同社会的一切幻象加以抛弃。社会工程的昂贵和宏大，并不意味着不搞社会工程就没有什么代价了。

本书最后，鲍曼将有关后现代时代错综复杂的政治与道德问题的讨论提上议事日程，提出现代性仍然和我们在一起。他以冷静的批判观点来看待现代性的全部，评价它的表现，并对其建构之坚固性和一致性进行了评判。

【意义与影响】

鲍曼在这部著作中对现代社会的种种现象以及一些核心问题，进行了深刻而独到的分析。许多评论家都说，鲍曼是一个优秀的"故事讲述者"，他讲述了知识分子的故事，也讲述了犹太人的故事。在聆听鲍曼讲述关于陌生人、观光者和流浪者的故事时，许多读者都有同感，觉得是在说自己。这就是鲍曼的魅力所在。更为重要的是，在讲述人类的故事时，鲍曼的声音是独特的，他既不盲目乐观，也不悲观失望，而总是在提醒人们应注意面前的陷阱。

鲍曼在《现代性与矛盾性》中对下述几个方面的研究是透彻而富有启发性的。其一，关于现代性与理性的关系。在鲍曼看来，现代性的发展与理性的膨胀同步。正如有论者所说："鲍曼以一种知识考古学的视角，重新考察了现代性与理性主义之间的关系，重点考察了在现代性的不同发展阶段理性主义所具有的不同表现及其功能，揭示出现代性的发展历程与理性主义演变历史之间的亲和性关系。"[1] 由此出发，鲍曼批判了理性的化身——现代技术、现代社会工程给社会与人多样性发展所带来的巨大威胁与风险。

其二，关于现代性与后现代性的关系。现代性的目标是寻求或保护美丽、清洁和秩序，消除丑陋、肮脏和无序。然而，现代性并不能实现这些目标，它永远是一个"未竟的计划"。后现代性并不是现代性之后的一个历史时期，不是现代性的终结，它自始至终都与现代性共存，犹如一枚硬币的两面。现代性往往同确定性、普遍性、同质性、单一性和透明性联系在一起，后现代性则往往同不确定性、多元主义、异质性、多样性和模糊性联系在一起。这有助于我们明确现代性与后现代性的关系。

其三，自由与安全。在确定了方法论立场之后，鲍曼对自由与安全问题在现代性和后现代性视野下进行了出色的分析，该问题反映了个体在当今世界的处境，它有助于我们认识当今人类的生存状况。在他看来，自由需要集体的保护，但是，我们决不应该为了集体的利益而牺牲个体的自由。这有助于我们比较清楚地认识当今人类的生存状态，更好地保护个体的自由与权利。

其四，陌生人与社会秩序。陌生人议题实际上是自由与安全这个议题的深化，在本书中，鲍曼探讨了陌生人同朋友和敌人的关系，提醒人们注意处理好多数人与少数他者、边缘性人群的关系。这无疑有助于现代社会各类不同价值观念群体之间的和谐共生发展。

鲍曼的《现代性与矛盾性》一书"对现代性的批判"在国内外学界产生了重要的理论影响，成为学界探讨现代性问题的重要参考书。可以说，在当今全球现代性高度发展的时代，多样性发展、他者、生态环境、社会工程、理性的暴力等问题的理论思考，都不同程度受到鲍曼现代性思考的影响。

---

[1] 汪冬冬. 现代性与理性主义的亲和性关系研究 [J]. 理论与现代化，2011 (3).

【原著摘录】

导引：对秩序的追求 P3—27

P7　秩序就是非混乱；混乱乃是无秩序。秩序和混乱是现代之孪生儿。它们孕育在那个既不知必然也不知偶然的神定世界的分化和瓦解之中；这是一个曾经存在过的世界——一个不用考虑如何使自己存在的世界。这一没有思虑的世界先在于秩序和混乱的二元对立。

P11　我们可以说，只要存在分为秩序和混乱，它便具有了现代性。只要存在包含了秩序和混乱之抉择，它便具有了现代性。

P16　作为一种生活形式，现代性通过为自己确立一项不可能的任务而使自己成为可能。正是这种在全部努力中无处不呈现的不确定性，使得焦躁不定的生活既可行又不可避免，并有效地杜绝了全部努力最终停歇的可能。

P20　可以这样来表述，即秩序的宏大观已经化整为零，成为可以解决的小难题。扼要地说，秩序的宏大幻象（如果确有其事的话）乃是——作为"无形之手"或"形而上学基础"——由解决难题时的慌乱所导致。

P24　如果现代性是关于秩序的生产，那么矛盾性则是现代性的弃物。秩序和矛盾性都是现代实践的产物；除现代实践——连续的、警惕的实践——之外，它们都别无它物支撑自身。在典型现代的偶然性中，这二者共有着存在的无基础性。可以认为，矛盾性是现时代最真切的担忧和关切，因为和其他被战败、受奴役的敌人不同，矛盾性随着现代权力的每一次胜利而不断强壮。被清理活动视为矛盾性的正是它自身的失败。

第一章　矛盾性的丑闻 P28—79

P36　现代统治者和现代哲学家首先是立法者；他们发现了混乱并着手加以控制，代之以秩序。他们希望导入的秩序，从定义上说，具有人为性。因此，这些秩序有赖于那些诉诸于法律的设计，因为法律只认可理性，并由此而将异己的对立面统统去合法化。

确保这种经由设计的人为秩序的至高无上性，是一种双重性任务。它既要求领域的统一与整合，也要求边界的安全。

无论在理智领域还是在政治领域，秩序都必须既具有排他性又具有综合性。因此，任务的双重性合二为一：使"有机结构"的边界轮廓分明，标志清晰。这意味着"排除中间情况"，即压制或根绝一切含混之物，一切骑墙态度，一切在内与外这一至关重要的区分上所搞的妥协。建立并维持秩序意味着，交朋友，斗敌人。不过，它首先意味着荡涤矛盾性。

P37 在政治领域中，清除矛盾性意味着，隔离或放逐异乡人（stranger），认可某些地方权力并将那些未认可的地方权力去合法化，填补"法律的豁口"。

P55-56 然而，一旦与现代国家可怕的权力结合在一起，这种由完美、理性化社会的宏大幻象所显露的种族屠杀的潜在性，便很难与共产主义革命相匹敌。（这些革命，即便不说是由爆发于19世纪后期的那些对社会工程的希望所引起，至少可以说受到了它们的鼓舞。）现代共产主义既是理性和启蒙时代的最富接受能力、最忠实的信徒，而且很可能也是其后继者中在理智传统上最一致的一个。它完全理解了人对理性王国的必要性和紧迫性的训谕（injunction）。随着现代科学的辉煌胜利和权威性的不断增长，它的自信心（和急迫心）也得到加强。

P71 敌人客观地表现为敌人，而我对敌人受道德戒律保护的权利的否认，则——还是——表现为一种相互的活动。种族大屠杀则不然。在此，要消灭的对象是单方面界定的。没有任何形式的对称性得到运用或体现。无论怎样想像，另一方绝不是敌对者，而是受害者。受害者早已被标出要予以歼灭，因为强势方希望建立的秩序的逻辑不容受害者的存在。

第二章　矛盾性的社会建构 P80-111

P83 异乡人所反抗的，正是这种默契的对立，这种在敌友间为冲突所累的合作。与人们对敌人的恐惧相比，异乡人所带来的威胁更为令人不寒而栗。异乡人威胁到社交本身，即社交的可能性。

P92 没有一种反常现象比异乡人更加反常。他处在朋友和敌人、秩序与混乱、内与外之间。他代表了朋友的不可信任性，代表了敌人伪装的狡猾性，代表了秩序的不可靠性，代表了内在的易受伤害性。

P97 民族国家促进了齐一性（uniformity）。民族主义是崇尚友谊的宗教；民族国家是驱使未来的信徒顶礼膜拜的教堂。国家强求的同质性则是民族主义意识形态的实践……民族主义是社会工程的一个项目，而民族国家则是其工厂。民族国家从一开始就被赋予了集体园艺家的角色，着手培养感情和技能（不以此道它们很可能难以发展）。

P107 种族—宗教—文化的异乡人，总忍不住要将群体解放的自由主义幻想（即抹去集体污名）当作对个体努力进行自身提高（self-improvement）和自身改造（self-transformation）的一种奖赏而加以信奉……当他们最后似乎终于要抓到那根终点线时，自由主义的大氅之下却猛地飞出一把种族主义短剑。在毫无警告的情况下，游戏规则变了。或者确切地说，只是到此时，热衷于自身陶冶的异乡人们才发现，他们错误地认为是一场解放游戏的那一切，其实是一场控制游戏。

P108 把对异乡人的"去疏离化"（de-estrangement）和驯化（domestication）问题界定为，异乡人努力通过文化适应达到文化同化的得体问题和勤奋问题，这其实等于再次确认异乡人的生活方式是低劣的、不合社会道德标准的以及不合适的；等于宣布异乡人的初始状态是一个必须洗刷一净的污点；等于承认异乡人生来有罪，是遭受惩罚抑或得到赦免，都得看他自己而定。

P111 矛盾状态不是异乡人选择的，也不是他能够控制得了的。因此，被置于矛盾状态之中的异乡人所具有的那种出了名的不安，是由社会产生的。

第三章　矛盾性的自身建构 P112－154

P115 使得摆脱异乡人状态具有不可能性的第一个原因，正是本地人状态的"自然性"。人要么是"被设定的"或否，要么是"被调定的"或否……人不能"安置自己"或"使自己调定"。或者确切地说，"安置"或"调定"是行为（performance）而非宿命，这一事实剥夺他们的正是这种"自然性"。也正是这种"自然性"使得他们成其为他们。

P116 另一个原因还要深沉些。异乡人不会接受本地文化，因为这种文化决不会首先尝试着去修正自身的某些规矩；也许正是这些规矩，对本地人的安全和自信有着至关重要的意义。本地文化将异乡人定义为异端分子——"既非朋友亦非仇敌"——并打入另册，因为那个矛盾的群内/群外规定了生活世界秩序的界限。

P118 对异乡人的客观主义的（无根的、世界主义的或完全异己的）偏见，是本地人共同体对异乡人的最严重的指控。确切地说，正是通过这种不公，本地的生活形态才能最好地支持并再生其自身的自然性、灵性（inwardness）及自给自足性——这一切都是其身份的最坚固的支柱。在本地人的世界观中，异乡人的本质是无家性（homelessness）。

P124 现代知识分子是永远的流浪者，是普存的异乡人。正是由于这一原因，没人真正喜欢他；无论在哪里，他都不得其所。

P126 自身建构的过程，使得异乡人更加疏离了本地人群体……异乡人带来了一个独一无二的、绝对矛盾的混合体，即具有普遍性的计划与具有相对性的实践这二者的混合。

P127　犹太人是"异乡人状态的体现",是永久的流浪者,是非领土性（non-territoriality）的象征,是无家性的本质,是根的缺场;他们是绝对者家中无法驱除的因循性的幽灵,是定居时代无法驱除的流浪历史的幽灵。作为普存的因而也是最根本的异乡人,欧洲犹太人洞察到异乡人最深层的体验。

第四章　同化社会学中的个案分析（一）：囚于矛盾性的陷阱 P155—241

P160　同化的幻象和计划,也是一种重要的武器。利用这一武器,现代民族国家试图进一步削弱社会控制的竞争性惯习的抵御力和连贯性。

P169　现代化也是一场文化改革,是一种强劲而又持续的内在冲动,旨在根除存在于价值观和生活方式、习俗和言语以及信仰和公众行为之中的差异……文化改革把建立严格的文化等级制作为自己的终极目标。对可疑的价值观和生活方式保持忠诚,等于是将自己禁锢在文化阶梯的底部。

P188　犹太人试图将他们热爱的德国变得更适合文明人类的居住（他们相信这种转变将使德国在启蒙国家之列显得更加荣耀）。他们的努力被视为一种颠覆活动,威胁着要削弱上升中的民族社会的完整性和力量。

P221　到19世纪末,犹太人在现存德国政治中的发展显然到了尽头,个人在经济和教育上成功其本身并不能保证政治平等、社会接受以及摆脱偏见和歧视。软弱、顺从的德国自由主义止步了,因为它不能打破那些拥有土地的、民族主义的、保守精英分子的政治垄断。

P226　如果同化是现代社会工程的前沿,那么,犹太人就会发现自己在全欧洲都处于同化努力的最前沿。犹太人作为一个不受国境限制并公认是庞大而分散的群体,他们走到哪都是同化内部弱点的象征和提示。更糟的是,他们是梦中秩序之丧失的象征和提示。

P235　只有本地人,其存在才被承认。这样,他们才能安静地享有这种存在——是存在（to be）而非生成（to become）。表面上看,局外人也被给予了同样的幸福;但是卡夫卡知道一些东西,这是他的许多同伴注定要过于迟缓而无法注意或过于顽固而无法胆怯地承认的东西。那就是,这种给予是个谎言,因为人不可能获得仅仅是作为命运的礼物这样一种东西。

P240　从那时起,无家性、无根性和自身建构的必要性,不再成为犹太人的商标。犹太人是安顿下来了,然而他们的那些非犹太邻居却变得不如他们自己以前想像的那么安稳了。

第五章　同化社会学中的个案分析（二）：矛盾性的报复 P242—298

P270　弗洛伊德直言不讳地说,没有什么诠释是完整的,也不允许诠释满足于自身的真，尽管它总是力争如此，而争一下可能的确会"变得好一些"。但是"变得好一些"并不意味着接近这样一种真，这种真可以合法地排斥自身的替代性选择。相反，它意味着对被质疑的、未知的相反诠释给予更多的宽容，意味着要更加心平气和地、视阈更宽广地对其他一些业已猜出的或尚未质疑的可能性加以包容。

P271 世界具有矛盾性，尽管其殖民者和统治者并不喜欢这样，而且不择手段地试图将它变成不具矛盾性的世界。

P272 矛盾性是对强权者权力的限制。同样，它也是无权者的自由。

P298 犹太人惊人的文化创造力的插曲是痛苦和折磨的产物，这很像现代文化的普遍性，它是现代狭隘性之戏的产物。也许有必要首先在秩序、确定性和齐一性的现代推进的接受端进行挣扎，有必要学会忍受一个无法确定的世界所具有的多义性、矛盾性和无限可能性。

第六章 矛盾性的私化 P299-348

P302 专家同时既能质询信赖的基础和超个人的知识，也能理解个人心灵最深处的思想和渴望。作为一位阐释者和中间人，专家连接了原本很遥远的两个世界：客观世界和主观世界。有两种保证，一种是对人们正确行事的保证（这只能是社会的保证），另一种是对人们作出自己需要的选择的保证（这只能是个人的保证），而专家弥合了两种保证之间的鸿沟。可以说在专家技能的矛盾性中，他与客户的矛盾状况形成了共鸣。

P323 生活世界本身渗透了专家知识——由它来建构、阐明、监控和复制。现在，用以形成真正的个体生活环境的是专家生产和管理的技术。大部分矛盾性和不安全感，因此连同大部分假想的危险，都在这种环境中出现了。这些危险的产生有两个根本的途径。

首先，浓缩的、集中的、建立于科学基础之上的（特别是对任务有自治性的）专家知识不同于传统的、由社会传播的技能，这种专家知识处理手头任务时能够达到精确性、决定性和激进性，而这些性质容易在生活世界系统的其他领域产生尖锐的失衡。

第二，专家知识的某一特定领域越是变得集中、专门化和自治化，新的技能（指新的技术能力）就更有机会被发明出来，尽管这些技能首先并没有得到明显的应用。

P324 专家技能的不断细化并没有像以前承诺的那样，减少了那些困扰生活世界管理的问题数量。相反，它导致了问题的层出不穷。技能寻求应用，却假托问题需要解决。

P337 专家建议和由专家设计的物品使拥有它们的人可以用得到专家知识授权的方式行事，它们也满足了另一个关键的个体需求：对理性的需求。现代社会不宽容任何异己的生活方式，而这种极度的不宽容从一开始就体现为现代社会的特征，于是现代社会将这种差异仅仅视为无知、迷信和迟钝。

P347 创造一个没有含混性的世界，一个充满理性选择的透明世界，这种创造无法来自现代权威——诸如政治的、科学的权威——建立秩序的努力。

以理性统治为目标的内在努力，只要它还有望以胜利而告终，就能暂时替代由道德指引的定位。

第七章 后现代性，或对矛盾性的宽容 P349—421

P352 现代性在使自身分离出来、有别于众，以便有可能保留向地球上可居住部分（oikoumene）发号施令的地位的同时，认为自己是未来普遍性的种子，是注定要取代所有其他实体并因此取消它们之间的差异的一种实体。现代性将自己恶劣所为的分化当作了普遍化（universalization）。这是矛盾性的自欺欺人。

P356 同命就需要相互宽容；共运要求协同。

他者对自己的异乡人特性的权利，是我自己的权利能够表达、确立和保护自身的惟一方式。正是根据他者的权利，我的权利才得以理顺。所谓"我要对他者负责"，以及"我要对自己负责"也就是指同一个东西了。两者都选，以及将两者当作一个东西（一种不能分割的态度而非两种虽然相关但却可以分割的姿态）加以选择，正是将偶然性从宿命改造为好运的意义所在。

P357 偶然的存在（contingent existence）意味着全无确定性的存在，我们这个荒凉场所（site）所缺失的——或者说，在现代真理的废墟下难以挖掘的——一种确定性，正是协同性的确定性。

P372 难怪后现代性，即自为（für sich）的偶性时代、自觉的（selfconscious）偶性时代，也是共同体的时代，即对共同体的欲求时代、对共同体的寻求时代、对共同体的发明时代、对共同体的想像时代。

P373 共同体——无论是族性的、宗教的、政治的抑或其他类型的——被认为是差异与交结（company）的怪秘混合，是并非以孤独换来的独特性，是有根的偶然性，是具有确定性的自由；它的形象（image）、它的诱惑，与那个有着普遍矛盾性的世界一样，都具有不一致性。人们希望，它会提供一个躲避这一世界的庇护所。

P382－383　只要现代权势依然坚持着自己的那个建设一个更好的、由理性所引导因而是终极的普遍秩序的意图，知识分子就可以毫无困难地表达自己对在这一过程中的关键作用的要求，因为普遍性是他们的领域，是他们的专家知识范围。只要现代权势依然坚持消灭矛盾性是社会改良的措施，知识分子就有可能将自己的工作——促进普遍有效的理性——视作进步的主要载体和推动力。只要现代权势依然坚持诋毁、放逐他者、差异者和矛盾者，知识分子就有可能依赖这一强力支持，来行使自己所拥有的宣布判决的权威，以及从虚假中甄选真理，从纯粹意见中甄选知识的权威。

P385　前现代性非常平静地看待差异；就好像，这是事物前定的秩序，它们事实上是也应该是有差异的。由于不具有情感性，差异曾稳稳地落在人们认识的焦点之外。几个世纪以来，人类的多样性一直处在藏匿之中（这是流放的威胁强加的一种隐蔽状态），而且它还学会对自身罪恶的污名感到丢脸。而现在，后现代的目光（即，那种摆脱了现代恐惧和压抑的现代目光）却带着热情和喜悦来看待差异：差异是美的，善并不因为差异而不存在。

P397　社会主义自身的程序是现代性之筹划的一个版本；它使得整个现代社会郑重许下的诺言极端化。

P407　社会工程证明是一种很昂贵的抱负；越是宏大，越是昂贵。然而，这并不意味着不搞社会工程就没有什么代价。

── 【参考文献】────────────────────────────

［1］齐格蒙特·鲍曼. 个体化社会［M］. 范祥涛，译. 上海：生活·读书·新知三联书店，2002.

［2］齐格蒙特·鲍曼. 废弃的生命——现代性及其弃儿［M］. 谷蕾，胡欣，译. 江苏：江苏人民出版社，2006.

［3］齐格蒙特·鲍曼. 被围困的社会［M］. 郇建立，译. 江苏：江苏人民出版社，2002.

［4］丹尼斯·史密斯. 后现代性的预言家：齐格蒙特·鲍曼传［M］. 萧韶，译. 江苏：江苏人民出版社，2002.

［5］郑莉. 理解鲍曼［M］. 北京：中国人民大学出版社，2006.

［6］陈戎女. 西美尔与现代性［M］. 上海：上海书店出版社，2006.

［7］谢立中，阮新帮. 现代性、后现代性社会理论［M］. 北京：北京大学出版社，2004.

[8] 陶日贵. 从马克思到鲍曼：现代性理论的转型 [J]. 广东社会科学，2008（2）.

[9] 郇建立. 论鲍曼社会理论的核心议题 [J]. 社会，2005（6）.

[10] 李玉用，包迎华. 秩序与自由——鲍曼论现代性和后现代性 [J]. 理论观察，2006（6）.

[11] 郭台辉. 鲍曼对西方现代文明进程的批判 [J]. 理论月刊，2007（8）.

[12] 张成岗. 鲍曼现代性理论中的技术图景 [J]. 自然辩证法通讯，2011（3）.

[13] 汪冬冬. 现代性与理性主义的亲和性关系研究——论齐格蒙特·鲍曼的理性主义观 [J]. 理论与现代化，2011（3）.

十一、《可选择的现代性》

[美] 安德鲁·芬伯格 著
陆俊，严耕 等译
中国社会科学出版社，2003 年

【作者简介】

安德鲁·芬伯格（1943— ），原为美国圣地亚哥州立大学哲学系教授，现为加拿大西蒙·弗雷泽大学传播学院哲学教授与技术研究所主任、加拿大技术哲学研究会主席。他在加拿大的弗雷泽大学设有通信和应用技术实验室，还曾在美国、法国和日本的多所院校任教。芬伯格（又译"费恩伯格"）是当代从事对技术进行社会批判的领军人物，是社会建构主义思想的主要代表者。他首先设计了一个综合性的研究框架，即他所提出的工具化理论。在他看来，技术是社会的共同建构，技术代码的改变反映了技术的复杂多元性。真正的问题不是支持或反对技术，而是我们必须从中做出选择的多样性的技术。同时，他还对技术理性进行了深刻的批判，提出了社会变革的多元化模式。现代性具有可选择性，是以合理性和技术进步为标志的。在他看来，走向"自然"，推进技术领域的民主化，是当今人们所要追求的最终目标，以实现人与自然的和谐发展。

他的代表作有《卢卡奇，马克思和批判理论的来源》（1986 年）、《马尔库塞：批判理论和无极乌托邦》（1988 年）、《批判理论的技术》（1991 年）、《技术和政治的知识》（1995 年）、《另类现代性》（1995 年）、《现代性与技术》（2003 年）、《海德格尔与马尔库塞》（2005 年）、《民主化技术》（2006 年）等。

【写作背景】

20世纪90年代，人们把技术的现代性斥责为一种对极权主义的强迫接受，是对难以被具有安抚作用的社会机器整合的一切事物的拒绝。这已经引起了对由技术决定论支撑的理性主义的普适论的各种挑战，这种挑战广泛存在。但是，这些挑战已经被证明是没有成效的，因为它们仍然停留在一种如此抽象的层次上，对现代性真实基础的技术发展没有任何意义。人们难以放弃现代世界。我们的生活方式已经如此深入地建立在现代技术的基础之上，以至于各种激进的意识形态似乎都难以触及其根本。我们转而需要的是芬伯格称之为"技术批判理论"这样的理论，一种深入各种技术系统生活内部的批判。因为，正是这些技术系统构成了我们世界的基础并塑造了我们的世界。当对现代性纯粹否定的批判把一切事物当作既成事实时，技术批判理论却能揭示各种未加探索的可能性。只有运用这种理论，我们才能开始破解这种既普遍又特殊的现代性悖论，同时又能开始破解理性和文化悖论。作者正是进行这种探索的时候完成的这本书。

【中心思想】

本文相信存在着两种现代性。一方面，现代性指的是摧毁我们的记忆、文化和传统的一次理性主义的普遍发展史，技术文化主宰着时代的变迁。在这种变迁过程中，民主政体、城市化、普遍主义的进步观以及对待技术的乐观态度在欧洲纷纷得到了完成和证实。另一方面，更为狭隘的现代性概念，是指美国文化或者说美国化。随着全球化的到来以及美国史无前例的强大，这种现代性越来越遭到人们的警惕和反感。如何对待这两种现代性形式？作者提出了他的技术批判理论。这种理论深入到技术系统生活的内部，提出了各种未加探索的可能性。由此，其理论的独特品质得以体现。

全书分为1章导言、四部分8章正文、1章结语，共10章，约26万字。

【分章导读】

第一章《导言：技术和自由》，现代社会发展越来越体现在技术与自由的进步上，因而也为人们带来了越来越多的选择性。这是作者首先阐述的问题。芬伯格围绕民主化的技术变革、待确定和公众干预、合法性和合理性、价值文化和技术这四个问题，说明正是由于公众直接参与的结果才带来种种重大的技术改变。技术转变的民主化表现了包含在技术本质自身内的潜力。例如，在20世纪70年代早期，当生育高峰的一代有了他们自己的孩子，待产妇女们要求改变，并且有很多人加入了旨在促进自然分娩的组织。她们对常去的医院过分强调技术治疗提出了质疑，她们的一些成果成了医院的工作程序。与此同时，也产生了环境保护主义、反核运动、艾滋病患者的斗争等诸如此类的活动。

理解这些积极性，就要改变对技术的看法。作者运用待确定观点提出，技术选择是待确定的，对可选择事物的最终决定，取决于它们与影响设计过程的不同社会利益和信仰集团之间的适应性。技术变革不仅仅按照西方资本主义所遵循的连续统一体进步或退步，而且还包括不同连续统一体之间的运动。因而，芬伯格说："随着要求从20世纪技术专家统治的传统中转变出来的后现代时代，这个计划将日益作为一项实际的任务而出现。我们惟有能使技术领域的问题具体化，那种转变才能成功。也只有到那时，我们才会发现，在一个技术社会中，生活和创造真正意味着什么。"[①]

第一部分"恶托邦的启蒙"包括第二至第三章的内容。

第二章《马尔库塞和技术批判：从恶托邦到互动》，芬伯格探讨了马尔库塞对技术问题的理论贡献，主要介绍了对进步的抗议、合理性和恶托邦、对技术社会的激进批判、对技术的本体论批判、互动的变革战略等几个问题，认为马尔库塞对技术批判的贡献是从恶托邦到互动的变革过程。马尔库塞的技术批判观念具有政治意义，他认为，合理性是真正自由的交往基础，只要从辩论和讨论中产生公共目标，人们就能轻松自如地合作。在今天破碎了的技术专家治国论的幻想中，对科技新的社会阐释正活跃起来。芬伯格认为，旧的对理性信心的核心是相信人类控制着技术，这种观点是技术工具论或工具主义。他说："工具主义认为，技术是中性的，就像一种透明的溶剂，它不给它所服务的目标添加任何东西，仅仅加速目标的实现，或在更大的范围内，或在新的条件下实现它们。因为技术是中性的，所以能够在纯粹理性的基础上，即效率上能够改进的基础上作出运用它的决定。"[②]

[①] 安德鲁·芬伯格. 可选择的现代性 [M]. 陆俊，严耕，等译. 北京：中国社会科学出版社，2003：17.

[②] 安德鲁·芬伯格. 可选择的现代性 [M]. 陆俊，严耕，等译. 北京：中国社会科学出版社，2003：25.

随着技术的发展，激进的社会批判并没有消失，反而变得更加尖锐，最终激发了对其所谴责的恶托邦世界的反抗。1968年法国的"五月风暴"之后不久，在德勒兹和福柯的作品中，法国的社会理论也出现了恶托邦式的转向，而且以这种形式对20世纪70年代至80年代的"新社会运动"产生了相当大的社会政治影响。恶托邦的形象激起了对发达工业社会的"大拒绝"。从恶托邦即负面的乌托邦的立场来看，技术进步恰恰不是价值中立的效率提高，而是一种全新的生活方式。这是海德格尔这样的哲学家的观点，即技术本质论。

尽管受到本质论批判的强烈影响，但马尔库塞还是反对海德格尔对技术宿命的顺从。更准确地说，马尔库塞坚持认为，技术统治是一个政治问题。科学和技术，甚至一切形式上合理的、被假定为中性的现代社会结构，在政治上恰恰不是在应用过程中，从本质上讲是被资本主义加于其上的特殊需要所误导。马尔库塞对技术最激进的批判，预示了当前的女权主义和环境主义，并且证明当今重新关注他的思想是有道理的。从中我们应该能够得到一种替代的合理性理论。这种理论将告诉我们人类如何能够被结合到技术型的结构中去，把激进批判传统和新的"互动主义"观点联系起来。马尔库塞正确的地方在于，他认为由发达社会普遍建立起来的那种技术网络使它们的成员处于新的控制形式之中。而他忽视的事实，是这些网络自身又经历着由它们召集的人类团体所引发的变革。在技术领域中出现的内在的反抗，是新价值的重要承担者，正把一种新的形式加在技术体制身上。这些变革也许能够互相补充和互相依赖，改变原来的方向并消除恶托邦的危机。

第三章《恶托邦和〈启示录〉：批判意识的产生》，芬伯格论及了作为大众文化的批判、历史的终结、最后的人文主义者和正在消逝的共识等问题，阐述这样一个主题：世俗的世界末日神话，即一种不再需要宗教的末世论，因为现在末世已经成为一种明显的技术上的可能性。芬伯格认为，神话有两种形式，分别与人类由于自己的技术而造成的物质与精神的毁灭相对应。核灾难和环境灾难带来的是人类的灭亡，而未来的精神控制技术从当代的宣传机构、广告和计算机中就可推断出来。

芬伯格描述了还在进行的三种主要的运动，通过这些运动，末世论和恶托邦的主题在20世纪50年代至60年代进入大众意识。第一个运动就是核时代的科幻小说。科幻小说，至少它的一些重要部分，是一种"另类"文化科学和技术文化的文学，其双重的读者不仅有科学家、技术人员，还有寻求消遣的普通公众。他把前者的体验和思考传达给后者，他向那些仅仅是被动地参与日益机械化社会的人阐述了科学家的世界观。第二次世界大战后确实如此。随着原子弹的发明，摆在技术专家和科学研究人员面前的难题成了普遍关心的事情。第二个运动是反对恶托邦的斗争。恶托邦和间谍影片的对比揭示了令人惊讶的趋同现象。在两种影片中，英雄都是一种游击战士，都是在邪恶的技术统治的内部进行斗争。在两种影片中，英雄的人性都是在对抗机器的个人行动中来确立的。在两种影片中，敌人拥有直升机而英雄只是游击队员。但是两类影片的社会功能是完全不同的。恶托邦影片加剧了人类价值和技术社会之间的冲突，而间谍影片提供了一个虚构的答案。这就解释了它们对不发达社会的不同态度，它的原因必须搞清楚，因为它在发达社会发挥着十分重要的象征作用。第三种运动是广告的变化。广告的两难处境在于说服的真正本质，说服包括了与那些宣传对象的真正兴趣和自由的一种内在联系。只要那些兴趣能被那种自由所把握，那么说服就要求恢复对这些兴趣的意识。而无孔不入的广告和宣传的受害者因此发现，他们自己的个性恰恰在被改变为外在目的时，不断地被各种补助形式的商品价格所把持。同时，存在着一种非常真实的感觉，在这种感觉中，受操纵的大众是自由的，自由运用和解释他们在各种不可预见的方面对其屈从的操纵。由此产生的广告和它的受众之间的张力与其说被消除，不如说被不断变化的技术所掩盖。

第二部分"技术和价值"包括第四至第五章的内容。

第四章《再现的技术专家治国论：阿道尔诺、福柯和哈贝马斯》，芬伯格论述了启蒙的辩证法、技术专家治国论的主题、从系统到组织、授权和共识的形成、技术专家治国论的技术代码、行动和共识的形成、待确定和操作的自主性共七个问题，主要评述了技术专家治国论。

芬伯格认为，霍克海默与阿多诺的《启蒙的辩证法》是一部深沉的悲观主义著作，没有为克服它所谴责的罪恶提供策略。法兰克福学派的传人马尔库塞不遗余力地确定一种激进的替代物，但他的著作最吸引人的还是一种宿命的历史哲学，表明人类正是被他们支配自然的技术装置所奴役。因为法兰克福学派拒绝像海德格尔主义者求助于存在那样的任何形而上学的东西，它所伪造的科技进步和社会控制中的进步之间的联系看来是可消解的。法兰克福学派的最新代表哈贝马斯，以交往理性代替技术理性与意识哲学，在走出主体哲学过程中做出了一定的理论贡献。尤其是其克服现代性困境的独特努力，认为现代社会为技术所支配，其观点为芬伯格所接受。

技术专家治国论的主题是一种"矫正实践的虚假意识"，它认为，"人类已经成为社会机器中纯粹的齿轮和技术控制的对象。哈贝马斯用追求共识中的现实人类交往取代由客观中介而形成的行动协调的方法重新解释了这种条件。霍赖特反对这些阐述,理由是,人类融合进技术系统意味着,在控制的客体是一件事物的地方,就缺少某种规范的条件……这些规范条件至少能够被部分地授权于技术,而且,那正是技术专家治国论所做的一切"①。因此,他们并没有拒绝自我扩展的技术领域的观念,而是认为,它必须在一个还包括规范地调控的社会"生活世界"的概念框架中加以理论化。

哈贝马斯认同了系统的"中立性",及其在自身领域的合法性的权力。因此,他告别了异化的概念,并且抛弃了对经济和国家彻底转变的希望,取而代之的是他在概念上与实践中,努力维持各种领域之间的界限。在传统的激进目标的范围内,哈贝马斯式的批判所提供的正是这种分界工作,他用追求共识中的现实人类交往,取代由客观中介而形成的行动协调的方法,重新解释了这种条件。霍赖特反对这些阐述,理由是,人类融合技术进步系统意味着,在控制的客体是一件事物的地方,就缺少某些规范的条件。

芬伯格认为,技术专家治国论主题能够被重新构造,以便更广泛地运用于使扩大的等级控制系统得以巩固和合法化的技术授权,大规模的组织变得越是普遍,与它们相关的操作的自主性就变得越有意义。他说:"技术专家治国论是由对那些有利于等级控制的技术替代进行系统的、长期的选择所造成的。在对全局具有重要意义的时间和地点可以买到并引进的装置也能够通过技术的授权来改变组织的规范结构,在技术进步显然未受到挑战的媒介中,这种技术授权体现了一种新的规范性共识。"② 像工场或监狱这类机构的以前非常特殊的内在功能成为社会生活的普遍特征,组织将通过那些增强他们的权力和合法性的技术授权,疲于奔命地试图解决规范的争论。就这类组织增加和成长的范围而言,技术专家治国论的主题获得了一定的可信性,为启蒙辩证法恶托邦式的推测做了辩护。这是由对那些有利于等级控制的技术替代进行系统的、长期的选择所造成。

第五章《论人体实验:艾滋病和实验医学的危机》,芬伯格论及了受控机体医学、关怀和治疗、对伦理规则的反叛、参与者的利益、医学试验的社会

---

① 安德鲁·芬伯格. 可选择的现代性 [M]. 陆俊,严耕,等译. 北京:中国社会科学出版社,2003:103.

② 安德鲁·芬伯格. 可选择的现代性 [M]. 陆俊,严耕,等译. 北京:中国社会科学出版社,2003:112.

技术伦理学、科学和伦理学六个问题，主要阐述了医疗科技伦理问题。

在受控机体医学中，自然和文化不再起着原始术语的作用，不仅在科学的话语定义的比喻和模型中，而且在创建起知识的实践和程序中，自然已经是社会性的。以机械性来看待医学人体客观性的认识论的特殊地位被推翻了。但同时，哈拉维也拒绝人文主义的道德——法律意识形态，因为这种意识形态要么超越各种经验条件，要么以各种罗曼蒂克的方式建立在关于生物的理想基础上。自我也是由社会构造的，不能从外在的角度评价科学和技术。对此，解决途径既不是天真地相信科学的客观性，也不是回到文化之前的自然状态。芬伯格建议，对医学伦理学做一种新的社会解释，像其他职业伦理学一样，医学伦理学通常被用来为判断个案提供规则。在一种未经考察的背景下，各种伦理学通常被视为共识，这些共识涉及程序、医患关系以及其他医学制度方面的问题。结果，讨论被人为地限定为制度范围内能做什么，而这种制度的范围又无意中等同于医学，显得最科学的东西最好被看作是社会利益的技术中介。

这样，通过考察规范就能彻底深入这一问题。揭示医学的规范层面，驱散了构成个人注意研究背景的技术必然性幻想。医学伦理学也提出一种不同的生命概念，这一概念更充分地与人的需要相和谐，这是一种科学所不能表达的、被解放的并且具有解放功能的概念。一方面，在冲破通常的把病人的关怀与科学分割开来的界限的过程中，实验设计在伦理学上看起来是针对这个目标的。但是，这种界限的削弱运动朝两个方向发展，而迄今为止我们仅仅讨论了参与者权利设计的含义。而另一方面，受控机体医学则提出了一种认识论意义上的病人权利问题。最后，芬伯格希望伦理学像"人类实验"这一概念般获得永生，他说："正像对技术的美学渗透有可能使各种价值对它产生影响，这反映了科学上没有理解的各种生命维度；同样，医学伦理学也提出了一种不同的生命概念，这一概念更充分地与人的需要相和谐，这是一种科学所不能表述的、被解放的，并且具有解放功能的概念，而且，我们能够希望像赋予'人类实验'这一术语一种的新含义那样使这一概念获得永生。"[①]

第三部分"后现代技术"包括第六至第七章的内容。

第六章《法国理论和后现代技术：从利奥塔到小型电传》，芬伯格论述了

[①] 安德鲁·芬伯格. 可选择的现代性 [M]. 陆俊，严耕，等译. 北京：中国社会科学出版社，2003：142.

破解现代之谜、叙事的危机、后现代语用学、后现代技术、社会存储器和代码的失落六个问题，主要分析了法国后现代主义者利奥塔的后现代性理论。

芬伯格认为，正是计算机才促成了后现代中的"后"，利奥塔的后现代主义主要是建立在此科学技术的发展之上的。由此出发，利奥塔才提出叙事的危机以及后现代的语用学。在 1979 年，通常的观点认为计算机只有信息存储和计算功能，很少有人预见到它能作为通信工具达到现在所取得的巨大成功。正是在法国，首先在规模的范围内发生了对计算机的重新定义。在新的远程通信业务网络上的许多主机中，有一些是能够给系统操作员传送信息或者放置分类的广告。熟练的用户们"黑"了其中一台主机用作简单的通信，并且把它变成了一个所有人都可以进入的通信联系系统。不久，通信联系成为网络上受欢迎的行动之一，网络从一种信息提供者被改造成为一种新的信息媒介。

在一个根本上无组织、日益被个体所占据的交往环境中，也许我们已经正在渐渐地趋向混乱，这些个体已经丧失了具有社会意义的代码。难道这些个体将通过使这些代码严格地屈从于越来越聪明的机器的秩序的方法而被控制起来？我们的选择，是无政府状态还是人工智能？混乱或是一种完全仪式化的大众对一套无法理解的机械程序进行参与的系统？也许乐观主义者和悲观主义者之间的分歧并不在于有一个什么样的未来，而是在于包含了不同命运的单一未来。这些命运大体上与今天贯穿于社会阶级划分相对应，这些划分可以在新技术环境中以新的方式继续产生出它们自己。技术的进步对那些能够控制以精心的书写表达方式为基础、具有变化的社会和符号关系的后现代性社会的人来说，增强了其参与力量，也正是同样的技术进步也许在被排斥的人中间传播了恶托邦的痛苦。

第七章《从信息到通讯：法国可视图文经验》，芬伯格论及了信息与通信、新媒体的兴起、代码的冲突和小型电传的社会构造四个问题，主要阐述了现代通信中的技术哲学问题。

信息时代的理论认为，正在出现的可视图文市场大有希望，可视图文的经历在实践中考验了这种理论的某些主要设想。早期的设想使我们大多数人很早以前就获得了可视图文的服务。到 20 世纪 70 年代末，电信部门就准备用新的交互式系统来迎接这种大胆预言的未来。但是今天，这些实验的大部分被认为是令人沮丧的失败。技术代码通过同样的方式来解释文本、艺术作品和社会行为，但是，当它成为重大社会争论中的热点问题时，解释工作就变得复杂起来，意识形态的观念因而就在技术设计中沉淀。正是这一点说明了"同构",即器械的技术逻辑和其中扩展开的社会逻辑之间在形式上的趋同。这些趋同模式解释了更大的社会文化环境对比机制的影响。可视图文是一个非常恰当的例子。

随着私人和公众之间界限的逐渐淡化,小型电传开辟了一条双行道。在一个方向上,家庭成了迄今为止属于公共生活的地方,这些公共活动如查询火车时刻表或银行账单等。在另一个方向上,远程通信业务在毫无顾忌的公共世界中掀起了一场真正的私人幻想的风暴。但现在那些幻想采取了具有攻击性的色情形式并传遍整个网络。在图文时代,普通人超越了计划者和设计者的意图,并且把后现代工业的信息资源转变为后现代的社会环境。通信技术的人性层面只有超越人的文化设想后才能逐渐出现。这个过程揭示了后现代工业主义技术专家治国论规划的限度,即"科学—技术的思维成了整个社会的逻辑。政治仅仅是研究和发展共识机制的普遍化。个人不是通过压迫,而是通过理性认同被融进社会秩序中去的。他们的幸福是通过对个人和自然环境的技术控制而取得的。权力、自由和幸福,所有这一切因而都建立在知识的基础之上"[①]。

第四部分"多元文化的现代性"包括第八至第九章的内容。

第八章《西田哲学中的现代性难题》,以日本哲学家西田为例,芬伯格论及了现代性问题、经验和科学、场所的辩证法、文化的自我确定、希腊人或犹太人五个问题,主要阐述了现代性文化的统一性与多样性问题。

在20世纪30年代至40年代初期,在对政治思潮进行反思的过程中,日本哲学日益变成民族主义和独裁主义的哲学。除了可敬的几个人外,多数思想家都为帝国主义做辩护。西田与众不同的态度尤为重要,因为他不仅是能够理解主要西方思潮的第一位日本哲学家,而且还是能利用西方传统详细解释自己独创哲学的第一位日本哲学家。通常他被认为是日本现代哲学的创始人。就像其他非西方的文化人一样,日本人很容易就能理解科学技术的合理性以及它赋予西方的物质优势。当然,合理性的这种形式和他们自己文化传统之间的矛盾也曾使日本人极为烦恼。西田的辩证法有四种层次:(1)判断,或自然知识,即从认知者中抽象出来的知识;(2)自我意识,或知识和行为的心理自我,即从文化中抽象出来的认知者;(3)行为

---

① 安德鲁·芬伯格. 可选择的现代性 [M]. 陆俊,严耕,等译. 北京:中国社会科学出版社,2003:186.

基础的意义和价值的世界,即从其文化意义方面加以考虑的自我;(4)"绝对无"即经验,作为一种直接的主客体统一的领域,这种统一体构成了文化、行为和知识的基础,并使得它们有可能成为这种更重要的统一体的外在对象。

西田的文化哲学试图为一个亚洲国家日本的自身权利做辩护,以对抗欧洲的世界霸权。第二次世界大战中形成的新秩序,恢复了日本历史性的"世界革命"。只要亚洲国家受帝国主义的压迫并按照殖民的角度加以考察,这种新秩序就将失去。西田似乎并不对于科学技术的进步感到特别的忧虑,也没有受到韦伯等人具有的忧郁情绪影响,而是充满希望地看待一种可选择现代性的出现,这种现代性使用它自己的各种丰富生动的日本文化术语来界定。因此,他没有必要用"存在的政治学"来结束不屑一顾的现在。西田相信,在世界文化全球化过程中,东方文化能够提供一种新的理解范式,日本就是一个典范。这种范式以矛盾的统一性观念为基础,全球冲突被理解为自我及世界构成的过程。世界体系的非中心化要求重新反省文化的平等性。但是,要使道德要求与强大的出于霸权地位道德科技的认知要求相和谐是不容易的。西田面对的正是这种两难的境地。在对这一情形做出反应的过程中,他认为世界文化是多元的,并不是简单地存在于各种垂死的传统中,而是存在于各种有特色的现代实验精神中。

第九章《可选择的现代性?玩日本文化的游戏》,芬伯格通过介绍日本文化的方方面面:作为理性系统的游戏、游戏的规则、围棋之道、无念、被扰乱的模式、元一规则、意义的层次、唯美主义、文化的谱系、场所的文化、场所和可选择的现代性,阐释了现代性的可选择性。

围棋是芬伯格阐释日本文化的一个切入点,他说:"这种带有日本特色的道的概念具有双层结构。就护道的行动而言,它必须从日常生活的各种偶然性中抽象出来,并且被构建成一种具有自身逻辑的自主'领域'(field)。接着,就参与这种行动的主体而言,这个领域必须成为反思和自我一转化的场所。"① 围棋是 13 世纪前从中国传到日本去的,并在日本逐渐变成一种规训,一种坐式的武士道。围棋开始被视为是一种"道"或自我实现之道。从根本上讲,围棋并不是一种竞赛。其游戏之道不在于取胜,而在于通过规训

---

① 安德鲁·芬伯格. 可选择的现代性[M]. 陆俊,严耕,等译. 北京:中国社会科学出版社,2003:236.

的自我实现。但自相矛盾的是，通过规训的自我实现却取得了胜利。尽管所有的社会都会产生这样的领域，然而，现代性却不能通过其独特的合理性的方式而与每一种其他类型的社会区别开来。在各种现代社会中，某些形式合理的行为摆脱了传统的重新构造策略，正是这些策略使它们与各种利益和社会等级相互和谐。在围棋游戏中，一方要求与另一方要求之间的潜在冲突，预先就通过"元一"规则的东西得以化解。"元一"规则调控着棋手的各种社会关系，以便与游戏的要求相适应。如果一种可选择的现代形式可能，那么，它必定不是根据内容，而是根据更深刻的文化形式上的差异。

尼采"谱系的"方法就意味着这样的一种研究：跟随生活方式的进展，从一个历史时期到另一个历史时期。从尼采的这种观点来看，犹太基督教不是一种特别的宗教，而是一种在世的方式，这个世界能够以不同的意识形态和制度外观在数千年的历史中再现。尼采也许会主张，这种形式如同资本主义、社会主义和民主一样在西方仍然是有活力的。日本正是一个思考可选择的现代性模式的很好案例。因为，日本把一种完全的外来文化与一种非常熟悉的技术和体制框架结合了起来。在这种环境下，日本文化并不是一种非理性的侵入，而是强调了技术合理性的各种不同方面，它既包括自我实现和美学，也包括对成功的狭隘追求。从种族主义中心立场上讲，这种成功在西方也是能够得到认同的。总之，日本文化的成功塑造，为我们提供了一种可选择的现代性的模式。

第十章《结语：文化和现代性》，芬伯格通过阐述现代性批判、混合的现实、设计的类型、从统一到多样，进一步深化了本书的主题——技术和现代性。芬伯格提出，在将来，技术不是一种人们必须选择赞同或反对的特殊价值，而是一种没有止境的使世界得以发展和多样化的挑战。

【意义与影响】

1995 年，加利福尼亚大学出版社出版了此书的英文版。2003 年，由中国社会科学出版社出版了此书的中文版。

首先，此书提出了一个非常有创见性的概念——"可选择的现代性"，"阐述了一种经由技术发展及其可能性所导致的多元道路。他将当代资本主义的技术文化作为现代性的一种特殊模式，认为现代化不是单一的，而是多元的。他通过对法国的小型电传和日本现代化道路的分析，提出了不同国家和地区可以做出通向现代化的不同选择"①。这对处于全球现代性发展进程中不同民族国家的现代化多样性发展来说，无疑具有重要的理论启示意义。"可选择的现代性"概念的提出，在美国、法国、加拿大、澳大利亚、中国等国学者中引起了较大反响。

其次，此书延续法兰克福学派的批判精神，从现代技术批判的视角出发展开现代性批判，提出了技术变革民主化的宝贵政治哲学思想。在马尔库塞、哈贝马斯等法兰克福学派技术批判思想的基础上，芬伯格对现代技术展开了新批判。芬伯格现代性技术批判的理论基础是"技术代码"概念，"打开了技术的黑箱，展现了技术内部利益、价值、伦理和文化等社会因素对技术形成的影响"，"在技术代码概念的基础上，芬伯格构建了技术工具化理论，提出了技术民主化方案，指明了可选择的现代性道路"②。这可以说是芬伯格对法兰克福学派技术批判思想的创造性发展，实现了技术批判范式的转换。

最后，此书对中国现代化的理论与现实观照明显，并由此产生中国学界强烈反响。五四运动以来，中国人为寻求民族生存与发展之道，高举现代科学与民主救国两面思想启蒙旗帜。近百年来，现代科学技术与民主政治在中国获得了空前巨大的发展，走上一条中国特色社会主义现代化的发展道路，使当代中国的社会政治经济与文化面貌焕然一新，举世瞩目。作为当代法兰克福学派重要理论代表的芬伯格在写作《可选择的现代性》一书过程中，注意到了中国现代化发展的历史与现实特殊性，但并没有对中国现代化发展指出自己明确的看法，这或许超出了其理论关注的中心。然而，他期待中国走出一条创造性的现代化发展道路，希望其可选择的现代性观念，能够为中国的现代化独特发展，提供某些方面的思想借鉴与参考，避免现代性为技术所宰制的西方覆辙。

【原著摘录】

第一章　导言：技术和自由 P1-17

P17　技术转变的民主化表现了包含在技术本质自身内的潜力。通过新的并且更加民主的程序使技术决策过程与美学的、伦理的规范和民族的特性相

---

① 李珺平. 怎样理解"可选择的现代性"？——从美、澳、法、加学者的看法谈起 [J]. 社会科学，2007 (3).

② 卫才胜. 技术代码：芬伯格技术批判理论体系构建的基石 [J]. 华中科技大学学报（社会科学版），2010 (5).

连结不是乌托邦。现代技术不仅展现了它们所构成的独特的世界所固有的可能性，而且还展现了与它们能够被改造成为之服务的其他世界相应的变化可能性（metapossibilities）。技术变革不仅仅按照由西方资本主义所遵循的连续统一体进步或退步，而且还包括不同连续统一体之间的运动。

第一部分　恶托邦的启蒙 P19-86
第二章　马尔库塞和技术批判：从恶托邦到互动 P21-46

P25　旧的对理性信心的核心是相信人类控制着技术，几乎只有一些古怪的社会批评家持有这种信念。我将称这种同样的观点为技术工具论（the instrumental theory of technology），或简言之，工具主义（Borgmen, 1984: 9）。

P29-30　尽管受到本质批判的强烈影响，但马尔库塞还是反对海德格尔对技术的宿命的顺从。更准确地说，他坚持认为技术统治是一个政治问题。马尔库塞与许多新左派都持的这种态度标志着与传统马克思主义的明显决裂。马克思主义者从前曾经抨击资本主义的低效率，如今，新的激进分子抵制成功追求效率的独裁主义的结果。他们认为，现代社会被卷入到一场肮脏的交易之中：它们的不断增强的秩序和繁荣总是伴随着来自上面的新的控制形式。这种控制不是依靠身份、财富、年龄或性别等传统的社会差别，而是运用了管理、行政、培训、治疗、医学广告等社会技术。新的权力系统建立在征服了其人类对象的技术操纵者的力量基础之上。

P40　恶托邦的形象激起了马尔库塞称之为对发达工业社会的"大拒绝"，但是今天，这种不妥协的对立的观念听起来是错误的。尽管对技术专家治国论的不信任在增加，但对技术的依赖也在继续增长。没有把异化伪装起来，但也没有从系统中逃脱出来，没有能够集聚和动员非异化的历史主体的各种能量的精神的或政治的避难所。进而言之，对合理性信仰的崩溃在马尔库塞那里已经显而易见，并进一步表现在德里达、福柯和列奥塔的法国理论中，还表现在当前社会构成主义的科技社会学中。因此，我们被不同类型的、在现代社会制造着内部紧张的战略所吸引。目的并不是要摧毁我们被其框住了的系统，而是通过一种新的技术政治学改变它的发展方向。

第三章　恶托邦和《启示录》：批判意识的产生 P47-86

P47　本章论述这样一个主题：世俗的世界末日神话，即，一种不再需要宗教的末世论，因为现在末世已经成为一种明显的技术上的可能性。神话有两种形式，分别与人类由于自己的技术而造成的人类物质的和精神的毁灭相对应。核灾难和环境灾难带来的是人类的灭亡，而未来的精神控制技术从当代的宣传机构、广告和计算机中就可推断出来。

P65 50年代晚期和60年代早期出现了没完没了的、连篇累牍的对科学的颂扬，在这种为了证明研究和政府之间有代价结合的正当性的颂扬底下，已经埋藏着自我怀疑的种子。上面所描述的科学生活和自我意识的所有变化为对启蒙的意识形态的批判作好了准备，而从传统上讲科学活动正是建立在这种意识形态基础之上的。对征服自然的力量的追求已经走进了死胡同。在把科学共同体日益增多的不安景象大众化的过程中，这些小说和故事有助于形成一种新的、战后逐渐被传统政治学所遮蔽的恶托邦的历史意识。

P86 技术统治的自由主义要求个人通过他们的社会角色、通过他们的合作、通过他们的相似性来认识他们自己。但是当真正的帝国主义竞争强化了攻击性趋势时，个人越来越倾向于与暴力一致，这使得他们与体系重修于好。正是因为与敌人有关，个人真正成为真实的自己，不再与他们的同伴合作。这就为一个社会冲突的时代奠定了精神基础。由于美国人口数量的增长，高涨的攻击性成为一种具体的流血欲望和对警察暴行、政治暗杀和社会迫害的狂热。在与尖锐的民族主义对抗中，越来越多的美国人试图通过在激进的政治斗争中实施和容忍暴力来解除他们对社会的责任。这就为流血和残酷的10年开辟了道路。

第二部分 技术和价值 P87－142

第四章 再现的技术专家治国论：阿道尔诺、福柯和哈贝马斯 P89－113

P89 在马尔库塞的著作中，批判理论与恶托邦传统相结合而处于一种与60年代出现的政治运动相互回应的爆发性混合状态中。作为一种力量，这是法兰克福学派的马克思主义第一次，也是惟一一次影响了广泛的大众并进入了历史。但是，法兰克福学派转到这个方向已经好多年了。在马尔库塞的《单面人》很久以前，特奥多·阿道尔诺和马克斯·霍克海默的杰作《启蒙的辩证法》就探讨了控制自然、心理压抑和社会力量之间的相互关联。在他们对发达社会的权威系统、整合这个系统的各种技术和抵抗这个系统霸权的各种艺术形式的解释中，马尔库塞的理论就被预示到了。

P93 哈贝马斯认为，马克思主义和启蒙的辩证法两者都有系统地把交往还原为技术控制。这是把工具化扩展到包括整个社会的结果，就像阿道尔诺和福柯所做的那样。与此不同，哈贝马斯把整合和个性化的社会功能定位于一个独立的交往领域。

P96 我同意哈贝马斯的这一观点，即各种现代社会被越来越有力的、其合法性由社会的技术效用性赋予的组织支配着。但是这一结果不能够被理解为脱离现实的"技术合理性"的胜利，毋宁说它是一种方法，特殊的社会集团通过它们在技术组织中的领导作用运用这种方法而取得对社会的控制。问题因而就是在一种社会理论内部重建启蒙的辩证法，而不是用一种理论取代另一种理论。

P111　我用"操作的自主性"（operational autonomy）这一概念来描述那种在可行的技术替代中，从使技术主动性最大化着眼、经过反复选择的权力积累（Feenberg，1991：28-29）。操作的自主性的保存和扩大是资本主义技术代码的核心。任何其技术发展受这种代码支配的社会，不管它的财产系统或政治结构如何，都将表现出资本主义的主要特性。

第五章　论人体试验：艾滋病和试验医学的危机 P114-142

P114　在常识的世界中，社会规范和技术属于不同的领域，只有当技术干预的各种目标被确定时，它们才有联系。这些目标就像笛卡尔的松果腺那样，允许精神和肉体之间进行无法忍受但却是必要的交流。价值和本质外在地结合成效率的技术—逻辑。

P119　在过去的世纪中，医学的本质和功能已经逐渐变化了。曾经主要旨在关怀病人的交流活动，已经变成了一种能够越来越成功地治疗病人的技术行业。尽管没有什么人想要拒绝这些技术进步而退回到过去，但医学的传统关怀功能已经被新的体制所遮蔽，而且，它现在因为缺少人与人之间的接触而受到指责，对患者来说，即使在医学知道如何治疗他们之前，这种接触对治疗也是非常有帮助的。

P121　人体实验的伦理规则应该能够阻止医药公司牟取暴利，保护病人免受研究人员更多关心科学而忽视人性的危险。伦理学的各种准则是用来保证病人的各项权利的，这些权利有：拒绝把他或她的身体让他人使用的权利，知情权，随时退出的权利，治疗由于参与实验而发生的并发症的权利，等等。

P139　治愈本质上是一种个人的事情，与此不同，实验治疗则涉及加入到解决一种科学问题的集体努力中去的问题（Parsons，1969：350-351）。进入那种集体的大门应该完全只对那些与其具有同样精神的人开放，而不管他们所期望的个人利益如何。

第三部分　后现代技术 P143-197

第六章　法国理论和后现代技术：从利奥塔到小型电传 P145-170

P146　利奥塔并没有拒绝现代科学的意思，而是打算用存在着多重合理性、现代科学不单单在于理解宇宙这种观念来整理游戏的领域，以便以一种旧实证主义的科学信念所不采用的方式来考虑差异性和多样性。

P151 对利奥塔来说，计算机使认知（knowing）非人化和机械化，知识因而变成了一种社会功能要素、一种技术和市场商品，而不是现实的一种"真实的"表现。这也是把知识作为主体的自我建构的人道主义理想的终结。

P165 但是，舒适的运用是有其代价的。在一个用户感到友好的世界中，现实和计算机虚构之间将不存在清晰界限。在一个认识上如此受到损害的社会中，那种也许会出现新的压迫形式的社会也能够产生新的抵抗吗？这是计算机朋克（cyberpunk）科幻小说的主题，这些小说探讨了由机器所带来的深层心理渗透的恶托邦式的威胁，还探讨了当出现一种其现实的确定性由技术来决定的社会时，随之产生的新的斗争方式。

P170 这种如同"世界退化"一样的奇特死亡形象可以作为后现代社会新危险的一种隐喻。也许我们开始看到了从工业时代之初就已经隐含的威胁的第一个真正的征兆，看到了一个这样的社会，在其中技术进步的步伐已经最终加速到这样的程度：社会的状况将由变化连续统一体中的状况来决定。

第七章 从信息到通讯：法国可视图文经验 P171－197

P171 在后工业的未来，计算机通讯（CMC）将渗透到日常生活和工作的各个方面以满足不断增长的信息需求。

在过去的10年中，那些有能力改变世界的政界和商界领袖们接受了这些预言。在努力实现它的过程中，人们对这个前景了解到了许多东西。在这种情况下，当结果与期望相距甚远，那些曾经激发起最初预言的理论便使人产生疑虑。

P174－175 在法国，现代性概念是一个尚在争论中的问题，这一点在美国是难以想象的。美国人把现代性当作与生俱来的权利来体验；美国不会去为现代性而奋斗，因为现代性的定义是美国确定的。因此，美国不把其自身的现代性当作一种政治问题，而是依靠具有创造性的混乱的市场。

另一方面，法国对现代性之类事物的理论和政治关注却有着悠久的传统。先是在英国，后来在德国和美国的影响下，法国开始努力把自己融入它至少在某种程度上一直视为外部挑战的现代世界。

P186 "信息"时代原来被看作是一种科学化的社会，一种使国家和企业的技术统治的目标合法化的观念。构成这种幻想基础的各种关于人性和社会的理性主义假设一个多世纪以来已经作为一种实证主义的乌托邦而为人们所熟悉。

P197　有人发明了通讯技术并抢先公开地通过理性主义代码对它作出了说明，但无论如何，通讯技术的人性层面只有超越那些人的文化设想后才能逐渐出现。这个过程揭示了后工业主义技术专家治国论规划的限度。

第四部分　多元文化的现代性 P199-280
第八章　西田哲学中的现代性难题 P201-230

P204　关键是要把西田相当复杂的辩证的普适论（universalism）与文化民族主义的这些不同表现形式的特殊论（particularism）区别开来。在二战前的著作中西田与许多思想家一样，试图积极地阐述日本哲学而对他认为正在形成的世界文化作出贡献。他乐观地相信："在日本能找到东方文化与西方文化之间的结合点"（1958a：365）。接着他论述道，与一切形式的孤立主义相反，"建立全球化的东方文化不必停留在自己的特殊性上，而是必须重新解释西方文化，而且，一种新的世界文化必须被创造出来"（1965e：407）。

P211　东方思想对历史知识中的这场革命能够做出独特的贡献。就像希腊思想一样，它用现世的（this-worldly）词语来界定现实，但没有希腊人实体论的偏见。通过它的介入，历史世界就被自然界一样的旋风清扫了一遍；不是亚里士多德的"事物"或者笛卡尔的"我思"，也不是牛顿的"规律"，而是热烈的冲突形成过程超越虚无的深渊而发挥作用。对于西田来说，日本的现代性展现的恰恰就是这种最新的景象。

P219　因为各种现代文化都包括科学，它们现在都普遍地依赖于"真理"，而不再被简单地描述为错误或偏离。但是，怎么才能解释它们的多样性呢？西田的历史主义的本体论在民族特性和合理的普遍性之间架起了一座"多元文化"的桥梁。他的辩证法的不同阶段的范畴每一个都能用来描述一种文化类型独特的重要方面。文化存在于思想、行为、范式或"原型"的范围之内，其中一种或另一种范畴从单方面讲是独立化的（1958a：353-354）。民族斗争表明，在全体民族及其生活方式的层次上，社会本体论的不同范畴框架间存在着冲突。总之，本体论的范畴和文化的范围相互间是可以转化的。通过交流和讨论的过程，各种文化彼此间是能够交往和完善的，在这一过程中，各种本体论的形式得以详尽阐释。

P229-230　世界体系逐渐的非中心化要求重新反省文化的平等性。但是，要使道德要求与强大的处于霸权地位的科技的认知要求相和谐是不容易的。西田面对的正是这种两难境地。在对这一情形做出反应的过程中，他认为世界文化是多元的，并不是简单地存在于各种垂死的传统中，而是存在于各种有特色的现代实验的精神中。

第九章 可选择的现代性？玩日本文化的游戏 P231-265

P239—240 无念观认为，表面上的二元性揭示了一种更深刻的统一性。但是，有趣的是它排除了第三种立场。斗争性本身被看作比斗争双方更重要，被看作是一种根本的统一，斗争双方仅仅是这种统一的外部表现。因此，无论其他人如何辩证地投入到冲突中，通过考察各种冲突并不能达到真正的非一二元性。这样的观察者将仍然形成与客体的二元对立。

P240 更确切地说，无念是生活二元性的一种特殊方法，一种内在的生存态度，而不是超越生活二元性的一种知识形式。因此，禅宗大师对开化者（the enlightened）如何应付饥寒这种不礼貌的问题的回答就是："饥则进食，寒则添衣"（Suzuki，1973：75）。

P249 因为与比赛的竞争层面相比，礼仪更强调比赛的合作层面，因此它开创了一个道的美学理想能够茁壮成长的天地。但是在新日本，比赛的社会环境只是从个人事务中抽象出来的仅与公平有关的问题。公平把游戏的其他方面，诸如平等和斗争等，投射到社会环境之中。当社会行为被看作仅仅是一种竞争时，游戏的结构，以及胜负者之间清晰的结局，便开始简化生活本身。

P250 对川端康成来说，战后的作品是日本文化最高程度的表达，是他称之为"挽歌"的作品，是叙述日本文化衰落的文学作品。把这些挽歌放在西田哲学的背景中能够解释许多现象。

P263-264 我们这里因此便有了一种思考可选择现代性的模式。日本是一个好的案例，因为它把一种完全外来的文化与一种非常熟悉的技术和体制框架结合了起来。作为理性的系统，技术、市场、民主选举等都与围棋游戏相似：它们也能够在不同的文化背景中进行不同的实践。在这种环境下，日本文化并不是一种非理性的侵入，而是强调了技术合理性的各种不同方面，正如我们已经看到的那样，它既包括自我实现和美学，也包括对成功的狭隘追求，这种成功从种族中心主义立场上讲在西方也是认同的。

第十章 结语：文化和现代性 P266-280

P267 尽管现代性引入了各种非常真实的变化，合理的一致性和文化渗入在现代社会中和在前现代社会中一样，不是可供选择的事物，而是分析的技术层次。正如没有"纯粹的"语法一样，也没有"纯粹的"技术这样的事物。就像语言能力一样，技术能力只有在具体的形式中才能实现。极其抽象的意义上的合理性既不是一种中性的方法，也不是专属于西方，就像语言结构一样，它在每一种文化中都属于行为和人工制品的范畴。

P280 科技创造是和交替的世界和存在方式玩的一种想象的游戏。多重文化的技术政治学是可能的，它将寻求在每一个装置和系统中调和几个世界的优良设计。就这种策略是成功的这一点而言，它准备了一个与迄今为止社会理论所设计的未来十分不同的未来。在那样的未来，技术不是一种人们必须选择赞同或反对的特殊价值，而是一种没有止境的使世界得以发展和多样化的挑战。

【参考文献】

[1] 尼克·曼斯菲尔德，刘苹，李松. 可选择的现代性何以可能？——德里达，全球化以及自身免疫系统 [J]. 长江学术，2006 (4).

[2] 李珺平. 怎样理解"可选择的现代性"？——从美、澳、法、加学者的看法谈起 [J]. 社会科学，2007 (3).

[3] 钟沛璋. 思考大国崛起 [N]. 北京日报，2007-01-08.

[4] 陈忠. 技术可选择还是规则可选择？——"可选择现代性"的"规则论"意蕴 [J]. 天津社会科学，2007 (1).

[5] 王海洋. 和谐社会：中国现代性建设的时代主题 [J]. 理论学刊，2007 (3).

[6] 何明升，白淑英. 在线生存：现代性的另一种呈现 [J]. 哲学研究，2007 (3).

[7] 王伯鲁. 广义技术视野中的技术困境问题探析 [J]. 科学技术与辩证法，2007 (1).

[8] 朱春艳. 告别敌托邦：费恩伯格技术批判理论的理论主题 [J]. 自然辩证法研究，2007 (7).

[9] 王逢振，谢少波. 全球化文化与空间在中国的复制 [J]. 社会科学，2006 (1).

[10] 朱国华. 现代性视阈与批判理论 [J]. 黑龙江社会科学，2007 (4).

[11] 朱凤青. 论芬伯格的技术民主化思想 [J]. 自然辩证法研究，2010 (6).

[12] 刘光斌. 技术合理性的社会批判：从马尔库塞、哈贝马斯到芬伯格

[J]. 东北大学学报（社会科学版），2012（2）.

[13] 陈忠. 发展伦理、和谐世界与可选择的现代性 [J]. 马克思主义研究，2008（11）.

[14] 卫才胜. 技术代码：芬伯格技术批判理论体系构建的基石 [J]. 华中科技大学学报（社会科学版），2010（5）.

[15] 郭建中，闻娟. 芬伯格的技术民主化思想透视 [J]. 前沿，2008（4）.

[16] 王威廉. 技术的民主政治学 [J]. 书城，2007（9）.

十二、《自反性现代化——现代社会秩序中的政治、传统与美学》

［德］乌尔里希·贝克，［英］安东尼·吉登斯，［英］斯科特·拉什 著
赵文书 译
商务印书馆，2001 年

贝克　　　　　吉登斯　　　　　拉什

──【作者简介】──

乌尔里希·贝克（1944—　），德国社会学家、慕尼黑大学社会学教授，伦敦政治经济学院英国社会学杂志百年访问教授。

1944 年 5 月 15 日，贝克出生于斯武普斯克市的波美拉尼亚镇。1966 年，进入弗赖堡大学学习法律，但在第二学期，他就转到慕尼黑大学主修社会学、哲学、心理学和政治学。1972 年，贝克以优异的成绩毕业，获哲学博士学位，并留校任职。1979 年，晋升为讲师。1979 年至 1981 年，担任明斯特大学教授。1981 年至 1992 年，担任班贝格大学教授。1992 年，开始在慕尼黑大学任社会学教授，并任慕尼黑大学社会学研究所所长。1997 年，伦敦政治经济学院聘请贝克为英国社会学杂志百年访问教授。1980 年以来，一直担任《社会世界》杂志的编辑。1995 年至 1997 年，担任德国未来委员会委员。1999 年至 2006 年，担任德国研究协会自反性现代化研究项目的负责人。贝克获得过众多国际奖项和荣誉。1997 年，获得慕尼黑市文化荣誉奖；1999 年，获得德—英论坛奖；2006 年和 2007 年，分别被意大利的马利拉塔大学和西班牙马德里联合大学授予荣誉博士头衔。贝克长期从事社会发展和全球化问题的研究，提出过许多颇具意义的概念，如"全球主义""解民族国家化""世界社

会";他与吉登斯、拉什共同提出"再现代化"（中译为自反性现代化）理论，风靡整个学术界。贝克还首先从学理高度上提出"风险社会"这一概念并加以清晰阐释。由此，"风险"一词成为理解现代性社会的一种核心观念，在国际社会科学界产生了深远影响。他对全球发展趋势的敏锐判断和人类命运的严肃思索，至今仍然给我们以重要的启发。

贝克的研究主要集中在"生态问题""风险社会""自反性现代化""个体化"和"全球化"等问题。其主要著作有《风险社会》（1986年）、《反毒物》（1991年）、《生态启蒙》（1992年）、《风险时代的生态政治》（1994年）、《民主的敌人》（1998年）、《什么是全球化》（1999年）、《个体化》（2002年）、《全球时代的权利》（2005年）、《世界主义的视野》（2006年）等。

吉登斯（见第九章作者简介）。

斯科特·拉什（？—　），出生于芝加哥，在密歇根大学获得心理学学士学位，并在西北大学获得社会学硕士学位。1980年，他在伦敦政治经济学院获得博士学位。拉什的教学生涯是从兰开斯特大学的一个讲师职位开始的。1988年晋升为高级讲师，1993年晋升为教授。1998年搬迁到伦敦，开始担任伦敦大学戈德史密斯学院社会文化研究中心的主任、教授。1988年至1991年，他是柏林的洪堡研究员。1989年以来，他开始担任《理论，文化和社会》杂志及系列图书的编辑。拉什还是一个调查员，1996年至1999年担任传记文化产品的首席调查员。拉什在担任哥德史密斯文化研究中心的主管期间，谦虚地宣称要把中心建成为一个"超学科的中心""一个学术活动和学术发酵的基地"。近年来，斯科特·拉什与西莉亚·卢瑞等英国学者开始关注消费文化、全球化文化产品发展史以及新媒介问题。2004年4月，拉什曾在中国的南京大学做了题为"Intensive Capitalism"的演讲。

他的著作已被译成10多种语言，在社会学和文化研究方面有特别的影响。其著作主要有《组织化资本主义的终结》（1987年）、《马克斯·韦伯，合理性和现代性》（1987年）、《后现代主义的社会学》（1990年）、《现代性与身份》（1992年）、《标志和空间的经济体系》（1994年）、《自反性现代化——现代社会秩序中的政治、传统与美学》（1994年）、《全球现代性》（1995年）、《风险，环境与现代性》（1995年）、《去传统化》（1996年）、《时间与价值》（1998年）、《另一个现代性，不同的理性》（1999年）等。

【写作背景】

第二次世界大战以来，随着发轫于西方的全球化、现代化进程的加快发展，经典的现代化理论受到多方面的质疑。在世界范围内出现了形形色色的反对西方文明、抗议全球一体化的民族主义、种族主义和原教旨主义运动，尤其是西方的现代性的经济、政治与文化本身正面临着严峻的挑战。在这种新形势下，一些后现代主义者纷纷鼓吹现代性的终结、历史的终结。此时，德国的社会学家贝克、英国的社会学家吉登斯和拉什别出心裁地勾画了他们的"自反性现代化"理论。尽管他们各自对自反性的理解仍存在着一些差异，但是自反性无疑是他们重要的共同的关键主题之一。他们希望借此来克服现代主义者和后现代主义者之间的争论，消解文明的冲突，进而为超越左和右的政治提供第三条道路。

1990年至1992年，贝克、吉登斯和拉什在自己的著作中分别提出并使用了"自反性现代化"概念。1997年，这三位学者决定联合写作一本书，进一步详尽阐述自反性现代化理论。具体来说，这本书的写作想法是由贝克提出来的，拉什在经过了一番思考之后，与贝克有了共同的思路。过了一段时间，吉登斯获悉了贝克与拉什的写作意图。三位学者在进一步的理论交流之后，开始了本书的写作。应该说，这本书的写作是三位学者对自己发表过的著作、观念的进一步阐发、交流与对话。

【中心思想】

自反性是当代社会理论的重要问题。在本书中三位著名的社会思想家深入讨论了今天社会理论和文化理论中的"自反性现代化"的含义，触及当代社会的政治、传统和美学等层面。贝克以其"风险社会"的视野，检讨了他关于自反性现代化的基本观念。吉登斯具体考察了现代社会的"制度自反性"和去传统化，进而论证了全球社会的发展。拉什提出了一个关于美学和文化解释的自反性现代化主题，强调对"审美现代化"和后现代性的分析。全书最后是回应与批判，三位作者对彼此的观点做了批判性的评价，进而构成一种综合的结论。全书共同阐发了三个主题：自反性的各自理解，破除传统观念，对生态问题的关注。

本书是一部三位作者的论文集，共分四大部分，约20万字。前三部分由社会学家贝克、吉登斯、拉什各自独立写成的学术长文组成。第一部分是贝克的论文《再造政治：自反性现代化理论初探》。第二部分是吉登斯的论文《生活在后传统社会中》。第三部分是拉什的论文《自反性及其化身：结构、美学、社群》。最后一部分，每位学者针对另两位作者的文章做出的批判性回应，进一步充实了"自反性现代化"理论的阐释深度及全面性，使之具备了一定的理论张力，这在结构上与前三部分形成呼应，构成完整的理论框架。

【分章导读】

这部著作由三位作者的论文集合而成，他们把共同关注的三个问题：对自反性的理解、破除传统的观念及生态问题，放在了一起加以讨论，形成影响世界的自反性现代性理论。

第一部分，在《再造政治：自反性现代化理论初探》一文中，贝克对自反性现代化理论进行了较为细致而清晰的论述。贝克立足自反性现代化的基本观点，先后阐明了自反性现代化的主体、媒介、后果、原动力的问题，并通过厘清"反思"与"自反性"、"简单现代化"与"自反性现代化"的理论分野进一步探讨了自反性现代化语境下风险、专家系统等关键问题。

自反性现代化这一概念首先是由贝克提出来的。贝克将自反性现代化产生的社会背景、内涵界定进行了一番简要的论说。他指出："'自反性现代化'指创造性地（自我）毁灭整整一个时代——工业社会时代——的可能性。这种创造性毁灭的'对象'不是西方现代化的革命，也不是西方现代化的危机，而是西方现代化的胜利成果。"[①] 在对自反性现代化进行了初步阐释之后，贝克进一步将自反性现代化限定在这样一个情境之下，即自反性现代化应该指这样的情形：工业社会变化悄无声息地在未经计划的情况下紧随着正常的、自主的现代化过程而来，社会秩序和经济秩序完好无损，这种社会变化意味着现代性的激进化，这种激进化打破了工业社会的前进步伐，并开辟了通向另一种现代性的道路。在将自反性现代化与传统类型的社会变化和传统概念表述的比较中，贝克提出了三个引发人们思考的问题：第一，自反性现代化在何种条件下转化为何种社会危机？第二，何种政治性挑战与自反性挑战相联系？对这些挑战原则上可有何种回答？第三，自反性现代化与对抗性。

在"风险社会的自我批评"这一部分中，贝克首先指出了何谓风险社会，

---

① 乌尔里希·贝克，安东尼·吉登斯，斯科特·拉什. 自反性现代化——现代社会秩序中的政治、传统与美学 [M]. 赵文书，译. 北京：商务印书馆，2001：5.

其次展示了两个重要的思考维度，一是"反思与自反性"，二是"不确定性的回归"。贝克认为，风险社会是指现代社会中的一个发展阶段，在这一阶段里，社会、政治、经济和个人的风险，往往会越来越多地避开工业社会中的监督制度和保护制度。从而，贝克提出风险社会两个阶段的划分：第一个阶段，系统性地产生了影响和自我威胁，但这些影响和威胁尚未成为大众问题或政治冲突的中心；第二个阶段，出现了截然不同的情况，工业社会的危险开始支配公众、政治和私人的争论和冲突。在这个阶段，工业社会的制度成为其自身所不能控制的威胁的生产者和授权人，此时工业社会的某些特征成为社会问题和政治问题。一方面，社会依然根据旧工业社会的模式做出决策；另一方面，利益组织司法制度和政治受到了源出风险社会的活力的争论和冲突的困扰。

有了这样一个阶段划分的理论铺垫，贝克在"反思与自反性"这一问题中将自反性现代化的概念与一种根本性的误解区分开来。他认为，我们把自主的、不受欢迎的、看不见的从工业社会向风险社会的转化过程称为自反性。在"不确定性的回归"这一问题中，贝克主要探讨了风险社会的几个特点：社会的自反性；风险随决策与观点变化的自我衍生性；风险预设决策，并在某种意义上解放决策；社会的自我批评倾向。贝克认为，全球生态危机、环境问题是工业社会本身的一个深刻的制度性危机，这种风险恰恰是从追求确定性的工具理性的胜利中产生的。而在当今的风险社会中，不确定性已开始回归到社会中，对社会技术可行性失去信心几乎是必然的。这种风险社会也是一个具有自我批评倾向的社会、自反性社会。在贝克看来，自反性现代化将表明其自身既不会像现代主义者，如韦伯所设想的那样，认为世界将被禁锢在官僚支配的"铁笼"中，也不会像后现代主义者所主张的那样，认为将会出现现代性的终结、历史的终结，而是指现代性的充盈化。

在"亚政治——个人重返社会"这一问题中，贝克基于"个性化"的前提预设，将其纳入社会形态之中加以考察，并重点在"政治与亚政治"中区分了个性化的不同情境和不同形式以及亚政治区别于政治的几个关联问题，进一步探讨了自反性现代化的后果。贝克认为，"个性化"意味着工业社会的确定性的瓦解，以及为缺乏确定性的自我和他人找到和创造新的确定性的压力。但这也意味着新的相互依赖，甚至是全球性的相互依赖。个性化和全球化实际上是同一个自反性现代化过程中的两个方面。在亚政治与政治的区别上，贝克强调了多元社会群体参与社会设计的可能性。他说："亚政治区别于

'政治'表现在：首先，政治体系和法团主义体系之外的代理人也可以出现在社会设计的舞台上（这个群体包括职业团体和行业团体、工厂、研究机构和管理阶层中的技术知识界，熟练工人、公民主动权、公共领域等）。其次，不但社会和集体代理人而且个人也可以与后者相互竞争，争夺新兴的政治塑形权。如果把政体、政策和政治学之间的区别转移到亚政治之上（这相当于探索现代性的多样结构变化实践），那么就会出现下列问题……"① 同时，他指出，不但社会和集体代理人而且个人也可以与后者相互竞争，争夺新兴的政治塑形权。亚政治意味着从下方塑形社会，亚政治已赢得了一场几乎不可能的主题性胜利。这导致了执行权的丧失以及政治的收缩和缩微化。作为亚政治化的后果，从前未卷入实质性的技术化和工业化过程的团体有了越来越多的机会在社会安排中取得发言权和参与权，这些团体包括公民、公众领域、社会运动、在岗工人。因此，政治化意味着中央控制方法的衰弱，意味着此前无摩擦运转的过程在相互矛盾的目标的抵抗下以失败而告终。

在"通向新现代性之路"这一问题中，贝克首先对"功能分化"社会的"功能分化"问题展开探究，提出工业社会的进一步分化问题。进而，贝克以"功能自治"这个关键概念为基础，又引出与自反性现代化相关的另外两个问题：系统间的调解和协商制度问题，以及对使"编码合成"成为可能的诸条件的探究。对这三个问题的论述分别对应此部分的三个问题。（1）工业社会的进一步分化。（2）论如何应付矛盾情感："圆桌会议"模式。（3）理性改革：编码合成。这三问题同时指出了通往另类现代性的不同路标。在与简单现代性的比较中，贝克说明了"矛盾情感"的影响，即多价位的、允许矛盾情感和越界可能性存在的系统的形成问题，现在成了中心问题。

在"政治的创造发明"这一部分中，贝克首先提出了关于政治与亚政治的三种反对意见，然后在"政治的政治""国家的嬗变""超越左倾和右倾""生与死的政治""作为政治行动的职业"五个小部分中，通过对政治和政治化过程进行概念性的和类型学的区分，分别进行了反驳。在第一小部分中，贝克认为，东西方对峙的秩序以及延续性带来了三个结果：紧张局势；自我定向的明确的可能性；一个可以有非政治性伪装的世界政治秩序。贝克在以下四部分的论述，实际上是以生态问题等热点社会话题为切入点。他根据根

---

① 乌尔里希·贝克，安东尼·吉登斯，斯科特·拉什. 自反性现代化——现代社会秩序中的政治、传统与美学 [M]. 赵文书，译. 北京：商务印书馆，2001：29.

十二、《自反性现代化——现代社会秩序中的政治、传统与美学》 | 239

本性的制度危机的范式来划分政治的空间形态,引出了自反性论点的分析性核心,从而在可能的超越层面对西方社会的政治目标、意识形态冲突和理论论争进行重新规划。

第二部分,在《生活在后传统社会中》一文中,吉登斯进一步对"传统"做了深入剖析,从传统和现代性相互关联的角度,说明随着自反性现代化的到来,我们第一次生活在完全的后传统的社会之中。这篇文章思考的范围集中于文化和传统的探讨上,文中运用了大量的事例和典故来揭示专家系统和制度自反性的重要作用。吉登斯具体考察了现代社会的"制度自反性"和去传统化,进而论证了全球社会的发展。

"转变的次序",主要介绍了全球范围内社会科学的新议程包括的两个直接相关的转变领域以及新议程的关键主题。吉登斯认为,"社会科学的新议程包括两个直接相关的转变领域。这两个领域分别对应着两个变化过程。这两个变化过程起源于现代性发展的初期,但在当今变得尤为剧烈。一方面,现代制度不断向外扩张,通过全球化过程实现普遍化;另一方面,与前者结伴而来的还有诸多内部变化过程,这些变化过程也可称为现代性的激进化"[①]。日常决策与全球性后果之间的这种不断增强的特殊关联,以及全球性秩序反过来对个人生活所产生的影响,共同组成了新议程中的关键主题。带来这种转变的原因,是随现代技术发展而来的不确定性。这是启蒙运动的思想家们意想不到的。

"贬损猎物",是一项传统习俗,说的是卡哈拉里沙漠的昆人捕获猎物满载而归,却受到社区里其他人的贬低。通过这一习俗事例的评价,吉登斯发表了对传统的看法。他认为,传统与集体记忆联系在一起,传统包含仪式,传统与"真理的程式概念"相联系;传统有守护者,传统含有道德和情感内容的约束力。

"重复即神经官能症:成瘾问题",主要讨论了强迫症或成瘾问题。成瘾的发展,一方面是后现代社会领域的一个极为重要的特征,是一种个人选择,它不再具有传统框架的完整性并且与集体记忆无关;另一方面,它也是传统丧失过程的一个负指数,因为成瘾是凝固的信任,它的可选对象被不明不白的信奉强迫性过滤掉了,这种信奉仅仅退化为简单重复的紧迫感。这种信奉

---

① 乌尔里希·贝克,安东尼·吉登斯,斯科特·拉什. 自反性现代化——现代社会秩序中的政治、传统与美学[M]. 赵文书,译. 北京:商务印书馆,2001:73.

排斥与外界的民主对话，从不进行自我反思，具有极度的封闭性，是需要加以遮掩的东西。

"选择与决定"，进一步探讨了强迫、成瘾的疗法问题。吉登斯认为，成瘾是一种选择，它与控制和权力有关。

"自然与传统互为补充"，主要探讨人与自然的关系。自然与传统是同一的，自然的社会化不仅仅指自然界日益为人类所害这个事实，而且直到现代之前，自然大抵还是一个支配人类活动的外部系统。但当今自然的社会化意味着从前各种各样的自然系统现在已是人类决策的产物，自然无生命的观点应该抛弃了。

"传统具有情境"，是指仪式和程式真理联合起来保证了传统的存在，舍此传统则沦落为风俗或习惯。传统对时间拥有优先审视权，对空间也往往如此。传统作为一种基本信任，也是其他信任关系的导向机制。此外，传统与权威是密不可分的。

"守护者与专家"，主要讨论传统的守护者。在传统文化中，统治者、官员这样的权威属于守护者的领域。现代式权威特别关注"理性—合法"权威，即专家的支配在很大程度上被等同于官僚世袭制的置换。

"智慧与专门知识"主要探讨传统的守护者、专家知识在前现代与现代的不同。在前现代情境中，传统的守护者、专家之间常常会发生争议，目的是克服差异。在现代社会环境中，所有行家都是专家，专门知识取代了传统。

"现代性中的传统"，主要阐述早期现代性与传统之间的五点关联。吉登斯认为，现代性毁灭传统，现代性与传统的合作对现代社会发展的早期阶段是非常关键的，随着盛现代性或贝克所说的自反性现代化的出现，传统呈现出不同的性质。

"全球化和传统的撤离"，指出了自反性现代化的特征，并通过分析全球化的过程性发展说明后传统社会的"全球性"特征。全球化不仅意味着经济变革，而且意味着范围广泛的结构和制度变迁。全球化和传统一样，也控制着时空，但是和传统的方向相反，全球化通过对空间的控制而控制着时间。全球化使得地方传统被迫置于全球社会中。这样地方传统就难免要与其他传统相接触，而且必须与非传统生活方式相接触，由此地方传统也就逐渐脱离了与本地情境的联系，不再具有永恒性。全球化也使得社会关系和社会制度穿越了广阔的时空纽带进行重组，而不是被局部化。

"破除传统"，即使在最现代化的社会里，全球化中的传统也不会消失，传统在多元价值的世界中是有价值的。但是，传统已不处在支配地位，而仅仅成为可供个人行动选择的资源之一。全球化中出现的原教旨主义可以理解为不顾后果地强调程式真理、维系传统，但其恐怖性的方面必须加以摒弃。

"传统、话语、暴力"，探讨了在现代社会解决不同价值和不同生活方式之间冲突的方法。吉登斯指出，在任何社会情境中，解决个人价值和集体价值之间的冲突只有四种途径：(1) 传统的嵌入。(2) 与敌对他者分离。(3) 话语或对话。(4) 强制或暴力。与后现代主义的难题决裂之后，私人生活中的"情绪民主"有可能向外延伸为全球性秩序中的"对话民主"。作为人类整体，我们并非命中注定遭受难以弥补的零散化，也不会被禁锢在韦伯所设想的铁笼中。在强迫性之外存在着发展真实的人类生活的机会，但是，在这种生活中，维护传统也是很重要的。

第三部分，在《自反性及其化身：结构、美学、社群》一文中，拉什提出一个关于美学和文化解释的自反性现代化主体，强调对审美现代化和后现代性的分析。应当说，拉什的学术思想受到了贝克、吉登斯相当程度的启发与影响。但是，与贝克、吉登斯的理论有所区别的是，拉什的观点中增添了美学的（阐释学的）维度，更为关注美学化和社群的形成以及个人（和社会）能动者作为主体的问题。同时，拉什在三个方面对贝克和吉登斯的制度自反性概念进行了修正。首先，制度正变得更加具有文化性；其次，过去主要是社会性的机构（包括经济公司）变得更具有文化性，而严格意义上的文化机构（特别是教育、媒体和科学）在自反性现代性中日益占据了中心地位；最后，社会交往和交流性交换越来越多地发生在体制之外。拉什认为，在日常生活中，美学感受力或阐释感受力同样属于后现代主义语境下，同样与自反性现代性的特点产生关联，因而也同样需要得到重视。

对于本文的结构框架，拉什以三种方法阐述了自反性现代性理论。这三种方法对应本章中的三个部分。第一，自反性现代化是关于相对结构的一种社会行动者或"能动作用"的日益增长的权力的理论。就是说，自反性有一套新的结构条件，而倒退的社会结构在很大程度上正在被信息和交流结构所替换。第二，自反性的美学维度与认知维度一样应受到重视。第三，自反性现代化理论是个性化的一种"强大纲领"，美学自反性有助于理解晚期现代性中，周期性反复的社群现象不断变化的本体性基础。

在开始对自反性现代性理论进行解释学重构之前，拉什首先探讨了它作为一种批评理论的优点。在对自反性现代化与简单现代化的异同比较之中，拉什细致考察了究竟如何理解"自反性"的问题，即结构性自反性和自我自反性问题。在考察的过程中，拉什是紧紧围绕贝克和吉登斯的概念观点展开的。在论述中，拉什进一步分析了两者在自反性现代性理论描述上的长处及特点。在随后的自反性现代性理论的论述中，拉什将目光转向了这一理论对能动作用、认知和个人主义的创造性破坏，及其对结构、美学和社群的重新建构。

在"是能动作用还是结构"这一部分中，拉什首先提出自反性现代化论题的核心假设是解脱作用，或曰能动作用不断从结构中解脱出来。而在全球化语境下，实际支撑自反性的是全球与地方信息和交流的结构。自反性生产过程包括三个方面：(1) 改良工人阶级和自反性赢家与自反性输家。(2) 新中产阶级与底层阶级证明了自反性所具有的新社会结构条件。(3) 信息和交流结构对以前社会结构的替代。

在"自反性：是认知的还是美学的？"这一部分中，拉什将概念符号视为自反性的结构性条件，从而为美学自反性提供了可能性。在第三部分"'我'或'我们'"这一论述中，主要从"主体性到社群"和"习性、原住地、习惯"两个方面，阐明了社群概念的基本要素以及自反性现代性理论对社群的价值重构。

本书最后一部分"回应与批评"，是由贝克、吉登斯和拉什三位作者分别对其余两位作者在前文所写文章的回应。在《何谓工业社会的自我消解和自我威胁？》一文中，贝克回应了吉登斯和拉什的自反性现代性观念。他指出，自反性现代化的一个基本论点是这样的：社会的现代化程度越高，能动者所获得的对其生存的社会状况的反思能力也越大，因此，改变社会状况的能力也越大。在这本书中，拉什与吉登斯、贝克对自反性现代化的回答是不同的，其差别通过对自反性现代化的主体、媒介、后果、动力的回答而表现了出来。贝克尤其指出了拉什的自反性现代化理论与他的差别。他说，自反性现代化的认知的、道德的和美学的维度清楚地表明，拉什所说的只是反思，误解了问题颇为复杂的无意识的、意料之外的自反性，也即工业现代化的自我应用、自我消解和自我危害。最后，贝克对简单现代化与自反性现代化做了五点总结。

在《风险、信任、自反性》一文中，吉登斯回应并进一步总结了自反性现代化的观点。他指出，贝克和拉什的文章极富原创性，此文要进一步梳理出他们共同探讨的主线。吉登斯的梳理主要体现在八个方面：(1) 本书中三篇文章的写作背景是我们生活在这样的世界里，启蒙运动中的主要人物及其著作，构成当今社会科学之源——未能预想到这样的世界。他认识到，自反性膨胀的社会生活世界的标志是传统的重新发现和传统的消解，以及对一度似乎已经确立的趋势的不合常理的打断。（2）表面上看来似乎无法解答的某些显得很神秘的哲学争论，如今反映着由外行表演所应付的十分世俗的事物。他认为，制度自反性还在某种程度上表现为不同教派、民间知识和传统取向与正统科学争夺霸权的状态之中。（3）风险和信任及其各种各样的对立面，需要在晚期现代性的状况下共同加以分析。（4）某些情况下，急剧增长的自反性具有解放性。（5）贝克对晚期现代性的生态危机做出了有力的分析。生态问题必须从"自然的终结"和"传统的破除"两个角度来理解。（6）贝克和拉什对当今政治变幻不定的特征都有很多有意思的话要说，提出了许多复杂的问题，而我只想就民主问题说几句话。全球化过程和日常生活变化过程的结合，使我们至少能够识别出民主化过程发生作用的情境，这些情境是极具张力的。（7）如果说自由民主在政治领域内不是历史的终结，那么资本主义生产在经济关系领域内也不是历史的终结。（8）关于美学问题。他认为，不存在美学自反性，当下美学反思的悖论在于，美学反思的自反性被典型地用于颠覆其自身所预设的叙事形式或使这些叙事形式受到质疑。

在《是专家系统还是受制于处境的伦理？分崩离析的资本主义中的文化和制度》一文中，拉什对贝克与吉登斯的自反性现代化理论做出了回应与批评。他认为，贝克和吉登斯的自反性现代化理论都把注意力转移到制度和政治的嬗变方向上来。在他们的结论中，从早期或简单的现代性到自反性现代化的转变，关涉到相应的从解放政治和集权政治到生活政治或亚政治的置换。这些问题涉及专家系统。吉登斯和贝克的专家系统为自反性现代性的新政治构成了一套新兴的、非中心化的微观政治领域。吉登斯利用了哈贝马斯的思想，把专家系统和制度看作是民主构成和理性意志构成事实上的公众领域。贝克则受到了鲍曼著作的影响，他以自反性现代性的这一矛盾情感和新式秩序为特色。在拉什看来，他们的理论事实上忽视了晚期现代自我的文化、阐释学来源，忽视了政治和日常生活这个重要维度。再进一步说，这就意味着他们的亚政治或生活政治的概念强调了专家，却相对忽视了普通大众。这也就意味着他们着重于形式和制度，却牺牲了发生在日益分崩离析的资本主义世界制度之外日渐增多的社会、文化和政治的交互作用。拉什强调，他与贝克、吉登斯自反性现代化理论的主要区别在于，他增加了美学（阐释学）的维度。他对吉登斯和贝克的制度自反性理论提出了三点修正：（1）制度正变得具有文化性；（2）过去主要是社会性的机构变得更具有文化性，而严格意义上的文化机构却在自反性现代性中日益占据了中心地位；（3）我们的社会交往和交流性交换越来越多地发生在体制之外。他还回答了吉登斯对美学自反性概念的质疑。他认为，美学自反性概念源于康德，现代性的范式有科学和美学两种。

【意义与影响】

本书由波利蒂出版社在 1997 年出版了英文版，2001 年由商务印书馆出版了中文版。

在本书中，贝克对现代性的反思总结出了重要的理论成果，首次提出了自反性现代化概念，创造性地阐释了风险社会与亚政治的哲学观念，以自己独特的方式指出了现代性的发展困境及其解救之道，拓宽了现代性反思的理论维度，对现代化的健康发展具有一定的参考价值。随着以理性、自由与社会进步为标志的现代性的充分发展，逐渐出现了现代性自身的不断消解因素，现代社会发展出现了前所未有的不确定的危机与巨大风险。一方面，贝克对现代性社会政治发展充满了忧患意识；另一方面，贝克也为走出现代性危机、困境提出了建设性的理论解决方案，他对社会变化生态维度的关注，对专家系统、专家知识社会作用发挥的思考，尤其是对个人重返社会的亚政治的理论建构，这些探讨对我们深入理解晚期现代性的状况，具有重要的理论参考价值，也为我们理解当前的西方社会变迁乃至整个现代人类社会政治的变迁提供了一些富有启示性的新思考方向。

除了与贝克、拉什共同探讨自反性现代化、风险社会这些问题之外，对现代性困境与危机问题，吉登斯延续《现代性与自我认同》一书中的理论思考，在此书中重点考察了现代社会中的传统问题，还提出了生态政治、全球对话民主等新思想。对传统问题，吉登斯采取了辩证态度，反对激进现代与传统的决绝，当然也不是回复传统社会。对生态问题，吉登斯反对机械的自然观，将生态问题纳入生活政治范畴讨论。对民主政治问题，吉登斯主张政治全球化，试图将对话民主全球化，将专家系统和制度，看作是民主构成和理性意志构成的、事实上的公众领域。吉登斯这些关于走出现代性困境的理论思考固然有其局限性，缺乏深层次的制度性反思，但是，吉登斯这些理论思考，对克服科技理性带来的巨大社会风险，对 20 世纪末西方社会政治生活变革的系统解释与建构，不仅极大影响了英国工党及政府，而且对其他很多国家的社会民主党也产生了巨大理论冲击，还对当今西方世界政治实践发生着重要的理论影响。

在全球化背景之下，对于制度和政治的自反性现代化研究正在成为一个令人关注的理论问题。与贝克和吉登斯不同的是，拉什的文章中注入了美学的（阐释学的）维度。他的理论思想深受吉登斯影响，但同时他又积极探索美学角度的理解方式，从美学化及其系统化的角度探讨了自反性及其化身：结构、美学、社群的内在关系，并对全球化背景下的现代性问题做出了颇具价值的理论探寻。由此自反性现代化的美学反思出发，拉什创造性地提出了富有理论与实践价值的风险文化的观念。我国还有论者评价说："英国学者斯科特·拉什从美学及文化视角，提出了以审美自反为核心的自反性现代化理论，阐释了风险文化和现代化困境的成因和出路"，"对我国现代化过程中的风险规避和防治有借鉴和警示作用"[①]。

总之，在此书中，欧洲三位著名学者贝克、吉登斯和拉什，以各自理论风格分别从政治、传统与美学三重视角出发，探讨了自反性现代化问题，试图超越现代与后现代、社会政治发展中左与右的论争，提出了建设性与改良的现代社会发展的局部方案，以寻求当代资本主义的稳定发展。由于历史、政治价值观与理论认识的局限，他们对社会主义的现代化发展视野不够开阔，只是局限于苏联及其东欧的社会主义实践，把市场经济与现代化发展归于资本主义的内在属性，对中国特色社会主义现代化与市场经济发展的经验事实与理论认识存在很大欠缺。尽管如此，他们对现代性困境、危机与风险的理论思考，体现了"现代哲学反省意识的回归""寻根意识与诊疗意识"[②]，具有一定普遍理论参考意义，也在当代学界产生了一定的理论影响。

【原著摘录】

前言 P1-3

P1 尽管三位作者对自反性的理解各不相同，但它是最重要的共同的关

---

① 张广利，陈盛兰. 拉什自反性现代化理论及启示［J］. 福建论坛（人文社会科学版），2014（2）.

② 王能东."自反性现代性"理论述评［J］. 国外理论动态，2009（7）.

键主题之一。对我们所有人来说，关于现代性和后现代性的争论久拖不决，已使我们厌倦，而且类似争论到头来毫无结果……如果理解恰当的话，破除传统的观念是第二个共同主题。如今，破除传统一说乍看起来显得奇怪，特别是在某些后现代思维强调传统复兴的情况下更显得离奇。然而，破除传统并不是说没有传统的社会——实际上与此相去甚远。这个概念是指一种传统在其中发生了地位变化的社会秩序。在全球性世界大同主义的情境中，今天的传统必须为自己辩护：它们需正常接受质询。在这个方面，尤为重要的是，包括影响性属、家庭、地方社区及日常生活其他方面的传统在内的现代性的"隐性根基"暴露无遗并需接受公众的辩论。

P2 对生态问题的关注是第三个共同主题。在这个问题上，尽管我们也有不同点，但我们都同意，生态问题不能简单地归结为对"环境"的关心。"环境"听起来似乎是人类行动的外部情境，但生态问题之所以走向前台是因为"环境"实际上已不再外在于人类社会生活，而是受到了人类生活的彻底渗透和重新整理。如果说人类曾经知道"自然"是什么，那么现在则不然。

1 再造政治：自反性现代化理论初探 P4-71

P5 资产阶级除非使生产工具，从而使生产关系，从而使全部社会关系不断地革命化，否则就不能生存下去。反之，原封不动地保持旧的生产方式，却是过去的一切工业阶级生存的首要条件。生产的不断变革，一切社会关系不停地动荡，永远的不安定和变动，这就是资产阶级时代不同于过去一切时代的地方。

P6 工业社会的活力削弱其自身基础，这一概念使人想起卡尔·马克思的关于资本主义是其自身掘墓人的说法，但它的含义完全不同。首先，创造新的社会形态的不是资本主义的危机而是——我重复一遍——资本主义的胜利成果。其次，这也就意味着削弱工业社会结构的不是阶级斗争而是正常的现代化过程和进一步现代化的过程。由此导致的新格局与业已失败的社会主义乌托邦也没有任何共同之处。可以断言的是，高速的工业活力悄悄地进入了一个新社会，无需初始阶段爆发革命，绕开了政治争论和议会与政府的决策。

那么，自反性现代化应该指这样的情形：工业社会变化悄无声息地在未经计划的情况下紧随着正常的、自主的现代化过程而来，社会秩序和经济秩序完好无损，这种社会变化意味着现代性的激进化（a radicalization of modernity），这种激进化打破了工业社会的前提并开辟了通向另一种现代性的道路。

可以断言的是，不会发生革命但却会出现一个新社会，而这恰恰是简单现代化问题上的两大权威派别马克思主义和功能主义者异口同声认为绝不可能的。在此我们打破的禁忌是把社会变化的潜在性和内在性暗中划等号的做法。从一个社会时代到另一个社会时代的过渡可以是无意的、非政治的，可绕过所有政治决策场所、路线冲突和党派论战……

P9 有两个阶段应该加以区分：第一个阶段系统性地产生了影响和自我威胁，但这些影响和威胁尚未成为大众问题或政治冲突的中心……第二个阶段出现了截然不同的情况，工业社会的危险开始支配公众、政治和私人的争论和冲突。在这个阶段，工业社会的制度成为其自身所不能控制的威胁的生产者和授权人……根据这两个阶段的划分，"自反性现代化"的概念可以与一种根本性的误解区分开来。这个概念并不是（如其形容词"reflexive"所暗示的那样）指反思（reflection），而是（首先）指自我对抗（self-confrontation）。现代性从工业时期到风险时期的过渡是不受欢迎的、看不见的、强制性的，它紧紧跟随在现代化的自主性动力之后，采用的是潜在副作用的模式。

P10 作为一种社会理论和文化诊断，风险社会的概念指现代性的一个阶段：在这个阶段，工业化社会道路上所产生的威胁开始占主导地位。

P13 风险的范畴代表了马克斯·韦伯所根本没有想到的一种社会思想和行动。它是后传统的，在某种意义上也是后理性的，至少是不再具有工具理性。然而，风险恰恰是从工具理性秩序的胜利中产生的。只有到正常化之时——无论是超越了保险范围的工业发展的正常化还是风险探索和风险的感性形式的正常化——风险问题在何种程度上以其自身的手段从内到外抵消和打破秩序问题才能够辨别出来。

P29 政治科学已经展开并且将政治的概念发挥到三个方面。第一，它探究社会赖以组织其自身的政治界的制度构成（政体）。第二，它探究塑造社会状况的政治纲领的实质（政策）。第三，它探究权力分享和权力安排的政治冲突过程（政治学）。在此，被认为适于政治的并非是个人，而是法团主义的（corporatist）、集体的代理人。

P38 到处的情况都是如此：到处都要求工业界、政界、科学界和老百姓建立某些有利于达成共识的合作形式和论坛。然而，如果想使之发生，不含糊的工具理性模式就必须废除。

首先，人们必须告别这样的错误观念，即行政机构和专家总能够准确地了解对每一个人来说什么是正确的和有益的,或者说他们至少了解得更多……

P44 东西方对峙是政治中的一大块顽石,它固定了社会每一个领域中的角色……这种大对峙的秩序及其永恒的延续带来并再生了三个结果:紧张局势;自我定向的明确的可能性;一个可以有非政治性伪装的世界政治秩序。

如果可以把政治不受约束的特性比作某种动物的话,那么它便是坐在动物园中打哈欠的雄狮。

P50 国家的萎缩往往正是自我组织的另一面,即社会的亚政治化;它有点像是被拯救回来的乌托邦。如果浓缩到象征符号的层次,政治所描述的是其直接的舞台……

P57 如果公民不走向政治,则政治走向公民。吉登斯称这种模式为"解放性政治"(emancipative politics),并根据"生活政治"(life politics)划分其边界。"生活政治关系到源于后传统情境中的自我实现过程中的政治问题"……

P58 如果还用俄罗斯玩偶作比的话,私密是全球风险社会中可以想见的最小的政治单元,它包含着世界社会;政治依偎在私人生活的中心,折磨着我们。政治或者说使生活政治政治化的方面究竟是由什么组成的呢?

P60 "私人的便是政治的",这一公式因此获得了生物技术的第二性意义,且这个意义很快便会成为其首要意义。如前所述,人类历史及其危险和悲剧才刚刚开始,因为随着技术在遗传领域的应用的不断加强,技术正在成为宗教战争的诞生地;而且与中世纪末的宗教战争不同,现在的宗教战争不可能通过国家得到调和。

2 生活在后传统社会中 P72-138

P72-73 现代性在其发展历史的大部分时期里,一方面它在消解传统,另一方面,它又在不断重建传统。在西方社会中,传统的存留和再造是权力合法化的核心内容,正因为如此,国家才得以把自己强加于相对顺从的"臣民"之上。

P73 大约一百年前,尼采就已经"唤醒了现代性";他指出,启蒙运动本身便是神话,对知识和权力提出了令人不安的质疑。

P74 日常决策与全球性后果之间的这种不断增强的特殊关联,以及全球性秩序反过来对个人生活所产生的影响,共同组成了新议程中的关键主题……对启蒙运动中的思想家及其许多传人来说,人们拥有关于社会和自然界的信息越多便越能控制它们。对许多人来说,这种控制是人类幸福的关键;人类越是能够积极地创造历史便越能把历史朝着我们理想的方向上引导。即使比较悲观的观察家也把知识和控制权联系了起来。

P75 当人类的社会化入侵了自然，或者甚至终结了自然时，传统消解了，新型的不可计算性（uncalculabilities）出现了。

P79 传统的确与仪式相关，且与社会凝聚力有关联，但传统并不是机械地跟从那些被盲目接受的戒律。

P112 在现代社会环境中，所有行家都是专家。专业化是一个具有高度自反性世界的本质特性，在高度自反性世界里，本地知识是来自某种抽象系统的再嵌入消息（re-embedded information）。通向专业化的运动不是单向的；各种各样的普遍化依赖着专门知识的分工。

P116 现代性毁灭传统。然而（这一点非常重要）现代性与传统的合作对现代社会发展的早期阶段是非常关键的——在这一时期中，相对于外部影响的风险是可以计算的。随着盛现代性或贝克所说的自反性现代化（reflexive modernization）的出现，这一阶段结束了。从此，传统呈现出不同的性质。

P117 作为资本主义与民族国家（nation-statc）之间的联系发展的结果，现代社会有别于前现代文明的所有形态。民族国家以及资本主义企业都是权力容器（power-container），而在其中间发展的新监控机制可以保证更大程度上的横跨时空的社会整合，超过了以前所可能达到的程度。

P121 全球化与行动的传统情境之间的纽带是什么？这条纽带就是抽象系统的抽离所带来的后果……传统的内容是关于时间的组织，因此也是关于空间的组织；而全球化的内容也正是如此；只是二者方向相反而已。传统通过对时间的控制而控制空间，全球化则正好相反。

P131 用分析的眼光来看，在任何社会情境或社会中，解决个人价值和集体价值之间的冲突只有四种途径：传统的嵌入（embedding of tradition）；与敌对的他者分离；话语或对话；强制或暴力。这四种途径至少可以作为内在可能性存在于大多数行动环境和文化中，然而这些因素可以具有不同的权重。

P134 激进的怀疑加剧了焦虑，社会创造出来的不确定性赫然耸现；在地方层面和全球层面上，巨大的差距隔开了穷人和富人。然而，我们可以清楚地看到政治接触复兴的前景，尽管这种接触的路线与从前的主导路线截然不同。与后现代主义的难题决裂之后，我们可以看到，私人生活中的"情绪民主"有可能向外延伸为全球性秩序中的"对话民主"。作为人类整体，我们并非命中注定要遭受难以弥补的零散化，也不会被禁锢在韦伯所设想的铁笼中。在强迫性之外存在着发展真实的人类生活的机会，但是，在这种生活中，维护传统也是很重要的。

3 自反性及其化身：结构、美学、社群 P139-220

P146 这样说来到底什么是"自反性"呢？这个问题有两个答案。首先是结构性自反性（structural reflexivity），在这种自反性中，从社会结构中解放出来的能动作用反作用于这种结构的"规则"和"资源"，反作用于能动作用的社会存在条件。其次是自我自反性（self-reflexivity），在这种自反性中，能动作用反作用于其自身。在自我自反性中，先前动因的非自律之监控为自我监控所取代。贝克的《风险社会》和吉登斯的《现代性的后果》所讨论的主要是结构上的自反性。

P150 自反性现代化论题的核心假设是解脱作用（Freisetzung），或曰能动作用不断从结构中解脱出来。关于这一点的最有力的例证也许存在于经济生活的社会变革之中，特别是存在于一种可称为"自反性积累"的经济增长新框架的发展中。

P152 实际支撑着自反性的既不是马克思主义的社会（经济、政治和意识形态）结构也不是帕森斯的功能主义，而是连成一张网的全球和地方信息和交流结构（information and communication structures）网络。

P158 与亚里士多德的政治动物（zoon politikon）和启蒙运动中的理性人（Rational Man）相对照之下，德国的学徒制似乎带有马克思的工匠（homo faber）的假定。也就是说，如果不掌握一项技能，便有些人之不能为人的意味。

P162 在自反性现代性中，情况发生了转变。工人阶级和生产物资的生产变成了信息商品的间接性生产的一个重要阶段——尽管它们从属于信息商品的生产。随着信息商品生产成为资本积累的新的轴心原则，（新）新中产阶级产生了……此中的要点是，在信息和交流结构中信息（和资本）的积累成为自反性现代性的驱动力，正如早期现代性中生产资本以及与之相关的社会结构的积累是早期现代性的驱动力。

P163 如果说转变后的中产阶级在信息和交流结构中工作，而自反性工人阶级为这些结构工作并使用这些结构进行工作，那么在自反性现代性中还有第三阶级，这个阶级被根本性地排除在信息和交流结构之外。如果说后工业中产阶级（主要部分）和被改良的工人阶级（勉强够格）是今天的信息化资本主义秩序中的"自反性赢家"，那么从简单现代性中的古典无产者沦落下来的这个第三阶级则是"自反性输家"，是21世纪初底层的、在很大程度上被排除在外的"多数社会"。这个新的下层阶级中的大部分都可以说是处于"社会底层"。

P166　新的下层阶级确实只是一个"属于文明社会但却不在其中的阶级"，它的形成有三种模式。首先是工人阶级的沦落，如美国的黑人贫民区和英国的公有住房区。第二是大批的移民，他们创业于或工作于非正式的部分，如在西方大城市中经营小商店的亚洲人。第三是系统性地被排除在信息和交流结构之外的妇女。

P180　我认为，处于讽喻传统中的分析家们，从尼采到本雅明和阿多诺，直至德里达、罗蒂和鲍曼，他们都以激进的个人主义为前提——这种个人主义当然不是功利性的个人主义而是一种美学上的个人主义：它不是支配性自我的个人主义而是一种混杂的偶然欲望的个人主义，这种欲望几乎不可能导致社群的形成。

4　回应与批评 P221－272

P221　自反性现代化的一个基本论点是这样的：社会的现代化程度越高，能动者（主体）所获得的对其生存的社会状况的反思能力便越大，因此改变社会状况的能力也越大。在本书中，这个论点有所变化……

P223　自反性现代化的认知的、道德的和美学的维度清楚地表明，拉什所说的只是（或多或少有意识的）反思，误解了问题颇为复杂的无意识的、意料之外的自反性，也即工业现代化的自我应用、自我消解和自我危害。

用更加直截了当的话来说，我所说的现代性和现代化的"自反性"并不是指对现代性的反思、自我相关性和现代性的自我指涉性……

P269－270　贝克和吉登斯二人都对启蒙秩序的元叙事假设提出了质疑，对简单现代性的元叙事假设提出了质疑。对他们来说，自反性现代性的特点是"矛盾情感"或"实验过程"。然而，他们的矛盾情感概念和实验概念主要来自关于不确定性的科学思想以及关于科学干预造成意外后果的想法。这是不充分的。我认为，在日常生活中，这种感受力更多地来自于美学感受力或阐释感受力。

最后，我和厄里所说的"符号和空间系统"（出现在我俩出版于1994年的同名书中）并不是指意义是如何通过能指的作用而被解构的。我们所说的是当今世界中的经验系统。我们谈的是，它是如何部分地通过"劳动过程"的彻底信息化和劳动产品的彻底信息化而日益变成了"符号系统"的。

【参考文献】

[1] 乌尔里希·贝克. 风险社会 [M]. 何博闻, 译. 江苏: 译林出版社, 2003.

[2] 安东尼·吉登斯. 亲密关系的转变 [M]. 周素凤, 译. 台北: 巨流出版社, 2001.

[3] 谢立中, 阮新邦. 现代性、后现代性社会理论: 诠释与评论 [M]. 北京: 北京大学出版社, 2004.

[4] 北京大学世界现代化进程研究中心. 现代化研究: 第二辑 [M]. 北京: 商务印书馆, 2003.

[5] 吴正勇, 欧阳曙. 贝克、吉登斯和拉什论自反性现代化——《自反性现代化》解读 [J]. 湖州师范学院学报, 2003 (5).

[6] 王小章. 现代化求索与现代性反思 [J]. 现代哲学, 2005 (4).

[7] 肖巍. 风险社会中的协商机制 [J]. 学术界, 2007 (2).

[8] 薛晓源, 刘国良. 全球风险世界: 现在与未来——德国著名社会学家、风险社会理论创始人乌尔里希·贝克教授访谈录 [J]. 马克思主义与现实, 2005 (1).

[9] 杨雪冬. 全球化、风险社会与复合治理 [J]. 马克思主义与现实, 2004 (4).

[10] 李怀涛, 陈治国. 贝克风险社会理论评析 [J]. 贵州社会科学, 2010 (11).

[11] 李冠杰. 浅析乌尔里希·贝克的世界主义思想 [J]. 德国研究, 2011 (2).

[12] 张广利, 陈盛兰. 自反性现代化的动因、维度及后果——贝克、拉什自反性现代化思想比较 [J]. 东南学术, 2014 (1).

[13] 宋友文. 自反性现代化及其政治转型——贝克风险社会理论的哲学解读 [J]. 山东社会科学, 2014 (3).

[14] 安然. 现代性的困惑与突围——评吉登斯、贝克的自反性现代化理论 [J]. 内蒙古师范大学学报 (哲学社会科学版), 2007 (1).

[15] 徐岿然. 复杂实践情景中理性的多维渗透与自反——论贝克和吉登斯社会学自反性观念的哲学意义 [J]. 哲学动态, 2009 (6).

[16] 陈盛兰. 风险文化: 拉什美学维度自反性现代化的后果 [J]. 福建行政学院学报, 2013 (6).

[17] 王能东. "自反性现代性"理论述评 [J]. 国外理论动态, 2009 (7).

十三、《现代性理论》

[匈] 阿格尼丝·赫勒 著
李瑞华 译
商务印书馆，2005 年

──【作者简介】──────────────

　　阿格尼丝·赫勒（1929— ），匈牙利著名哲学家、社会学家。2006 年，在丹麦哥本哈根大学，她被授予欧洲文化最高奖——松宁奖，以表彰其为促进欧洲文化发展而做出的个人独特努力。哥本哈根大学现任校长阿尔夫·海明森认为，赫勒通过对亚里士多德、康德、尼采、海德格尔、莎士比亚等欧洲伟大哲学家和作家著作的独特理解，为"人类存在"命题的研究做出了重要贡献。松宁奖委员会称赞赫勒半个世纪来以"创造性的才能、政治的精明、道德的力量和知识分子的正直"叙述了欧洲文化。

　　1929 年，赫勒出生于布达佩斯。纳粹种族灭绝的罪行使她失去了大部分家人。1947 年，她成为卢卡奇的学生，后来在匈牙利科学院获得博士学位，成为助理教授。在匈牙利革命时期，由于政治原因，她被学校开除。1968 年，她抗议苏联入侵捷克斯洛伐克。1973 年，她再次被解除所有学术职务。1977 年，她移居澳洲，教授社会学，并担任德国大学的客座教授。1989 年，匈牙利政治变革后，她成为匈牙利科学院研究员。现任纽约社会研究新学院汉娜·阿伦特哲学教授。

　　阿格尼丝·赫勒（又译"阿格尼斯·赫勒"）在哲学、法学、伦理学、美学、社会学等方面均有建树，其主要著作均由英国布莱克韦尔出版公司出版，其中包括：《论本能》（1979年）、《理论的历史》（1982年）、《重建美学》（1986年）、《超越正义》（1988年）、《普通伦理学》（1989年）、《从雅尔塔到开放》（1990年）、《人格伦理学》（1996年）、《现代性理论》（1999年）等40余部。

【写作背景】

从1978年开始，现代性问题就成为赫勒和其丈夫关切的问题之一。他们也曾各自写了几篇论文讨论现代性的各个方面，并且打算把这些文章和有关东欧的文章一起出版。但是，赫勒丈夫的去世使这一计划未能付诸实施。从1995年5月开始，在研究生的课程教学过程中，赫勒选择了现代性理论问题作为讲授的主题。在此基础上，赫勒写作并出版了这本著作。赫勒认为，这本书可以被视为继她的《历史理论》《历史哲学》两部曲之后的第三部曲。另外，这部著作主要是建立在作者个人生活经验基础上的，所以作者没有把此书命名为《现代性的哲学》，而选择了《现代性理论》。

【中心思想】

本书全面分析了现代性的主要动力。作者凭借自己独特的生活经验与智慧，以独特方式探究了黑格尔、马克思、韦伯、尼采、海德格尔和阿伦特等有关现代性问题的经典论述，试图使读者能清晰掌握现代性的发展脉络与本质。作者的生活遭遇有一些是个人独有的，有一些则是与所有那些经历大屠杀而幸存下来的人们，或所有那些生活在极权主义独裁统治下的人们所共有的。本书对现代性问题所发表的看法既具有吸引力，又富有启发性，是相关学术界人士和研究工作者必读的一本参考书。

全书由序言和14章正文组成，共约30万字。

【分章导读】

在本书的序言中，赫勒提出她所探讨的现代性理论，主要来源于自己的生活经验，是她个人对现代性本质的直觉。因此，赫勒指出，在这本书中她不能用"哲学"来代替"理论"。进而，她选择《现代性理论》作为书名，而不用《现代性的哲学》作为书名。序言部分还介绍了这本书的主要内容，首先描述了三种具有代表性的现代性理论即黑格尔、马克思和韦伯的现代性理论；提出了对于现代性本质的看法；介绍了此书的写作背景。

第一章《后现代视角中的现代性：哲学预设》，主要试图澄清后现代一词。在赫勒看来，后现代有两种用法，一种是未经反思的后现代性概念，一种是经过反思的后现代性概念，它们都是启蒙运动的产物。她说："后现代一词有着两种并不必然与后现代主义、后现代主义者和后历史相联系的用法。我把第一种用法叫做'未经反思的后现代性概念'，把第二种用法叫做'经过反思的后现代性概念'。这不是一种内容的区分，而是一种态度的区分。未经反思的后现代性概念是幼稚的。它无意识地继续了宏大叙事和真理对应理论的态度，这种态度是它本应——而且有意识地——加以拒绝的。"[①] 赫勒提醒读者注意，其现代性理论的视角是经过反思的后现代性的视角。

赫勒以哲学的方式区分了历史意识的六个发展阶段：（1）未经反思的一般意识——神话。（2）反映在特殊性中的一般性意识——历史。（3）未经反思的普遍性意识——普遍神话。（4）反映在一般性中的特殊性意识——现代性的基础性叙述。（5）经过反思的普遍性意识——普遍历史宏大叙事。（6）经过反思的一般性意识——后现代意识。她认为，后现代意识、现代性已经波及整个地球，而后现代性并不是在现代性之后到来的一个阶段，它不是对现代性的补救——它是现代的，后现代视角也许最好被描述为现代性意识本身的自我反思，它是一种以苏格拉底的方式了解自己的现代性，现代主义意识在后现代意识之前；历史事件和事实都是偶然的，这种思想肯定不是一个后现代的发现。

赫勒还提出，现代主义想象通过对过去的历史性回忆，通过规划和投射出一个作为人类实验和创造领域的无限未来（自由），而把现在边缘化了。现代主义的想象主要有两套可供选择的思想方案：自由主义和马克思主义。这两种方案共同拥有对于进步的信念，都是把它们的信念建立在科学知识之上，并且都宣称它们的预言有着绝对的确定性。两者同时说出了四方面的内容：其一，未来是自由的；其二，我们可以寄希望于未来的不只是一种改善，而是就质量而言更好的一个世界和一种生活方式；其三，我们可以确定地预言，未来的人们将自由地创造并获取一些事物；其四，技术的不断发展是进步的关键。在作者看来，"盛期现代主义"借助于未来而赋予现代性以合法性，但如今，借助于未来而对现代性进行的合法化已经破产了，革命的范式灾难性地崩塌了，进化的范式也慢慢地受到侵蚀。实际上，快车驶向了它们的终点站——奥斯维辛和古拉格。尽管作者对现代社会政治的发展并不太乐观，但

---

① 阿格尼丝·赫勒. 现代性理论[M]. 李瑞华，译. 北京：商务印书馆，2005：8.

她确信,各种宏大叙事已达到顶点,自由最终取得了完全的胜利。因为,自由已成为了现代世界的基础,自由是没有什么东西以它为基础的基础。

第二章《遗产的挑战:黑格尔,马克思,韦伯》,赫勒探讨了黑格尔、马克思和韦伯对现代性理论的贡献。她认为,这三个人是现代性理论的奠基人,马克思是典型的19世纪的产儿。相比较而言,进步时代的宏伟幻象在马克思的著作中比在黑格尔和韦伯的著作中留下了更多的印记。黑格尔的著作更接近于18世纪,韦伯的著作宣告了20世纪的到来。

赫勒具体探讨了黑格尔的现代性理论,即"没有预设的宏大叙事"。她认为,黑格尔设计了第一个完整的宏大叙事,正如他第一个激进地走向形而上学的解体,他对现代性精神的最深刻理解得到了充分的理论表达。赫勒还深刻地分析了黑格尔的法哲学。她认为,黑格尔的想法是自由主义的,但他的自由主义不是一种简单的抽象主观形式,而是赋予了自由主义以具体的理论内容。

进而,赫勒具体探讨了马克思的现代性理论,即"技术与救赎"。她认为,马克思分享了19世纪的宏伟幻觉,尤其是分享了有关技术发展和掌握自然之不可限量且积极潜能的宏伟幻觉。马克思更加激进地拒绝现代性的现今阶段——资本主义,将现代宏大叙事延伸至未来。和尼采、弗洛伊德相比,马克思是最形而上学的,"《德意志意识形态》中的宏大叙事已经建立在技术的救赎力量之上。当技术(作为一个'始因')取代创造性(类本质的主要构成成分)时,马克思深深地扎进了形而上学之中,尽管他相信他已经将他的视角从哲学转向了科学,从唯心主义的沉思转向了经验观察的领域"[1]。他在巴黎手稿和《德意志意识形态》等著作中提出了向自由和理性进军的宏大叙事。赫勒认为,马克思的现代性理论只是一个美丽的梦想,其理论基础是脆弱的。她将马克思的现代性概念(主要是资本主义)归纳为八个论点。(1)现代社会是动态的和未来定向的:扩张和工业化构成其主要特征;(2)现代社会是理性化的;(3)现代社会是功能主义的;(4)是科学而不是宗教成为了知识积累的基础;(5)传统习惯被摧毁,传统美德丢失了,某些价值或准则变得日益普遍化;(6)创造和阐释的标准正在削弱;(7)"对"和"正确"的概念是多元的;(8)现代世界的不可测性和人类存在的偶然性。

其后,赫勒具体探讨了韦伯的现代性理论,即"无意义的理性"。她认

---

[1] 阿格尼丝·赫勒. 现代性理论[M]. 李瑞华,译. 北京:商务印书馆,2005:47.

为，韦伯是带着怀疑主义来接受现在的，他把经济的、法律的合理化挑选出来作为资本主义发展的主要因素，受到韦伯怀疑的不仅仅是总体性和普遍趋势，还有连续性。韦伯"给世界除魅"这一表述，首先意味着现代生活中支配性的领域并不能给生活赋予意义，就支配性的科学、政治和经济而言，生活是没有意义的。

第三章《现代性的两种成分（1）：现代性的动力》，赫勒把现代性的动力和现代性社会格局视为现代性的两种成分，并把这二者的联合称为现代性的本质。赫勒认为，现代性的动力是一种在柏拉图、黑格尔的著作中阐述的辩证法，也可以是在霍克海默和阿多诺意义上的启蒙辩证法。首先，赫勒提出，现代性的动力最初出现在民主鼎盛时期雅典城邦、古欧洲，苏格拉底和智者学派是这种现代性动力的体现者，他们动摇了传统和信念。柏拉图在帮助其老师苏格拉底摧毁传统的同时，也创造了一种新的传统——形而上学。由此，现代性的动力被善的理念自上而下地制止了。

赫勒还提出，在近代欧洲，黑格尔以他的辩证法开启了现代性的新动力，否定之否定的辩证法对现代世界发展的描述非常符合现代性的标准概念，即现代性不是被否定、摧毁，而是通过它生长繁盛，以实现现代社会和国家生活的动态正义。与马克思的启蒙观不同，黑格尔不认为一切坚固的东西都烟消云散了，启蒙也并没有被替代。此外，赫勒还提出，实践现代性动力的不仅仅是理性主义的启蒙，还有浪漫派的启蒙。理性主义的启蒙依赖于作为现代性之始因的技术，即如果科学和技术停止发展，现代世界就将崩溃。而对浪漫主义来说，生命不是一个需要解决的技术问题。启蒙也因此变成了虚无主义，尼采更是把虚无主义置于其哲学反思的中心。可见，虚无的终点是虚无主义这种见解有其真理性。但通过否定虚无主义得到的绝对真理在本质上也是虚无主义。因而，作为虚无主义的启蒙产生了现代性的所有悖论——自由和真理的悖论。

第四章《现代性的两种成分（2）：现代社会格局》，赫勒通过对前现代社会格局与现代社会格局的比较研究，来说明现代社会格局的一些特点。首先，赫勒认为，现代社会格局可以被描述为社会地位的分配、劳动的社会分工等。在前现代社会格局中，人们所执行的社会功能多数是由社会分层等级体系在他们出生时所分配给他们的社会地位决定的。相反，在现代社会格局中，人们在分层等级体系中最终占据的地位是他们自己取得的，靠的是他们的工作以及在特定制度中运用他们的能力去实现特定的功能。另外，现代社会格局像一个蒸汽压路机，成为遍及全球的支配性的社会格局。对现代社会格局的这些观点遭到了许多反对，反对意见中有两个共同的要素，一是来源于过于乐观的现代性图景，即来源于现有的普遍进步的幻觉；二是坚持认为所谓的第三世界仍属于前现代的观点。对这些反对意见，赫勒进行了反驳。

其次，赫勒简要地比较了前现代社会格局与现代社会格局，对这两种主要的社会格局做两个层次的探讨：一是作为社会化的工具，二是作为社会结构。赫勒假定一个人从遗传上就是被安排在社会中生活，在前现代社会格局中，用赫勒最喜欢的比喻来说，就是遗传先验被放进信封里，信封被寄往等级制社会的一座城堡；在现代社会格局中，用赫勒最喜欢的比喻来说，就是遗传先验仍然被放在一个信封里，并且被扔进一个邮箱，但信封上没有写地址，它仍然是空白。现代性的动力摧毁了旧有的社会格局——自然的秩序，亦即"自然骗局"，旧有的"自然骗局"是借助于一个口号而被摧毁的，也就是"人人生而平等"。这一信条成为现代生活支配性的想像机制和支配性的虚构。

第五章《现代性的三种逻辑（1）：技术的逻辑——科学作为现代性的支配性世界观》。她说："在现代性降生之时，历史想像和技术想像都处在萌芽之中。现代性的这两种想像机制在一种持续不断的相互作用中并生。如果我们被框范，我们是受到两个不同框架的框范，它们并不完全契合。"[①] 在此，赫勒区分了现代性的三种逻辑：技术的逻辑、社会地位的功能性分配的逻辑、政治权力的逻辑。赫勒认为，根据这三种逻辑来理解现代性是使现代性变得更有意义的方式，可以避免种种极端化的立场。她不认为这三种逻辑中的一种比其他两种更基本。她提出，现代性的三种逻辑不仅仅是相互支持的、相互限制的，而且到了相互冲突的地步。

现代性的三种发展逻辑之间也存在着一种本质的区别。技术发展逻辑似乎只需要解决问题意义上的认识，但技术的发展日益依赖于现代科学的发展；政治行动本身就是目的，但这并不意味着政治行动者仅仅寻求行动，他们还寻求实现他们的理想，实现自由或确立新的自由；管理作为解决问题，其目标并不在于不断地积累有关如何解决问题的实际知识。不同于韦伯、海德格尔和哈贝马斯，赫勒这些零散议论的目的是为了强调现代世界的异质特性。

和海德格尔一样，赫勒也认为，技术的本质肯定不是技术性的，它并不

---

① 阿格尼丝·赫勒. 现代性理论 [M]. 李瑞华，译. 北京：商务印书馆，2005：105-106.

存在于机器、事务中，而存在于现代人的思考方式中。但赫勒不赞同海德格尔关于技术的逻辑被预先编码为"框架"，并"框范"了现代人的整个世界观。赫勒认为，现代人以一种双重的方式受到框范，支配性的技术想象机制不可能完全支配政治或社会功能的领域。至少是到目前为止，政治的逻辑和社会地位功能划分的逻辑并没有完全被科学或一般性的技术想象所支配，"诗"没有死去。她断言，存在着其他的不那么引人注目的技术事件，比如说家务的机械化或电信网络，对普通男女的日常生活来说，这些事件远比人造地球卫星和原子能工厂重要，并且以一种更重要的方式改变了他们的想象。在现代性的社会格局中，科学行使着解释世界的基本职能，它渗透了生活的所有领域和方面。

第六章《现代性的三种逻辑（2）：社会地位、功能和财富划分的逻辑》，作者在这章探讨了西方现代性的第二种逻辑。她认为，第二种逻辑最基本的机制是市场，即私有财产、私法和人权，没有哪一种具体的、简单的现代性制度是处在至少上述一种基本制度之外的，或不是由其中之一决定的。作者进一步指出，平等在现代社会格局中扮演着三重角色：在法律面前的平等，在权利上的平等，机会均等。在一种最佳状态下，政治制度（第三种逻辑）保证了权利的平等和法律面前的平等。

第七章《现代性的三种逻辑（3）：政治权力（统治）的逻辑》，作者首先指出，政治逻辑是所谓经济基础之上的上层建筑的发展趋势，社会主义、自由主义和社会民主派，都是从社会经济的立场来思考国家的。

其二，作者指出，政治逻辑中最明显的趋势就是抛弃作为权威性之主要来源的传统的合法化，必须实行以宪政为代表的现代政治制度。不过，政治制度不能出口，能够出口的只是适用于所有民主政权的技术。其中，赫勒着重探讨了意识形态问题。她认为，没有一个现代世界没有"意识形态"，意识形态既不是一种宗教、哲学，也不是对民间故事或艺术作品的解释。但它能够从所有这些当中汲取养料，它是以一种伦理力量为中心的集体信念，它强化并保护这种伦理力量。一种意识形态越是"历史的"，其历史之根越深，战争和征服行为在其中所扮演的角色就越重要。

其三，赫勒探讨了极权主义、自由主义和现代民主制三种国家形式。赫勒认为，对于极权主义国家来说，布尔什维克主义是典型。极权主义专政并不假装要恢复法律和秩序，而是宣称要追求永恒革命。对于自由主义和民主而言，民主会表现为极权主义的趋势，自由主义的主要价值是自由而不是平等。自由主义和民主共生、相互交织、相互解释，这对一个现代自由主义民主制度的运作来说，是让自由主义和民主，以及它们的实质和形式特征"占据优势"的最佳状态。

第八章《文化与文明（1）：文化的三种概念》，赫勒在此探讨了高级文化、文化话语和人类学三种不同的文化概念。她认为，作为高级的文化概念包括心灵、双手以及想象力的创造物，它们一起被称为绝对精神：有代表性的艺术作品、神学、哲学以及19世纪的科学。高级文化与低级文化的传统区分，是与阶级划分相联系的。对此，赫勒宁愿说大众文化或大众艺术之别。大众艺术的功能是娱乐。从文化话语的概念来看，一个文化人不是一个写诗或作画的人，而是一个对于诗歌或绘画有趣味的人，一个能够明智地谈论诗歌或绘画的人，在他的生活中，阅读、聆听和观赏高级文化产品占据着最重要的地位。这是现代性动力的主要载体。因为，持续不断的讨论热潮，各种意见的交换，使现代性的动力深深地植根于知识精英圈子的日常生活中。批判激活了话语的文化，它成为其必然的要素。

康德的《判断力批判》在讨论趣味判断时，为文化交谈提供了最佳的模式。但这种文化也有令人沮丧的一面，即文化交谈变成闲聊，变成愤世嫉俗与虚无主义，无法避免陈腐和琐碎的指责。所有这三种文化概念都是不同类型的普遍概念，前两个是规范性的和选择性的文化概念，而人类学文化概念是一个经验性的普遍概念。在人类学概念的意义上，所有的人类社会都是文化，因为它们向其居民提供规范、叙事、形象、宗教等。由于人类学的文化概念包含所有被称作文化的生活方式，平等这一现代概念又一次被扩展了。第一种文化概念是建立在对现代性的基本命题的承认之上，即每个人都生而自由，并且同等地被造物主赋予了理性和良知。第二种文化概念是基于政治平等的模式，即每个人都可以投他喜欢的玫瑰一票，并为这朵玫瑰辩护，尽管其他人可选择接受或拒绝它，或喜爱另一朵玫瑰。

第九章《文化与文明（2）：无所不包的现代性》，赫勒集中探讨了文化的阐释问题。她认为，作品、文本已经如其所是地存在了，趣味与阐释是回缩性实践，正如鲍曼所言，在立法者和批评者的时代之后，阐释者将占上风；持续不断地朝向新和最新的运动是当代文化的两个主要动机之一，历史想象使过去成为阐释者的狩猎场；对于所有传统文本的一切阐释都是忠诚的实践，不管故事、文本、对象本身是神圣的还是世俗的。通过持续的阐释实践并且在这种实践之中，世俗的故事变成准神圣的。直到20世纪的最后20年，阐释的精神才有了本质的改变，阐释者仍然是忠诚的。在整个现代时期，作品（阐释对象）被认为是具有权威的，是秘密的守护者。当一个人从一种传统中选取一个阐释对象时，他总是把自己置于一种传统之中。但是，当一个人从对中国花瓶的阐释转向对马克思的阐释时，他只能融合传统。

第十章《文化与文明（3）：文明》，她首先指出，文明的概念指的是那种与现代性一起出现并与之俱进的日常生活，与文化的概念相比较而言，文明的概念是进步主义的、乐观主义的、未来定向的。接着，赫勒探讨了道德文明、文明的历史发展进程。最后，赫勒重点探讨了技术文明。她认为，技术文明通常是同控制、中介、效率和合理性相联系的，它一方面是革命的，另一方面却缓和或疏离财富/贫穷和自由/奴役。最初的技术文明概念见于社会/自然这种对世界的二元描述；技术文明被理解为一种手段的文明；技术文明被理解为效率。

第十一章《世界时间与生活时间》，赫勒认为，把时间置于哲学反思之焦点的，是现代性的想象机制，主要是历史想象，但这一发展是与形而上学的死亡同时的。从培根到霍布斯，从维科到卢梭，时间被分为史前时间和历史时间。这是宏大叙事的序幕，现代性已经到来，现时代就是此时此地。

第十二章《空间、地点与家》，赫勒在此探讨了空间问题。她认为，空间问题首先指地点概念与空间概念之间的区分。作者通过对现代社会日益变化的空间问题的探讨，指出自我及其世界的非中心化，进而提出寻找家这个作为世界的中心。最后，她借助弗洛伊德的身心理论，提出寻找心灵的空间地图，寻找心灵的家园。这些无非是告诉读者，现代人要找回迷失的精神家园。

第十三章《法律、风尚与伦理：价值问题》，赫勒探讨了现代秩序生成的两种重要规范，即法律与道德问题。她认为，法律的抽象意味着区分法律和道德。法律是普遍的，道德是社群所特有的，没有哪一种法律体系完全脱离了伦理道德。现代启蒙的两个分支，理性主义启蒙和浪漫派启蒙，在进行着一场永无止境的战斗，这场战斗事关现代法律和由法律进行的合法化，最主要的则是关系到法律有无伦理意义。理性主义启蒙主张，法律的形式主义保证了在法律面前的平等，在法律面前的平等是同等自由的保证。浪漫派启蒙主张，法律使不平等者平等。在作者看来，感激是最动人的美德，因为它带有免费恩惠的成分；现代世界的平衡能够得到保持，在于现代世界的三个整体，即家庭、市民社会和国家能够保持它们的伦理力量。

第十四章《幸福、完美与本真性：人格伦理学》，赫勒从人格伦理学的角度探讨了幸福、完美和本真性等美德问题。她首先以亚里士多德为例阐述了幸福与完美在概念上的关联。她认为，幸福与道德完美的内在关联造成整个概念的坍塌，是由于幸福的概念不再是客观的，它变成了主观的。其次，本真性已成为现代性唯一的、最崇高的美德。因为本真的人是忠实于其存在性选择的人，他们是被牵引而不是被推动的人，他们是有人格的人。最后，在我们这个"反思的时代"，现代性的动力始终处在活动之中，唯一非暴力的竞争途径就是通过论证来进行竞争。

【意义与影响】

1999年，布莱克韦尔出版公司出版了《现代性理论》一书的英文版。2005年，商务印书馆出版了此书的中文版。

这本书对现代性诸多问题的把握堪称精当，完全可以作为欲深入"现代性话题"的精品读物。纵观全书14章内容，涉及哲学、政治学、社会学等众多学科领域，其意义与影响也是多方面的，大致可归结为五个方面。

第一，对现代性概念进行了新诠释，进而对现代性的哲学遗产进行了独特清理。赫勒把自己对现代性的理论思考定位在"反思的后现代性"，提出后现代是对现代性的反思，没把后现代看成是现代之后的一个历史阶段，以此建设性地处理了现代性与后现代性的理论关系。这无疑为人们思考现代性与后现代性的关系提供了新视角，为现代性问题解决提供了新参考。由此出发，赫勒对黑格尔、马克思与韦伯的现代性哲学遗产进行了独特理解与清理。她把黑格尔现代性的宏大叙事看成是具体的自由主义、形而上学表达，把马克思的现代性看成是宏大形而上学叙事，把韦伯现代性的祛魅与合理化看成是后形而上学的，这种独特解读无疑会带来相关的理论论争。

第二，对现代性内容的两方面即现代性的动力与格局进行了独特理解，为人们深入理解现代性的内涵提供了新参考。赫勒把现代性的动力看成是辩证法。从古希腊柏拉图的辩证法到近代欧洲黑格尔的辩证法，再到霍克海默与阿多诺的启蒙辩证法，这是一个不断破坏、否定前行的链条，成为现代性的新动力，也带来了现代性社会发展的矛盾，如启蒙美与丑的两面性、自由与真理的悖论等。像马克思一样，赫勒在此看到了辩证法革命性的一面，也看到了现代启蒙运动进步性的一面，但是，她并没有像马克思那样为解决现代性矛盾与悖论提出现实具体的解决方案。作为解释与认识现实世界的理论系统，赫勒对社会结构、分工等现代性社会格局的分析具有一定现实性与启发性，但作为改变世界的理论系统，其理论显得有些苍白无力。

第三，对现代性的三种逻辑做出了富有启发性的阐释，为人们深入认识现代社会政治提供了有价值的认识工具。正如其所分析，科学技术成为了现代性的支配性世界观；现代社会地位、功能和财富的划分遵从市场机制的逻辑运行，平等成了法律、机会与权利等形式平等的代名词；现代社会政治合法化已转换为以宪政为代表的政治制度。这些分析表明，赫勒试图站在超越左与右的政治立场客观言说，但其实质上是站在政治解放、自由主义的政治立场上进行分析判断的。

第四，对现代性文化进行了多维阐释，为人们分析现代文化发展提供了新视角。赫勒把分化概念分为高级文化、文化话语与人类学三种，指出了以艺术、神学、哲学、现代科学为代表的高级文化与以娱乐为代表的大众文化的不同旨趣，也即精英文化与平等的大众文化之别。进而，赫勒指出了现代文化阐释的变迁及其对文化传统的继承。从中可以看出，赫勒对现代文化危机的乐观解决方案。对于文化中的积极因素文明问题，赫勒重点阐述了技术文明的两面性，为人们正确看待技术文明提供了方法论视角。

第五，对现代人的生存有着深沉的理论观照。赫勒认为，在现代性的时空中，出现了自我与世界的非中心化即精神家园的迷失危机，需要对借助弗洛伊德的心理学为心灵找到家园。这体现了赫勒从精神层面对现代人精神家园与生存危机的观照。

【原著摘录】

序言 P1-6

P1 现代性理论的两个主要来源之一是作者的生活经验（他或她同许多其他人分享的经验），对这些包围着现代传统的、作者和他人共享的经验的哲学描述与反思涉及到对现代性的理解。

P3 我不能用"哲学"来代替"理论"，因为尽管许多现代性理论在外表上是哲学式的，它们中却只有少数能够被称为现代性的哲学，而在现今形而上学解体之时，能够被称为哲学的就更少了。

总而言之，我在这里提出的是我对现代性本质的直觉，建立在我自己的生活经验之上。

一、后现代视角中的现代性：哲学预设 P8-33

P9 的确，幼稚的后现代性和经过反思的后现代性都是启蒙运动的产物。

它们是相互联系的，因而可以同系交配。但我的视角将是经过反思（自我反思）的后现代性的视角。

有各种不同的经过反思的后现代性。我的只是许多种里的一种。但是在这些不同后现代性的视角、态度以及共有内容中，存在着一些共同特征：正因为如此，它们都属于"经过反思的后现代派"这一家族。

P13 后现代性并不是在现代性之后到来的一个阶段，它不是对现代性的补救——它是现代的。更确切地说，后现代视角也许最好被描述为现代性意识本身的自我反思。它是一种以苏格拉底的方式了解自己的现代性。因为它（也）知道，就算它知道什么的话，也知之甚少。

我之所以用过去时来谈论现代主义者，并不是因为他们的位置实际上是在过去，而是因为现代主义意识在后现代意识之前。

P15 历史事实和事件都是偶然的，这种思想肯定不是一个后现代的发现……后现代的男男女女思考和行事的方式，就仿佛一切（每一个历史事件）全都是偶然的（在这个词最强烈的意义上），但他们并不以本体—形而上学（onto-metaphysical）的方式谈论偶然性。

P18 总而言之，"盛期现代主义"（high modernism）借助于未来而赋予现代性以合法性，不是借助于现在之未来，而是借助于一种据说自现代性形成以来即已在其中萌芽的遥远未来。如今，借助于未来而对现代性进行的合法化已经破产了：革命的范式灾难性地崩塌了，进化的范式也慢慢地受到侵蚀。对现代性进行合法化的哲学得到了实现；不过，不是天国降临尘世，而是尘世被变成了地狱。实际上，快车驶向了它们的最终目的地——火车的终点站叫做奥斯维辛和古拉格——终结站。

P24 欧洲的自传在各种宏大叙事中达到顶点，这些宏大叙事起自卢梭，经过孔多塞和傅立叶，至于黑格尔和马克思。故事往往还接着讲到扩大和加深通过异化、通过奴役、压迫、"迷信"和诸如此类其他事物来实现自由的可能性。不过，自由最终会取得胜利。

自由的确取得了胜利，而且它不仅仅是在几个方面取得了胜利，而是取得了完全的胜利。自由成为了现代世界的基础。它是没有什么东西以它为基础的基础。

二、遗产的挑战：黑格尔，马克思，韦伯 P34-62

P38 在黑格尔对哲学必须没有预设的坚持中，在他较其后继者（包括马克思）更深刻的对形而上学的解构中，他对现代性精神的最深刻理解得到了表达。在后现代时代之前，掩盖了黑格尔的激进主义的——除了误解之外——是他对体系的依附。简单地说，误解就在于这样一种信念，即作为预设的传统是一个形而上学的预设。在我看来，并不是在哲学语言中所预设的东西没有给予这一语言的任何具体运用以优先性（它们中没有一个是完全真实的，但它们全体放在一起是真实的）。作为预设的历史并不是一种形而上学意义上的预设，因为它只是宣告了现代时代的历史性（Geschichtlichkeit），以及对这种历史性的意识。

P43　黑格尔的想法是自由主义的，但他的自由主义不是一种简单的形式/程序自由主义。黑格尔赋予了他的自由主义以内容——整个伦理世界本身的真实性（Wirklichkeit）——正如他拒绝一般意义上的形式主义和程序主义。

P47　技术（实际技能）的不断发展，实用/工具性知识的不断积累，被认为是引领人类走到今天的道路。

技术及其发展从定义上说就是理性的，因为正是通过技术的发展，社会和自然之间的新陈代谢逐步导致社会（人）对自然的支配与控制。自然的边界被不断地往后推……马克思从来没有想到过自然资源可能会枯竭，他也没有想到过人类保留地的有限性与脆弱性。归根结底，自然的边界线将被推回到人类本性之中；人将不断地变得更加人性化。

P49-50　绝对自由是绝对地理性的。在马克思的叙述中，自由的最终胜利也就是理性的最终胜利。理性差不多总是被等同于掌握和创造；也就是说，被等同于支配自然和运用人类力量。自由意味着，对我们自身力量的运用仅仅依赖于我们自己。马克思对于市场的主要指控之一是它的非理性……马克思相信缺少理性的控制就会有人的浪费——浪费劳动时间，浪费原材料，等等。只有在彻底控制自然和社会自我控制的情况下，才不会有浪费。马克思把生产的理性同生产关系的非理性相对比。在一个工厂里面，在技术性的生产过程中，存在着理性的合作和理性的劳动技术分工。然而在市场上，在劳动社会分工的领域，在财产关系和定价的领域，一切都是非理性的。由于生产关系将实现同生产力的和谐，也就是说，实现同运用它的技术和能力的和谐，私人财产的取消和市场的取消将同时带来自由和理性。

P51　对马克思来说，资本主义是现代性的第一个（过渡性）阶段，现代革命始于资本主义。资本主义将一切事物都革命化了，它最终轻而易举地将一个已是彻底地现代的世界提供给无产阶级；而正是为了利用现代革命的产物来促进人类的利益，无产阶级将摧毁资本主义。

P56-57　韦伯是在古代社会格局已经被摧毁的时候达到现代思想阶段的。因此，他不再需要在宏大叙事的帮助下去摧毁前现代社会的大厦。他无需像他的前辈一样去摧毁形而上学，因为他的思想已经完全是后形而上学的。

受到韦伯怀疑的不仅仅是总体性和普遍趋势，还有连续性。这正是我们能够把他理解成一个反思的后现代思想家的原因之一。

三、现代性的两种成分（1）：现代性的动力 P63-75

P66　如果没有新的世界宣告来临，辩证法的工作就是破坏性的。辩证法转变成形而上学哲学是拯救城邦免遭毁灭而同时又保持启蒙的一种方式，这种启蒙就是逻各斯（现代性的动力被塞进一件形而上学的约束衣，以使进一步的质疑变得不可能）。

P69　只看到启蒙年轻美丽一面的观众倾心于理性主义的启蒙；只看到启蒙老丑一面的观众则倾心于浪漫派的启蒙。我谈论的是两种情况下的启蒙，因为在实践现代性动力的不仅仅是理性主义的启蒙，还有浪漫派的启蒙。

理性主义的启蒙依赖于作为现代性之"始因"的技术，不管它是否公开表明这一点。人们可以相信，在技术和科学这两种累积性的、发展进步的制度中，没有什么仍然是坚固的。新的技术应该不断取代老的技术。从一个方面说，合理化要求不断地用新的东西来取代老的东西。"进步"一词也意味着不断用新的东西取代老的东西。如果科学和技术停止发展，现代世界将会崩塌。

P75　作为虚无主义的启蒙产生了现代性的所有悖论——自由和真理的悖论。在现代社会格局中，没有什么是"客观地"具有悖论性的。

四、现代性的两种成分（2）：现代社会格局 P76-94

P76-77　在前现代社会格局中，人们所执行的社会功能多数是由社会分层等级体系在他们出生时所分配给他们的社会地位决定的。相反，在现代社会格局中，人们在分层等级体系中最终占据的地位是他们自己取得的，靠的是他们的工作以及在特定制度中运用他们的能力去实现特定的功能。

P89　实际上，旧有的"自然骗局"是借助于一个口号而被摧毁的，也就是"人人生而平等"。这一信条成为现代生活支配性的想像机制和支配性的虚构。现代生活的基础（正如我们所知，它不是任何东西的基础）是一种假设，这种假设实际上是一种否定。它是对所有前现代社会格局的绝对否定，因为这些社会格局的共同特征是，在他们中间，有些人是生而自由的（另一些人从定义上说则是生而不自由的）。

五、现代性的三种逻辑（1）：技术的逻辑——科学作为现代性的支配性世界观 P95－116

P105　我认为现代人以一种双重的方式受到框范，他们的两种主要想像机制并不契合。正因为如此，支配性的技术想像机制不可能完全支配政治或社会—功能的领域。至少是到目前为止，政治的逻辑和社会地位功能划分的逻辑并没有完全被科学或一般性的技术想像所支配。"诗"没有死去。

P109　我只是断言存在着其他的不那么引人注目的技术事件（比如说，家务的机械化或电信网络），对普通男女的日常生活来说，这些事件远比人造地球卫星和原子能工厂重要，并且以一种更重要的方式改变了他们的想像。

我的观点是，历史想像从许多重要的技术发展事件中挑选了这些特定的事件，从一个既定的哲学视角看，所有那些重要的技术发展事件都可以被看做是分水岭。

P110　现代性是这样一种社会格局，在其中，是科学而不是宗教行使着基本世界解释的职能。这是前现代社会格局的本质和现代性的本质之间最主要的区别之一。我要补充的是，如果科学没有成为支配性的世界解释，技术想像不可能支配现代幻想。

P111　由于科学是现代性的支配性世界解释，它渗透了生活的所有领域和方面。一种支配性的世界解释充当着（1）权威性的参照点（真理生产），（2）支配性制度之网络（真理的生产和分配网络），（3）一种权威模式。

六、现代性的三种逻辑（2）：社会地位、功能和财富划分的逻辑 P117－137

P122　从此往后，我将只讨论"西方的"现代性，因为就目前而言，这是一种表现出最大生存能力的现代性。第二种逻辑最基本的机制（在西方现代性中）是市场——更确切地说，是市场关系的共通化和普遍化——个人私有财产、私法和人权。没有哪一种具体的、简单的现代性制度是处在至少上述一种基本制度之外，或不是由其中之一决定的。

P133　平等在现代社会格局中扮演着三重角色：在法律面前的平等，在权利上的平等，机会均等。在一种最佳状态下，政治制度（第三种逻辑）保证了权利的平等和在法律面前的平等。

七、现代性的三种逻辑（3）：政治权力（统治）的逻辑 P138－162

P145　意识形态概念及对它的批判表现出三种不同的（尽管是相关联的）启蒙观念：合理性的观念、现实的观念以及普遍性的观念。

P150　构成共产主义意识形态核心的观念起源于现代西方，卡尔·马克思是一个现代德国哲学家。从布尔什维主义（以及墨索里尼主义）那里，纳粹学会了传播意识形态和宣传的机构和途径（尽管不是意识形态和宣传的意识形态内容）。

P155　自由主义的主要价值是自由而不是平等。只有在自由主义权利的一个分支中，平等才居于核心地位，这就是法律面前的平等，有多种权利都是与之相联系的。不过，就像在所有其他情形中一样，这些也是属于个人、属于个体的权利，而不是属于公民或政治机构的权利。

P158－159　自由主义和民主不只是共生；它们相互交织，并且相互解释。在一种纯粹的民主解释中，自由主义的方面变得完全是形式的；反之，在一种纯粹自由主义的解释中，民主制度仅仅呈现出一种形式的特性。对一个现代自由主义民主制度的运作来说，这是让自由主义和民主，以及它们的实质和形式特征"占据优势"的最佳状态。

P161　许多理论家都试图确定"政治的概念"（the concept of the political），然而"政治"（the political）的一些决定性方面是所有定义都难以把捉的。就我而言，我对"政治"提出了一个含糊的定义。我指的是有关对自由（如果被提升到公共领域）的确定的每一种行为、讨论和决定等等。

八、文化与文明（1）：文化的三种概念 P163－197

P164　我区分出三种不同的文化概念：被理解成"高级文化"（high culture）的文化，被理解成"文化话语"（cultural discourse）的文化，以及最后，人类学的文化概念。

作为高级文化的文化概念包括心灵、双手以及想像力的创造物，它们一起被黑格尔称为绝对精神：有代表性的艺术作品、神学、哲学以及——在十九世纪——科学。

P179　高级艺术（文化）和大众艺术（文化）有一个共同特征，把它们同通俗文化或民间艺术区别开来：它们都是普遍主义的，因为它们迎合所有文化的居民，因为对那些寻求意义和寻求休闲与娱乐的人来说，它们在世界上的任何地方都可以得到。

P180　第二种文化概念把文化等同于文化话语。

以这种概念来看，一个"文化人"不是一个写诗或作画的人，而是一个对于诗歌或绘画有趣味的人，一个能够明智地谈论诗歌或绘画的人，在他的生活中，阅读、聆听和观赏高级文化的产品占据着最重要的位置。

九、文化与文明（2）：无所不包的现代性 P198-211

P203　不过，对于所有传统文本的所有阐释都是忠诚的实践，不管故事、文本、对象本身是神圣的还是世俗的。通过持续的阐释实践并且在这种实践之中，世俗的故事变成准神圣的。

P204　直到二十世纪的最后二十年，阐释的精神才有了本质的改变，而且这种改变是否像目前看起来的那么彻底，仍有待于观察。阐释仍然是忠诚的。在整个现代早期，作品（阐释对象）被认为是具有权威的，是秘密的守护者——一种把自身提供给人们破译的圣学。

P210　的确，当一个人从一种传统中选取一个阐释对象时，他总是把自己置于一种传统之中。但是，当一个人从对中国花瓶的阐释转向对马克思的阐释，转向对象牙海岸的阐释时，他只能融合传统，即使他只是在少数几种传统中完成社会化的。

十、文化与文明（3）：文明 P212-239

P212　与文化的两种概念相反，文明的概念（在它的两个方面）指的是日常生活，那种与现代性一起出现并与之俱进的日常生活。文明也是一个两极概念，但并不是在"高级"文化和"低级"文化这种意义上。高级和低级文化被认为存在于同一个世界之中，但在其中占据不同位置。

P226　技术文明通常是同控制、中介（mediation）、效率和合理性相联系的；它一方面是革命的，另一方面却缓和或疏离财富/贫穷和自由/奴役。在前半句中，我列举了技术文明的客观特征；但是，在后半句中，我列举了从传统的进步主义/自由主义立场和从浪漫派立场对工业文明产物的两极化评价。

十一、世界时间与生活时间 P240-255

P253　依附于宏大叙事的现代主义之人假装知道在遥远的未来人类会遇到什么。他（在思想中）生活在这一遥远的未来。他从人类的故事中获取关于遥远未来的"知识"。因此，他把过去看做是一个储存着冻结了的记忆的仓库，看做是最终被铭记和被理解的一系列事件，这一系列事件必然通向未来。现在不重要。它是一个过渡阶段。唯一存在的现在仅仅是个人的（人们必须生存）。但现在本身（present-as-such）没有点燃想像。而历史想像需要一点火星以便燎原。

十二、空间、地点与家 P256-276

P276　在形而上学和宗教的传统中，人类的苦难是由外部和内部的恶引起的。但如果除了苦难本身内部没有恶，苦难就要么是由疾病引起的，要么是由外部的权力引起的。这是或者说成为了二十世纪的共同信念。这不再是弗洛伊德。弗洛伊德是一场革命（逆转心/身关系的革命）的倡导者，但这场革命——它通过心灵的肉体化，把"内部的恶"转变成"外部的病"——碰巧是被尼采归结为"上帝之死"的精神转型的表现形式之一。

十三、法律、风尚与伦理：价值问题 P277-305

P280 一个国家允许人民改变法律的合法途径越多，这个国家的合法性就越大。但是，男人和女人们越是持续地实施非法行为，国家所拥有的合法性就越小。事实上，这两种趋势可以共同存在或发展。如果非法活动在增加，那么甚至过于丰富的改变法律的渠道也会有助于合法性的失效，因为这会导致混乱、不安全和不确定性。

P301 在我看来，感激是最动人的美德。之所以如此，是因为它带有免费恩惠的成分。

P303 在现代国家和民族中是否存在共享的伦理力量的问题非常关键，因为这决定了它们能否在提供政治自由的同时提供法律和秩序。

十四、幸福、完美与本真性：人格伦理学 P306-325

P312 幸福越是变得主观，其价值就越是取决于男人和女人们的内在生活。

P314 本真性是忠实于自己。本真性已成为现代性惟一最崇高的美德，因为本真的人是忠实于其存在性选择的人，他们是被牵引而不是被推动的人，他们是有人格的人。

P318 在我们这个"反思的时代"，现代性的动力始终在活动之中，唯一非暴力的竞争途径就是通过论证来竞争。在政治斗争中论证是武器。在一个民主国家，论证决定着——至少在表面上——将要采取什么样的措施。国会议员、内阁成员、经济政治顾问，这些人都以论证为武器。

【参考文献】

[1] 傅其林. 阿格尼丝·赫勒审美现代性思想研究 [M]. 四川：巴蜀书社，2006.

[2] 傅其林. 阿格尼丝·赫勒的美学现代性思想 [J]. 中国图书评论，2007（3）.

[3] 傅其林. 赫勒论市场体制对文化传播的影响 [J]. 廊坊师范学院学

报，2007（4）.

［4］张政文，杜桂萍. 艺术：日常与非日常的对话Ａ　赫勒的日常生活艺术哲学［J］. 文艺研究，1997（6）.

［5］李伟. 阿格尼斯·赫勒的理论追求［J］. 国外理论动态，2007（8）.

［6］王民康. 日常生活和个人——赫勒"日常生活"哲学评述［J］. 毛泽东思想研究，1998（S1）.

［7］付洪泉. 现代性研究的方法论选择——从哈贝马斯的现代性理论出发［J］. 求是学刊，2007（5）.

［8］郑莉. 现代性论争的缘起、困境及出路［J］. 马克思主义与现实，2001（1）.

［9］赵永平. 反本质主义语境下的后现代主义解读［J］. 理论导刊，2007（1）.

［10］颜岩. 赫勒在何种意义上误读了马克思的现代性理论［J］. 求是学刊，2011（4）.

［11］［匈］阿格尼丝·赫勒. 马克思与"人类解放"［J］. 王静，译. 马克思主义与现实，2012（2）.

［12］王秀敏. 赫勒关于理性化进程中道德规则重建的思考［J］. 求是学刊，2010（1）.

［13］李世涛. 现代性与人的精神世界——阿格尼丝·赫勒视野中现代人的精神状况［J］. 艺术百家，2013（5）.

十四、《单一的现代性》

[美] 弗雷德里克·詹姆逊 著
王逢振，王丽亚 译
天津人民出版社，2005年

── 【作者简介】──────────────────

弗雷德里克·詹姆逊（1934— ），当代美国著名的马克思主义理论家、批评家，美国杜克大学比较文学和批评理论讲座教授。其理论具有重大的社会影响和学术影响，因而被誉为当代西方最有影响力的马克思主义评论家和理论家。海登·怀特评价他是"西方最有影响的理论家之一"。J.希利斯·米勒则认为，"詹姆逊和他同事的著作代表着今日美国人文科学研究的方向"。

1934年4月，詹姆逊（又译"杰姆逊"，"詹明信"是他自己选定的中文名字）出生于美国的克里夫兰，在耶鲁大学获得硕士、博士学位，博士研究方向是法国文学，博士论文是《萨特：一种风格的起源》。耶鲁大学毕业后，他在哈佛大学任教。1967年起，他到美国加州大学圣地亚哥分校担任副教授、教授，主讲法国文学和比较文学。1976年后，他又回到耶鲁大学法文系担任教授。1986年，他来到杜克大学担任主讲比较文学的讲座教授、文学系主任兼批评理论研究所所长。2003年，他辞去系主任职务，继续担任批评理论研究所所长，兼任杜克大学人文科学学术委员会主任。

詹姆逊的主要著作有《马克思主义与形式》（1971年）、《语言的牢笼》（1972年）、《侵略的寓言：温德姆·路易斯，作为法西斯主义的现代主义者》（1979年）、《政治无意识：作为社会象征行为的叙事》（1981年）、《后现代主义与文化理论》（1986年）、《理论的意识形态》（1988年）、《后期马克思主义》（1990年）、《可见的签名》（1991年）、《地缘政治美学》（1992年）、《时间的种子》（1997年）、《晚期资本主义的文化逻辑》（1997年）、《布莱希特与方法》（1998年）、《快感：文化与政治》（1998年）、《文化转向》（2000年）、《全球化的文化》（2002年）、《单一的现代性》（2002年）等。

── 【写作背景】

20世纪70年代至80年代以来，詹姆逊有大量关于马克思主义、现代性和全球化问题的著述问世，其著作也大多被翻译成中文。20世纪90年代，詹姆逊多次来中国进行学术访问，其现代性理论在中国也产生了很大的影响。2002年，他以《单一的现代性》为题来中国讲学，在此基础上出版了这本书。同时，在美国，后现代主义思潮占据重要的学术地位。作为一位现代性问题的研究专家，詹姆逊的现代性与后现代性思想兼收并蓄了许多思想家的理论，如马克思的经济基础与上层建筑的关系学说，曼德尔的资本主义发展三阶段理论，利奥塔的两种叙事学说，列斐伏尔的空间政治学说，吉登斯的现代性断裂学说等。詹姆逊的理论企图，是想把现代与后现代的鸿沟弥合起来。因此，他写作了此书。

── 【中心思想】

本书主要阐述了现代性的四个基本准则，即（1）断代无法避免；（2）现代性不是一个概念，无论是哲学的还是别的什么，它是一种叙事类型；（3）不能根据主体性对现代性叙事尽心安排，意识和主体性无法得到展现，我们能够叙述的仅仅是现代性的多种情景；（4）任何一种现代性理论，只有当它能和后现代主义与现代之间发生断裂的假定达成妥协时才有意义。此外，这本书还阐述了现代性转变的方式、作为意识形态的现代主义的观点。作者对现代性的探讨，无论在理论上还是在方法论上都给了人们非常有益的启示。

全书由前言、3章正文和结论组成，共约14.4万字。

── 【分章导读】

詹姆逊2002年在上海、北京的"单一的现代性"演讲的中心内容，曾引起了学术界很大的争议。

本书的序言讲了三方面的问题。

首先，从演讲的内容来看，詹姆逊是在弥合着现代性与后现代性的论争。从后现代性对现代时期的禁欲主义、菲勒斯中心主义、集权主义的批判中，詹姆斯看到，后现代性取得了巨大的成就，激起了大量增加的关于新的思维和新的观念的写作；后现代主义文化运动是对旧事物的回归或重建，而不是将它们彻底肃清；后现代主义肯定隐含着对新语言游戏的发明创造，而不是人为地复活那些学术上已成为过去的东西。在对利奥塔和德勒兹的后现代理论进行具体分析之后，詹姆逊进一步说，利奥塔的后现代性，或者其他任何人的后现代性，并不标志着对过去的摒弃，或者对过去的彻底遗忘，实际上，与所谓"宏大叙事"一起被摒弃的，还有哲学、文学和其他形式的历史学的更小叙事。就是说，后现代主义不是在真正的现代主义之后而是在它之前，为它的回归进行准备。因为，后现代对本质上仍然是现代主义的新范畴的依赖，无论用什么样的修辞，它都不可能从"新"的安排中彻底消除这些新范畴。再者，利奥塔的"宏大叙事"终结的理论本身就是另一种"宏大叙事"，现代性概念、语境又在后现代性中重现。还有，他认为："现代性是一系列的问题和答案，它们标志着未完成或部分完成的现代化的境遇的特征；后现代性是在一种倾向于更完善的现代化的境遇中获得的东西。它可以概括为两种成就：一是农业的工业化，也就是消灭了所有传统的农民；另一种是无意识的殖民化和商业化，换句话说就是大众文化和文化工业。"① 事实上，现代性与后现代性并不是非此即彼的一种选择，而是一枚硬币的两面；现代性不仅仅是一种建构，后现代性也不仅仅是一种摧毁，在进一步展开的世界各国现代化的发展进程中，它们都在努力保障着现代化道路的正确轨道。

其次，在詹姆逊看来，所谓单一的现代性是指西方的现代性，资本主义、市场秩序和工业化是现代性的典型模版。再加之詹姆逊曾说过，现在的全球化实际上是美国化。因此，他的现代性与后现代性理论遭到我国一些学者的激烈批判，被称为西方中心主义、后现代的殖民主义文化。詹姆逊单一的现代性理论虽相信现代性在唯一令人满意的语义学意义上，在于它与资本主义的联系，但他也反对文化霸权。不过，可以说，全球化的本质是新的帝国主义的扩张。詹姆逊认为，西方所谓的胜利却不断地以明显的后现代方式受到赞扬，以为它克服了旧的现代主义乌托邦和生产效率的价值观，既是意识形

---

① 弗雷德里克·詹姆逊. 单一的现代性 [M]. 王逢振，王丽亚，译. 天津：天津人民出版社，2005：23.

态的终结又是历史的终结，是唯名论者的特殊和差异的信条，无论对所有这些东西的阐述运用的是左翼的还是右翼的语言。资本主义全球化在其制度的第三阶段或晚期阶段所投射出来的标准化，对所有这些关于未来世界的文化多样性的虔诚希望都投以怀疑，而这个世界已经被一种普遍的市场秩序殖民化了。通过对现代性的历史考察，他发现，现代性总是与科技相关，最终与进步相联系。但第一次世界大战对进步的意识形态是一次严重的打击，尤其是与科技相关的那些进步的意识形态遭到重创。其实，自19世纪后期以来，资产阶级思想家自己也对进步产生了严重的、自我批评性的怀疑。现代性概念的复活是试图解决问题的一种努力，现代化、社会主义、工业化、普罗米修斯主义和普遍的"对自然的掠夺"都已经遭到怀疑，在这种形势下，人们仍然可以提出所谓不发达国家可能需要期待一种简朴的"现代性"。

最后，詹姆逊谈了他在此书研究的计划与企图，他要对晚期现代主义做一种意识形态的分析，而不仅仅是对一个概念或一个词的分析。由此，詹姆逊展开了其对现代性的三章具体阐释。

第一章《现代性的四个基本准则》。(1) 他探讨了现代性概念，批评对现代性概念的滥用。在詹姆逊看来，"现代性"概念经常与现代相关联，早在公元5世纪就已经存在，延续至今。"现代"与"新"的关系是一个有争议的问题。对此，我们能不能说凡是现代的必然是新的，而新的未必就是现代的？在詹姆逊看来，这个问题类似于个人与集体之间的区别问题。一方面，是形成个人经验的事件；另一方面，是对整个集体暂时性进行明显调整的那些时刻做出隐含或者公开的认同。要进一步理解现代这一术语，至少要有两个互为竞争的模式。第一种模式是将现代放入时间框架中并对它进行分类；另一种方法属于语言学模式，从探讨物质符号入手。然而，詹姆逊又提出，这两种方法中的固有矛盾，又使这两种模式都行不通。而且，姚斯权威的现代性概念又大大增加了前面提到的疑虑。因此，詹姆逊对姚斯的现代性概念进行了分析。他认为，姚斯在叙述现代的幸运时，发现了一个最富戏剧性的情况：当古代与现代之争开始缓和时，双方走向了一个共识，即过去、古代既不优于也不劣于现代，只是不同。

(2) 通过对现今流行的各种现代性理论的分析，詹姆逊总结出现代性的第一个原则：断代无法避免，并以"现代主义"的标准对那种缺乏生机的审美标准进行了批评。詹姆逊认为，在上述关于现代性概念的讨论中，已经对历史时期及其断裂梳理出一种辩证关系，即新的叙事以及新的出发点从旧叙事的限制和出发点中产生了，这种时刻就是后来者的时刻，它令人沮丧，充满敬畏，我们自己后来的现代时刻早已经进入了这样的时刻。当这种时刻出现时，通常意义上的时序变成了断代史。对待这样一种世界，我们可以采取任何一种存在主义的态度。接下来，詹姆逊探讨了另外一种起辅助作用的时刻，即断裂变成一个属于自己的断代。从断裂到时期，从时期到断裂，这种来来往往的运动至少可以使人们对断代史有了一些基本的认识，进而，詹姆逊提出，现代和现代性条件总会带来一些断代史的逻辑。断代无法避免这个原理，在鼓励我们放弃的同时，它也像一扇敞开的大门，使我们对历史叙事可以做完全相对化的处理。

（3）通过对主流叙事的分析，得出现代性的第二个原则：现代性不是一个概念，它是一种叙事类型。詹姆逊认为，笛卡尔哲学的完全断裂不仅仅构成了现代性的开始，而且也代表了一种自我意识或者说一种自我反观理论。"我思故我在"这一思想本身，将反观当作现代性的一个中心特征。法国革命、启蒙运动、工业革命等都是一种断裂，从此以后，各种各样的现代性随处可见，如尼采提出的"上帝死了"，韦伯提出的合理化理论等。这里必然涉及的一个问题，是关于断裂与时期的辩证关系之间的转换。因此，作为一种转义，"现代性"本身就是现代性的一个符号。现代性概念本身就是现代的，它戏剧地展示了自身的主张。或者，换一种方式表述，我们可以说，在我们提到的那些作者那里被当作现代性理论的东西，实际上差不多就是它自身修辞结构所涉及主题和内容上的投射，即现代性理论几乎就是转义的投射。詹姆逊又从效果的角度对这种转义做出了描述。他认为，现代性的转义具有利比多（即前文的里比多）的能量，类似于一个乌托邦比喻，它同样对我们的感知按照新的时间线进行重新组织，是对先前的叙事范畴进行强有力的置换。但是，现代性转义在纳粹时期的德国是一种改写策略，无法得到验证。最后，詹姆逊通过对普鲁斯特的一段引人注目的描写的分析，进一步说明了现代性在展示方法上的不同表现。

（4）通过对近代主体哲学、意识哲学的分析，得出现代性的第三个准则：不能根据主体性对现代性叙事进行安排，意识和主体性无法得到展现，我们能够叙述的仅仅是现代性的多种情景。从笛卡儿的作为主体性和意识的"我思"入手进行分析，詹姆逊得出这样的一个结论，笛卡儿的"我思"是代表全方位改变的最初征兆。而这种改变则构成了海德格尔现代性理论的实质：用于指涉主体和客体在一种特定的知识关系中（甚至是从属关系）形成关系的一个词。客体变成仅仅是所知的或被展现的东西，主体则是一个所在地，以及用于这种展现的一个载体。因此，"我思"是一种失败，因为意识根本无法被再现。而且，发生在现代性理论领域内的所有这些导致了一种严重后果，即任何根据主体性而来的现代性理论都让人无法接受。因为，假如意识不可能被展现，那么任何试图依照意识转变对现代性进行定位、描述的理论都会遭到失败。再有，对现代性进行经典颂扬过程中的个人主义和自由的思想，同样是对意识形态的非法再现。此外，"主体间性"一词的出现表明，我们实际上依然处于本质上属于人类话语的世界中。

（5）分析了海德格尔与福柯理论中的多重现代性断裂。詹姆逊认为，在海德格尔的思想中存在三种断裂，三种叙事。海德格尔的多样性并非是独一无二的，法国思想家福柯的思想中也存在着多种断裂与叙事。福柯在《事物的秩序》一书中为我们提供了一种现代性历史、现代性理论。福柯的知识考古学是以四种历史时期为基础的，使得福柯的叙事具有思辨力量的正是这种缺乏系统的特点：对创造历史的第三时刻的概述，发生于生物学的进化论，经济学领域的马克思主义，自波普和格里姆开始的伟大的语言学传统。这种传统虽然充满论述的具体细节，但对于这些方面的论述犹如一本反人文主义的小册子。通过对两位思想家理论中的多重现代性断裂的分析，詹姆逊指出，断裂的不断增多，恰似黑格尔所说的"否定之否定"。这种否定并不决定未来，而是对过去具有控制力量，而过去则不断地变化并朝着另外的另外发展。

（6）詹姆逊指出对生产方式连续性发生所进行的最富体系性、最有力度的分析者，是法国结构主义者阿尔都塞，尤其是巴里巴。阿尔都塞著述中的一些思想渗入到福柯的作品中。福柯对现代性的分析模式和巴里巴的分析模式都是针对历史主义和进化主义而提出的思辨，他们的观点以不同的方法极力排除连续变化的可能性。詹姆逊认为，现代性叙事与新的生产方式本身密切相关，这虽然并不意味着（对新的形成）进行概念化，但它的确暗示：断代不是某种可以根据自己的爱好和性格随意做出的叙事选择，而是叙事过程本身的基本特征。

（7）分析了现代性的第四个准则：任何一种现代性理论，只有当它能和后现代主义与现代之间发生断裂的假定达成妥协时才有意义。在此基础上，詹姆逊总结了现代性的四个准则。他说："现在，我们可以重新回顾这四个现代性准则：1. 断代无法避免。2. 现代性不是一个概念，无论是哲学的还是别的什么，它是一种叙事类型。3. 不能根据主体性分类对现代性叙事进行安排；

意识和主体性无法得到展现；我们能够叙述的仅仅是现代性的多种情景。4. 任何一种现代性理论，只有当它能和后现代与现代之间发生断裂的假定达成妥协时才有意义。"① 通过对福柯现代性的分离理论、马克思的物化理论、韦伯的合理化理论、卢卡奇的物化理论以及鲁曼的区分理论进行比较研究，詹姆逊认为，他们的理论都关涉意识形态，他们理论之间既存在着断裂也存在着相互关联，断裂与开端之间的交替一直隐约地存在于其中。然而，依然存在着一种关于现代的用法，这是它的审美范畴或审美适应。

第二章《转变的方式》。(1) 詹姆逊分析了现代、现代性、现代主义在不同民族传统中的意义。在詹姆逊看来，现代性是一种新的历史情景，现代化则是我们到达现代性的一个过程，现代主义是对这种情景以及对这一过程做出的一种反应。但是，现代性、现代化和现代主义在不同民族国家中的理解是不同的，就美国文学来说，这三个词汇在不同历史时期的含义也不尽相同。那么，把有关现代的含义按照民族传统进行分类整理会如何呢？在考察了现代与现代主义在法国、西班牙、美国和英国文学中的使用情况后，詹姆逊发现，还是无法用统一的标准来协调现代这一概念之间的各种矛盾冲突。那么，通过考察新的文字体系和组合挖掘社会现实，进而走出现代概念的民族传统用法会如何呢？在考察了德国的纳粹主义、苏联的斯大林主义对民族国家现代化道路粗暴地打断之后，詹姆逊又发现，现代化运动加剧了，现代主义的某种意识形态时刻出现了，那些落后国家的文化现代化是发达国家输入的。进而他提出，现代主义基本上是一个未完成的现代化的副产品，一个有争议的更加完整的现代化所产生的实际上不是现代主义，而是后现代主义。

(2) 通过考察思想家保罗·德曼对弗雷德里希的著作《现代抒情结构》的批判，以及对德曼《盲目与洞察》《阅读的寓意》两篇文章中寓言理论的分析，詹姆逊发现其提出的现代性的第一个准则获得了适用性。因为德曼对普遍的、总括性的断代概念的批评类似于德里达的解构主义，其本身就具有深刻的辩证思想。詹姆逊更想用"叙事化"这个术语代替德曼的"隐语化"，用新的叙事代替德曼的寓言的隐喻。进而他提出，德曼式叙事的复杂性提供了某些答案：生产方式中共时的、非叙事的"时刻"，实际上由资本主义进行"叙述"，并同时表达了两种东西；它自身共时体系中特定的或者限定的时刻，

---

① 弗雷德里克·詹姆逊. 单一的现代性 [M]. 王逢振，王丽亚，译. 天津：天津人民出版社，2005：65.

以及序列被普遍化或者寓言式"隐语化"当作一个总体的历史过程。他说:"德曼对这些概念表现的蔑视(在一个看似不褒不贬的'文学史'术语下,他对这些概念进行了概括性的讽刺)无可指责。但是,让我们感到惊讶的是,他的这些论述并没有致使他用一种缺乏辩证的方法将这些概念轻易地斥责为完全的谬误和虚假的方法,并以此为据,将重点放在非属类的个别现代作品上,从中找出使人更容易喜欢的文本阐述真理。相反,他在文本中寻找批评家的谬误,并以此证明这种现象属于文学和文字解构本身的特点。"[①]

(3) 詹姆逊讨论了艺术和历史领域的现代主义。詹姆逊发现,那种具有广泛影响、非常传统的现代主义叙事,假定自己与所谓的现实主义发生了史无前例的根本性断裂。使现代主义得以创新的那种动力,是与现实主义发生冲突并将它注销,每一种接连出现的现实主义都可以被视为一种现代主义。而实际上,现代主义与现实主义这两个概念是来自两个互不关联的体系,它们就像两条直线,它们无限伸展而不相遇,现代主义属于美学领域,现实主义属于认识论领域。因此,试图将二者结合为一个单一主叙事的努力注定会失败。

(4) 詹姆逊探讨了现代主义的主体化向非个人化发展的思想潮流。詹姆逊认为,现代主义是一个强大而否定的过程,现代主义革新是通过否定和禁忌加以描述的。透过从黑格尔、马克思到卢卡奇的"异化"一词,可以看到它是对现代世界发出的一种隐含的控诉。他说:"我觉得那个突然出现的词——'异化',令人怀疑,因为——从黑格尔、马克思,到卢卡奇,以及法兰克福学派,这个词虽然散发着强烈的哲学意义——它已经成为后期资本主义'文化批判'的一个重要内容,实际上,它已经是一个绝对可靠的迹象,使我们明白我们所面临的是一种退化了的类别和话语。"[②] 在詹姆逊看来,自由、个体性、内省性、主体性这些东西与现代性相伴随,在当前的语境中,我们的任务是坚定不移地揭示非个人化倾向中一切积极的和产生能量的东西。法国后结构主义提出"主体死亡"的口号,实际上是对资产阶级个人主义的这种消退表示庆贺,且拥有实践领域具有解放作用的仪式。但是,对伟大的现代主义作家向主体性发出的呼唤置之不理,则是不合情理的。

————————
[①] 弗雷德里克·詹姆逊. 单一的现代性 [M]. 王逢振,王丽亚,译. 天津:天津人民出版社,2005:84.
[②] 弗雷德里克·詹姆逊. 单一的现代性 [M]. 王逢振,王丽亚,译. 天津:天津人民出版社,2005:99.

第三章《作为意识形态的现代主义》。(1) 詹姆逊主要阐述艺术的、美学的现代主义作为一种未完成的现代化的情境。这种情境主要表现在历史学家梅耶尔的《对旧政体的坚持》一书中。在詹姆逊看来，现代性的语境在资本主义时期围绕着新的大工业城市和农民的乡村而展开，工业、机器、技术相应成为了艺术与大众文化批判的对象，也成为社会苦难和美学耻辱的根源。海德格尔的技术理论不是一种哲学的解决，而是一种技术的和诗学的解决。可以说，在人们大声谴责技术决定论时，海德格尔提供了关于技术的现代性出现在绝对非现代风景中的有用的观点。最后，詹姆逊说，语言和美本身永远不可能完全自治，它们是一种现代的意识形态，"这就是说，对一种新出现的现代艺术的各种维护和辩解，现在可以借用已经存在的技术的意识形态的力量，这种意识形态变成了一个挡箭牌，在它后面商品形式和市场那种麻烦的逻辑可以发生作用"[①]。

(2) 詹姆逊探讨了后现代主义的意识形态。詹姆逊认为，现代主义的意识形态很容易辨识，其显著特征是它假定美学是独立自治的。后现代主义的意识形态是美国的一种发明，它的形成是外在的决定因素与内在的决定因素、事件和政治形势的压力，与美学本身压力共同作用的结果。他说："后期现代主义是冷战的产物，但它有各种复杂的形式。冷战导致了整个社会变革时期的终结，实际上也是乌托邦欲望和期待的终结。因为在整个这一时期，消费主义的出现和消费文化的扩展，显然与在它之前赢得生产率的英雄时期完全不同。"[②] 进而，詹姆逊提出，冷战局面提供的并不是艺术的机遇，而且是意识形态的机遇。詹姆逊高度评价了格林伯格对现代主义意识形态的贡献。格林伯格热情地希望从艺术中消除政治的使命和内容，他还了解到如何抓住时机。他认为，理解冷战的开始不是作为希望的终结，而是作为一种独特的机会来构成一种崭新的意识形态，为未来提供一种全新的美学蓝图。

(3) 詹姆逊探讨了现代主义意识形态本身不平衡发展的特点，以及它们如何在各个不同的民族境遇中以同样不相同的形式出现，还有迥然不同的民族理论家如何使各不相同的形式得到发展的。詹姆逊站在以马克思对资本主义的描述为指导的立场上，带来了理论阐述。因为，理论对于资本主义每一

---

① 弗雷德里克·詹姆逊. 单一的现代性 [M]. 王逢振，王丽亚，译. 天津：天津人民出版社，2005：125.
② 弗雷德里克·詹姆逊. 单一的现代性 [M]. 王逢振，王丽亚，译. 天津：天津人民出版社，2005：134.

个民族的轨迹，包括最主要的，也是最早的对英国资本主义的说明，都是通过民族文化和民族历史境遇的独特经验而进行的。在这种情况下，虽然在抽象中存在着资本主义发展的不可回避、不可逆转的动力，但并不存在任何"基本的"历史范式，所有资本主义发展的道路都是独特的和不可重复的。

（4）詹姆逊概要地阐述了后期现代主义者的作品和经典现代主义——高级现代主义者作品之间在结构上的差别。詹姆逊认为，在一个大众教育的时代，不同于通俗文学中等趣味的后期现代主义文学和文化的公众，可以按照大学生的那种等级划分来确定，即以他们毕业后在书架上仍保留的高级现代主义美学和"经典"作品来确定等级。但那种经典只不过是现代主义，其伟大性和永恒性突破的正是后期现代主义，并想象它是在突破经典现代主义，甚或是整个现代性本身。

最后，詹姆逊得出结论。兰波的错误在于其绝对的现代性观念，充分体现出詹姆逊是以后现代的话语谈论现代性。詹姆逊反对以兰波为代表的"绝对的现代"观念，认为那属于一种"宏大叙事"的乌托邦幻象。而我们真正需要的是以称作乌托邦的欲望全面代替现代性的主题，现时的本体论需要未来的考古学，而不是过去的预测，并以资本主义代替现代性。因为，在由"现代"这个词支配的概念领域内，不可能对根本性的替代或变革进行理论阐述，甚至不可能对它进行想象。

【意义与影响】

《单一的现代性》是詹姆逊2002年的新作。2004年，天津人民出版社出版了此书的中文版。作为一名长期从事文化批判理论研究的国际著名学者，詹姆逊的著述丰厚，研究领域宽广，在众多学科领域影响广泛。其单一的现代性理论的提出在国际学界引起了巨大反响，褒贬不一。

从国外学界来看，各国学者对詹姆逊单一的现代性理论做出了不同的评价。当代美国研究现代性问题的著名学者凯尔纳等认为，詹姆逊对现代性的解读是以马克思的现代性理论为理论基础的，是对当代资本主义发展阶段的一个新阐释。当代英国学者霍默高度评价了詹姆逊单一的现代性理论，认为其中关于现代社会发展和现代文化理论的研究具有重要的理论价值与现实意义。埃尔、布坎南、安德森等认为，詹姆逊单一的现代性理论对分析与评价现代性、后现代和全球化问题具有重要的理论意义。而那些主张多元现代性的国外学者们如芬伯格、赫勒等则对詹姆逊单一的现代性理论做出了否定性的评价，认为其不符合文化现代性多样发展的原则，带有强势霸权趋向。

从中国学界来看，詹姆逊单一的现代性理论更是引出了激烈的理论争鸣。在此书出版前，詹姆逊就在来华学术访问时，以《单一的现代性》的前言为基础发表了演讲。随着 2004 年《单一的现代性》的中文版问世，以及"'詹姆逊与中国'学术研讨会议暨詹姆逊（四卷本）文集首发式"在中国人民大学的隆重举行，究竟如何看待詹姆逊对现代性的论述，这在我国曾引起广泛的争论。这对推进中国的现代性理论研究，探讨全球化语境下中国学者参与全球文化理论研究，无疑是一个很好的契机。

国内有些学者对詹姆逊单一的现代性理论提出了激烈的批评，指认其为西方文化霸权、美国文化霸权的理论典型体现，是西方资本主的现代性。

面对批判，国内有些学者认为，詹姆逊单一的现代性理论所持立场是马克思主义的，对正确认识现代性与后现代性的关系具有重要参考价值。一些人认为，詹姆逊单一的现代性理论批判了西方的文化霸权。

现代性问题无疑是一个非常重要的话题，对于正处于现代化发展进程中的中国来说，现代性问题的讨论尤为重要。有人说，詹姆逊从后现代又回到现代，以后现代话语谈论现代性。虽然此论者旨在对詹姆逊进行批判，但却反映出一个不容置疑的事实：现代性和后现代性都是人们在认识问题时所设定的概念，它们之间既存在着断裂，也存在着联系。

【原著摘录】

前言：当前时代的倒退 P14—26

P14　后现代性的巨大成就之一——一方面是"理论"或理论话语，另一方面是罗蒂的《自然之镜的哲学》（以及勃迪厄对学科的批判）——无疑是贬低了传统学科意义上的"哲学"，激起了大量增加的关于新的思维和新的观念的写作。然而，我们现在开始目睹全世界出现了对传统哲学的回归……可是，如果形而上学不是神学本身（对此否定的神学进行了破坏），那么形而上学的回归还远吗？（新时期对物理学的思考已有暗示）

P15　同样，某种类似政治哲学的东西也重新出现，随之而来的是所有那些古老的机制和文明问题——市民社会和国会代议制问题、责任和公民道德的问题等等，而这些毫无疑问都是 18 世纪后期争论最激烈的问题。仿佛在刚刚结束的革命的世纪，人们从它的挑战中没有学到任何东西，虽然它使传统的关于国家的资产阶级思想面对着阶级和集体社会存在的种种尖锐的矛盾。

因为所有那些观念性本身对一个完全不同于我们的历史情境——从封建主义过渡到资本主义——构成了如此多的反映。

P16　如果认为利奥塔的后现代性——一种不系统的"现实",充斥着偶然共存的、不可调和的、尼采式的时代现象——或者其他任何人的后现代性,标志着对过去的摈弃,或者对过去的彻底遗忘,那肯定是错误的。实际上,与所谓"宏大"叙事一起被摈弃的,还有哲学、文学和其他形式的历史学的更小的叙事。

P17-18　事实上,像德勒兹一样,在许多方面,利奥塔本人是一个典型的现代主义者,他热情地信奉真正的、激进的、甚至可以大胆地说是真实的突然出现的新事物:这种信奉最终标志着二人的政治都是美学的……利奥塔发现自己必须重新发明一种以著作为基础的最古老的时间性的模式,即循环的模式,这种模式可以使适当蛮横的立场权威化:后现代主义不是在真正的现代主义之后而是在它之前,为它的回归进行准备。无论如何,他不可能想到我在这里列举的种种回归的现象。

不过他的尴尬仍然暗示着两个有用的结论。第一个结论关系到后现代对本质上仍然是现代主义的新的范畴的依赖,无论用什么样的修辞,它都不可能从"新"的安排中彻底消除这些新范畴。

得出的第二个结论是,谴责历史叙事(及其"萎缩的矮子"或目的论)比在没有历史叙事的情况下做事更容易一些。我在其他地方已经说过,利奥塔的"宏大叙事"终结的理论本身就是另一种"宏大叙事"。在一个完全不同的领域,新批评派把诗的语言抬高到超过其他语言的做法(诗的语言假定本质上是非叙事性的,其他语言一般是叙事性的话语形式),最终也是通过一种历史的宏大叙事生效的,这种历史叙事有些像一种保守的"历史哲学",旧时英国自耕农的农业秩序中的感性统一(如艾略特、利维斯)仿佛被革命的浪漫主义打碎了(现在被认为与启蒙运动一致,体现在雪莱之类的诗人的作品里)。

P18　然而,西方所谓的胜利却不断地以明显的后现代方式受到赞颂,以为它克服了旧的现代主义乌托邦和生产率论的价值观,既是意识形态的终结又是历史的终结,是唯名论者的特殊和差异的信条,无论对所有这些东西的阐述运用的是左翼的还是右翼的语言(实际上放弃对左、右的区分常常是这种"后现代"修辞的核心)。

P19　现代性总是与科技相关(至少在"现代时期"),因此最终与进步相联系。但第一次世界大战对进步的意识形态是一次严重的打击，尤其是与科技相关的那些进步的意识形态；其实自19世纪后期以来，资产阶级思想家自己也对进步产生了严重的、自我批判性的怀疑。

P20 现代性概念的复活是试图解决问题的一种努力：现代化、社会主义、工业化（尤其是电脑化之前的那种重工业）、普罗米修斯主义和普遍的"对自然的掠夺"都已经遭到怀疑，在这种形势下，你仍然可以提出所谓的不发达国家可能需要期待一种简朴的"现代性"。如果不考虑今天世界上能够存在的民族——国家在任何可以想象的意义上早已是"现代的"这一事实，而只考虑技术进步，那么受到鼓励的是一种幻觉：西方拥有其他任何人都没有的东西，他们应该有得到它们的欲望；那种神秘的东西可以命名为"现代性"，并可以由那些被号召销售该产品的人详细说明。

P24 资本主义全球化在其制度的第三阶段或晚期阶段所投射出来的标准化，对所有这些关于未来世界的文化多样性的虔诚希望都投以怀疑，而这个世界已经被一种普遍的市场秩序殖民化了。

P24 但现代主义反过来又会出乎意料地把我们引向它自己直接的历史和命运，因此文章的结论可能不像期待的那样，论及新形成的后现代的特征，而是关于一个特殊历史时期的概念，我把它称之为晚期的现代主义。所以，这里的计划是作一种意识形态的分析，而不是对一个概念或一个词的分析。

现代性的四个基本原则 P1-72

P1 作为一个概念，"现代性"一词经常与现代相关联，因此当我们发现这个词实际上早在公元5世纪就已经存在时，不免会大吃一惊。

P2 我们能不能说，凡是现代的必然是新的，而新的未必就是现代的？在我看来，这个问题类似于个人与集体（或者历史的）之间的区别问题：一方面是形成个人经验的事件，另一方面是对整个集体暂时性进行明显调整的那些时刻作出隐含或者公开的认同。

P6 历史性就在这样的时刻诞生了：针对历史差异作出的新的历史意识使我们拥有了一个新词，它指涉现在的对立面——古典；司汤达也许会用这个词来描述存在于过去的这种或者那种现代性（或浪漫主义）……我们已经对历史时期及其断裂梳理出一种辩证关系，这种辩证关系本身就是连续与断裂（或者说同一与差异）这个更大辩证关系中的一个时刻。它之所以是辩证的，是因为它不能在其自身内部找到一种固定不变并且得到解决的东西，事实上，它生产出新的形式和种类。

P7 因此，我们越是尽力使自己坚定不移地相信我们的目标以及过去的价值，我们发觉自己越倾向于对过去、目标以及价值进行不懈的探索，渐渐地，就会形成某种总体性，使过去、研究目标和价值与原本属于连续体的我们所生活的时代发生脱节。这种时刻就是后来者的时刻，它令人沮丧，充满敬畏，我们自己后来的现代时刻早已经进入了这样的时刻。

P12 然而，对于哲学家而言，笛卡尔与过去的完全断裂不仅仅构成了现代性的开始，而且也代表了一种自我意识或者说一种自我反观理论；"我思故我在"这一思想本身将反观当作现代性的一个中心特征。

P15 因此，作为一种转义，"现代性"本身就是现代性的一个符号。现代性概念本身就是现代的，它戏剧地展示了自身的主张。或者，换一种方式表述，我们可以说，在我们提到的那些作者那里被当作现代性理论的东西，实际上差不多就是它自身修辞结构在其所涉及的主题和内容上的投射：现代性理论几乎就是转义的投射。

P29 笛卡尔的"我思"则是代表全方位改变的最初征兆，而这种改变则构成了海德格尔现代性理论的实质：用于指涉主体和客体在一种特定的知识关系中（甚至是从属关系）形成关系的一个词。

P30 然而，发生在现代性理论领域内的所有这些导致了一种严重后果。具体地说，从今以后，任何根据主体性而来的现代性理论都让人无法接受。因为，假如意识不可能被展现，那么，任何试图依照意识转变对现代性进行定位、描述的理论都会遭遇失败。

P33-34 我们尤其要注意同时存在于其中的两种时间性：一种是展现的内部时间性，主客体分裂的时间性（或者叫做差异/同一），它的产生犹如一个自我生存的事件；另一种是外部的时间性（确定性主题的时间性），在这个时间性中，一种神学的或者中世纪的对救赎的确定性的理解与新体制的产生在最后的时刻发生重叠，并在长时间内与之共存，直到确定性功能以某种全新的形式从向外发展的结构走向新的结构。这里所发生的是，对事件进行的一种相当神秘的叙事（而这本身又是它自身的成因）被嵌入一个叙事情景，或者一系列先决条件中，然后，用叙事形式对事件进行貌似真实的讲述。

P44 但是，使得福柯的叙事具有思辨力量的正是这种缺乏系统的特点：对第三时刻的概述——创造历史的时刻，发生于生物学的进化论，经济学领域的马克思主义，自波普（Franz Bopp）和格里姆（Jacob and Wilhelm Grimm）开始的伟大的语言学传统——对于这些方面的论述犹如一本反人文主义的小册子，虽然充满论述的具体细节。

P45-46 福柯关于差异和自治表现出一种巧妙的手法：处于自身目的的考虑，很清楚的一点是，语言学、经济学、生物学，这三个新领域之间存在着许多共同之处（它们之间的相似之处）；对于这些"共同之处"，我们可以用"历史主义"这个词加以归纳，这一点在许多进化理论中变得愈加清晰（不管是经济危机理论，还是发展理论，语言学理论关于声音的变化，或者是达尔文主义理论本身）。然而，令人感到奇怪的是，福柯并没有直接涉及历史主义（将问题直接归于某种特定的历史体系，等于使它丧失了关于真理的宣称），相反，他聚焦于另一个侧面，即人文主义层面以及关于"人"的概念层面，或者人类本性。

P54 这并不意味着（对新的形成）进行概念化，但它的确暗示：断代不是某种可以根据自己的爱好和性格随意作出的叙事选择，而是叙事过程本身的基本特征。

P57 与最初的马克思意义上的"物化"相比，卢卡奇的"物化"概念与韦伯有着更多的共同之处，因为，马克思的"物化"，基本上指物与物的关系取代了人与人之间的关系（对商品的"崇拜"以及日趋广泛的"现金交易关系"）。

P61 无论在哪一种特定的时刻，从数量到质量发生的变化必然导致一个飞跃，并由此产生一种全新的分化。但是，分化是一个统一标准的概念，它并不辩证（即便鲁曼本人将辩证纳入这一概念的谱系并把它当作"分化"本身在早期的一种过于简单化的形式），因此它无法容纳如此剧烈的飞跃和断裂。

P66 然而，依然存在着一种关于现代的用法，它与现在的相关性（不管多么复杂而且具有悖论意义）似乎无法被否认。这是它的审美范畴或审美适应。它必然假定一种对于工作的经验存在于现在，不管它的历史起源如何。因此，我们现在必须将注意力转向艺术现代主义的讨论。

转变的方式 P73-113

P73 为什么不简单地假定现代性是一种新的历史情景，现代化则是我们到达现代性的一个过程，现代主义是对这种情景以及对这一过程作出的一种反应，这种反应既可以是审美的，同时又可以是哲学—意识形态的，既可以是否定的同时又可以是肯定的呢？我觉得这似乎是一个好主意，遗憾的是，这仅仅是我们的想法而已，而不是各种不同民族传统的思想。

P77 我在别的论述中提出了这样一个实质性假设：现代主义基本上是一个未完成的现代化的副产品……但是，这本书在形式上的视角，即意识形态分析视角，不允许这种实质性假设（而目前提出的建议，它的意义在于总结出这样一个论点：一个有争议的更加完整的现代化所生产的实际上不是现代主义，而是后现代主义）。

P89 此外，马克思主义的"主符码"是以生产方式的序列为基础，以具有特殊地位的资本主义为认识立场，这种做法具有同样的叙事任意性。

我觉得德曼式叙事的复杂性为这个问题提供了某些答案：生产方式中共时的、非叙事的"时刻"，实际上由资本主义进行"叙述"，并同时表达了两种东西；它自身共时体系中特定的或者限定的时刻，以及序列被普遍化或者寓言式"隐语化"当作一个总体的历史过程。

P102 后结构主义（以及法国）提出的口号——"主体之死亡"——其重点完全不同，而实际上，它对资产阶级个人主义的这种消退表示庆贺，并且，它还把它当作知识分子重新获得的一种自由，认为借助于这样一种自由，知识分子可以卸下个人智力活动日益加重的负担，进入自由和新的"无领导"状态，以及拥有实践领域具有解放作用的仪式。

P105 尽管在多数时候，我们只有在现代主义遗留下来的形式中发现这一重要时刻的迹象——这类倾向中的一个——技术趋势，由于第一次世界大战遭到了破坏；另一个，即社会动乱，在20世纪30年代被迫停止，并走向灭亡。然而，作为象征行为，形式依然可以作证，向我们展示了一种了不起的解放姿态以及新的建构，而这些东西，我们只能通过历史重构，并以回顾性的眼光才能看到。

作为意识形态的现代主义 P114-174

P116 但是，技术——所谓工业资本主义的"工业"方面——似乎具有一种独立性和它自己的内在逻辑，这在该时期的艺术和思想里有着丰富的记录，同样也记录在路德运动或拉斯金式的对机器的敌视之中，他们把机器视为社会苦难和美学耻辱的根源。

P127 这是一种决定性的介入，明显地依据旧的霍克海默、阿多诺的《启蒙的辩证法》，按照该书的看法，知识和科学中每一个所谓的进步，都可以理解为一种陌生化，它把先前的理性阶段降低到迷信的地位，最终导向一种反对理论的实证主义的荒原。

P130 我们一直在力图按照我们的原则重构"现代性"的历史情境，在这种情境中，艺术上的现代主义可以作为一种可理解的社会进程。我们也吸收了旧的现代主义理论的许多相关的见解和因素，同时又以对我们当前不同的境遇有用的方式努力重写它们。

P148 我这里宁愿论证的是一种以马克思对资本主义的描述为指导的立场，因为对于资本主义，每一个民族的轨迹——包括最主要的也是最早的对英国资本主义的说明——都是通过民族文化和历史境遇的经验特征独特地由多种因素决定的，在这种情况下，虽然在抽象中存在着资本主义发展的不可回避、不可逆转的动力，但并不存在任何"基本的"历史范式，所有资本主义发展的道路都是独特的和不可重复的。

P162 所以我的基本观点是这样的：最早的现代主义者必须工作的世界，是一个他们没有被承认或被集成的社会作用的世界，在这个世界上，缺少他们自己独特的"艺术作品"的真正形式和概念。

结论："他的错误在于绝对的现代" P175－179

P175 长期以来，西方发现它本身无法从社会革命和社会变革来思考"宏大集体计划"的范畴。但是，我们有一种在任何情况下都不那么要求想象的方便的替代：对我们来说，就像我们能够确定"现代性"那样回到"现代性"，宏大的集体计划——"道德精神上的战争的等同物"——只不过是战争本身而已。

P178 假如我建议在所有现代性出现的语境中以资本主义代替现代性的实验的方法，那么这就是一种治疗的建议而不是一种教条的建议，它旨在排除旧的问题（并提出新的更有意义的问题）。我们真正需要的是以称作乌托邦的欲望全面代替现代性的主题。

【参考文献】

[1] 王岳川. 后现代后殖民主义在中国 [M]. 北京：首都师范大学出版社，2002.

[2] 李惠斌，薛晓源. 全球化与现代性批判 [M]. 桂林：广西师范大学出版社，2003.

[3] 张旭东. 全球化时代的文化认同 [M]. 北京：北京大学出版社，2005.

[4] 林慧. 詹姆逊乌托邦思想研究 [M]. 北京：中国人民大学出版社，2007.

［5］李世涛. 现代性视域中的中国问题——詹姆逊与中国现代性道路的选择［J］. 东南学术，2005（5）.

［6］玛丽亚·伊莉莎，王逢振. 理论的丑闻：詹姆逊论现代性——评《单一的现代性》［J］. 外国文学，2005（3）.

［7］陈旸. 詹姆逊关于后现代理论的探析及其意义［J］. 武汉大学学报（哲学社会科学版），2004（6）.

［8］陆扬. 关于后现代话语中的现代性［J］. 文艺研究，2003（4）.

［9］王逢振. 全球化和《单一的现代性》［J］. 华中师范大学学报（人文社会科学版），2004（5）.

［10］张旭东. 詹明信再解读［J］. 读书，2002（12）.

［11］黄小惠. 论詹姆逊乌托邦思想的政治维度［J］. 学海，2011（3）.

［12］倪寿鹏. 重建总体性——刍议詹姆逊文化批判理论［J］. 教学与研究，2012（2）.

［13］王岳川. 中国学者质疑杰姆逊：是否又引来了西方霸权的幽灵？［J］. 社会科学报，2002（6）.

后　记

　　本书在丛书主编南开大学杨谦教授、阎孟伟教授的精心组织策划下，全体参编人员经过不懈努力，三易其稿，终于完成了还算满意的版本。当然，作者们多年的现代性经典著作研读与理解，能够最终与读者见面，要特别感谢广西人民出版社社长温六零先生、副总编白竹林女士、副总编罗敏超女士以及编校、装帧设计人员的大力支持和辛勤努力！

　　现代性问题是 20 世纪 60 年代以来国际学术界讨论的中心之一，在四十多年的论争过程中，涌现了一大批学术著作。自 20 世纪 90 年代以来，现代性问题的国际论争迅速播撒已引起了中国学术界的广泛关注，现代性的哲学话语也在中国学术圈内流行起来，并且成了理论研究的热点。现代性问题热的一个首要的表现便是这方面的经典译著不断涌现。在此基础上，一些高质量的学术文章和专著相继亮相。另一方面，近 20 年中国的现代性问题研究相对缺乏新鲜的话语，这其中的一个重要原因是研究者的材料相对贫乏，康德、黑格尔、胡塞尔、海德格尔等哲学家的著作已被炒俗。因此，亟待补充、梳理当代现代性问题研究的经典新作，以资当代中国的现代性问题研究。

　　现代性问题在中国热起来，与中国学者的现代性问题意识密切相关。学者们意识到，现代性是在启蒙运动和资产阶级科技革命、工业革命和政治革命的历史巨变中形成的新时代意识，它的根本特征是从过去的传统和历史典范中寻找自己时代合理性的依据。可以说，理性的文化和自由的社会结构是现代性的两个轴心。对于仅有百年、一开始不自觉但后来快速迈上现代化发展轨道的中国来说，当前及以后相当长一段历史时期，首要的问题是如何快速实现全面现代化并发展起来。与此相应的重要问题，是如何快速实现科学与民主、理性与自由。后发固有劣势，但后发也有优势，那就是我们在现代化实践过程中要尽力避免重蹈先发展国家的覆辙。正是基于此，中国学者对现代性这一舶来品倍加关注。可以肯定的是，当代西方学者的现代性问题研究，能一定程度上使我们自觉预知当下与明天的问题，进而增强我们的文化自觉与文化自信。

  本书按照著作出版时间的先后，精选了当代西方学者关于现代性问题研究的 14 本著作，并紧紧围绕这些代表性研究成果进行了简要点评，以便读者清晰把握、进一步研究现代性问题的由来、实质、各种观点及问题域等。

  本书为适合大学本科生、研究生作为现代性问题、社会政治哲学问题研究参考书，同时可以作为从事文学、社会学、政治学、思想史、学术史研究者的重要参考书。与本书密切相关的著作有《后现代主义问题研究名著导读》等。

  本书后五部分由辽宁警察学院张红梅教授编辑整理，参与本书前期部分资料整理的有南开大学研究生宋琛、李柏翠、徐燕、牛秀娥、杨国红、张强、李娟同学，还有沈阳师范大学研究生蒋晓琳、周帅晨、孙连任同学。

  由于编者水平和能力有限，错讹在所难免，敬请专家学者批评指正。

2017 年 10 月